投资大师

[美]约翰·特雷恩———著
(John Train)

陶青———译

MONEY
MASTERS OF
OUR TIME

中国人民大学出版社
·北京·

时代在变，我们因时而变

推荐序

弹眼落睛的译者和笑到最后的投资家

杨天南

北京金石致远投资公司 CEO

"笑到最后",应该是对投资界人士的最高评价。

春天里,满眼望去尽是青葱舒畅的景色。不久前种下的葫芦种子已经发出了嫩芽,看着它们钻出地面的可爱样,希望今年能迎来一个有福有禄的金秋。我对此是满怀期待的,因为今天提到的这位译者名字中也有一个"青"字:他去年埋下的种子如今已经结出了硕果,他就是陶青。

我与陶青初次相见大约是四年前,那天我们在上海的外滩聊了很久,倾盖如故,相见恨晚,故事甚至包括他们夫妇十多年前赢得了外资银行举办的财商大赛的唯一一等奖。这些情节后来被他记录在《读书百遍真的不如相见一面》里,该文后来成为巴芒读友会里的名篇。

年逾不惑的陶青,刚刚完成了自己的首部译作——《投资大师》,讲述的是 17 位投资大师穿越周期的投资智慧。陶青出身名校,从事金融、咨询行业多年。自称"不擅长写作"的他,后来获得了第一届全国财经写作比赛的优秀奖。据说这是他在写作方面获得的唯一奖牌,但我认为这或许仅仅是拉开了序幕。

自那之后，他便文思泉涌，佳作倍出。例如《为何一万中流的小朋友总能创造顶流时薪奇迹》《全力抓住属于自己的人生机遇》《我的挖井之道》《为什么持续参与现场活动非常重要》《我爱老北京布鞋》等，但陶青对于众多读者贡献最大的，是在一篇文章中使用了一个颇为罕见的词汇：弹眼落睛。

弹眼落睛，乍看之下从字面的意思推断，大约是大吃一惊、拍案惊奇、叹为观止、惊为天人、令人瞠目、目瞪口呆之类。但即便如此，依然令初见之人难免有突兀之感。对于众人的好奇，略显尴尬的陶青解释说，这是从小生活的环境里身边人的习惯用语，原本以为是全国流行语，却未曾想仅限于在小范围内使用。如此真相令他自己也有弹眼落睛之感。

这种美好的小尴尬一直存在，直到有一天一个大人物的出手帮陶青解了围，这个大人物就是巴菲特。没错，说的就是沃伦·巴菲特。因为在今年发布的巴菲特致股东公开信中，谈到伯克希尔-哈撒韦在国外发展的可能时，巴菲特提到了"All in all, we have no possibility of eye-popping performance"，这句话翻译成中文就是：总而言之，我们不可能有弹眼落睛的表现。

这里的"eye-popping"翻译为"弹眼落睛"，实在是既形象又贴切。这个故事的来龙去脉被记录在他的《Eye-popping! 弹眼落睛的故事》中，从此，"弹落眼睛"在读者中成为一个流行词汇。

由此可见，语言文化也是随着社会的发展进步而不断演变进化的。例如很多年前，我对于将中文的"龙"翻译为"dragon"十分不解也不满，因为dragon这个词在西方文化中基本上就是一个邪恶的形象、怪兽的代称。例如，巴菲特就曾在致股东公开信中提到"We've done better by avoiding dragons than by slaying them"，翻译成中文便是：我们之所以干得比较好，是因为在遇见恶龙时，我们选择避开它们，而不是杀死它们。

对于"龙"的译法，我曾经认为即便是直接使用汉语拼音"long"，也好过用英文单词"dragon"。可喜的是，从今年春节开始，所有官方媒体首次开始统一使用"Loong"来代表中国龙。看看背后的故事，才知道为了这一天，中国人几乎努力了一百年。

翻译是不容易的，做一个译者也是不容易的。刚刚看了近来重磅出炉的另一本译著，在序言中，其译者自述在大学本科学的就是翻译，但其实并不喜欢做笔译，因为笔译的过程枯燥漫长，而且受制于原著，译者不能有过多的自由发挥空间，无法肆意挥洒，所以在笔译过程中难免感到孤寂。

可见，即便是翻译专业的人士也未必喜欢干翻译的活，这也是我们要感谢像陶青这样一众译者的原因。因为考虑到收入微薄、过程孤寂、发挥受限，如果没有奉献精神，没有热爱，他们就不会在忙碌的人生阶段接手这项工作。谁的人生不忙碌？三十多年前，冯仑曾经说过："选择就是放弃，自由就是枷锁。"他们选择了牺牲，他们也将终有所获。

陶青的这本新译作《投资大师》收录了17位投资大师的案例，他们中既有人们熟悉的巴菲特、格雷厄姆、费雪、索罗斯、罗杰斯、林奇，也有人们相对不熟悉的T.罗·普莱斯、约翰·邓普顿、理查德·雷恩沃特、保罗·卡伯特、马克·莱特鲍恩、朱利安·罗伯逊、约翰·内夫等。从这本书中，我知道了与巴菲特年纪相仿的约翰·内夫已于87岁时离世，曾经印象中还年轻许多的彼得·林奇已是80岁高龄。

在这些大师中，有的已经离世，有的依然健在，除了一位刚到71岁外，其他均是八九十岁的年纪。本书记录了他们的生平、投资哲学、投资胜出的要点总结。本书的作者约翰·特雷恩是毕业于哈佛的文学硕士，著有多部投资畅销书，以英文文笔优美而著称。

从本书的封面照片中，人们可以看到一群穿越周期的耄耋老人跨越时空的微笑：尽管境遇不同，投资技巧也各异，但他们都拥有一个共同点——笑到了最后。

想想历史，看看现实，多少风云随风而去，多少辉煌黯然失色。"笑到最后"，应该才是对投资界人士的最高评价。由此，我想起了巴芒读友会中那张著名的照片——"最灿烂的笑容"，大家应该能猜到笑得最灿烂的是谁，那就是陶青。

陶青要出远门了，对于他，我是很惦记的。不知下次见面是何时何月。希望再见时，他能再次带来弹眼落睛的惊喜，也希望他的读者都能笑到最后。

高汉强

中宏人寿保险有限公司副总裁兼首席风险官，北美精算师

本书有两个很大的特色：

一是可以作为个人投资者了解行之有效的投资方法的一份指南，17 位具有不同投资风格的投资大师为大家展示了投资世界的多样性和复杂性。

二是虽然每一位投资大师的投资方法和风格各异，但是他们也有一些共同点，譬如都不会使用 K 线图来预测股价走势。纪律、耐心和分析能力是他们能够胜出的共同因素。

本书可以帮助投资者找到适合自己的投资道路或者基金经理，是投资者最终获得投资成功的一个很好的起点。就像金庸笔下各门各派各领风骚，投资者可以根据自己的资质找到一位师傅学习一门武艺，而后横走江湖。

本书能让大家在同一个地方领略那么多投资大师的风采而不用自己去查找资料，可以省却好多麻烦，找到适合自己的风格而后进一步做深度阅读或者研究。

作为一个学了将近 40 年英语的人，一直觉得翻译是一件很难的事。所以当陶青告诉我他翻译了一本书的时候，我有点不太敢相信。一般来说，如果有英文原版书，我是宁愿看原版书的。因为很多翻译过来的书很"难看"，有各种问题，例如逻辑不自洽、没考虑到原版书

的上下文语境、专有名词的翻译不专业、中文表述不地道等。但当我看完这本 400 多页的译著后，我佩服得五体投地。高水准的翻译要达到"信达雅"，这本书基本做到了。看得出译者付出了很多心血，查了不少资料。本书读起来非常通畅、地道。

很乐意把这本书推荐给大家！祝大家阅读愉快。

章　希

华宝基金产品战略部总经理、产品开发总监，特许金融分析师

投资并不简单，言必称价值投资、巴菲特的人往往试图把投资简单化。《投资大师》一书告诉我们，投资兵法不止一种。

这本书减少了我们的投资盲区，让我们了解到具有不同风格的投资大师是如何成功的。任何投资方法都无法直接照搬照抄，但是学习这些经验可以帮助我们少走弯路和拓宽思路。

不同于宣扬投资能力的其他畅销书，《投资大师》更像是不同投资流派的案例教学，无论是专业投资者还是普通投资者，都能从中获益。在投资大师的指引下，当面临很多困惑时，本书或许能令人茅塞顿开。

钱　敏

安永大中华区金融服务管理咨询合伙人

作为一名金融行业战略咨询的老兵，我服务各类金融机构超过二十年，其中不乏各类资管公司以及银行的理财子公司。与这些公司的交流沟通也让我深知市场的波诡云谲以及行业的种种掣肘对这些公司的限制。

《投资大师》虽然是作者写给个人投资者的，但我除了从中收获了很多大师的投资智慧以外，也看到了一些对机构投资者同样适用的真知灼见，期待未来在与资管类金融机构的交流沟通中可以深入探讨这些大师经受住了时间检验的智慧。

同时这本书翻译得非常流畅、阅读体验丝滑，书中所介绍的投资原则和策略令人印象深刻。每一位大师都以其独特的方式解读投资世界的奥秘，无论是拥抱价值投资还是坚守长期思维，这些原则都值得我们深入思考与学习，很多大师的智慧在今天看来依然熠熠生辉！相信读完以后你一定会与我有相同的感受。

肖 洁
国泰君安研究所产业研究首席分析师

重温海外投资大师的投资智慧，可以更有效地指导投研工作，审视历史研究过程中的得与失，对不同投资风格的全面阐述也可以给深度思考带来不同角度的启示。

在阅读本书的过程中是有惊喜的，譬如与巴菲特的老师格雷厄姆同时代的普莱斯在近一百年前就已经按照优秀企业的标准在投资成长股，比费雪还要早一些。而他选择增长行业中的龙头公司、避免在股票被热捧时买入等投资准则，如今看来依然熠熠生辉。

对于投资者而言，我个人认为最有价值的是作者总结的"不为清单"。很多时候不做什么比做什么更重要，尤其是在如今信息泛滥的时代，很多时候如何甄别信息的真伪就已经非常考验投资者对企业的认知。

所以，读读这些海外投资大师的投资智慧，了解什么是不合适的投资行为，其收益就已经远超购买本书的成本，还有什么比这样的投资更划算的呢？！

译者序

找到自己心中的英雄

陶　青

安永前企业管理咨询总监，青少年财商和创业思维导师

作为一名深耕金融领域二十多年的老兵，我对投资的兴趣却仅仅始于六七年前。之所以之前兴趣寥寥，是因为一来工作很忙，二来资金量不大，对于一门以钱生钱的手艺来说，决定绝对收益的往往不是收益率，而是本金的大小以及投资的时间跨度。其中，后者更为重要，同时也更加可控。片面地追求高收益往往有可能陷入很多包装得很好的快钱陷阱，最终落入既损失金钱又损失时间的双输境地，而本金大小和投资时间跨度的重要性往往被人们低估了。

在浩如烟海的投资书籍中，很少有一本书能够像本书一样涵盖这么多风格各异的投资大师，条分缕析地展示他们饱经时间淬炼的投资技巧的核心。作为毕业于哈佛大学的文学硕士，约翰·特雷恩本人不仅曾经受邀为美国总统里根、老布什、克林顿工作，而且创办了一家投资顾问公司，为包括《华尔街日报》《福布斯》《纽约时报》在内的著名金融媒体撰写了数百篇专栏文章。作为投资界的老兵，他保持了与业内众多投资人广泛而深入的联系。目光敏锐的他早在1980年版英文书中就已经深入介绍了巴菲特以及他的老师格雷厄姆的投资方法，

足见其非同凡响的鉴别投资大师的能力。

作者在本书中为我们展示的17位投资大师可谓风格各异，正如我在AIG的导师、中宏人寿首席风险官高汉强先生所言，这些投资风格宛如"金庸笔下的各门各派"，它们都经过了时间的锤炼才得以流传至今。投资的江湖没有"一招鲜，吃遍天"的传奇武学，作为投资者的我们需要找到适合自己的流派，同时还要像本书作者在开篇中所言——"因时而变"，而非生搬硬套、刻舟求剑，这样才有可能在投资的江湖中收获属于自己的财富。

对投资新手来说，快速了解投资这门学问的概貌是开始深入学习前很好的一种准备工作。本书既没有晦涩难懂的金融术语，又没有令人头晕目眩的数学公式，作者的语言深入浅出、总结清晰明了，相信绝大多数个人投资者都能够轻松愉快地完成对本书的阅读，从而达到了解各种投资流派的目的。这就为个人投资者找到适合自己的投资道路或者投资管理人提供了一条捷径——这比花费大量时间阅读大师的各种原著之后才选择放弃更具性价比，而且降低了误入歧途的可能性。

作者在本书前言中将这些投资大师分成了不同的流派，并在此基础上总结了三种不同的投资哲学，所以读者既可以按顺序阅读，又可以将相似哲学的投资大师放在一起进行比较阅读，以便了解他们投资方法的异同。当然，你如果是一位投资领域的资深玩家，也可以仅挑选自己感兴趣的投资大师来阅读。

通过了解本书中投资大师的经历，我们不难发现投资成功之所以不易就是因为它是科学的艺术，既要勤勉地工作，尽可能了解投资标的所处的环境及投资标的的基本面情况，又要对未来做出大胆的假设，然后小心地求证、耐心地观察追踪，在信息并不完整充分的情况下做出投资决策，在投资的过程中忍受市场波动带来的心理折磨。无论是投资的科学面还是投资的艺术面，都需要投资者拥有极大的热情、合适的个性，付出艰苦卓绝的努力，通过时间的严酷检验，所以个人投资者如果不是对这一行充满激情，那么最佳的选择恐怕还是找到一名适合自己的投资管理人，然后将自己的资金委托对方管理，并能够风雨同舟一路同行，这样才有可能穿越周期获得投资的成功。因为无论是在本书中还是在现实生活中，我们都还没有发现哪位大师能够在不同的市场环境中灵活地运用各种不同的投资方法来赚取市场的每一分钱。试想，如果真有这样的大师存在，那么投资界的首富显然非他莫属，然而遗憾的是，到目前为止我们还无法在《福布斯》富豪榜上找到这样的投资家。因此，作为个人投资者，最适合我们的道路是找到我们心中的英雄，不论风雨，一路追随，而不是妄图在不同的大师间跳来跳去，赚取市场的每一分钱，否则最终不但没有取得良好的投资结果，反而成了"跳大神"的。

在介绍完所有投资大师之后，作者还非常贴心地总结了大师们带来的启示。股神巴菲特的好搭档芒格始终坚信逆向思维的重要性，凡事"反过来想"往往能够获得意想不到的成效，而作者在最后一章中给出的就是这样的真知灼见：避免陷入投资陷阱，就能让我们少走很多弯路，进而大大提升我们生命的效率。

除正文外，本书的附录也非常值得一读，譬如巴菲特为合伙基金的投资人写过一份简明扼要的免税债券投资指南，在互联网上很难找到其原文，本书的附录一就收录了全文，供你一饱眼福。又譬如本书的附录五展示了罗杰斯的投资工作，从中你可以了解罗杰斯在基本面方面会关注哪些重要信息，其价值也不容小觑。

当然，本书仅仅是通向个人财务自由道路的起点，而绝对不是终点。在了解了适合自己的投资风格以后，找到对应的一位或者几位投资大师的著作并深入理解其投资方法就成为必然的选择，而作者就如何"抄大师的作业"或者如何找到适合自己的基金经理也给出了详细的建议。期待你能够和我一样细细品味本书蕴含的投资大师的智慧，汲取其中的营养，让自己的财富之路越走越宽广！

在三年前，如果有人告诉我有一天我会翻译一本英文书并成功出版，我一定会认为对方在信口开河。作为一名理工男，我走上与文字打交道的道路完全是因为与中国第一位见到股神巴菲特的知名投资人杨天南老师的缘分。第一次遇见《一个投资家的20年》这本书就让我欲罢不能，我一口气读完了全书。书中优美的文字、深刻的人生哲理让我如饮甘泉、酣畅淋漓。在文字的指引下，三年多前我终于有缘见到了心中的英雄——杨天南老师，而杨天南老师在早已取得财务自由的情况下，依然付出大量心力翻译经典财经著作，自掏腰包组织全国财经写作大赛，以鼓励更多年轻人重视文字的重要性。正是杨天南老师的言传身教激发了我对文字的热情。在全国财经写作大赛上斩获人生第一个写作十佳奖项之后，我又在杨天南老师照亮他人的人生信条的影响下，走上了财经著作翻译的道路。

尽管我仅仅是本书的译者，但也一直将本书的中译本视为自己精心雕琢的作品，前前后后历时近十个月，倾注了不少的个人时间与心血，但由于这是我首次从事翻译工作，其中的错漏在所难免，也请读者朋友海涵！在翻译的过程中，我的爱人主动承担了更多的家庭责任而毫无怨言，在此表达特别的感谢：没有爱人的全力支持，我几无可能完成这次翻译工作。在翻译期间我也得到了我的父亲、岳父及其他家人以及师长、朋友的鼓励与帮助；中国人民大学出版社的编辑尽心尽责，在细节上帮我一起打磨优化，其专业性与敬业精神令我折服，在此一并感谢！

　　我总是很乐于与一些杰出的投资经理建立联系。早在 20 世纪 50 年代我刚参加工作的时候，我就已经成为伊姆里·德·维格（Imrie de Vegh）的客户，而他所管理的基金在 50 年代表现得最为出色。后来我又认识了普信集团创始人 T. 罗·普莱斯先生，尽管当时他的公司规模还很小，但我还是毫不犹豫地将我的部分资产交由他来管理。同样，我也找到了 A. W. 琼斯（A. W. Jones）和其他当时成功的投资经理来管理我的资产。再后来我的公司又先后投资了沃伦·巴菲特、马克·莱特鲍恩、朱利安·罗伯逊、乔治·索罗斯、迈克尔·斯坦哈特以及拉尔夫·旺格管理的基金。

　　在本书中，我将聚焦于那些个人的投资决策确实可以实现资产增值的知名资产管理人，而非仅仅做一些行政管理工作的所谓投资人。他们推理的逻辑是什么？他们从哪里获得信息？他们做投资决策时更多的是依赖事实还是受心理因素驱动？他们选择投资标的的条件有哪些？他们都投资了哪些股票？他们做出投资决策的理由是什么？

　　本书的主题覆盖了多个不同的投资流派，包括"成长股投资派""价值投资派""技术派""新兴市场派""专业化公司派""小盘股派""困境反转派""自上而下选股派""自下而上选股派"等。

　　这些投资流派可以总结归纳为三种不同的投资哲学：预见未来——穿越迷雾比大众看得更远；实验分析——通过放大镜对现状进行比其他人更细致、更富有想象力的研究；敢为人先——投资迄今为止无人问津的领域。到底使用哪种投资哲学，取决于个人的思考以及到那时哪个投资领域还没有过热。杰出的投资大师往往能够因势而化，这也是本书开篇词——"时代在变，我们因时而变"所希望表达的观点。

尽管一位投资人有时可以一举成功致富，但是想要依赖运气在专业投资领域取得成功比在国际象棋领域取得成功还要希望渺茫。投资是一项高度依赖技能的手艺，每周都需要做出无数的决定。一位投资组合经理要想年复一年依靠运气取得卓越的投资业绩甚至比依靠运气赢得国际象棋锦标赛还要难。所以那些切实可以帮助投资取得成功或者导致投资失败的技术才更值得我们深入理解。

实际上，那些其职业生涯恰巧比邻我们所处时代的投资大师的故事会更加值得我们研究。原因在于，第一，他们的投资经受了一段时间的检验，这更有利于我们做出清晰而客观的判断。第二，即便这些投资大师的投资方法具有极大的价值，我们也已经无法定期获得他们的分享。例如，T. 罗·普莱斯的投资方法早在 1975 年就已经不再流行，但其实他的投资方法对我写作本书时所发生的并且仍在持续的高科技狂潮还是适用的——他认为要投资信息时代的企业，就必须摒弃传统的分析方法并怀着坚定的信念放手一搏，这才是投资高科技股的正确姿态！用普莱斯自己的话来说就是"在成长的沃土中"寻找领头羊。同样地，那些被菲利普·卡雷特和旺格所钟爱的小公司——如今被人们称为"小盘股"——总有重见天日的时刻，罗伯特·威尔逊的卖空艺术也是如此。

尽管被本杰明·格雷厄姆和约翰·内夫奉为圭臬的价值投资理论在如今的成长股浪潮中被忽视了，但是这轮浪潮过后，价值投资理论可能再度成为新的市场周期中最合适的投资方法。尽管"太阳底下没有新鲜事"这句话未必完全正确，但是伟大的原则往往历久弥新。

在牛市的爆发阶段一些投机者通过花哨的操作手法可以取得短期的令人艳羡的业绩，但是当牛市结束股市掉头向下时，他们所青睐的股票大多会像希腊神话中的伊卡洛斯＊一样，从高峰极速跌入谷底。这些追逐时髦热点的投机者给客户造成的亏损往往远远大于他们为客户创造的盈利。随着这些人的陨落，他们大量的信徒被他们一起带入深渊。同样的情况也发生在那些衍生品、日内短线交易以及大宗商品的投机者①身上。

无论如何，在试图对这些投机者下结论之前，让他们再表演一会儿似乎是最安全的。当科网股泡沫自行破裂时，一定会有一些引人入胜的教训可供借鉴，也一定会有一些成功的高科技投资组合经理值得研究。在股市中亏钱的方法远远多于赚钱的方法，所以这些投资大师给出的告诫才价值连城。

总而言之，我尽可能地选择那些具体展示了自己投资方法的大师，这也是本书特别具有实践指导作用的原因。正如德国铁血首相俾斯麦所言，即便是傻子也能从他们自己的经历中受益；但如果能够从他人的经历中获益岂不更好?!

＊　伊卡洛斯是希腊神话中代达罗斯的儿子，他与代达罗斯使用蜡和羽毛编织的翅膀逃离克里特岛时，因飞得太高双翼上的蜡被太阳晒化而跌落水中丧生。——译者注

①　商品投机是一种以榨取客户利益为目的的赌博游戏，而不是为了给客户创造财富。注重名声的券商绝对不应该向它们的个人客户推荐这样的产品。为什么编写关于赛马的书是非法的而从无知的赌马客手中搜刮针对腌猪肉的赌注（形容赌徒压根不知道自己押注了什么。——译者注）却是合法的呢？

目 录

第一章
普莱斯：成长股先生

20世纪90年代扶摇直上的牛市是最适合 T. 罗·普莱斯（T. Rowe Price）的市场。所有人都变得更加富有，但是只有少数人变成资藉豪富：那些通过慧眼识珠找到了成长股，例如微软、英特尔、思科、美国在线等，并能够骑牛而上的人最终成了耀眼的明星。他们的财富数十倍乃至数百倍地增长。那些仅在自己能力圈内进行投资的投资人对于这些高科技企业无法给出恰当的估值，最终与这些罕见的投资机会失之交臂。

那么我们在面对高科技股的不确定性时该如何决定是否置身其中呢？这一章就来谈谈这方面的投资技巧。

其中有一个非常关键的因素就是确信计算机技术、互联网、生物科技、电信技术以及其他高科技所带来的技术爆炸是真实的，它们正在改变世界。换句话说，其中蕴藏着巨大的增长机会。这一点毫无疑问并且不是最难掌握的真理！最难的地方在于如何把握这样的机会。普莱斯的投资方法为我们揭开了神秘的面纱，让我们一起来看看他的方法。

如同本杰明·格雷厄姆一样，1983年去世的普莱斯发明了一整套以他的名字命名的投资理论。在华尔街，"T.罗·普莱斯投资方法"如同"真正的本杰明·格雷厄姆标的"一样广为流传。普莱斯成长导向的思维逐渐开始取代格雷厄姆建立起来的系统化价值投资方法。实际上，他让"成长股"一词成为投资领域的流行语。普莱斯在美国巴尔的摩创立了普信集团，在他的努力下公司吸引了大量资本并最终成为美国最大的资产管理公司之一，公司涉足的领域也完全超出他的想象。正是在管理自己公司的过程中普莱斯形成了自己的投资哲学。

简言之，他的投资理论就是找到"成长的沃土"并长期持有成长股，这样一来，投资者就能取得良好的业绩。他所认定的成长型企业的特征是"长期盈利增长，在每一轮主要的业务周期中每股盈利都能创新高——这意味着该企业在未来的业务周期中也有可能创造更高的盈利"。（当然，在同一个业务周期中盈利也有可能下跌。）可口可乐（截至作者创作本书，巴菲特持仓最高的股票）在很长一段时间内就是符合这些特征的企业，同样具备这些特征的企业还包括默克、沃尔玛以及德州仪器。

普莱斯认为既然行业和企业都有生命周期，那么投资一家企业的最佳时机就在早期成长阶段，在这个阶段盈利增长最快而且风险最小。随着企业进入成熟阶段，投资者的机会逐渐减少，风险却与日俱增。成功地得出这一结论并运用于实战让普莱斯成为他那个时代最负盛名的专业投资者。

普莱斯出生于美国马里兰州格林登市——巴尔的摩人的夏日后花园。中年发福的他有着一双充满忧伤的眼睛，深色的八字须下是他洞悉人心却略带疲倦的勉强笑容。他的父亲是一名乡村医生。

投资就是他的生命，如同其他投资家、艺术家或者任何其他杰出的专业人士一样，普莱斯醉心于工作；他最大的兴趣就在于如何获得一流的业绩，而非让自己大发横财，他是那种将客户放在首位的真正的专业人士。"如果我们能为客户创造良好的收益，我们就会被眷顾。"他总是喜欢这么说。同时他渴望名垂青史，为了塑造个人的丰碑他总是密切关注媒体对他的报道。在他退休很久以后，为了创造新的投资纪录，他又开始撰文阐述他的投资思想。

即便年过八旬，普莱斯依然会在早上五点起床。他极度自律，做事井井有条，喜欢将一天的日程整理成清单并按顺序执行，而且他从来不做清单以外的事项。在投资方面他的表现也非常类似。当他以每股 20 美元的价格买入一只股票并且计划在每股价格上升到 40 美元时卖出，即便出现可能会提振股价的好消息，他也会坚决在 40 美元卖出。如果他决定在股价为 13 美元的时候进行增持，那么即便出现关于公司的负面新闻他也会坚决买入。

普莱斯的一位合伙人回忆称他"能力惊人、暴躁易怒并且狂妄自大"。所有人都尊称他为"普莱斯先生"，他是那种如果不能当船长就绝不上船的人。尽管他有时候会说"我犯过很多错……我并不聪明"，但与他共事的人都必须完全服从他的决定。换成其他行业他不可能是一位好的管理人，因为他讨厌授权给他人。

要成为一位伟大的投资家，你必须与众不同、特立独行，但希望这样一位独行客持续与他人共事并经营好一家企业也并不现实。通常意志强大的独行客总是拥有一群唯唯诺诺的下属，最终他要么将自己的公司卖给外部并购者从而将自己的付出变现（他的客户只能祈祷新的并购者依然能够为他们创造价值），要么带着惶恐将自己的公司卖给自己软弱的下属，而普莱斯正是这样做的，尽管他公开表达过他的下属并不是他合适的继任者。这位 65 岁的创始人在准备退休的时候，恰好遇到了一位三十多岁、能力出众的继任者。这位比普莱斯年轻很多的继任者没有招致普莱斯的嫉妒，因为他不是普莱斯的儿子辈或者竞争对手，而是他的孙子辈。

直到普莱斯晚年，普信集团的规模都不大。在 20 世纪 50 年代初，公司早期管理的投资组合仅有几亿美元，到 1966 年普莱斯年近七十的时候，公司规模差不多达到了 15 亿美元，然而与普信集团同期创办的其他一些投资顾问公司规模则是它的好几倍。普莱斯认为自己的公司在他退休以后规模不可能再扩张。当他卖出自己公司的时候，收购方曾提出让他在未来五年继续参与公司的经营，但是被他拒绝了，结果他眼睁睁地看着公司管理的投资组合在那段时间增长了 4 倍。

普信集团在普莱斯退休以后迎来了两个超级机会。第一个是小规模成长型公司受到投资者的极度追捧，令公司的成长股基金以及新地平线基金迎来了 6 年的荣耀时光；第二个是养老金市场的爆发式增长让管理养老金账户的基金经理蜂拥向近年拥有良好投资记录的投资管理公司。而当时接替普莱斯继任公司总裁的查尔斯·谢弗恰好是一名超级销售，所以公司骑牛而上赢得了大量业务（当然，后来公司又随着周期顺流而下）。

回想起来，不难看出公司与那些基于业绩慕名而来的客户存在着利益冲突。也许公司应该宣布——一如已经退休的普莱斯发布的个人申明——这种疯狂的增长是不可持续的，进而转向平衡的投资方法，同时拒绝接受那些只想着一路上涨的投资者的资金。

普莱斯将两个家族账户的持股组合成了一个"成长股投资组合标杆"，通过提供经过审计的持股和业绩数据，其中一个账户创建于 1934 年，而另一个账户创建于 1937 年，并持续投资到 1972 年。

一开始两个账户涉及的投资金额并不大，现金和债券都被忽略了。换句话说，这是为了展示如何选股而非如何管理投资组合，而且账户表现惊人。1934 年投入其中的每 1 000 美元，通过分红再投资，在不考虑税收的情况下到 1972 年 12 月 31 日变成了 271 201 美元；但如果在二战结束后才开始投资，那么投资收益将缩水一半。在忽略分红的情况下，整个投资组合从1950年到1972年增长了大约20倍，从1958年到1972年大约增长了4倍。

其中一些个股的表现惊人。例如，普莱斯买入并持有35年的百得公司股价从一开始的1.25美元飙升至1972年底的108美元；持有34年的霍尼韦尔公司股价从3.75美元增长至138美元；持有33年的3M公司股价从0.5美元飙升至85.625美元；同样持有33年的美商实快电力公司*股价则从0.75美元上涨至36.875美元；持有32年的默克集团股价从0.375美元增长至89.125美元。

对于需要纳税的投资者来说，找到优质股并长期持有显然比短线频繁买卖拥有更大的优势，这样不仅可以无限期地推迟缴纳资本利得税的时间，还可以把原本需要用于纳税的资金拿来投资，同时低频交易意味着更低的佣金开支。在复利效应的加持下，税后投资成果将大大超过具有同样投资水平的投资者，因为后者在频繁交易过程中需要持续地缴纳资本利得税和支付经纪人佣金。

早在20世纪50年代，我就已经意识到这种差异。当时我与一家投资顾问公司有联系，该公司管理着那个年代200多只基金中表现最好的基金，它的投资组合换手率也最高。而仅以微弱差距获得亚军的是普莱斯管理的成长股基金。后来我发现作为投资组合换手率最低的基金之一，成长股基金为大多数投资者创造了更高的税后收益。这样的投资方法甚至不需要由天才来操作。普莱斯是一个理智、机敏、经验丰富的人，他有着钢铁般的纪律和坚强的意志，但他并没有自称天才，相反，他声称自己的方法的优点之一就是非专业人士也可以成功地运用。

---

* 一家电气设备制造公司，专门生产和销售电力配电、控制和自动化设备。该公司成立于1902年，2003年被法国施耐德电气集团收购。——译者注

经过对这一切的反复思考，我得出的结论是，在现实世界中，寻找优秀公司并长期持有的投资方法对经验丰富、有能力但研究装备并不十分精良的投资者来说比频繁买卖效果更好。他不必事事关心，也不会总是左右为难。

"即使是那些缺乏训练和时间来管理其投资的业余投资者，也可以通过选择在"成长的沃土"中管理得最好的公司来实现财富增值。买入并持有它们的股票直到这些股票明显地不再符合成长股的定义。"普莱斯说。

选股标准

业余投资者真的能复制普莱斯的方法吗？让我们一起来看看普莱斯对成长型公司的要求：

1. 基于透彻的市场研究进行产品研发和市场开拓。

2. 没有你死我活的竞争。

3. 没有受到严格的政府监管。

4. 劳动力总成本低，但员工工资高。

5. 不低于10％的投资资本回报率、持续的高利润率和出色的每股盈利增长。

要选出符合这些条件的股票，普莱斯认为投资者需要经验和判断力，并且必须考虑社会、政治以及经济因素的影响。以我个人的判断，这一切都在勤奋、经验丰富的非专业人士的能力范围内。

普莱斯认为，利用"成长的沃土"来实现资本增值有两个方面需要考虑：找到一个仍处于增长阶段的行业，并选择该行业中最有前途的公司。

衡量行业成长性的两个最佳指标是产品销量（而非销售额）和利

润。在 20 世纪 90 年代，这两个指标会将你引向与计算机软件和互联网相关的股票，同时能让你远离那些压根没有盈利的企业。通常想要通过成长股获利就不能投资服务提供商，而是要投资那些为服务提供商生产必要工具的企业——例如思科、英特尔和微软；不要投资那些淘金者，而是要投资卖淘金盆给淘金者的公司。同时你还必须盯紧投资回报，一个行业只有在产品销量和利润两方面都能持续提升的情况下才具有吸引力。有很多研究报告定期公布哪些行业正在快速增长，投资者通常很容易知道那些闻名遐迩、令人兴奋的企业，但是往往不知道它们正在步入成熟期。

普莱斯指出，当一个行业最终成熟并开始走下坡路时，可能会产生"杠杆"效应：利润下降的速度甚至比产品销量下降的速度还要快。在职业生涯的早期，普莱斯曾准确地判断出铁路行业已经发展成为成熟行业：铁路吨英里*在业务改善的情况下开始下降，而且是持续下降，然而固定成本却没有同比例下降，这就导致利润急剧下滑。

随着政府的管控增强，普莱斯轻而易举地发现公用事业企业已经不可能带来令人满意的回报。甚至在第二次世界大战之前，他就已经预见航空、柴油发动机、空调、塑料和电视行业的前景优于渐趋成熟的汽车和钢铁行业。

无论是因为发明了新产品还是老产品有了新用途，一个正在经历新增长的旧行业也可能具有投资吸引力：新产品的增长已经改变了办公设备、特种化学品和石油钻井行业，并再次令相应股票焕发生机。

如何在具有吸引力的行业中找到最好的公司？这些公司往往能够通过以下两种方式来展示它们的卓越品质：要么在经济周期的下行阶

---

* 吨英里（ton-miles）表示货物运输量和运输距离的乘积，被用来评估运输业的规模和效率。——译者注

段实现了产品销量和利润的改善（"稳定增长"）；要么在多个经济周期中创造出更高的盈利（"周期性增长"）。当我们找到这样的公司以后，就需要进一步研究它们的发展方向以及它们的竞争优势能否持续。

以下这些品质可以帮助我们做这方面的判断：

1. 卓越的管理。

2. 杰出的研发。

3. 专利。

4. 雄厚的财力。

5. 有利的地理位置（如果适用的话）。

只有当这些品质都能够持续保持，我们才能做出这家公司的股票有可能是成长股的判断。

当增长转为衰退时，通常是由于以上优势受到了侵蚀。例如：

1. 继任的管理层碌碌无为。

2. 市场饱和。

3. 专利到期或者竞争对手的新发明令原有专利价值大不如前。

4. 竞争加剧。

5. 法律环境恶化。

6. 人力和原材料成本上升。

以上这些改变的发生会反映在不断下滑的产品销量、利润率和资本回报率等指标上。此时成长股投资者应该转向其他投资标的。

普莱斯不相信对公司未来的具体预测。"没有人能看清未来三年的变化，更不用提五年或十年了，"他说，"竞争、新发明，这些林林总总的新情况可以在 12 个月内彻底改变局面。"因此，华尔街流行的"估值模型"——逐年预测未来收益，然后进行折现从而计算出一个理论上的价格并与市值进行比较——是值得高度怀疑的。普莱斯认为，只要公司的良好发展势头能够持续，投资者就应该始终坚持投资增长最快行业中的最好公司，而不应该试图通过所谓精确的数学方法从不可知的未来中创造出虚幻的确定性。[①]

凭借这种方法就可以在 20 世纪 90 年代从软件、电子商务、生物遗传和电信领域发现超级成长股。就这么简单，买入头部公司的股票而不是依靠复杂的图表与预测。

普莱斯从未像研究行业和公司那样研究过不同国家的股票市场，进而形成合乎逻辑的结论。多年来，当他还活跃在投资界的时候，日本市场提供了绝佳的投资机会，这既是因为日本人非凡的生产效率，也是因为外国投资者忽视了日本市场。一些世界上最伟大的公司多年来一直以三四倍的市盈率进行交易，尽管这些公司仍在持续不断地变得更大、更强。普莱斯没有投资日本市场的理由是他已经做得足够好，所以最佳策略就是坚守他最熟悉的市场。

在考虑一项投资时，普莱斯总喜欢问："投资人的投资回报率是多少？"如果你以很高的市盈率（例如 40 倍）买入一只股票，那么你就只能取得 2.5% 的"收益率"，无论公司自身资本的回报率是多少。此外，在这种情况下，你的股息收益率可能低于 1%。当然，你希望股息收益率能够上涨，但这类股票的股息收益率需要非常长的时间才能达到相当于你从债券投资中获得的收益率水平（比如利率为 9% 的债券）。

正如普莱斯在名为《成长股估值原则》的一本小册子中所指出的，当债券收益率变得诱人并被当作股票投资的替代品时，说明高市盈率成长股的回报率已经低得令人难以置信。

---

① 我想用一个小例子来证明这一点：15 年后，纽约出租车司机将会获得多少收入？你可以尝试通过预测通货膨胀、人均国民生产总值、人口增长、汽油和汽车价格以及数十个其他因素来进行计算，但我敢断言所有这些都是无用功。你所能知道的就是如果他们努力工作，那么他们仍将着过着简朴的生活。

买入时机

任何人都应该将普莱斯提出的股票交易具体步骤记住并严格遵守。它分为两部分：确定具体价格，然后按某个规模买入。

估值

正如人们所预期的那样，普莱斯强调使用市盈率进行估值，而非对有形资产的评估（尽管在职业生涯的后期，他开始对自然资源产生浓厚的兴趣）。

以下几个因素有助于一位投资人确定究竟应该以多少倍市盈率买入一只股票：

1. 最重要的是企业盈利增长真实可靠，但是人们不应该认为成长股的高速增长在未来能够持续很多年。

2. 当成长股不再受人热捧时，就是买入它们的最佳时机。

3. 分红持续提高的"蓝筹股"的市盈率应高于分红没有增长的次优股。

4. 稳定增长企业的价值高于变幻莫测的周期性企业，当然，周期性企业在衰退期的市盈率显然要高于在繁荣期的市盈率。

5. 当债券也能产生高收益时，投资人应该以更低的市盈率买入成长股。

6. 同样，当股票价格的总体水平足够低，以至收益率达到5％或更高时，投资人应该以更低的市盈率购买成长股。相反，当股票总体收益率降至3％或2％甚至更低水平时，投资人可以为成长股支付更高的价格。换言之，成长股的"总回报"必须与债券或股票整体的"总回报"进行比较。

在实践中，普莱斯似乎是通过观察过去几个市场周期中的市盈率高点和低点来为他感兴趣的成长股定价的，最终的目标市盈率约比标的股在此期间触及的最低市盈率高出三分之一。

按某个规模买入

当一只股票的价格跌入普莱斯的目标买入区间时，他就会相当积极地买入，而不是等着"抄底"——在他看来这是不可能做到的。如果一只股票的价格跌到比他最初的买入价低很多的时候，他就会买入一些，但他大部分仓位的买入均价比他最初定下的目标价低不了多少。

卖出时机

同买入一样，卖出也分为两部分。

估值

普莱斯强调，人们必须能够判断一家公司的盈利增长何时即将结束。但他没有公布方法，只是警告大家一定要注意以下一些变化和陷阱：

1. 谨防投资资本回报率的下降。这通常是公司步入成熟期的一种警告。

2. 整体经济的衰退为研究特定公司的业绩制造了障碍。尽管公司的增长能力仍然完好无损，但它受到经济环境的拖累，盈利可能会下降；相反，它的增长已经力竭而衰，但受良好经济环境的推动，盈利仍旧在增长，这往往是投资人在公司业绩下降过程中容易忽视的一点。

3. 一些行业，如房地产、火灾和巨灾保险，有着与经济周期截然不同的行业周期，这使对公司进行评估变得更加困难。

按某个规模卖出

当普莱斯决定在牛市中卖出一只股票时，他会一直等到股价超过当初确定的买入价上限的30%。在这个价位上他会卖出10%的仓位，然后依次类推，股价每上涨 10％，他就会再卖出 10％ 的仓位。

然而，如果牛市已经达到顶峰，或者如果股票本身似乎正在崩溃，又或者公司有坏消息传出，他就会大规模卖出一只已经准备淘汰的股票。

普莱斯改弦易张

到 1965 年，普莱斯已经持续倡导成长股投资超过 30 年的时间。起初，对于那些跨越经济周期盈利依然能够屡创新高的公司，他几乎是唯一一个意识到它们极具投资价值的人。聚沙成塔，他最终吸引了如此多的追随者，并建立了一个如此庞大的组织，以至不仅他的投资方法被称为"T. 罗·普莱斯投资方法"，而且他最喜欢的那些公司股票，例如百得、埃默里航空货运、雅芳、罗林斯*和弗利特伍德公司**，都被称为"T. 罗·普莱斯股票"。但后来其中一些股票的市盈率飙升至 50～70 倍。

这也导致普莱斯最终宣布是时候改变了，并在随后几年的时间里发表了一系列研究报告，他在名为《投资者的新时代》的小册子中总结了这些研究报告。这本小册子并没有在它的读者或者道听途说的人中引起波澜，但是在投资界引起了很大的轰动，原因就在于其推理非常有说服力。在这本小册子中，普莱斯竟然劝大家不要投资"T. 罗·普莱斯股票"！那么新的投资方向又在哪里呢？

普莱斯发现在用他的老方法找到的股票中已经没有多少便宜货。他的目标是找到在十年内能够使其收入和股价翻番的公司（如果通货

---

  * 世界上最大的害虫和白蚁防治公司。——译者注
  ** 美国预制房屋生产商。——译者注

膨胀率很高，那么这个过程应该比十年更短）。但如果某只股票的市盈率已经有四五十倍，要实现这样的目标就非常困难了。如果还有什么意外发生，该怎么办？难道寄希望于这么高的市盈率能够持续到目标实现吗？

普莱斯指出在对未来虚幻的增长感到兴奋时，投资者可能忽视了自然资源资产的价值。因此，他提出了被他称作"新时代"的投资方法，这意味着除了成长股以外，投资者还应该购买能够对抗通货膨胀的资产，如房地产、自然资源、黄金和白银。

他降低了对成长股的持仓，并将包括出售公司所得的家庭资产中相当大的一部分平均地投到债券和股票上，这些股票都是根据他的"新时代"方法筛选出来的，尤其是黄金股。

十年后，他从这些持仓上获得了可观的利润，市场中投资其他股票尤其是成长股的投资者可就没这么幸运了。

白天不懂夜的黑

令普莱斯非常沮丧的是他的继任者继续玩着老把戏，完全无视每一美元盈利或分红收益已经大不如前，继续将客户的资金投到成长股上。（事实上我记得一位与该公司关系密切的热心人士告诉我，公司内部普遍认为如果还存在什么更好的投资方法的话，那就是买进市盈率最高的股票，因为当企业盈利上升时——它们的盈利当然会上涨，否则你怎么可能会买入呢——这些股票的价格肯定会随之上涨，这也是机构投资者普遍接受的逻辑。更明显的是，每一美元的盈利增长对具有 50 倍市盈率股票的价格提升作用要明显高于具有 10 倍市盈率的股票。）

我们现在可以清晰地认识到这些愚蠢的推理不过是人云亦云的羊

群效应罢了，但当时事情就这样发生了。

到 1974 年，普莱斯担心的事情还是发生了。成长股成了重灾区，许多股票从之前的高点下跌 75％甚至 80％。曾经令普莱斯引以为傲的新地平线基金在 1973 年重挫 42％，在 1974 年继续下跌 39％。在赎回和市场下跌的叠加效应下，整个基金规模在两年内从 5.11 亿美元跌至 2.03 亿美元。

普信集团简直命中注定要随着 1974 年的熊市急转直下。普莱斯的继任者需要莫大的勇气才可能在公司最辉煌的时候急流勇退。拒绝那些蜂拥而至的资金既有违人性，也会影响公司以客为尊的声誉——公司出售持股的消息一旦传开还可能造成股价泡沫的破裂。这样做还将涉及重组公司的研究部门，因为该部门之前一直致力于成长股的分析研究，这如同关闭一家非常成功的法国餐厅并将其转型为一家日本料理店一样：理论上可行，但实际上几无可能。最后，每个人都忙于承接新业务而无暇顾及看路。与雅芳类似的成长股每个月都能上涨 1％或 2％。普信集团买入这些股票后，摩根担保又抢着接盘，股价继续上涨；美国信托、银行和共同基金蜂拥而至，这令股价进一步上涨；由同一批经纪商服务的瑞士私人银行也加入了狂欢的行列；紧接着其他基金和对冲基金的基金经理也杀了进来，这让最初的购买者显得非常睿智，所以普信集团买入了更多的成长股。更令人兴奋的是，不断上涨的股价创造了更辉煌的投资业绩，这意味着更多的客户、更高的佣金。

当成长股在 1974 年失宠时，"成长股"这个名词几乎成了华尔街的禁忌。1973 年，那些狂热的机构以 130 美元、55 倍市盈率买入雅芳的股票，在 1974 年又不得不以 25 美元、13 倍市盈率将其抛售。直到 1974 年底股市已经跌得面目全非时，普莱斯终于认为再次购买成长股的时机到了，当然，具体买入哪些成长股需要与时俱进。虽然这些成长股的价格已经极低，但其中许多企业已经步入成熟期，未来成长潜力不再。

因此，在他的个人投资组合中，普莱斯再次改变了策略。他将自己感兴趣的股票分为三类："明日之星"——那些他认为仍处于生命周期早期阶段的成长型公司；"老成持重"——那些身经百战、前景不那么有想象力但是股价已经跌破他的估值的公司；"什锦串烧"——那些以自然资源（如黄金、白银等）为主业且股价已经跌至他认为的"破产清算价"的公司。

到1977年底，他个人的投资哲学和他所创立的普信集团的投资行为令公众感到混乱和迷惑，这同样令普莱斯感到非常不安。他个人的投资哲学虽然以增长为导向，但精髓还是买入物有所值的公司，而他所创立的普信集团将他的投资哲学简化为只要买入并持有成长股就行。因此，他在多次被采访时申明："普信集团和我就如同白昼和黑夜一样截然不同。"[1] 这种年长的绅士愤怒地谴责他的继任者的奇闻尽管有些好笑，但也难免有一丝伤感蕴含其中。这不禁令人想起了创办肯德基的桑德斯上校，在他卖出自己的公司以后针对肯德基针砭时弊就成了他的专长。

无论怎样，普莱斯是对的。当成长股泡沫在1973—1974年破裂时，资产规模庞大的普信集团给客户造成的亏损很可能比它之前为客户创造的财富要多得多，因为在它早期表现优异的时候规模很小。事后回顾，很难想象所有聪明、训练有素、经验丰富的就职于普信集团、摩根担保、美国信托以及许多其他杰出机构的基金经理，不仅愉快地持有而且持续以高得惊人的价格买入所谓的高增长时髦股票，即便这些公司能够实现投资者幻想中的成长目标，它们的估值也只能用市梦

---

① 普信集团并没有像其客户那样遭受那么多的损失，因为养老基金作为公司的长期客户还在追加新资金，同时公司开发的固定收益基金大受欢迎。在接下来的几年里，它恢复稳定并获得了极大的发展。

率来形容。更可悲的是，普莱斯的有些追随者在这些成长股的价格达到顶峰时买入，在价格下跌了四分之三之后彻底放弃了对成长股投资的幻想斩仓出局，结果倒在了黎明前夕。这样看来，普莱斯急切地希望与这些人撇清关系也就不难理解了。

那么普信集团究竟如何才能避免这场灾难呢？在我看来，只需要做对两件事情。在普莱斯发现了他的成长股投资原则之后，他本可以将始终坚持常识、务实并且保持灵活性作为普信集团信奉的投资美德。也许这样，随着成长股的价格达到灾难性的水平，公司团队会降低成长股的仓位。又或者，他本可以找到并培养一位合适的继任者，一位他一手培养起来并能够继承他的衣钵的投资大师——这个人有智慧、有能力在危机到来时彻底改变公司的经营方向。但是培养这样的继承人并不在他的选择清单中，这是普莱斯的个性使然。

20世纪90年代的大牛市堪称一个最适合普莱斯投资哲学的完美时机。然而，正如我在2000年所写的那样，市场上的某些股票表现极度夸张，让那些经历过1973年泡沫的人不禁浮想联翩：当年普莱斯看到了成长股的泡沫并果断采取了行动。如果身处如今的牛市，他也能同样果断吗？我相信他会做出同样的选择。

第二章
巴菲特：买股票就是买公司

近几十年来，以前在他的家乡都籍籍无名的沃伦·巴菲特，已经成为"奥马哈的先知"，美国最成功的投资者和最富有的人之一。他的起起伏伏——大多是上升——甚至随意的一句话都会成为商业媒体上的新闻。正是由于关于他的报道越来越多，学习他也就变得更加方便。

巴菲特最初是本杰明·格雷厄姆的门徒，而格雷厄姆则是"价值投资"（相对于成长股投资）的鼻祖。格雷厄姆在他的《聪明的投资者》一书中全方位地展示了"价值投资"方法。当一个门徒成为大师或者当时代发生变化时，门徒就会超越老师的理念，开辟属于自己的新天地。巴菲特也不例外。

如果你在 1956 年巴菲特的投资合伙企业成立时投入了 10 000 美元，那么到 1969 年底他解散该合伙企业时，你将获得大约 267 691 美元。在这 14 年中他从未亏损，即便身处 1957 年、1962 年、1966 年和 1969 年的大熊市（当然，1999 年他经历了投资的低谷）。在合伙企业解散后，你可以继续追随巴菲特，成为伯克希尔-哈撒韦的股东，该公司从合伙企业中剥离出来并成为巴菲特的投资工具。在这种情况下，你的 10 000 美元持有至今将变成大约 5 000 万美元。（这种令人叹为观止的表现应部分归功于巴菲特使用了保险公司的准备金购买股票，而不是通过发行债券。用一家公司收购另一家公司也是产生这种高收益的因素之一。因此将巴菲特的表现与基金的表现进行比较并不合适。）

尽管巴菲特拥有大量财富，但他的生活方式依然比较质朴。他直截了当、和蔼可亲。从专业的角度来看，他从事的是趁火打劫的生意，尽管如此，巴菲特却是"一只令人愉悦的秃鹫"。长着一张大嘴的圆脸被深深的微笑纹包围着，大喇叭框眼镜后面是他那好奇的双眼，他发际线很高，浓密的头发有一点凌乱，眉间有几道深深的皱纹。巴菲特总是穿着皱皱巴巴的中西部风格外套，身材魁梧，喜欢吃垃圾食品，包括汉堡包、炸薯条、软糖和樱桃味的百事可乐。众所周知，他会在晚餐时拒绝来一杯葡萄酒："不，谢谢，我宁可把钱省下来。"这几乎成了巴菲特晚餐时的口头禅。简言之，巴菲特的生活并不奢华，他既没有如宫殿般奢华的宅邸，也没有游艇、艺术收藏品等。

巴菲特为他的每个孩子建立了额度合适的信托基金。由于害怕金钱会毁掉他们的前程，巴菲特不想给他们留太多的遗产。他说："我的孩子们将在这个世界上开创属于他们自己的新世界，他们做什么我都会支持。"但是巴菲特不想因为自己的孩子们仅仅由于出生在一个好的家庭就给他们提供"终身饭票"。而他的孩子们未必对他这样的关怀心生愉悦，他的女儿苏珊曾说："大多数父母都愿意掏钱给自己的孩子们买点东西，这是人之常情，而你需要的只是一笔小钱，但是我爸爸有他的原则，他不会掏钱这么做。你不觉得这有点奇怪吗？在我的一生中，我爸爸一直在说教。好吧，我觉得我已经完全明白，他就应该适可而止。"

他发现幸福来自日积跬步，而非日行千里的一蹴而就[1]。为你的房子增加了一个房间就应该让你感到快乐，而不是非要等住到宫殿里才感到开心。他的信条是"基于机会平等的精英体制"。仅仅因为出生在一个好的家庭就拥有了"终身饭票"就是"社会不公"[2]。与这一信条一脉相承，他将大部分财富留给了一个基金会，该基金会有朝一日可能会成为世界上最大的基金会之一。

无法逾越的护城河

巴菲特将世界上的生意分成了两类，而这就是他投资思想的核心：一类是极少数优秀的企业——非常值得投资；另一类则是大量平庸拙劣的企业——长期而言毫无吸引力。大多数企业的股价高于它们的价值，但在少数极端情况下，受对经济和股市悲观情绪的影响，一些优秀企业的股价可能会接近白菜价，当这种情况发生时不要犹豫，大胆买入！巴菲特喜欢持有六只左右的核心股，外加十几只可能会被抛售的股票。他将传统的多元化描述为"诺亚方舟式的方法：所有的股票各来一点，你最终得到的是一个动物园而不是一个投资组合"。（极度专注是他的偏好，而不是放之四海而皆准的真理。我在后文会谈及这一问题。）

对于巴菲特而言，一门好生意的关键是其商业特许经营权，即护城河的强弱，拥有这一特质的企业就不会被另一家企业强行挤压它的

---

① 这是投资家罗伯特·威尔逊分享的一个见解（见本书第十六章）。客观地说，在财富达到一定水平之后，一个人就无法通过变得更加富有来改善自己的处境，最明智的做法就是调整自己的价值观。

② 就此而言，有人认为将巨额资金交给聪明的资金管理人管理与直接投资企业也是不同的，前者也是一种社会不公的体现。作为长期投资者的巴菲特建议对短期利润征收100%的税，但大多数人认为一个人凭自身实力获得成功并无不妥。

价格和利润。美国经济体系与生俱来的竞争机制抑制了强大特许经营权的诞生。事实上，美国部分行业的利润率已经低至它们根本无法吸引投资来生产社会所需的商品和服务。当企业无能为力时，政府显然不会坐视不理，但政府介入的结果通常是好心办坏事。政府用租金管制制度消灭了小而高效的房东后所建立起来的公共住房体系反而造成了更大的浪费，见证过这一神奇现象的读者应该明白我所言非虚。

当被问及商业特许经营权时，巴菲特给出了如下解释：

> 测试特许经营权的一种方法是想象一个拥有很多钱的聪明人会对它做些什么。如果你给我十亿美元，并挑选全美 50 名商业经理，我绝对可以同时在商界和新闻界把他们打得落花流水。但是如果你让我"把《华尔街日报》干掉"，我会把十亿美元还给你。尽管心不甘情不愿，但我还是会把十亿美元还给你。对企业的真正考验是竞争对手能对它造成多大的伤害，尤其是竞争对手在不计成本的情况下。难点在于如何找到还没有被其他人发现的这么一家企业。

巴菲特认为值得拥有的企业通常都拥有强大的特许经营权，其中有一类企业被他称为"毛利特许权"企业，也许称为"收入特许权"企业更加合适。这其中包括电视台、报纸、国际广告公司和大型保险经纪公司。受益于它们所服务对象的大量投资，它们自身仅需少量营运资本，因此它们为股东赚了很多。不幸的资本密集型生产商——例如通用汽车——通常必须通过这些"特许权"企业的收费口才能吸引客户的注意力，例如智威汤逊广告公司*、《华尔街日报》、地方电视台。

---

* 智威汤逊广告公司是全球第一家广告公司，迄今为止已有约 160 年历史，业务遍布全球。——译者注

巴菲特喜欢的拥有特许经营权的企业还包括如保险和再保险公司、富国银行和房地美一类的金融公司，业务独特的 S&H 绿色印花公司*，家具和珠宝零售商以及糖果制造商等，但是在这些领域拥有强大竞争优势并能牢牢把控自己利基市场的企业可谓凤毛麟角。最近几十年巴菲特在格雷厄姆式的价值投资基础上开始买入大型跨国消费品企业的股票，例如可口可乐和吉列这类拥有强大护城河的企业。

我曾去奥马哈拜访巴菲特几天。他的办公室位于一栋摩登大厦的高层，办公室干净而低调，墙上挂着镶着镜框的文件，桌上放着一盒软糖，巴菲特会时不时地拿一些来吃。这些美味的软糖由伯克希尔-哈撒韦旗下的喜诗糖果生产，靠墙的书架上摆着好几个版本的格雷厄姆和多德合著的《证券分析》以及其他一些金融著作。

和蔼可亲、脸色红润的巴菲特总是面带好奇，他把双脚舒适地架在桌子上，给自己倒了一杯百事可乐，然后以中西部人特有的那种毫无起伏的声调开始滔滔不绝地、愉快地谈论他的想法：

> 当我还在华盛顿的伍德罗·威尔逊中学读高中时（谈话间巴菲特又给自己倒了一些百事可乐，加入樱桃糖浆后又倒入了更多的可乐），另一个人和我创办了威尔逊投币弹球机公司。那年我15岁，我们在理发店里放了翻新的弹球机（pinball machine）。在华盛顿，你只有买了税票才能做弹球机生意。我印象中整个华盛顿做这门生意的只有我们买了税票。一开始，我们花25美元买了一台旧机器并把它放到了一家理发店里，当晚我们去检查机器的时候发现里面有4美元！我意识到我发现了点石成金的金手指（转眼

---

* 1896 年由托马斯·斯佩瑞（Thomas Sperry）和雪莱·哈钦森（Shelly Hutchinson）创办，印制绿色印花帮助商户给消费者积累积分，类似后来巴菲特收购的蓝筹印花公司的业务。——译者注

间巴菲特喝完了一杯百事可乐，然后又满上并加了点樱桃糖浆）。最终，我们每周可以赚 50 美元。我完全没有意识到生活竟然会如此美好。在我高中毕业前，我花 1 200 美元在内布拉斯加州东北部为自己买了一个有 40 英亩大的农场。

巴菲特的父亲是一位深受孩子们敬重的极端保守主义者。他曾担任四届共和党国会议员，后来成为一名股票经纪人。`他为人正直，对金钱兴趣寥寥：当国会议员的薪酬从 10 000 美元增长到 12 500 美元时，他将增加的部分退回了财政部。他把巴菲特的生意当作小孩的把戏，并希望儿子能成为一名牧师。

12 岁那年巴菲特喜欢上了障碍赛马，编制并出售一份名为《马厩男孩精选》的赛马贴士小册子。他说服父亲从国会图书馆借出了所有关于障碍赛马下注的书。要是这事儿发生在现在，国会图书馆会怎么看待巴菲特父亲提出的要求呢？

后来，我们都知道巴菲特又做了很多生意，例如拣回别人丢失的高尔夫球然后重新包装出售，经营好几条《华盛顿邮报》的送报路线①。送报纸业务为他赚了 9 000 美元，靠这份收入巴菲特读完了大学。

他还曾对股市技术分析非常着迷，并开发出了自己的市场预测指标。然而，这一切对巴菲特而言都没有真正的意义，他在 1949 年读了格雷厄姆写的《聪明的投资者》一书后放弃了技术分析，当时他还在内布拉斯加大学读书。第二年，他就去了哥伦比亚大学，因为格雷厄姆和多德（《证券分析》一书的共同创作者）都在那里教书。

---

① 做报童让巴菲特找到了致富之路。巴菲特财富的很大一部分来自他在报纸上的投资。他是《华盛顿邮报》、《波士顿环球报》和《布法罗晚报》的最大外部股东。尽管投资《奥马哈太阳报》在财务上没有回报，但是这份报纸因揭露孤儿城（Boys Town）假借慈善名义中饱私囊的丑闻而获得了美国新闻界的奥斯卡奖——普利策奖。

巴菲特在《名人录》一书中注意到格雷厄姆是盖可保险（GEICO，全称政府雇员保险公司）的董事，该公司通过邮件的方式直接向客户销售汽车险，而不是如同传统保险公司那样通过代理人销售保险。某个星期六他独自来到盖可保险的办公楼并按响了门铃，最终一个看门人为他开了门，巴菲特问是否有人可以给他介绍一下公司的业务。看门人把他带到楼上 L. A. 戴维森（L. A. Davidson）的办公室，戴维森后来成为盖可保险的首席执行官。在追问了戴维斯五个小时以后，巴菲特兴奋地离开了盖可保险的办公楼。

毕业后巴菲特提出为格雷厄姆免费工作，然而格雷厄姆拒绝了他*，所以他只能回到奥马哈为他的父亲打工。他向其他人大力推荐盖可保险，然而鲜有人问津。事实上，一些保险代理人向巴菲特的父亲施加压力，要求他阻止巴菲特推广不使用保险代理人的保险公司。

不久之后巴菲特有了一个新的想法，那就是让真正了解一家公司的人购买其股票。例如，堪萨斯城人寿股票的市盈率仅为 3 倍，也可以理解为 33％的"投资回报率"，而其销售的保单收益仅以每年 2.5％的幅度增长。巴菲特认为，那些独立代理人每天都在销售堪萨斯城人寿的保单并将保费支票寄回公司，他们显然不会怀疑堪萨斯城人寿的真实性——但是盖可保险另当别论，因为它没有保险代理人——所以让这些保险代理人买入堪萨斯城人寿的股票也就顺理成章了。然而事实恰恰相反，这些保险代理人宁可为自己和家人购买收益每年仅增长2.5％的保单，也不愿意购买收益率达到 33％的保险公司股票！巴菲特从未成功地说服一位保险代理人购买自己所供职保险公司的股票。

1952 年，时年 21 岁的巴菲特在报纸上刊登了一则广告，宣称他开设了一门投资课程，希望以此来吸引客户，在之后的几年他都投放了

---

* 不是因为巴菲特不够优秀，而是因为当时格雷厄姆希望把工作机会留给犹太人。——译者注

这样的广告，然后他又花 100 美元购买了一门关于戴尔·卡耐基公共演讲的课程。一些他的投资课"学生"确实投资了他，结果成了千万富翁，甚至是亿万富翁。

巴菲特和格雷厄姆

巴菲特一直与格雷厄姆保持着联系，时不时地告知后者自己关于投资的想法并希望从后者那里获得投资业务。同样，格雷厄姆也非常慷慨地与巴菲特分享自己的时间和想法。就这样到了 1954 年，格雷厄姆让巴菲特来纽约见自己。巴菲特毫不犹豫地飞去纽约并最终在格雷厄姆-纽曼公司获得了一席之地，在那里他获得了格雷厄姆两年的指导。如今他对那两年具体做了什么已经印象模糊，但一定包括分析数百家公司并检验它们是否符合格雷厄姆的投资标准。

格雷厄姆并不考虑企业护城河或特许经营权这样的问题。在美国运通深陷色拉油丑闻危机的时候，他也绝对不会买入其股票，同样他也不会买入迪士尼的股票（这两只股票是巴菲特偏离格雷厄姆投资理念的两次早期尝试），更不用说公务机分时租赁公司或可口可乐的股票了。他不相信"定性"分析——研究一家公司的产品、运营方式以及前景，他也从不与管理层交流。他相信通过详尽研究那些可获得的数据就能完成他的所有工作，即"定量"分析。他不想利用任何非公开的信息。这种投资方法曾经获利颇丰，但还不能满足巴菲特的胃口，他发现这种机械式的投资与"填写团体人寿保单"实在太相似了。此外，这种方法能够吸引的资本规模有限。

我问巴菲特他对按照财经类书刊推荐的股票按图索骥地进行投资怎么看，他认为这并不是明智之举。"如果你买入一只股票并长期持有，你的收益就和公司的经营回报一致。如果公司的资本回报率不高，那么你的收益也好不到哪里去。想要获得更高的收益，你就需要更高的资本回报率。因此，你必须确保在合适的时机脱手'格雷厄姆'式的投资，但如果你持有的是一家高增长公司的股票，那么只要它继续快速发展，你就可以继续持有。"

在大师门下做了两年学徒后，巴菲特愉快地以大师的身份开始创造属于自己的远大前程。他再次回到奥马哈，买了一栋宽敞的房子，开启了他的投资传奇。

回想起来，鉴于巴菲特出众的智力、对投资的痴迷，以及在学术和实践两方面的充足准备，人们本不应对他能够实现出色的投资业绩感到惊讶。然而，尽管人们可以预见他能够做得很好，但是无法预见他可以做得这么好！

在金钱问题上，相比身处波士顿或佛罗伦萨这些国际化大都会，偏居一隅的巴菲特却享有属于奥马哈的独特优势。我之所以这么说是因为奥马哈的一切，就如同美国许多其他城镇一样，似乎都专注于商业。既没有庄严的寺庙或华丽的宫殿，没有古色古香的书店，也没有宜人的凉亭或拱廊，没有为恋人准备的河畔长椅，更没有博物馆或伟大的收藏品，取而代之的是办公楼、联合太平洋铁路公司的终点站、租车公司、农用设备批发商、机械工具制造商。

我怀疑奥马哈是否存在巴菲特不熟悉其经济史的重要建筑或企业。只要你有机会和他一起到奥马哈的市区走走，他就会滔滔不绝地讲述所经过的每一栋大楼和每家企业的财务特征。

就像一位经验丰富的医生往往能够在病人落座之前就鉴别出对方是否罹患贫血症一样，巴菲特只要扫一眼公司年报，就会指指年报的这里或那里，并说明为什么库存过多或工厂回报不足。在本书介绍的所有投资大师中，巴菲特是对自己所持有股票的公司了解最透彻的人，就如同了解一个有机生物体的心脏、肺、骨骼、动脉和神经系统的方方面面一样。对于巴菲特而言，一位投资人脑子里装着除企业经营现实之外的其他任何东西都是不可理喻的，而企业的经营现实就包括它的管理水平、工厂状况、客户和劳资关系、现金头寸、运营所需资本——就像动物的五脏六腑一样。巴菲特认为华尔街那些谈论股票趋势或机构重仓股的人是荒谬的，他们不仅懒惰而且无知。巴菲特将他们比作将手中的望远镜束之高阁转而请教占星术的天文学家。

他认为一股股票就是企业的一小部分所有权，在开始买入前就应该首先问自己："我愿意花多少钱买下这家公司？在此基础上，我将为其中的1％或10％付多少钱？"他认为真正值得购买的公司如凤毛麟角，即便有这样的公司，他也只在其不受欢迎时才会考虑买入。一旦对公司的内在价值有了清晰的评估，投资人就有了在股市最黑暗时期买入的勇气。

1956年，25岁的巴菲特创办了面向家庭的投资合伙企业*，初始资本金为10万美元。在经营了一段时间后，他就把自己全部身家投入其中。作为投资管理人，巴菲特仅在年化回报率超过6％的时候才收取投资收益的25％作为业绩提成。

每年巴菲特都会写信告诉他的投资合伙人：

> 我无法承诺回报，但我有能力并且一定可以做到的是：
>
> a. 我们选择投资标的是基于其价值而非潮流。
>
> b. 我们运作的主要方式是将本金永久亏损（注意，不是根据短期股价计算的浮亏）的可能性降至最低。

他所宣称的投资目标不是一个绝对值，而是相对值，即平均年化回报率超出道琼斯指数收益率10个百分点。总体而言，他发现购买被

＊ 类似于今天的私募基金。——译者注

低估的上市公司股票要比整体收购这家公司便宜得多。他还经常参与并购和套利交易。偶尔，他也会成为上市公司的控股股东或通过谈判整体收购一家私营企业。同时，他拒绝向他的投资合伙人透露自己的具体操作，因为如果告知投资合伙人投入的资金有40%被用于买入美国运通的股票，或者他看涨白银期货并建立了很大的仓位，那么投资合伙人就可能会担心，继而提出很多问题，甚至给他邮寄资料以期影响他。而这些行为的最佳结果会浪费他很多时间，最坏结果则是他受到这些行为的影响。他说，这就像外科医生一边进行大手术一边还不断与病人闲聊。

1961年，巴菲特成为登普斯特农机制造公司的董事长。该公司位于内布拉斯加州的比阿特丽斯市，该公司不仅生产农用工具，而且是所在小镇的最大雇主。1963年，他决定联合其他人一起整体收购这家公司。1965年，他接管了位于马萨诸塞州新贝德福德市的伯克希尔-哈撒韦，这是一家纺织品制造公司，而且已经很长时间没有盈利。当时它的股价仅为7美元一股，背后却是每股10美元的营运资金——这是典型的格雷厄姆式投资。尽管伯克希尔-哈撒韦成了巴菲特进行其他收购的载体，但它的纺织业务从来就没有理顺过，最终巴菲特不得不关闭了它的纺织业务。他在纺织行业的经历使他坚信永远不要期待所谓的"困境反转"。

伯克希尔-哈撒韦的一份年度报告［其风格应该归功于《财富》杂志专栏作家卡罗尔·卢米斯（Carol Loomis）］引用了塞缪尔·约翰逊（Samuel Johnson）的话："一匹能数到十的马是一匹了不起的马，但绝不是一位了不起的数学家；一家纺织公司能够出色地分配资本称得上是一家了不起的纺织公司，但绝不是一家了不起的公司。"（这段话道出了真谛，但绝非格雷厄姆式的观点。）

通过伯克希尔-哈撒韦，巴菲特整体收购了很多公司：一家巧克力糖果制造商（喜诗糖果）、一家印花公司（蓝筹印花）、几家保险公司和银行、另一家纺织公司、一家储贷协会、一份日报和一份周报，以及一家为钢铁公司提供服务的机构。他经常提到，通过股市投资能够成交的价格往往比整体收购低得多。企业唯一的所有者不太可能像市场有时表现的那样疯狂，所以不要指望通过整体收购的方式做成一笔特别大的交易。（然而，由于伯克希尔-哈撒韦已经成为万众瞩目的焦点，它不得不进行整体收购，而且它确实能够经常达成非常棒的交易。）

巴菲特在 1964 年做成了一笔非同凡响的交易，当时美国运通的股价由于受到蒂诺·德·安吉利斯色拉油丑闻的影响而崩盘。他仔细研究了公司的经营状况并确信色拉油丑闻带来的损失是有限的，而美国运通的根本优势——信用卡和旅行支票业务并未受到影响。他当时将自己公司的大部分资产投到美国运通的股票上，五年后美国运通的股价翻了 5 倍。

1969 年，股市再次陷入癫狂，连垃圾股都卖出了天价，巴菲特实在无法找到便宜货了。他在给投资合伙人写的信中指出：

> 我与当下的市场格格不入。当游戏不再按照你所熟悉的规则玩下去的时候，就会有人声称新方法都是错的，股市回调就会造成危机云云，这是人类的天性。然而，有一点我非常清楚，那就是我不会放弃我以前的方法。我理解这种方法的逻辑（尽管在目前的市场上很难应用），即使这意味着放弃大量唾手可得的利润。而如果采用一种我不完全理解的方法，也没有经过实践的检验，则可能导致大量本金的永久亏损。

影响巴菲特的不仅仅是股票市场，另一个影响他的因素是：他喜欢上了他那些主要的持股，例如伯克希尔-哈撒韦，而且根本不想再卖出它们。显然，这有可能使他与投资合伙人发生潜在的冲突，因为后者很可能希望他卖出。

　　因此，在 13 年之后，他决定关闭自己的投资合伙企业。截至关闭时该合伙企业每股价值增长了 30 倍，90 多位投资合伙人参与其中，投资资产价值超过 1 亿美元。巴菲特将自己作为管理人获得的利润和自己的本金悉数投入其中，在复利的作用下使他的身价达到了约 2 500 万美元。巴菲特将投资合伙人的投资所得（包括在伯克希尔-哈撒韦中所占的份额）退还给了他们，他自己则成为伯克希尔-哈撒韦的董事长。他向一些投资合伙人推荐了其他的投资管理人，又建议另一些投资合伙人投资政府债券，并给他们寄送了一份非常有用的政府债券投资指南（见附录一）。

　　在该合伙企业被清算三年后，市场陷入了 1973—1974 年的大崩溃。巴菲特当时能够以白菜价大量买入他最喜欢的"毛利特许权"企业的股票：他买入了奥美广告 8％的股份、埃培智集团＊16％的股份、《华盛顿邮报》11％的股份以及《波士顿环球报》和大都会通信公司（一家独立的电视台运营商，旗下也有报纸）、奈特—里德报业、李氏企业、美国媒介综合集团和平克顿公司的大量股份，随后大多数企业的股价开始飙升。巴菲特说他正在放纵自己的收购本能，在报纸、保险和其他领域同时"玩几种不同的游戏"。

媒体业务

　　1977 年，巴菲特通过蓝筹印花公司向小爱德华·巴特勒夫人（Mrs. Edward Butler, Jr.）支付了近 3 500 万美元来整体收购《布法罗

　　＊　世界四大广告传播集团之一。——译者注

晚报》。当时布法罗市有两家本地报纸，另一家是康纳斯家族旗下的《信使快报》。《布法罗晚报》每周工作日发行量约为 28 万份，周六发行量为 29.5 万份。《信使快报》每周工作日发行量约为 12.5 万份，周日发行量则为 27 万份。巴菲特一直认为，没有周日版的日报是没有前途的，所以他向《布法罗晚报》注资以发行周日版，并从免费派发三份周日版报纸开始。《信使快报》立即提起诉讼，称对方的免费报纸"可能成为使我们破产的催化剂"。

巴菲特作证时说，如果《布法罗晚报》垄断整个布法罗市场，那么它的价值将达到他的收购价的三倍，但他声称，当他决定发行周日版时，他并不认为有扼杀《信使快报》的可能性。也许吧，但《信使快报》还是倒闭了。

关于报纸的"特许经营权"，巴菲特做出了如下解释：

一家占统治地位的报纸的投资回报会非常丰厚，这样的收益即便在整个商业世界中也属顶级之列。一流的报纸可以获得丰厚的利润，令人吃惊的是三流报纸的利润竟然同样好甚至更好——只要这家报纸在其社区中占主导地位。即便是一份糟糕的报纸也具有广而告之的功能，这对于大多数人来说也是很有价值的。

广播公司增长迅猛并为股东赚进大量真金白银，投资它们的私人投资者获得了很好的回报。

与其他良性业务相比，电视台作为投资标的并非毫无风险。从理论上讲，政府可能会停止续签牌照，尽管这种情况几乎从未发生过。监管和新技术可能会改变电视节目的盈利能力。除此之外，稍微动动手指算一算就知道电视台的业务是一门多么令人惊叹的好生意：电视台通常毛利高达 50%；不需要营运资金；固定资产几乎可以忽略不计；除了影片算是某种库存之外，没有任何库存，而这些影片还可以通过赊账购买。

打败鲍比·费舍尔 *

巴菲特认为个人投资者拥有一个巨大的优势——只要没有完美的击球机会 **，他就可以一直待在原地不动。如果他等待的是一个正好在他肚脐上方两英寸处的好球，那么他可以一直站在那里直到一个万无一失的机会出现时再击球。这种情况当然不会出现在棒球场上，但是在股票市场上却真实存在。你不仅可以等待便宜货的出现，还可以等着你能看懂的公司成为理想中的便宜货时再出手。

我通常会通过一个小谜语向我的客户解释这一点："你怎样才能打败鲍比·费舍尔（Bobby Fischer）？"当我让巴菲特猜这个谜语时，他最终放弃了。

答案就是让他跟你玩除国际象棋以外的任何游戏。

换言之，就是不要迈出你的能力圈。巴菲特发现如果限定一个投资人一生可以投资的股票数量，例如，每年一只……甚至更少，那么他的投资回报反而会更高。巴菲特认为，你在一生中只需要做对几件事，不要犯太多错，就可以获得不错的结果。因此，你应该坚定一生只做几次重大投资的决心。

相反，大多数时候投资经理将自己的优势变成了劣势。他觉得自己必须保持活跃，于是挥了太多次杆，而不是等到那个他坚信的最佳

---

    *　国际象棋世界冠军。——译者注
    **　这里指棒球击球机会。——译者注

机会出现。他似乎听到了客户们的号叫："动起来，你这个笨蛋！"①

在投资中胜出的必备特质

巴菲特认为想要在投资中胜出必须具备以下六项特质：

1. **你必须对金钱有强烈的渴望，并且对投资过程痴迷**。但是如果你被贪婪控制，希望一夜暴富，你就会焦虑不安，最终一败涂地；如果你不够痴迷，你就不会跳着踢踏舞进办公室，你必须乐在其中。

2. **你必须有耐心**。巴菲特经常强调：如果你不打算持有一只股票10年，那么就不要持有它10分钟。

3. **你必须有独立思考的能力**。写下你买入一只股票的理由，例如："XYZ被市场低估了5亿美元，因为……"当你把这些理由都写下来并基于这些清晰的理由买入而不是咨询其他人或者组成投资委员会来共同决策时，你就具备了独立思考的能力。巴菲特指出：如果你对投资标的理解得还不够透彻，你就压根不应该买入。他喜欢引用格雷厄姆的格言："其他人认同你的观点并不会增加你的胜算，反之亦然。如果你所基于的事实正确，推理的过程正确，你就会得出正确的答案。"

4. **你的安全感和自信应该来自你的学识，而非鲁莽或任性**。如果你缺乏信心，恐惧会在熊市的底部彻底摧毁你。针对这种过于关注市场从而导致愚蠢行为的现象，巴菲特打了一个生动的比方。巴菲特说那些缺乏自信、紧张兮兮的投资者压根不了解他们投资的公司价值几何，因此总是在股价下跌时就抛出股票。这简直是疯了！这就好比你用100万美元买了一套房子，并立即告诉房地产中介如果有人出价80

---

① 这也是格雷厄姆的核心想法。但是格雷厄姆没有考虑到一个心理方面的因素：行动（包括频繁交易）展示出力量，是人类内心深处的欲望。

万美元就赶紧把它卖掉。

5. 当某些事情你搞不懂的时候你必须对自己诚实。

6. 灵活地选择你的投资对象，但买入的价格永远不要超过企业的价值。 你买入的企业现在价值几何，将来又价值几何？然后再扪心自问："我有多确定？"十次中有九次你可能都无法确定。但在某些情况下，你几乎可以听到点钞机唰唰的数钱声，那就是属于你的机会。然而，那种总是买进自己不了解的股票然后一转手就能赚大钱的聪明人在现实世界中根本不存在。"比谁更傻理论"中那个更傻的傻瓜——以愚蠢的价格买入一只糟糕的股票还希望能卖给另一个更傻的傻瓜——通常就是他自己。

针对这份特质清单，我又加了以下四项，尽管这四项巴菲特都能轻松满足，但是相信我，能够满足这四项的人为数不多：

7. 在你开始独立投资之前，至少通过理论联系实际的方式磨炼 10～15 年——包括在最伟大的投资大师门下受熏陶过几年。

8. 成为条分缕析的天才。

9. 对自己极度诚实。

10. 能够抵抗干扰和诱惑。

完美的生意

完美的生意具备怎样的特点呢？

1. 它们的高回报并非来自高杠杆或粉饰财报的伎俩。

2. 它们的业务能够被理解。 你至少能够明白究竟是什么激励了一家公司的员工为它工作，以及它吸引客户的核心竞争力是什么。即使是像 IBM 这样一家似乎一成不变的高科技公司也曾发生多次转型。例如：它发明的计算机从打孔卡片输入进化为磁带输入，以及它推出

360 系统并将整家公司的未来押注在这一系统的成功上。

3. **它们赚到的利润不仅体现在账本上，而且是实实在在的现金。**

4. **它们拥有强大的特许经营权，因此可以在一定幅度内自由涨价。** 在我们所处的经济环境中真正受保护的领域非常少，这种特许经营权非常罕见恰恰凸显了资本主义的特点。如果在一个区域出现了一家生意非常好的日本料理店，那么这个区域很快就会涌现 2 家、4 家、8 家甚至 16 家日本料理店。最终这些店的盈利会回落到行业内相对合理的水平，而无法继续赚取暴利。

例如，美国运通拥有两项完美的特许经营权。第一项特许经营权来自其旅行支票业务所产生的数十亿美元的浮存金*。从本质上讲，公司相当于从购买旅行支票的客户那里获得了无息存款，然后又高息贷给了其他客户。第二项特许经营权则来自其信用卡业务。当巴菲特看到这些信用卡的年费从每年 3 美元逐渐上涨到每年 20 美元，即使在色拉油丑闻期间用这些信用卡支付也畅通无阻时，他就知道这里面一定有一些独特的价值没有被登记在账本上。

5. **它们不属于只有天才才能运营的公司。**

6. **它们的盈利可以预测，具有一定的确定性。**

7. **它们不受政府管制。**

8. **它们具有库存低、周转快的特点。** 换句话说，它们不需要持续投入大量的资本。有许多高增长企业在成长过程中需要注入大量资本，并且对其股东几乎没有或根本没有产生实质性回报——投资者时不时地会在这一点上踩坑。

9. **管理层以股东利益为重。** 巴菲特观察发现：当管理层只想着自己的时候，股东其实是很容易感觉到的，在这种情况下，投资者应该远离这家企业。他认为，控股股东在牛市的泡沫中以高价上市，然后

---

* 所谓浮存金，是客户已经存入旅行支票账户且尚未使用的资金。——译者注

业绩急转直下，进而迫使公众投资者以 50 美分的价格卖出价值 1 美元的东西[1]，这简直就是公开掠夺的暴行。他强调管理层应该将股东视为合作伙伴而非交易对手。当然，巴菲特的这种态度与某些经济学家的想法截然相反，这些经济学家认为分配利润给股东是公司经营过程中的一种成本。这个理论很有趣，但绝对吸引不了资本！

10. **公司在库存和工厂上的投资回报很高。**（应收账款大体能够抵销应付账款。）这项测试仅适用于某些行业，它能够使许多看似营收很高但实际上外强中干的垃圾企业现出原形——例如一些企业集团。在牛市泡沫中，股票经纪人粉饰一些普通公司的数据以使其符合当前的投资潮流，尽管手法拙劣但却大受欢迎，然而资本回报率是很难伪造的。这一点是巴菲特的投资方法与股票经纪公司惯用的分析方法之间的巨大鸿沟。

11. **最好的生意是那些在帮助其他公司成长的过程中收取特许权使用费的公司，自身却不需要太多资本投入。**

我曾经问巴菲特究竟应该如何选择收购对象：是那些利润率越来越高、利润不断增长的公司，还是机构正在买入的公司，或是那些将利润用于扩大再生产而非分红的公司，还是拥有其他特点的公司。当时巴菲特的回答是，格雷厄姆研究了所有这些方法，最后他发现最好的投资方法就是以大幅低于公司营运资本的折扣价买入一家公司的股票并在其市值接近其营运资本时卖出。（当然，后来巴菲特从格雷厄姆的方法中发展出自己的方法，而不完全像他当时回答的那样。）

巴菲特认为，几乎没有人应该做空。但如果有人做空，最好做空整个市场，而不是自认为定价过高的股票。格雷厄姆曾经试图做空价格过

---

[1]　格雷厄姆在《聪明的投资者》第 4 版（1973 年由哈珀与罗出版公司出版）第 15 章中严厉地批评了这一操作："金融当局很少关注这种回购交易对其他股东不公平；参加回购交易的大股东当然不会思考这一问题。但现在是时候建立一项根本性的原则了，那就是公司应该公平地对待所有股东，它应该在回购股票时向那些卖出股票的股东支付公平的价格。"

高的股票，四次中有三次成功了，但第四次他差点血本无归，因为这只股票的价格被疯狂的股民吹上了天。巴菲特本人对做空毫无兴趣。

我曾在坦姆波兰兹*股价低迷时拜访这家公司。当时公司的财务副总裁告诉我，几年前公司的股价是现在的 4 倍，而盈利并没有现在高，他当时几乎被蜂拥而至的分析师淹没了，现如今完全看不到分析师的影子，我是几周以来唯一登门拜访的人。巴菲特坦言这不足为奇：你的买入价是否安全的最可靠标志之一就是在《华尔街手稿》最近的任何索引中这只股票都没有被提到，要知道这家媒体转载了大量经纪公司的文章。

在巴菲特的所有想法中，对于一个非专业人士来说，最简单和最重要的想法可能就是：价值将随着时间的推移最终反映在股价上。这只是一个时间问题，而且并不总是需要等很多年。大多数投资者并没有专业人士那样对市场的瞬息万变感受深刻。如果一种债券的价格与其他类似期限和质量的债券不同，它们之间的差价很快就会被蜂拥而至的资本填平。如果一只股票的价格仅为 60 美分，但是其所代表的价值 1 美元的资产货真价实，那么它的价格迟早会上涨到 1 美元。事实上，股价很可能会超过 1 美元，因为股价和整个市值最终不仅反映了公司的公允价值，而且反映了市场的乐观情绪。

"你是个狂热分子吗？"

在探讨合格的企业经理人标准时，巴菲特咧嘴一笑，拿出了一张只有一行字的录用表格，上面写着："你是个狂热分子吗？"企业经理

---

* 坦姆波兰兹以销售丹碧丝（Tampax）牌卫生棉条而闻名，1997 年被宝洁公司收购。——译者注

人必须非常关心如何将企业的经营提升到一流的水平；如果他在剃须时想的是他的高尔夫球比赛，那么企业的经营业绩就会暴露这一点。一个好的企业经理人应该是成本的仇敌。他不需要花哨的数据处理设备，甚至不需要预算：他应该对企业的成本一清二楚，甚至要知道企业使用了多少张邮票。巴菲特提到了彼得·基维特（Peter Kiewit）。基维特被认为是当时奥马哈的商界领袖，他的公司可能是世界上最成功的建筑公司。然而他的办公室里没有地毯，公司没有聘请顾问，高管们周六都在加班。巴菲特对雇用 70 岁以上的经理人毫不介意。例如，他从尤金·阿贝格（Eugene Abegg）手中买下伊利诺伊国民银行之后，吉恩就一直经营着这家银行直到 1980 年去世，享年 81 岁。而巴菲特控股的其他公司也是由一群老头和一名 90 多岁的妇人经营。巴菲特对他们以诚相待、充分授权：34 年来从没有经理人辞职。

　　企业经理人应该从内心到行动都表现得像企业所有者。巴菲特讨厌利用自己的地位侵害股东权益的经理人——例如，有些经理人告诉股东那些每股出价 40 美元打算收购公司的人都是在要流氓，转身却以每股 25 美元的股票期权购买公司的一部分股票；还有一些经理人以低于内在价值的价格出售本公司股票以换取资金去收购售价高于其内在价值的其他公司股票；另外一些经理人在公司股价被严重低估的时候不实施回购计划，尽管这样做更符合股东利益，因为他们想要扩大而不是收缩自己的地盘。①

---

　　①　正如格雷厄姆所言，管理层"几乎总是希望从股东那里获得尽可能多的资金，以尽量减少自己的财务问题。因此，如果股东允许，这些管理层通常会拥有比营运正常所需资本更多的资金——他们经常这么干。"节选自《聪明的投资者》第 4 章。

糟糕的生意

巴菲特喜欢说："当一位过往业绩彪炳、名声在外的经理人遇到一家以糟糕的基本面著称的企业时，最后通常是企业的名声完好如初。"

1. **巴菲特早期的那些最不成功的投资都发生在零售领域（包括印花领域），他常说那时候的自己并不了解零售业。** 除了几项投资零售业股票的亏损以外，他通过谈判收购的位于巴尔的摩的霍希尔德-科恩百货公司事后也被证明是一个错误的选择。仅仅看财报和仔细观察是不够的，你需要一种特殊的天赋来了解这个领域正在发生的事情。一家年年都报告好消息的企业可能突然破产，这是巴菲特在零售业学到的惨痛教训。不过，后来他在家具和珠宝行业的投资取得了巨大的成功。

2. **赌徒型公司。** 比如飞机制造商，它们不得不时不时地赌上整家公司以维持生存。

其他应该避免投资的生意还包括：

3. **农业相关企业。** 它们有着非常长的库存周期（农作物耕种周期），你必须为农民提供资金，因为收成（也可能会颗粒无收）进入谷仓①之前，他们没有现金。

4. **严重依赖研发的企业。** 格雷厄姆一直不同意华尔街的观点，即一家在研发方面具有压倒性优势的公司往往能保持领先地位。格雷厄姆认为，如果该公司必须花这么多钱才能保持领先地位，那是缺点而非优势。

---

① 我给巴菲特讲了一个关于佐治亚州两个农民的故事。他们应邀参加一个电台的脱口秀节目。"如果一个富有的叔叔给你留下了几百万美元，你会怎么做，吉姆？"主持人问第一个农民。吉姆很激动："我这么幸运啊！我想我会还清房贷，给自己买一台新拖拉机，送孩子们上大学，重新装修厨房。然后呢，我会带着米妮环游世界，就像我们一直想做的那样。""那你打算怎么处理你的几百万美元呢，乔希？"主持人问另一个农民。乔希不太确定，他一边揉着下巴一边思考，最后他说："嗯，我想我会继续种地直到幻象消失。"

巴菲特对第 4 点保留不同看法，他说在格雷厄姆时代有很多公司天生就拥有特权，这些公司不需要在研发上投入大量资金来保持领先地位。今天很少有企业不在研发上投入就能保持领先地位，所以格雷厄姆对研发型公司的反感不再适用。然而，巴菲特无法理解高科技公司，因此也不会投资它们。

对此，我的看法是，普通投资者无论如何都无法理解一家庞大而复杂的公司，所以也许基于默克公司在历史上取得的研发成果去预测其未来比试图彻底理解 3M 公司的业务之后去预测其未来更靠谱。菲利普·费雪（Philip Fisher，本书后文会谈到他）也不认同格雷厄姆的观点。他认为重视研发是一家能为股东创造价值的公司的基本素质，杰出的研发可以令公司保持领先地位。

5. **负债累累的公司**。一栋房子没有抵押贷款显然比背负着抵押贷款更有价值。

6. **连环信公司** *。这是指那些打着指数级增长的幌子吞噬金钱的无底洞公司。

7. **不说实话的管理层**。巴菲特从不与不讲诚信的管理层打交道。他说在他看来很多公司的年报可以说是它们的耻辱。对于公司所犯的严重错误或遭遇的困境，年报都应该开诚布公，就像公司的一位合伙人对另一位合伙人一样坦诚。相反，这些年报为了推销公司的股票往往只展示积极和可以吹嘘的部分，而不是诚实地阐述客观事实。

8. **长期服务合同**。在我们谈论意外险时，巴菲特指出贸然承诺未来长期的责任而不知道它的代价可能是致命的。如果你承保了针对工人的意外险，在被保险人意外伤残后，那么你当时收到的保费就需要

---

* 连环信是传销骗局的一种形式，收到信的人会被要求往指定账户存入一定金额（例如 1 美元），并在五日内寄出五封同样的信给亲友，只要其亲友执行操作，他就能在 30 天后收到一定金额（例如 30 美元）的"投资"收益。据说该诈骗手段出自英国人戴夫·罗斯之手，主要手法就是通过以小博大的方式骗取钱财。——译者注

应对未来 20 年被保险人所发生的医疗费用。（尽管如此，保险业务仍然是巴菲特最大的直接商业利润来源。* 如果公司拥有一流的管理层，保险业务的其他一些特性，在未来保险责任的规模控制得当的情况下，是可以对抗通货膨胀的。）

评估一家人寿保险公司的一个简单方法是对比十年前和如今的内在价值：几乎在所有情况下其复合增长率都无法令人兴奋。

"长尾再保险是一项可怕的业务，"巴菲特曾这么告诉我，"20 年后，一项金额高得吓人的承保责任突然出现在你的面前，而你压根儿就没有预料到这一点。"（石棉造成的慢阻肺伤害赔偿责任以及其他此类赔偿责任摧毁了劳合社。①）"你会发现再保险业务真的很吓人。一些圆滑的再保险销售人员看起来就像你认为的那样保守和谦虚——这些人仿佛是来自中央电影公司**的专业演员，他们会一直烦你。"然而，正如我们将看到的，巴菲特后来实际上将伯克希尔-哈撒韦变成了一家再保险公司。

警惕重工业

巴菲特一再告诫投资者避开需要持续投入大规模资本的大型美国重工业企业，这是他的投资思想精髓之一。这些企业很多都困难重重、

---

　* 保险公司当时收取的保费可能在很多年以后才会用于履行保险责任，其间可用于投资，巴菲特将其称为浮存金，这些浮存金被巴菲特用于收购活动。由于巴菲特旗下的保险公司管理良好，很多时候这些浮存金不仅无须支付利息，甚至自身就能为伯克希尔-哈撒韦贡献利润。——译者注

　① 许多英国人认为，盲目扩大劳合社［劳合社是由一位名叫爱德华·劳埃德（Edward Lloyd）的英国商人于 1688 年在泰晤士河畔开设的咖啡馆演变而来，它以最早经营海上保险业务而闻名于世，之后进入再保险领域。——译者注］的规模——通常是增加美国社员——是其遭受巨额赔偿损失的重要原因。

　** 洛杉矶为好莱坞电影配备群众演员的公司。——译者注

麻烦缠身，究其原因就在于竞争残酷、过度监管以及劳动力成本上升。这些资产规模巨大的企业在支付合理股息后留存下来的利润根本不够用，仅仅为了生存下去，它们就需要股东永无止境地投入新资金。可以肯定的是，这些企业发行的新股会派发股息，它们还确保新发行的债券会支付利息，但基本上这些股息和利息不过是引诱投资者购买其正在发行的新股和新债的鱼饵而已。投资者最终保住本金的希望渺茫。"明天有果酱，昨天有果酱，但今天永远看不见果酱。"

我发现在某种程度上这就是美国资本主义的微妙之处。股东被连哄带骗不断地将越来越多的钱（或将越来越多的利润）投到工厂中，但却压根没有拿到属于自己的真金白银。这就像鸬鹚捕鱼：它们的脖子上绑着绳子，所以它们只能在潜水抓鱼并将鱼吞入食管时感受到一点满足感，但实际上却无法真正吃到鱼，鱼被老板拿走了——同样的情况在一些美国公司上演，利润被除了股东以外的其他人和政府瓜分。

花一份钱得半份公司

巴菲特很少对风险投资的提议感兴趣。通常，风险投资基金的销售人员会让你投入所有的钱以换取一家初创公司一半到四分之三的股权。然而，大多数初创公司很快就会夭折。

"另外，在市场崩溃的过程中，你却可以用相当于其内在价值四分之一的价格买入一家完美无瑕公司的股票，不但不需向风险投资基金的销售人员支付佣金，也不需要冒着公司创始人的梦想永远无法实现的风险。"

例如，当巴菲特在1966年初买入迪士尼的股票时，它的股价正处于低位，普通投资者只需要支付股票真实价值的四分之一就可以获得股票，公司的管理层充满创意、令人钦佩。市场完全忽略了迪士尼以前发行的大量热门影片的价值，实际上迪士尼可以每隔几年就重新发行这些库存影片，永无止境。

《财富》500 强综合征

巴菲特说，如果你能让一位 CEO 服用一些治疗重度脑损伤的药物，并深挖他进行收购背后的原因，你经常会发现他的灵感实际上来自他渴望公司能在《财富》500 强榜单上往上升几个名次，而不是希望提升公司的每股价值。包括银行在内的许多公司之所以陷入困境，是因为它们的 CEO 关心的是规模而不是质量，CEO 被公司在行业中的排名催眠了。

巴菲特发现旧金山的克罗克银行为收购圣迭戈国民银行——一家规模仅有克罗克银行六分之一并且陷入困境的银行，支付了大约 9 000 万美元的溢价（实际上大约是账面净资产的两倍）。为了筹集本次收购所需的绝大部分资金，克罗克银行以远低于公司账面价值的价格抛售自己的股票。该银行 CEO（现已退休）这么做显然不是为了股东，而是为了建设属于自己的帝国。这位银行家的地位确实是提高了，而银行的股东变得更穷了。巴菲特引用了莫里斯·夏皮罗的一句话："真正称得上银行家的人数远远少于银行的数量。"

公司通常最好不要设立正式的收购部门，巴菲特始终保持这样的看法。因为如果设立了这样的部门，往往导致为了收购而收购，而这种压力通常会误导公司做出错误的决定。很多时候这个部门的员工只不过是在实现管理层的内在欲望。

用现金买入更多现金

巴菲特最热衷的投资方法之一就是收购一家拥有浮存金的公司，例如保险公司，他可以用这些浮存金来收购下一家同样拥有浮存金的公司，如此循环往复。例如，当巴菲特于1968年收购蓝筹印花时，该公司的"浮存金"（尚未履约的印花购买资金）超过6000万美元。伯克希尔-哈撒韦用这笔钱中的2500万美元买下了喜诗糖果，当时喜诗糖果的年销售额为3500万美元。如今喜诗糖果的年销售额已经是这个数字的数倍，其税前利润已经大大超过巴菲特当年的收购价。

同样，巴菲特通过蓝筹印花整体收购了《布法罗晚报》①，蓝筹印花还收购了威斯科金融公司80.1%的股份，然后通过威斯科金融公司又整体收购了精密钢铁公司和一家互助储蓄银行。威斯科金融公司是一项非常成功的投资，它收购了消防员基金保险公司2%的股份，伯克希尔-哈撒韦则收购了该保险公司5%的股份。

此外，伯克希尔-哈撒韦也将从保险业务中产生的浮存金（投保人缴纳的保费只有在发生理赔时才会被使用）用于股票投资：这本质上是一种资金杠杆。此外，递延税收也为投资提供了资金。来自这两种低成本杠杆的资金高达百亿美元，将这些资金用于投资股票或较低等级的优先股，相较于将它们用于投资债券风险会更高。

为了帮助大家理解这一过程中的杠杆作用，我们姑且称之为现金乘数效应，并以一个帝国的增长作为类比。普鲁士曾经是一个小国，它通过汇聚数十个邻近公国的军事和经济力量建立了拥有强大军事机

---

① 曾拥有57家美国报纸的已故加拿大大亨汤姆森勋爵对报纸持同样的态度。他曾经说过："我买报纸是为了赚钱，买更多的报纸是为了赚更多的钱。至于报纸上的新闻，那就是你用来区分广告的东西。"

器的德意志联邦，并四处寻找下一个猎物。最终，它通过武力吞并了奥地利、捷克斯洛伐克、波兰、荷兰、比利时和法国。拿破仑也做了同样的事情。在这些例子中，士兵俘获更多的士兵和黄金来继续发动战争，然后形成更大的军团以俘获更多的士兵和黄金，直至帝国陷入困境。

1998年6月5日这期的《格兰特利率观察家》刊登了一段冗长的讨论，得出的结论是："在1991—1997年期间，伯克希尔-哈撒韦的税前年复合增长率在剔除杠杆效应后仅比标准普尔500指数的回报率高出3个百分点。"

换言之，在严格的同等条件下，巴菲特的选股技能（与企业经营不同）并不像看起来的那样引人注目。

银行业

巴菲特指出在某些行业中，即便在规模上成了行业第一也无法建立竞争优势，这样的行业为数不多，但银行业便是其中之一。重要的是如何管理你的资产、负债和成本，而在这些方面，规模实际上毫无意义。

他认为只要管理员不发疯，银行业就是一门不错的生意。然而不幸的是，现实中总有一些管理层会失去理智。只要敢于承担多年后才会暴露的风险，就能立即"创造"出眼前的利润。面对这种诱惑，你如何控制这些年轻人内心的冲动？通常，正如巴林银行和许多其他银行所发生的那样，你无法控制这些年轻人。

当我与巴菲特讨论一个优秀、强硬、高效的银行经理与一个浪漫、低效的银行经理之间的差异时，巴菲特打趣地说，戴维·洛克菲勒（David Rockefeller）过去经常声称，花旗银行在与大通银行竞争的过程中之所以能够年复一年地攻城略地，问题就出在大通银行 CEO 的几个高级下属身上。

位于纽约的自由国民银行是一家服务少数族裔的银行，并由包括大通银行在内的几家大型银行提供指导。巴菲特指出，该行在爆出贷款坏账损失之前的 1975 年就已经陷入亏损，它购买的纽约市市政票据规模比自己的净资产规模还大，但是它的巨额亏损本可以用来抵扣税款，因此购买免税市政票据是完全不合理的。巴菲特认为，即便是扶助社会弱小的商业活动也应该合乎情理："以愚蠢的方式做生意对任何人都没有好处。"

商品期货

我认为华尔街鼓励客户涉足大宗商品交易是可耻的，对此，巴菲特持有相同的观点。他说，有时人们可以分析非农产品特别是贵金属大宗商品的长期价格前景。一种不可或缺的金属的售价如果远低于生产成本，最终它的价格必然会恢复，但农产品的价格受天气和其他变幻莫测的自然条件影响，所以投资它们你得靠天赋。巴菲特通过理性分析而非天赋取得了成功，所以他永远不会投资农业大宗商品。

尽管如此，随着时间的推移，他还是参与了一些大宗商品交易，其中两笔是白银期货。第一次是在约翰逊政府执政时期，那时美国政府还没有放开白银价格。每当总统宣布白银价格永远不会上涨时，巴菲特就会买入更多（在后文我会谈到 20 世纪 90 年代后期巴菲特的另一笔交易）。但他永远不会在白银交易中使用杠杆：如果你使用保证金交易，即使这种金属商品的价格最终达到了你的预期，它也可能首先会下跌，并在下跌的过程中让你血本无归。

同时，巴菲特发现拥有金属商品的所有权比拥有采矿公司的所有权要安全得多。让我们假设后者花费 10 亿美元来开采铜矿，然后，它又将大部分利润投到更多的开采工程和设备上。最终，"消费者得到了实实在在的铜，公司只剩下一个矿坑"。

当债券优于股票时

对于高收入人群来说，免税债券的回报通常比股票的预期税后回报更有吸引力。站在 1999 年展望未来，巴菲特认为剔除通胀因素，股票的整体增长可能会带来 6％ 的年化回报率以及大约 1％ 的交易费用。

有时你可以从优质的市政债券中获得类似的回报，例如工业收益债券*，却不用承担股票投资的风险。在这种情况下，市政债券比股票更值得投资。在 1999 年，巴菲特观察发现，只有利率大幅下降才能令目前的股价看起来合理，但如果利率真的大幅下降，那么显然买入长期债券会更划算。

买入债券时流动性并不是非常重要的考虑因素，至少不会比股票买入决策中的权重更高。如果这只债券能够在一周甚至一个月内卖出，那就足够了——这比房地产的流动性强多了，再想想卖出农场又需要多长时间呢？事实上，越是重视投资而非投机，就越不需要过度关注流动性。

会计：解开商业奥秘的钥匙

想要成为一流的投资者，首先你得具备一定的会计基础。就像国际象棋大师一样，投资者玩的是一场竞技游戏。竞技游戏的本质就是

---

* 为商业建设筹资的一种地方债。——译者注

顶级玩家一定是有限的。因此，如果你缺乏最优秀的玩家所拥有的关键技能，你获胜的机会就会大大削弱。

如果没有足够的会计知识，投资者甚至无法理解所讨论的话题，更不用提找到真相了。没有会计知识，投资者与空有梦想却不识乐谱的指挥一样处于劣势。乐谱是音乐的语言，数字是商业的语言。不识乐谱的人有可能成为伟大的音乐家，同样地，不懂会计的人有可能成为熟练的投资者，但这种情况百年难遇。

投资者必须能够察觉他所感兴趣公司的会计准则的变化，并能理解这些变化所带来的影响。为什么管理层将库存的会计准则从后进先出改为先进先出？是为了通过会计手法创造出库存利润来弥补营业利润的下滑吗？一家集团公司旗下的保险子公司通过投资组合实现的资本利得为什么在母公司层面被确认为主营业务收入？是否该集团旗下其他业务的盈利已经岌岌可危？只有仔细研究了财务报表中的数字以后才可能提出这样深入的问题。

多亏了美国证券交易委员会（简称美国证监会），大多数上市公司不仅在年报、股东大会书面决议和季报中披露了大量信息，美国证监会要求的10K报表更是投资者深入洞察公司经营的宝库。熟练的投资者会仔细阅读这些材料中的所有数字，当然，这只是详尽分析的开始，他还会通过直接拜访公司及其竞争对手与其他信息来源进行调查。

如果通过这些数字也无法窥见全貌，就像流行的互联网股票一样，那又该怎么办？在这种情况下，巴菲特就不会买入。在1998年伯克希尔-哈撒韦股东大会上，他说假如他是某个商学院的老师，"我会在期末考试中出一道题，让同学们为一家互联网公司估值，任何给出答案的人我都会给不及格"。

巴菲特从未见过一位股票经纪人对一家公司的研究报告是从企业经理人向公司股东汇报的角度做出的。总体而言，他认为这些股票经纪人的研究报告压根就不值一读。为此，他讲述了一个故事，这个故事常常让他想起华尔街。一位渔夫走进一家体育用品店，推销员给他推荐了一款花里胡哨的鱼饵：彩绘的眼睛、六个钩子和仿生假虫子——仿佛是走进了一间杂货铺。渔夫难以置信地问推销员："鱼真的会喜欢这个东西吗？"推销员平静地回答："我又不是在给鱼做推销。"

股票期权

当一家公司被不够正直的高管控制时，他们往往会根据公司股价表现用丰厚的股票期权奖励自己。然而，巴菲特说，即便高管没有尽责，公司股价有时候也会上涨。他指出，在伯克希尔-哈撒韦，一些高管一年可以获得高达200万美元的绩效奖金，只要他们直接管理的业务能够交出亮丽的成绩单，而不是依赖于母公司的股价表现。

巴菲特还观察到如下一些滥用股票期权奖励管理层的情况：

1. 通过持续多年保留利润，即便是管理层贡献寥寥的平庸企业，其股票价值也会随之增长，而且尽管这些管理层贡献寥寥，他们还是会受到王子般的优待。

2. 通常人们认为股票期权能够将管理层与股东绑在同一条船上。然而，事实却是股东承担了所有风险，而期权持有人只享受利润……这显然不是公平交易！

可口可乐

在1985年买入大都会通信公司、美国广播公司的股票之后，巴菲特三年内没有重仓买入一只股票。但在1989年3月15日，伯克希尔-

哈撒韦宣布它已成为可口可乐公司的最大股东，拥有 6.3％ 的股份，为此它支付了超过 10 亿美元，平均价格为每股 10.96 美元。最终，它将持股比例提升到了 7.8％。

　　也许巴菲特在伯克希尔-哈撒韦 1985 年年报中提到他正在从喝百事可乐转向喝可口可乐出品的樱桃味可乐就是一个隐隐约约的信号。尽管可口可乐产品的销量显然是其中的一个关键因素——它在全球排名前五的碳酸饮料中占了四个席位——但巴菲特对可口可乐的热情也来自其品牌影响力以及持续进行海外扩张的确定性。可口可乐的海外扩张之路比其他通常的制造企业都更容易，因为可口可乐秘制的糖浆非常容易运输到海外，而不必在海外建立额外的生产工厂。这是一家典型的巴菲特喜欢的公司：业务简单易懂，又不是高科技。它充分体现了他的格言"坚守你的能力圈"。可口可乐的产品价格很便宜，巴菲特几乎每天都不停地喝。每销售一瓶或一罐可乐就为公司带来 1 美分的利润。对全世界来说，它是美国的象征。（戴高乐曾经抨击可口可乐的文化殖民。）"基本上这就是世界上最好的大企业，"巴菲特说，"全世界人民都喜欢可乐——几乎每个国家的人均消费量每年都在上升。"在温带地区，平均每人每天消耗的液体约为 64 盎司，在美国其中四分之一左右是软饮料，可口可乐占了软饮料市场 40％ 的份额。软饮料消费量占液体摄入量的比例似乎在不断上升。他补充说，即使给他 1 000 亿美元，他也无法夺走可口可乐在全球软饮料领域的领导地位。

　　与其他一些大型收购活动如对盖可保险和《华盛顿邮报》的收购有所不同，在巴菲特买入可口可乐时其股价并不便宜。在 1988 年末，它的股价是 1989 年每股预期收益的 13 倍，比市场平均高出约 15％，可口可乐的长期前景似乎非常有吸引力。和其他人一样，巴菲特对可口可乐当时的首席执行官郭思达（Roberto Goizueta）印象深刻。郭思达利用多余的现金流来回购股票，并建立了一套基于资本回报率指标评估旗下经理人的系统，这与巴菲特所欣赏的管理层行为不谋而合。

在可口可乐这笔投资上巴菲特并没有等太长时间，在三年内他所持有的可口可乐股票价值飙升至 37.5 亿美元，几乎相当于买入可口可乐的股票之前伯克希尔-哈撒韦的总市值。到 1999 年中期，它的价值达到了 134 亿美元，是买入成本的 10 倍。市场这才认识到巴菲特之前发现的可口可乐的价值，即其品牌地位、经济商誉都是独一无二的。

买入可口可乐标志着巴菲特从传统的格雷厄姆式"烟蒂股"投资转向了"以合理价格买入成长股"（growth at a reasonable price，GARP）。他表示，在买入股票之前，他会闭上眼睛试图想象十年后公司的样子。一个多棒的主意！……但绝对不是格雷厄姆的风格。随着他的投资风格从格雷厄姆式的"烟蒂股"投资转向买入优质成长股，巴菲特开始忽视两者之间的区别，宣称这两种方法都涉及分析未来现金流的现值。当然，这种说法倒也没错，尽管也有为忽略两种方法的差异寻找合理借口之嫌。此一时，彼一时，格雷厄姆与巴菲特所处的时代差异迥然：格雷厄姆的战术是通过足够的有形资产和现金来提供当时被认为非常重要的安全边际，即便被投资的企业破产清算也不至于亏损。

所罗门兄弟的困境

1987 年，巴菲特接到了他的朋友、所罗门兄弟公司负责人约翰·古弗兰（John Gutfreund）的电话。古弗兰告诉巴菲特，露华浓的负责人罗纳德·佩雷尔曼（Ronald Perelman）正在考虑从奥本海默家族手中收购对所罗门兄弟的大量持股。佩雷尔曼是在布鲁斯·沃瑟斯坦（Bruce Wasserstein）的建议下做出了这一决定，而沃瑟斯坦可能正在垂涎古弗兰的位置；对于古弗兰来说这真是一个令人苦恼的消息。9

月28日，巴菲特同意投资7亿美元用以购买所罗门兄弟发行的一只利率为9％的特别可转换优先股*。有了这笔钱，所罗门兄弟就可以回购奥本海默家族手中的持股。这只优先股的利率达到了9％，远超当时市场上优先股的平均利率水平，而且还附有可转换条款，古弗兰实际上给了巴菲特比现有股东更优厚的待遇。尖刻的媒体评论员认为，古弗兰实际上是慷他人之慨，将属于原有股东的数亿美元资金支付给巴菲特，以换取自己的终身合同。公平的安排应该是由巴菲特直接收购奥本海默家族掌握的普通股。

1991年8月9日，所罗门兄弟披露公司"在一些美国国债的交易中，存在出价不合常理以及违反规定的行为"。它试图通过过度竞标来部分垄断美国国债市场，包括代表从没听说过所罗门兄弟的客户出价。这一丑闻很快严重影响古弗兰和其他高层，他们几个月来一直未能按照要求向美国财政部披露信息，而只是在调查人员到来时才这么做。

巴菲特不得不成为所罗门兄弟的临时主席。他迫使古弗兰和另外两名高管辞职，解雇了两名债券交易员，并要求所罗门兄弟驻日本主席德里克·莫恩（Deryck Maughan）接任。

鉴于管理层未能报告违规行为，财政部决定禁止所罗门兄弟参与任何美国国债拍卖，这将使公司破产。在巴菲特向财政部部长提出上诉后，这一决定得以撤回。

巴菲特将1991年预留的奖金削减了1.1亿美元。他还出售了所罗门兄弟持有的约400亿美元证券以减少其市场风险敞口。

最后，所罗门兄弟被罚款2.2亿美元，这是一个惊人的数字。1993年11月至1994年5月，巴菲特买入了所罗门兄弟更多的股票。后来，在1997年9月24日，旅行者集团以90亿美元的价格收购了所

---

* 20世纪80年代到90年代初是美国高通胀、高利率时期，当时美国国债利率最高曾达到15％，1991年国债利率依然为6％左右。——译者注

罗门兄弟。因此，最终巴菲特的这笔投资收益颇丰，但过程非常令人痛苦。

所罗门兄弟为古弗兰提供了一大笔离职补偿金以及使他免于被起诉。但是他心有不甘，仍旧要求进行仲裁。然而仲裁不仅没有令他如愿以偿，还让他丧失了高额离职补偿金和诉讼豁免权。不仅如此，一系列代价极其高昂的诉讼如暴风骤雨般向他袭来。

迈克尔·刘易斯（Michael Lewis）在发表于《新共和》周刊的一篇封面文章中对巴菲特和所罗门兄弟的交易做了如下总结（遗憾的是其中包含一些不实之处）：

> 作为支付 7 亿美元和保住古弗兰饭碗的回报，巴菲特得到了收益丰厚的优先股。而这种优先股结合了股票与债券的优点，在确保巴菲特获得 9% 的年利息收入的基础上，使他成为所罗门兄弟的控股股东。他还可以在股价上涨的时候将这些优先股转换为普通股以进一步赚取高额利润，却不需要承担股价下跌的风险。如果在公开市场上拍卖，这些买入价为 7 亿美元的可转换优先股可以轻松以 8.5 亿～12 亿美元的价格卖出。由于他低价获得的期权稀释了现有股票的价值，他的意外之财其实来自其他股东的腰包。

其他一些投资

随着市场迅速复苏，巴菲特购买了吉列、全美航空和冠军国际纸业的股票。这三家公司都是巴菲特的潜在收购对象。三家公司的管理层都向巴菲特提供了一只新的可转换优先股。他将获得固定息票——平均为 9%——以及在股价上涨时将优先股转换为普通股的选择权。然而，伯克希尔-哈撒韦必须承诺在十年内不出售这些公司的股票。媒体对此持批判态度。《华尔街日报》发表评论称："巴菲特先生正在用这种方法'绑架'管理层。"

巴菲特对吉列的 6 亿美元投资与他投资可口可乐的原因非常相似：该公司的拳头产品表现非凡，并且拥有庞大且不断增长的海外业务。（后来吉列收购了金霸王，金霸王贡献了吉列总利润的四分之一。）吉列有着悠久的历史（实际上其历史可以追溯到 1901 年），受人尊敬的哈佛商学院毕业生小柯曼·马可勒（Colman Mockler, Jr.）自 1975 年以来就一直掌管着吉列。随着 1990 年 7 月新款感应剃须刀的推出，吉列的股价开始大幅上涨。1991 年 4 月，伯克希尔-哈撒韦将其优先股转换为普通股，占比为 11％。经过一拆二之后股票数量达到 2 400 万股，价值 15 亿美元；到 1999 年中期，这些股票的价值进一步飙升至 46 亿美元。

巴菲特投资全美航空和国际冠军纸业则显得有点不同寻常。两者都属于困难重重的资本密集型企业。就全美航空来说，劳动力成本、激烈的竞争和航空事故都是潜在的问题。伯克希尔-哈撒韦在全美航空与皮埃蒙特航空合并两天后就对其进行了 3.58 亿美元的投资。第二年，全美排名前 12 的航空公司中有 6 家申请破产保护。与投资其他优先股类似，如果巴菲特赌输了，他仍然可以得到 9％的优先股股息。但如果他赌赢了，他将在一家强大的航空公司中占据一个大的份额。遗憾的是，全美航空在巴菲特买入后的一年内损失了近 5 亿美元，此后股价急转直下。巴菲特后来将他买入全美航空的决定描述为"肤浅的错误"。

伯克希尔-哈撒韦于 1989 年 12 月向纸浆和造纸生产商国际冠军纸业投入了 3 亿美元。那一年，尽管收益不佳，但首席执行官安德鲁·西格勒（Andrew Sigler）仍然获得了超过 120 万美元的薪酬外加股票期权。多年来尽管获利甚微，国际冠军纸业却依然进行大量资本投资。

　　1990 年，巴菲特决定买入一家位于旧金山的主要银行——富国银行的股票，这次投资显然要明智得多。他再次选择了一家具有成功形象和悠久历史的公司，其历史可以追溯到 1852 年。但 1990 年对很多银行来说是可怕的一年，尽管富国银行的股票市盈率降到了 3.7 倍，巴菲特依然疯狂买入。而事实上，该银行在其经营历史上没有过亏损记录，即便在 1929 年大萧条时期也是如此。它还能从蓬勃发展的加州经济以及环太平洋地区的增长中分一杯羹。

　　巴菲特以每股 58 美元的价格买入富国银行的股票，这个价格相当于当时富国银行的每股账面价值，市盈率为 5 倍，而其股价当时最近的一个高点为 84 美元。巴菲特投资 2.89 亿美元买入 500 万股，占富国银行股份的 10%。

　　富国银行由巴菲特的朋友卡尔·雷查特（Carl Reichardt）经营，他擅长成本控制。雷查特卖掉了公司的私人飞机，并在早年公司经营的艰难时期停发过高管的工资。他很早就意识到给第三世界贷款的风险问题，因此富国银行成为当时美国持有海外贷款资产最少的大银行。当雷查特发现一位高管想为办公室买一棵圣诞树时，雷查特让他自掏腰包。"当我们听说这件事以后，我们买入了富国银行更多的股票。"伯克希尔-哈撒韦的副主席查理·芒格（Charlie Munger）在 1991 年股东大会上这么说。

　　作为房地产贷款领域的领头羊，大众普遍认为西海岸房地产的过度开发很容易对富国银行造成重大影响。事实上，这是其股价在 1990 年初的几个月内下跌近 50% 的主要原因。然而，巴菲特认为从长期看房地产市场必将反弹。

　　在巴菲特买入富国银行的股票一年后，其股价上涨了 25%。1992 年，他继续以每股 66 美元至 69 美元的价格买入富国银行的股票。1 月 19 日，富国银行公布的业绩好于预期，股价上涨至 99 美元。同时房地产市场开始回暖，到 1997 年 12 月，巴菲特的 6 690 218 股富国银行股票价值 22.7 亿美元。

1988 年，伯克希尔-哈撒韦旗下的威斯科金融买入了房地美的大量股份。房地美拥有良好的经营记录、市盈率低，并在美国人的生活中扮演着重要角色。房地美通过金融手段支持美国人实现家的梦想，它唯一的直接竞争对手是房利美。但在巴菲特买入以后，房地美的股价立即下跌了三分之二。随着它的股价恢复，巴菲特持续买入，到 1999 年持有量已经是最初的大约 20 倍。

巴菲特在 1998 年 2 月 3 日宣布他已经累计买入 1.297 亿盎司白银，占世界白银储备量的五分之一，这一消息再次令巴菲特登上了新闻头条。这比亨特兄弟*在 1980 年持有的白银还要多。巴菲特于 1997 年 7 月开始以每盎司 4.22 美元的价格买入，到 1998 年 2 月的第一周，白银价格飙升至每盎司 7.20 美元的十年高点，巴菲特的持仓价值超过 9 亿美元。那个月，他设法卖掉了他持有的约 30% 的白银头寸。伦敦金银市场一下子无法处理如此大的交易量，为此还暂时将其 5 天交割规则延长至 15 天，一个月之后才恢复正常交割。巴菲特在解释他的买入原因时指出，近年来珠宝和摄影行业对白银的需求量超过了白银回收量和银矿产出量。

在同一时期，巴菲特还投资 20 亿美元买入 20～30 年期的零息债券，总面值达到 100 亿美元，之后卖出并获利颇丰。

1998 年，伯克希尔-哈撒韦支付了 7.3 亿美元来收购公务机分时租赁公司，该公司是私人飞机分时包机业务的领导者。

---

* 美国的亨特兄弟在 20 世纪 70 年代初期白银价格很低的时候持续买入白银，到 1979 年底他们累计买入了 1.2 亿盎司白银，但由于政府干预，纽约商品期货交易所改变了交易规则，包括提高保证金、实施持仓限制等，最终亨特兄弟在 1988 年申请破产保护。——译者注

超级猫业务

多年来，伯克希尔-哈撒韦凭借其强大的财务实力为其他保险公司的巨灾险业务提供再保险服务——该业务被巴菲特戏称为"超级猫"*。1985 年中期，伯克希尔-哈撒韦公开向企业客户表示它有兴趣承保任何类型的商业风险，保费至少要达到 100 万美元一年。为了避免旷日持久的谈判，潜在客户必须明确提出交易条件：伯克希尔-哈撒韦将拒绝任何它认为不令人满意的报价，并且对方没有第二次谈判的机会。通过这种方法伯克希尔-哈撒韦的净保费收入超过了 1 亿美元。1996 年11 月，巴菲特同意为加州州立保险代理公司的巨灾险业务提供再保险服务，保额为 15 亿美元，保单有效期持续至 2001 年 3 月 31 日，以应对可能发生的毁灭性地震风险。伯克希尔-哈撒韦每年将获得 1.6 亿美元的保费，为期 4 年，总计 6.4 亿美元。经精算师测算，巴菲特的公司输掉这场赌约的概率仅为 1/20，所以实际上这个赌注确实非常有吸引力。

通用再保险

1998 年 6 月 19 日，伯克希尔-哈撒韦收购了通用再保险，这是一家在全球范围内经营再保险及相关风险管理业务的控股公司。它旗下拥有全美最大的专业财产、巨灾再保险集团——通用再保险股份公司和国家再保险公司，并持有一家大型国际再保险公司的控股权。这笔

---

* Super Catastrophes，其中截取了"灾害"一词的前三个字母就成了 Super Cat。——译者注

交易的成本为 220 亿美元，交易完成后将形成一个价值达 560 亿美元的新实体。通用再保险为伯克希尔-哈撒韦带来了超过 200 亿美元的低成本甚至无成本的"浮存金"，也就是客户已支付但公司尚未在索赔中使用的保费。在不产生资本利得税的情况下它还降低了伯克希尔-哈撒韦证券投资组合的占比，因为巴菲特让通用再保险在被收购前卖出了其投资持股。

巴菲特在一份声明中谈到了收购通用再保险的原因：

> 首先，这项交易消除了通用再保险对利润波动的限制，这一限制过去导致通用再保险退出了大量已承保业务。作为伯克希尔-哈撒韦的一部分，这一限制将彻底消失，这将提高通用再保险的长期盈利和开展更多业务的能力。
>
> 其次，通用再保险有很大的机会在全球范围内继续拓展其特许经营权。作为伯克希尔-哈撒韦的一部分，只要通用再保险认为合适，它就可以进行相应的国际业务的投资。
>
> 最后，作为伯克希尔-哈撒韦的保险子公司，它永远不需要担心资本不足。因此，它可以不受市场急剧下跌对公司资本影响的约束，在公司资产策略方面做出正确的选择。历经周期性检验，这种灵活性赋予了伯克希尔-哈撒韦旗下保险子公司巨大的竞争优势。

由于在某种程度上通用再保险获得了伯克希尔-哈撒韦全部资本的支持，所以巴菲特几乎每天都要和通用再保险的 CEO 沟通。

盖可保险以及通用再保险将伯克希尔-哈撒韦从一家拥有巨额投资的集团公司转变为一家保险运营商。然而，再保险市场存在供给过剩的问题。通用再保险旗下的科隆再保险和另外两家子公司共同承保了一张保额高达 28 亿美元的保单，保费为 7 亿美元。截至本书写作时，这张名为通用保障（Unicover）的保单已经导致通用再保险向工人支付了 2.75 亿美元的赔偿。当巴菲特收购通用再保险时，他似乎没有意识到这个问题，而这一问题恰恰很好地展示了巴菲特反对长尾保险的正确性。

继任问题

2000 年，巴菲特时年 69 岁。如果他无法继续履职，伯克希尔-哈撒韦将会怎样？长久以来，大众一直认为他的直接继任者是芒格，自 1959 年以来芒格一直是巴菲特的搭档和密友，是芒格促使巴菲特从烟蒂型投资转向成长型投资。然而，2000 年时年届 76 岁，早已是亿万富翁的芒格淡出了人们的视野。巴菲特说自己甚至没有就收购通用再保险这一重塑伯克希尔-哈撒韦的重大问题咨询过芒格。因此，盖可保险的负责人卢·辛普森作为潜在的继任者进入了人们的视野。伯克希尔-哈撒韦旗下的盖可保险是一家总部位于华盛顿特区的汽车保险公司。辛普森在选股技巧方面表现出了卓越的才能，从 1980 年开始到 1996 年，盖可保险的年投资回报率达到了 24.66%，而同期伯克希尔-哈撒韦的年投资回报率为 26.77%，标准普尔 500 指数的年投资回报率则为 17.25%。巴菲特曾暗示自己的继任者可能会是一个两人组合，一个人负责运营而另一个人负责投资。

巴菲特成了一位金融名人，伯克希尔-哈撒韦一年一度的股东大会也成了一场盛大的嘉年华。在股东大会上巴菲特只会做一个非常简短的开场，然后就是长达 3 小时的股东问答时间。如今股东大会的规模已经大到只能在奥马哈的体育馆举行。巴菲特称其为"资本界的伍德斯托克音乐节"，大会现场陈列着伯克希尔-哈撒韦控股子公司的各种产品。这与巴菲特以节俭为荣的公司年报精神可谓背道而驰。为了节省费用，巴菲特甚至曾经禁止在年报上使用照片。或早或晚，几乎任何领域的佼佼者都会臣服于聚光灯的诱惑。

巴菲特开始与电影明星和其他名人打交道。他和他的朋友比尔·盖茨一起爬中国长城，他还在 ABC 电视台的肥皂剧《我的孩子们》中饰演巴菲特本人：一次是在 1991 年，一次是在 1993 年。略带奉承的传记开始出现，一本有关巴菲特格言的书《沃伦·巴菲特如是说》(*Warren Buffett Speaks*) 中出现了类似这样的俏皮话："只有当潮水退去时，你才会知道谁在裸泳①。"这些传记中的某些信息可能很有启发性②，尽管巴菲特的投资技术并不适合经验不足的投资人模仿。有一本书盛赞"集中投资策略"——就像伯克希尔-哈撒韦那样持有少数几只股票。好吧，这就如同在说，既然网球冠军发球的力量巨大，那么所有球员都应该尽可能地大力发球。实际上，对于大多数球员而言，这样做只会令他们在发球局就被淘汰。事实上，新的审慎投资原则③（现在是大多数州的法律）要求受托人必须进行多样化投资。

个名为"巴菲特观察"的网站对于那些希望关注伯克希尔-哈撒韦和巴菲特买卖交易的人来说可能非常有吸引力，本书的附录二包含了该网站的一些内容示例。

芒格的原则

作为一位杰出的投资人，芒格在一次演讲中表达了巴菲特式的几项投资原则，约翰·邓普顿给我发了一份那次演讲的摘要。现将这些

---

① 实际上游泳的人并不会受到退潮的影响。

② 特别是由安德鲁·基尔帕特里克（Andrew Kilpatrick）完成的《永恒的价值：投资天才沃伦·巴菲特传》一书（1999 年由麦格劳-希尔出版社出版）。

③ 请参阅我的著作《在新审慎投资原则下投资和管理信托》（1999 年由哈珀柯林斯出版社出版）。

原则稍做修改后展示如下：

1. **商业世界的专业化分工往往会带来成本的降低。**

2. **规模优势很重要。**当杰克·韦尔奇（Jack Welch）强调通用电气旗下的业务要么不做，要做就做行业中的冠亚军时，他并没有发疯，而是对下属的严格要求。太多无能的 CEO 不理解这一点。但是，如果规模滋生了官僚主义，那么规模就成了优秀的敌人，例如美国联邦政府或美国电话电报公司（AT&T）。

3. **技术是一把双刃剑，它既可以成为你的助推器，也可以成为你的绊脚石。**区别在于它是否能够为客户节省更多成本，或者能够为股东创造更多价值。

4. **投资者应该非常清楚他们的能力圈边界并确保不越雷池一步。**还记得我的那个问题吗："你怎样才能打败鲍比·费舍尔？"答案是："让他跟你玩除国际象棋以外的任何游戏。"

5. **赢家在胜率大时下大注——否则，永不下注。**那些精于计算的人才有更大的赢面。然而，真正这么做的投资者或者机构却非常稀少。所以知易行难，要真正找到一个折扣巨大的好企业并非易事。

6. **大幅折扣意味着更大的上行空间和更大的安全边际。**以比私人买家报价低得多的价格买入一家优秀企业的一部分就增大了胜算。

7. **买入优质企业，即使这要求你倾尽所有。**巴菲特声称这是他从芒格那里学到的最重要的一课。

8. **低频交易有助于减少缴税的同时会增加你的回报。**两个投资者在 30 年内同样获得 15％的复合年回报率。如果第一个投资者在 30 年结束时缴纳 35％的税，而第二个投资者每年缴纳 35％的税，那么最终第一个投资者的所得将是第二个投资者的 2.5 倍以上。

慈善事业

巴菲特是个吝啬鬼，让他放弃金钱难于登天，正如我们所看到的，他甚至不愿意把钱给他的孩子。他确实在 1979 年成立了巴菲特基金会，并开始进行一些慈善捐款。那一年，当巴菲特的个人净资产达到 1.5 亿美元时，该基金会的捐赠总额仅为区区的 38 453 美元。到 1990 年，这一数字增长到了 230 万美元，到 1997 年才进一步增加到 1 000 万美元。

巴菲特允许伯克希尔-哈撒韦的股东按他们的持股比例指定他们捐赠的接收方。这听起来很慷慨，但事实并非如此。通常，一家大公司会向数十甚至数百个慈善机构捐款，一般都是当地的慈善机构，其中不乏一些符合 CEO 个人偏好的机构。但是，由于巴菲特几乎拥有该公司的一半股份，尽管他仅指定了为数不多的几个慈善机构，譬如占机构总数的 5%，但是捐赠金额却占到了总金额的将近一半。这些钱都捐给了他自己的基金会，但是他的基金会的对外实际捐赠却非常有限。

他的基金会有两个主要关注点。首先是避免核战争。他向莫斯科和华盛顿的"风险降低中心"支付了 20 万美元，这些中心配备了传真和电话，一旦危机爆发，这些设备可用于对外沟通。可以肯定的是，如今不仅两国政府具备了这种能力，媒体和普通公司也都具备了这样的能力。

其次是人口控制。在 1997 年巴菲特基金会捐赠的 1 000 万美元中，有 800 多万美元用于计划生育、性教育、节育中心等。该基金会在 1995—1996 年期间捐赠了 200 万美元用于研究"RU－486"堕胎药。然而，除印度等一些国家外，全球出生率正趋于稳定。在日本、俄罗斯、德国、西班牙和意大利等许多国家，出生率其实已降至每对夫妇

只生 1.3 个孩子左右。在不久的将来，其中一些国家将面临每一代人
失去总人口 30％的严峻局面。南美洲也呈现出了相似的人口曲线，艾
滋病可能会抵消非洲的高出生率，甚至美国人口也只有通过移民才能
保持稳定。

罗杰·洛温斯坦在《巴菲特传：一个美国资本家的成长》一书中
指出：

> 令人惊讶的是，巴菲特的两项慈善事业都旨在减轻或防止还
> 未发生的悲哀，例如未来的战争或未来的人口过剩。实际上，他
> 的巨大资源没有用于帮助已经出生的人——那些此时此刻正面临
> 贫穷、生病、不识字和处于恶劣生存环境的人；又或者是此时此
> 刻正在为音乐厅、博物馆、大学和医院（堕胎或计划生育的筹资
> 除外）筹集资金的人。巴菲特几乎只专注于有关宏观经济和未来
> 主义的问题，这使他的慈善事业看起来不接地气，甚至有些不近
> 人情。

总　结

如何为伯克希尔-哈撒韦估值？这是一项极其困难的任务，因为人
们需要考虑对传统分析师而言远非显而易见的因素。多年来，巴菲特
本人经常宣称他无法令规模日益庞大的资产继续保持过去的增长率。
如果他始终坚持格雷厄姆的方法，恐怕情况必将如此，但他发现自己
完全有能力转向成长战略——并非普莱斯偏好的那类高增长企业，而
是 GARP 策略（以合理价格买入成长股）。此外，如前所述，他利用了
保险公司的"浮存金"这一杠杆。伯克希尔-哈撒韦的股价中内置了
"巴菲特溢价"，而这一溢价基于一个精算假设：他究竟能管理伯克希

尔-哈撒韦多长时间？与该公司关系密切的一位大股东在1999年曾表示，这一溢价相当于大约十年的寿命。这是一个有利于投资人的赌注吗？谁知道呢？公司规模可能会大到令巴菲特的传统投资方法失灵或令他失去对公司的控制权，又或者他会干脆像芒格一样金盆洗手。

巴菲特无疑是这个非理性游戏中极其理性的一位玩家，就这一点而言他已经超越商业的范畴。不妨让我们想象一位弹球游戏玩家，他月复一月、年复一年地玩弹球游戏直到他拥有10 000亿的积分，而这些积分只能用来兑换更多的免费弹球游戏。正如巴菲特所言，一个获得伟大成就的人必须是一名狂热分子，而巴菲特自己就是他口中的那个狂热分子，并且痴迷于他的得分。正是由于他痴迷于投资，所以他建立的慈善机构很小，而且他很少考虑未来这个规模庞大的慈善基金的目标。在这一点上，巴菲特与安德鲁·卡内基（Andrew Carnegie）可谓截然不同，后者建造的图书馆遍布整个美国。

要变得越来越富有仅仅依赖节流是远远不够的，就像练习健美，你首先要变得像大猩猩一样强壮，然后才能成为一匹马，最后才可能成为一头大象。客观地说，巴菲特式的富有对你没有任何好处。从"生活质量"、文化或者哲学角度来看，巴菲特并不引人注目。正如他自己所言，他的生活并不比其他人更奢华，他只是在旅行时比其他人更方便一些而已（他乘坐私人飞机旅行）。然而巴菲特乘坐喷气式私人飞机并不是为了个人享受，而是为了方便他从一家公司到另一家公司去了解情况。

作为人们崇拜的偶像，巴菲特在奥马哈为他的追随者举办的伯克希尔-哈撒韦股东大会犹如伍德斯托克音乐节一般热闹。巴菲特从崇拜者的欢呼声中受到鼓舞。由于长途跋涉到奥马哈的股东都是巴菲特的粉丝，这确实令人振奋（对于那些将可口可乐的股票卖给伯克希尔-哈撒韦的人来说可没有后悔药吃）。但是，默默无闻的经营者往往比热衷于功名利禄的人做得更好①，毕竟管理你的公众形象必然会占用你的时间和精力。

巴菲特在保持他随和质朴的形象方面做得非常好，尽管其实本质上他是一台自我驱动的计数器（巴菲特的一位访客说巴菲特已经把指甲啃得露出了底下的肉）。相比之下，比尔·盖茨显然是个大慈善家，但由于他的书呆子气，他仍然不受公众欢迎。

但是有一点非常值得强调，以商业标准衡量，巴菲特是一位严谨正直的经营者。他并不热衷于收购吉列、全美航空和国际冠军纸业这类交易，借用《华尔街日报》的说法，这类交易属于薅羊毛交易，尽管并不违法。可以肯定的是，投资所罗门兄弟并不令人愉悦，正如前文所述，该交易占了现有股东的便宜并引发了股东诉讼，虽然这么做并不违法。为伯克希尔-哈撒韦全资控股子公司服务的人似乎对自己的命运感到很满意：巴菲特的管理保持了高度的稳定性，所以他们仍然在做着他们一直喜欢做的事情（除了约翰·古弗兰）。

与其他公众人物相比，巴菲特在大众的心目中究竟居于怎样的位置呢？从本质上讲，他已经成功地将一大笔钱从技能较差的投资者的口袋转移到了他自己和他的追随者的口袋里。有朝一日，他的一部分股权将被移交给与他分居的妻子，剩余的部分则会交给其他受托人来管理，以服务于主次不分的慈善目标。至于这样的做法是否富有成效，这并不是巴菲特关心的焦点。投资对于他而言更像是一场游戏，为的是积累更高的得分，而非建造一座人们心中的圣城。

---

① "我通过观察发现，"希腊人尼克说，"伴随报纸公开报道接踵而来的通常是牢狱之灾。"

展望未来

巴菲特曾明确告诉《福布斯》杂志的记者："目前的股价水平应该产生远高于债券的长期回报。"这一点千真万确！从那时起到 1999 年11 月，标准普尔 500 指数的年回报率为 17.2％，而债券的回报率仅为 9.79％。

然而，巴菲特也曾多次发出令人担忧的警告。他说，投资股票会让经验不足 5 年的投资者感到失望，根据民意调查，他们预计未来十年投资股票的年回报率约为 23％，但即使是最有经验的投资者，预计也只能达到 13％左右。

那么，投资信息时代的高科技公司会怎样呢？巴菲特将它们与汽车和飞机制造商进行了比较。在数百家早期汽车制造商中，除了三家，其他汽车制造商都消失不见了；截至 1992 年，所有飞机制造商的投资者都没有赚到任何钱。正因为如此，巴菲特认为互联网可能会改变世界，但互联网股票的价格显然被严重高估了，寻找具备护城河的极个别公司才是投资者的未来。

第三章

邓普顿：投资新市场的开拓者

在美国大萧条时期，约翰·邓普顿（John Templeton）还在耶鲁大学读大二那年，他的父亲告诉他无法再为他提供学费，于是邓普顿只能靠奖学金完成了大学学业。之后，他赢得了罗德奖学金*并赴牛津大学深造两年，在求学期间他还利用假期游历了欧洲很多国家。在回到位于田纳西州的家之后，他又移居纽约，在美林证券获得一份实习工作，之后去了一家地震勘测公司。

第二次世界大战爆发后，邓普顿确信经过十年的暴跌股价已经探底，一切都会繁荣起来——尤其是那些无人问津的股票。于是有一天，他打电话给经纪人，要求买入价格低于1美元的所有股票，每只买入100股，他花了大约1万美元买入了104只股票。四年后，他以大约4万美元的价格卖掉了整个组合，这在2000年相当于100万美元。

座右铭：永远不要因为战争而卖出。战争会造成现金贬值，同时会造成资产升值，包括股票背后的资产。

---

* 罗德奖学金创立于1903年，旨在资助"卓越、勇敢、仁爱以及拥有领袖气质"的世界青年精英赴牛津大学深造，有"全球青年诺贝尔奖"的美誉。——译者注

那次非凡的交易为邓普顿后来的交易模式奠定了基础。他坚持只买入被大众所遗弃的股票，而且，他平均的持有期限是 4 年，这通常能够让一只价值被低估的股票有足够的时间回归其合理估值，其市盈率也会提升——我称之为"双击"。（当然，你可能因此完全错过了成长股的黄金 10 年或 20 年，这对于大多数投资者来说是他们在股市获利的最佳希望。）

不管怎样，邓普顿用这笔钱买下了一家小型投资顾问公司，并将其发展成一家中等规模的公司，然后他把公司卖给了皮埃蒙特管理公司，但留下了一只规模很小的加拿大基金，因为皮埃蒙特管理公司瞧不上这只基金。

56 岁的邓普顿又从零开始。首先，他决定永远不让自己忙到没有时间——不仅是没有时间思考投资，也包括没有时间思考超越投资的主题，特别是宗教问题。他搬到了巴哈马首都拿骚，在莱福德礁俱乐部的旧址上建造了一座具有美国南部风格的房子，四面圆柱林立，有点像白宫。在那里，他开始整理他的证券相关文档，并专注于管理仅剩的一只基金，他和他的一些老客户拥有其中的大部分份额。在接下来的几年里，这只基金的业绩证明了邓普顿的过人之处。在截至 1978 年 12 月 31 日的 20 年时间里，以分红再投入的方式投入该基金中的每 1 000 美元最终变成了约 20 000 美元——这使其成为当时所有基金中表现最好的一只。大约是在那个时候，我注意到他的名字年复一年地出现在各类业绩排行榜中，于是我从纽约给他打了电话，然后赶去拿骚拜访他。

小规模的邓普顿成长基金比规模百倍于它的大基金更加灵活。在小盘股上投入的 10 万美元如果能够实现收益翻倍，就会对小基金的业绩产生重大影响。此外，在这样的规模下邓普顿可以在情绪紧张时卖出股票并筹集现金，而大基金几乎无法这么操作。他有时会将 50% 的资金用作储备金，尽管他否认自己有预测市场顶部和底部的能力——这是他和大多数顶级投资人的共同之处。

他的投资标的涉及许多证券市场。他对日本和加拿大的证券市场了如指掌，就如同他对美国市场的了解程度一样，其实他对大多数其他国家的证券市场都很熟悉。

也许最重要的是他不需要固守在蓝筹股上，而信托公司将这些蓝筹股称为"质优股"。只要你确信你所掌握的情况是真实可靠的，那么买入一家市盈率很低而利润率很高的小型专业公司的股票会更安全。相反，一家规模庞大、平庸、高度工会化和受监管的标准大公司恰恰因为尽人皆知，其股价通常不会便宜。邓普顿会买入他的客户从未听说过的数十家小公司，并做好买入市场上所有流通股的准备。大型投资基金的基金经理会避开小公司，因为他们担心无法有效地了解这些小公司，这当然并无不妥。如果他们把时间都花在这些小公司上，不仅会造成大量交易，而且很难获得高回报。

顺便提一下，在很多国家，投资指的是买入"次新股"。在很多情况下，规模较小、成本较低、增长较快的公司都在美国境外。例如，西夫韦 * 的市盈率约为 8 倍，未来有望实现 15％ 的增长；而日本管理最好的第二大连锁超市伊藤洋华堂的市盈率约为 10 倍，增长率却超过了 30％。邓普顿认为，在日本，作为生产者和消费者之间桥梁的超市仍处于初级阶段，要达到美国这样成熟的水平仍需几十年的时间。

房地产行业提供了另一个实例。邓普顿认为这是一个长期有利可图的领域，尤其是在通货膨胀时期。在研究完日本和英国的房地产公司后——这两个国家的房地产公司深受投资者青睐——他发现加拿大的房地产比这两个国家的更便宜。在决定投资加拿大房地产之后，他选择了一组即便是美国的专业投资者也闻所未闻的公司：阿贝格兰地产公司、

---

　　* 美国的食品药品零售商，也经营超市。——译者注

迪恩开发公司、麦克劳林合伙公司和努西开发公司，买入价格都在 2～4 倍于每股现金流之间。邓普顿还以 5 倍于每股现金流的价格买入了阿拉克公司的股票，并预期该股票能够上涨 3 倍。投资小盘股意味着持仓的高度分散，邓普顿的这只基金常年保持持有 200 种以上的证券。

尽管如此，国际化、小盘股、分散化等优势只是为更好的业绩奠定了基础，而不是充分条件。那么，邓普顿使用了怎样的技巧呢？他又是如何做到的呢？

灵活性

用一句话来概括邓普顿的投资理念就是：**在众多证券市场中，寻找那些股价仅为其真实价值一个零头的公司。**

邓普顿不满足于仅仅买入便宜货，他更热衷于找到最划算的交易。当然，许多表面上的便宜货并非货真价实。所以当他找到一个便宜货之后，他会不断地研究它，直到能够确信其货真价实，他才会买入这只股票。即便如此，他也不无遗憾地承认自己还是会不断犯错，犯错是不可避免的。但由于他的业务高度多元化，这些错误造成的损失有限。

最好的便宜货通常是那些完全被人们忽视的股票，甚至还没有人研究过它们。当然，这就不难理解为什么他的投资组合中有那么多令人陌生的名字了。"一眼望去，"他带着一如既往的平和笑容对我说，"我敢打赌，你认识的公司不超过三分之一。"我做得比他想象的要好一些，但绝对没有好太多。我熟悉的一些公司出现在了他的名单上，但是我想不明白为什么它们会被选中。

在某些时候，如果你能够评估被人们忽视的积极因素，几乎任何东西都有可能成为便宜货。想要感知这些因素，你必须摘下那种对一切陌生事物总是看不顺眼的有色眼镜。邓普顿认为，对于投资者来说最重要的就是这种识别陌生事物价值的能力，他称之为灵活性。**专业投资者最需要的就是这种灵活性，而且它正变得越来越重要。**

邓普顿对某些国家直接或变相剥夺财产的趋势保持持续的关注——不仅是直接收购，还包括价格管制①和其他抑制商业与破坏投资者收益的限制。投资者应该经常提醒自己，一家公司所处的行业是否天然就是政府控制的对象，并应当在全世界范围内寻求答案。例如，在几乎所有国家，银行都是政府干预的天然目标，矿业公司也是如此。

邓普顿认为女帽生产行业是一个不受监管的完美案例。我说多年来罗马和其他国家都曾试图通过制定禁止奢侈消费的法律来规范女性的过度着装，但通常都以失败告终。邓普顿被我的回答逗乐了，回应说：丹碧丝卫生棉条总不太可能成为被监管的对象吧？人们很难想象泰迪·肯尼迪（Teddy Kennedy）会站在参议院的讲台前痛斥这种产品背后的奸商："我手里拿着的这个……"（事实上，就连丹碧丝在英国也曾是价格监管对象。）

邓普顿又提出乔斯滕公司不属于天然就会被监管的公司。它是美国领先的高中毕业戒指制造商，在学位证书、学位帽、学位服和毕业纪念册方面也有很强的竞争力，几十年来盈利稳步增长。他又指出，与房租相比，酒店客房价格受到的控制较少。而我观察到的一个实例是连锁报业，它们中有一些完全是"印钞机"，是完美的垄断并且不受监管，因为美国提倡新闻自由！

另一个长期存在的问题是通货膨胀。一家公司必须能够战胜通货膨胀，这才有可能成为一项合理的投资。邓普顿经过观察发现广告公司具备

---

① 他认同我的"特雷恩定律"——价格管制（通过减少产量）会抬高价格。人类花费了如此长的时间、付出了那么高昂的代价才认识到这个简单的道理。例如，房租管制破坏了一些大城市的大部分地区。

这种能力：广告公司按照客户广告支出的一定百分比收取费用，因此随着广告价格的上涨，它们的收入也会相应上升。他认为最终大多数国家应该转向考虑了通货膨胀因素的会计记账方法，因为这样才能展示一家公司的实际情况，而不仅仅是财务报表上的数字。当这种情况发生时，高负债公司的盈利将至少翻一番，因为它们可以使用正在贬值的货币来还债。

负债累累的房地产公司在通货膨胀时期是极好的投机对象。事实上，除了在英国和日本，它们完全不受欢迎——甚至遭到鄙视。

邓普顿喜欢的另一类能够抵御通货膨胀的生意是购物中心。通常，购物中心的租金仅仅能够抵消通货膨胀对货币购买力的侵蚀，但是房东会根据购物中心的营业额按一定比例收取提成。如果超市的营业额上升，那么它支付给房东的租金也会上升。

尽管邓普顿也尝试过风险投资，但他在该领域的投资业绩并不令人满意；他在新的风险投资标的上投入的时间与它们在投资组合中的地位极不相称。一个特别突出的案例是国际投资服务公司，这是一家由伯尼·康菲尔德（Bernie Cornfeld）创办的基金管理公司，该公司的大部分活动都是骗局。

邓普顿的观点

听邓普顿强调发现被公众所忽视价值的重要性，让我想起了海明威的建议，在描写高潮情节的时候——那些类似于斗牛士惊险地避开进攻的牛角或者拳击手将对手击倒在地的瞬间，作家应该把描写这些瞬间的笔墨用在沉浸在自己的情感中而不自知的观众身上，这样的创作效果更好。西奥多·赖克（Theodor Reik）* 谈到了用"第三只耳朵"

---

* 奥地利精神分析学家，也是弗洛伊德最忠诚的学生之一。——译者注

倾听的重要性：在病人以自我为中心的喋喋不休背后隐藏着完全不同、更为简单的信息——这才是病人试图传达的真正信息，而他们并不自知，作为治疗师的我们必须时刻倾听并挖掘出这些信息。但是，投资者究竟如何才能摆脱永不停歇的"新闻"、投资建议，以及贪婪与恐惧的情绪干扰呢？

这一问题的一个答案是经验。每次追涨杀跌都搞得头破血流，这样的经历持续了30年，即使是最情绪化的投资者也应该对市场恐惧与贪婪的情绪有一定的免疫力了吧。

邓普顿选择远离喧嚣，这让他得以尽可能从容地坚持自己的观点。从他那座坐落在小山上、俯瞰莱福德礁、带着门廊的宽敞房子到充满喧嚣与轰鸣的交易所大厅之间的距离可以用心理上的光年来衡量。房子自身和房子里的一切都是对亢奋情绪和过度交易的无声谴责。

邓普顿本人瘦削而整洁，即使在温暖和煦的日子里，他也会郑重其事地穿着淡柠檬黄的裤子和条纹外套套装，配套的领带一丝不苟地挂在胸前——你马上就会意识到，他是这个世界上最不容易受转瞬即逝的狂热情绪影响的人。当他慢悠悠地开着他那辆蓝色劳斯莱斯从家里前往俱乐部，去和一位加拿大银行家共进简单的午餐时，他的内心是否也充满了热切的渴望，希望抓住未来一周中的某个涨停板？我相信这种情况几乎没有发生过。

他会不会整天焦虑不安地守着电话，等着从经纪人那里听到最新的八卦、新闻，或者是交易所大厅里流传的笑话？基本不会。经纪人把他们认为邓普顿想看的资料邮寄给他，但从不打电话骚扰他。周遭的一切在齐心协力地帮助邓普顿完成他的工作。

从金融角度看，莱福德礁俱乐部仿佛是飘浮在空中不隶属于任何国家的天空之城。它的会员来自几十个不同的国家，他们的语调、口音更接近英国而非美国。人们不会像明尼阿波利斯的投资经理那样自然而然地只考虑美国股票，也不会像汉堡的投资经理那样只考虑欧洲股票。在拿骚看到的投资场景就像从玻璃船底看到的珊瑚礁：你漂浮在水面上四处研究看起来有趣的东西，而不是固定在某个地方。远离各国股票市场无疑有助于邓普顿明智地衡量他准备投资的各个国家的风险与回报。

令人惊奇的是，莱福德礁的另一个优势竟然是可以帮助邓普顿获得第一手信息。纽约的投资经理很可能与其他投资经理或者股票经纪人有联系，他们往往信息有限，而且总想着推销点股票。莱福德礁则不然，它的居民由来自世界各地成功的实业家和金融家组成——只有这些人才付得起那里高昂的费用，也包括他们的访客。他们来这里悠闲地享受假期的阳光并自得其乐。在这种轻松愉悦的氛围里与他们交换意见远比去办公室拜访他们容易得多，因为在办公室里他们通常都日理万机。

值得投资的国家

邓普顿是如何判断哪些国家值得投资的呢？

显然，首先要避免那些使投资变得极端困难甚至演变成不可能完成的任务的情况：官僚主义和通货膨胀。这两者经常相生相伴，任意一个都可以扼杀经济增长。

多年来，邓普顿一直看好日本。从历史上看，他的基金除了对细微的"特殊情况"感兴趣之外，最引人注目的可能就是对日本的集中投资，在日本的资产占其总资产的比例在 1970 年甚至达到了 60% 的峰值，后来才大幅减少。

1962 年，当邓普顿首次对日本产生兴趣时，投资者能够以 2～3 倍的市盈率买入头部企业的股票，而这些企业还有大量没有出现在资产负债表上的隐藏资产。美国和欧洲的投资者简直不敢相信自己的眼睛。即便如此，这些划算的交易依然年复一年地存在着：日本制药公司每年增长 30%，其股价却只有美国同行的三分之一。

到了 20 世纪 80 年代，日本经济的增长速度开始放缓，但对投资者而言却是更好的时代，因为股票市场的价值得到了认可，因此股价不再像以前那样低。

邓普顿指出，当他在 20 世纪 60 年代首次投资日本时，日本投资者更喜欢大公司，因为他们听说过这些公司，因此他们愿意为一家已经遇到发展瓶颈的大公司（如通用汽车或美国优时吉*）支付更高的价格，而不是为一家处于快速增长阶段的专业型成长公司支付更高的价格，他们也更看重未来六个月的获利前景，而非六年以后。后来情况发生了逆转，小公司的股价开始超越大公司。

除了日本、美国和加拿大，邓普顿认为只有以下几个国家和地区适合投资：德国、瑞士、北欧、西班牙、澳大利亚、新西兰、新加坡、韩国和中国香港。此外，他发现巴西具有巨大的潜力。

投资技巧

对于除日本以外的海外证券投资，邓普顿拥有一些重要的信息来源，当然，这些信息并非公开披露的信息，而是行业内的一些流言蜚语、内幕消息或银行家不经意泄露的消息。他告诉我："我仔细追踪了其中一些人，看看他们能想出什么好主意。"

在职业生涯的早期，邓普顿拜访了数百家公司，调查它们的工厂，进行方方面面的评估。然而，后来他很少认为有必要这么做。他有一

---

* 创立于 1901 年，提供高性能建筑材料。——译者注

张进行管理层访谈的标准问题清单，清单上的第一个问题是"你有长远计划吗？"。接着他会问："你预估未来的年均增长率将会是多少？"如果对方回答的目标增长率高于历史增长率，他就会追问："为什么未来会与过去不一样？你会碰到哪些障碍？"接着是一个关键问题："你最具竞争力的竞争对手是谁？"当然，追加一个"为什么？"必不可少，以深入了解其中的原委。

最后，邓普顿发现有一个问题特别有启发性：**"如果你不能买入自己公司的股票，你会投资哪一个竞争对手？为什么？"**

在分析证券的过程中，你很快就会发现仅与单一公司接触带来的误导几乎与它提供的信息一样多。同样，仅接触一家公司的管理层有可能被他的自吹自擂所误导。如果你常年拜访一个行业中的大多数公司，你最终会对整个行业形成一定的概念。你会知道哪些消息来源是可靠的，哪些管理层实现了他们的目标，哪些公司高管倾向于夸夸其谈。特别需要强调的是，即便只与一家公司的主要竞争对手或主要供应商交谈几分钟，也可能极富启发性。你的信息提供者也许不能泄露自己公司内部的机密，但他可以谈谈对竞争对手的看法。如果他真的泄露了公司的机密，作为投资者的你也会因为内幕交易而受到法律的制裁。当然，通常你的信息提供者谈论竞争对手时会更加客观公正。

邓普顿还广泛使用二手资料，他更看重数据而非第一印象。或许，他最重要的资料来源是《价值线》中大量的事实，而非那些不靠谱的观点。通过研究过往15年的销售额、利润率、折旧、营运资金等历史数据，人们就能掌握在大部分企业整个生命周期中必须了解的信息。

邓普顿还发现《华尔街手稿》每周都会刊登数十份股票经纪公司针对不同公司的研究报告，这些报告非常有用。为了保存相应的资料，以前他还在莱福德礁俱乐部附近的一个小型购物中心租了一间办公室，并配备了一名资料管理员。但后来他发现，通过《华尔街手稿》的公司索引，他就能找到大部分问题的答案。

　　他与股票经纪人建立广泛的联系是为了获取事实，而非他们的买卖建议。几乎没有经纪人——他认为只有不到 1‰ 的人——像他一样思考问题。（同样，在我与他的交流中，他怀疑没有任何一位瑞士银行家考虑过英国和加拿大之间的房地产价值差异，而这种差异在他看来非常有趣。）经过多年的观察，邓普顿已经非常清楚哪些经纪公司的信息源对他收集事实有所帮助，那些不靠谱的信息源自然就被他放弃了。

　　无论是股票、艺术品、房地产还是其他任何东西，想要通过投资它们获利的一个悖论就是最好的交易永远不可能是交易商或画廊正在推销的交易。哈佛大学霍顿图书馆的菲利普·霍弗（Philip Hofer）是一位著名的藏书家，他曾告诉我他从书商那里获得便宜货的撒手锏："你有什么书卖不掉？"那本书通常放在地窖里，并且蒙着厚厚的灰尘。如果那本书值得购买的话，很可能比橱窗里的特价书还要划算得多，因为橱窗里的特价书再怎么打折，书商也不会标一个让自己亏本的价格。

　　同样的道理，如果一只股票备受冷落——直白地说就是卖不出去，那么一家承担着大量管理费用，还要发工资给销售人员的股票经纪公司就不可能参与这只股票，尤其是一只流通股数量较少的股票。因此，网罗便宜货的投资者只能靠自己，而无法依赖他人的想法，因为彼此就同样的事实所产生的行动完全背道而驰。

　　邓普顿的投资组合正是他从世界各国搜罗的最有价值的股票集合——当然是在充分考虑了这些股票所在国的安全性之后。

　　一旦某只股票因股价上涨而不再便宜，并且他发现了更好的选择，他就会毫不犹豫地放弃前者。也就是说，他总是用这种货比货的方法进行投资。

　　我问他会不会在一只股票的价值初露端倪，大众对它的投资兴趣随之提升时买入。他回答说，如果两只股票在其他方面基本一致，其中一只股价已经开始上涨，而另一只仍毫无动静，那么他会优先选择那只开始上涨的股票。

在他的分析方法中，邓普顿会首先评估一家公司的内在价值。在20世纪40年代中期，他的投资顾问公司像其他公司一样，会系统地、全面地应用源自格雷厄姆的证券分析技术——通过仔细研究公司的重要财务比率来分析一家公司，以期评估其真正的价值。这种枯燥乏味的苦差事现在由于《价值线》这类财经媒体所提供的服务大大减轻了，每年只需花费几百美元，你就可以轻松获得大部分信息，而这些信息比过去一屋子的分析师收集的信息更及时、更准确（现如今，互联网的出现让这一便利更上了一层楼）。

邓普顿表示，在给企业估值时有上百个因素需要考虑，尽管并非所有因素都适用于任何企业。譬如，在研究一家煤矿企业时，你可能会有选择性地忽略其中四分之一的因素，而在研究一家工业制造公司时，你则可能会忽略另外四分之一的因素。

但是在所有这些因素中，有四个因素非常重要并适用于任何企业以及任何情况：

1. **股票的市盈率**。

2. **营业利润率** *。

3. **清算价值**。

4. **增长率**，尤其是利润增长的持续性。

如果一家公司的增长停滞了一年，那可能并不能说明什么问题。如果两年都停滞不前，那就有点可疑了。然而，人们更应该对过高的增长持怀疑态度，因为通常来说这是不可持续的。

我和邓普顿探讨了普莱斯的投资理论，也就是投资者应该寻找经济

---

* 营业利润率＝息税前利润÷销售收入。——译者注

中"成长的沃土"——那些注定要在未来几年扩张和繁荣的领域——并买入其中的领先公司。邓普顿回答说，他可能买入过普莱斯成长股基金中的大部分公司，但这些公司通常市盈率都很高，而大多数时候，专业公司的股价比较低，因为能够理解它们的人比较少。如果不考虑股价的话，买入一只众所周知的优质成长股既不需要经过培训，也不需要经验。

万物皆有时，永恒不变的就是改变。总部位于波士顿的大卫鲍森基金偏好增长最快的成长股，该基金曾有过六年的美好时光，业绩表现名列前茅。邓普顿认为在那段美好时光结束时，它应该已经在急切地寻找一个好的借口来改变整个投资策略。摩根担保公司在20世纪60年代末70年代初曾押注雅芳、美国国际香精香料等公司的股价会继续上扬，就好像股价可以涨到天上去一样：如果塞缪尔·R. 卡洛韦（Samuel R. Calloway）能在1973年退休，而不是在1975年股价下跌50%以后才卖出这些资产，摩根担保公司的人该有多高兴啊！

灵活性是最重要的原则。当一切似乎都特别顺利时，你必须做好改变的准备。当周期与你的预期完全一致时，那就准备好随时卖出吧。

不要相信规则和公式。邓普顿熟识的一位化学银行信托部门的主管，在无数代人被市场搞得晕头转向之后，最终弄清楚了一切。自股市开业以来，所有的数字、所有的周期，无论是心理的、财务的还是基础的数据仿佛都在传递同一个信息：道琼斯指数将在未来三年直线下跌，于是他把客户的股票全部换成了现金。好家伙！第一年，市场不断上涨；第二年，市场加速上涨；到了第三年，市场干脆创下了历史新高。

邓普顿一直有一种惊人的能力，**他能够辨别出对买入决策至关重要的两三个因素，而对其他因素视而不见，**但这一点并没有被大众所熟知。这种纲举目张的能力通常是非常强大的思考者的特征。

邓普顿曾经的合伙人万斯（Vance）过去很喜欢传授投资方面的知

识。他的投资工具箱中有一张画在一卷包装纸上的巨大图表。这张图表太大了，以至他在讲课的时候不得不从听众中找一位志愿者帮忙展开并把它挂在墙上。这张图表描绘了过去二十年股市的情况，各不相同的曲线代表了影响股市的各种因素——工业总产值、货币供应量等，其中有一条曲线是所有曲线中与指数走势最为一致的。年复一年，通过它你就能知道股市的走势并大赚一笔。听众被彻底迷住了，并要求万斯告诉他们这条曲线代表的是什么因素，结果万斯告诉他们那是他后院鸡笼里的母鸡下蛋的数量！

邓普顿设立了一个宗教进步奖，每年在伦敦颁奖。这个奖的奖金约为 100 万美元，这使它吸引了不少知名人士的目光，其中包括英国当时的菲利普亲王。邓普顿宣称他这个奖的奖金比诺贝尔奖还要高，准确地说，其实应该是比任何一个单项诺贝尔奖都要高。邓普顿希望该奖项能让人们更多地关注诺贝尔获奖者的生活和工作，其中包括加尔各答的特蕾莎修女（Mother Teresa）* 和亚历山大·索尔仁尼琴（Aleksandr Solzhenitsyn）**。[1] 他还向牛津大学捐赠了一所商学院，向普林斯顿神学院捐赠了一栋大楼。由于他加入了英国籍，这些善举为他赢得了骑士的称号。

展望未来

2000 年初，邓普顿在其近半个世纪的职业生涯中首次得出结论，他认为每个国家的股票市场都进入了高估状态。因此，他建议在投资

---

　　* 印度修女，她在 1979 年获得了诺贝尔和平奖。——译者注
　　** 俄罗斯作家，诺贝尔文学奖得主。——译者注
　　① 为了表示对这个奖的关注，我向邓普顿推荐索尔仁尼琴。由于索尔仁尼琴只会说俄语，因此我帮助索尔仁尼琴在白金汉宫发表了英文版的获奖感言。

组合中债券应占 75%，特别是与通胀挂钩的美国国债。这一做法的一个缺点是美国国债是以美元计价的，他预计美元会比其他一些国家的货币（特别是新加坡元、韩元和澳大利亚元）更疲软，所以他会选择以这四种货币计价的资产进行分散投资。

对于投资组合中剩余的 25% 即股票部分，他继续对医疗保健行业青睐有加。在这一领域，当时有一只名为 H&Q 生命科学投资公司的封闭式基金正以大幅低于其资产净值的价格出售。

邓普顿并不认同欧洲非常具有投资潜力这一流行观点。他认为欧洲工会太强大，税收太高，这些阻碍了企业增长的引擎——企业家精神的发展。只有少数几个国家，例如英国、爱尔兰、波兰和匈牙利，似乎有抵制政府控制和高税收的趋势。邓普顿对中国的评价相当高，并认为投资中国的最佳方式就是以低于净值的价格买入封闭式基金。

总的来说，他虽然对短期非常谨慎，但对 21 世纪的前景仍然极为乐观。

第四章

雷恩沃特：敲响改变的警钟

理查德·雷恩沃特（Richard Rainwater）的投资方法与书中其他投资大师相比可谓独树一帜。首先，他会展望未来，挖掘一个有前途的领域，并试图想象该领域能够取得成功的企业是什么样子的；然后，他会在这个领域展开集中投资（当时，他的方法与其他人相比看似没有差别）。然而，他并不一定会耐心等待，而是更愿意主导方向，通过雇用、解聘、再融资、合并等各种手段强行调整他所投资的企业，直到企业接近他最初想象的样子。

因此，当大多数投资者都在寻找优秀的管理层，然后被动跟随他们的时候，雷恩沃特则从一个投资想法开始，然后扮演投资者、顾问、商业银行家的多重角色。（但奇怪的是，他像其他投资者一样随波逐流的被动投资，竟然获得了和主动投资一样好的回报。）

雷恩沃特的另一个奇特之处在于，他的合伙人被认为是金融领域最难对付的人之一，尽管金融领域已经够难对付的了。他的合伙人就是他的第二任夫人。（他的前妻是他高中时的恋人，在 35 年的婚姻中，他们育有 3 个孩子，孩子们已经长大成人，住在沃斯堡。和许多富人的后代一样，他们被称为漫无目的的一代。）

雷恩沃特在 1998 年底前的年复合回报率达到了 26％，这还是被当年股灾拖累之后的数字，1998 年是他职业生涯中投资表现第二差的一年。（在作为私人投资者的头五年里，雷恩沃特声称其年复合回报率超过了 70％。）在他转为私人投资者之前，他早期的巨大成功来自帮助得克萨斯州沃斯堡著名的巴斯家族（Bass family）管理财富。在那几年里，巴斯家族的资产增长了 100 倍，从 5 000 万美元增长到数十亿美元。不再为巴斯家族服务后，雷恩沃特主要专注于三个行业：石油天然气、房地产和医疗保健。截至 1999 年初，他的净资产估计已经超过 10 亿美元。

雷恩沃特（只有不认识他的人才叫他"迪克"）有着地中海人的深色皮肤，看上去健康富足，笑容充满自信，照片里的他看起来非常不错。他的衣着倾向于学院风：身上穿着 polo 衫，脚上要么穿平底便鞋要么穿网球鞋，再搭配一条蓝色牛仔裤。他经常在沃斯堡办公室的健身房中听着摩城音乐（Motown Music）* 锻炼身体。要是他跑到纽约，那么大多数下午他都会和其他有钱的金融界人士一起打高尔夫球。他喜欢高尔夫运动带来的挑战："打高尔夫球需要花费很多时间，这可不是一项简单的运动，可以学到很多东西，而且和一群人一起玩非常带劲。"他硬是把自己的体重从 225 磅减到了 1998 年的 185 磅，这个体重对于一个身高近 1.9 米的人来说正合适。他浑身洋溢着几分俏皮的活力，一谈到生意或者赛车就兴致勃勃。在完成一次商业挑战之后，他很可能会冒出一句高尔夫的行话来表达他的兴奋："我刚开了一个 250 码的好球，这次别让我打 300 码。"当他和助手们分析股票时，他会直接用水性记号笔在办公室的白墙上写写画画。

当我们交谈时，他时不时地接到关于高尔夫的电话。一名男子提

---

* 灵魂乐的一个分支，加入了更多流行音乐元素，接受度更高。——译者注

到了一个特别的字眼——"紧急九号"，我问雷恩沃特这是什么意思。"有些人在打完 18 洞之后，如果有时间，会再打 9 个洞，这样玩起来更带劲。"他说。

在他还在读高中时，他曾在短程加速赛车中称王称霸，只要谈起那段日子，他就会兴高采烈。他那辆加强了马力的改装别克车在当地赛场上所向披靡，力压群雄长达 7 个月的时间。后来他偶尔也会参加这样的比赛，他的座驾是一辆改装的红色 57 款雪佛兰，在几秒钟内就能从 0 加速到 60 英里，动力相当惊人！在 1992 年的美国成就奖（American Achievement Awards）颁奖现场，有人问他想成为哪种海洋动物。"一只海豚，"他回答说，"因为那种傲娇的哺乳动物从来没有烦心事儿。"雷恩沃特一直希望参与一些重大的事情：当然不是高尔夫球赛，也不是网球比赛（他朝我点点头，因为我是网球运动员）。他需要感受自己的重要性。

雷恩沃特认为自己是一个观察者，一个充满好奇心的人。"我在学校里算是一个比较聪明的孩子，我喜欢与同学展开竞争。所以，即使我赚到了自己人生的第一桶金，我也没有停止分析思考，我会从一片混乱中抽丝剥茧地找出我能赚到钱的原因。"

我曾经问雷恩沃特关于他这个有趣的姓氏的来历，他认为这个姓氏源自荷兰，但是我说从拼写方式看不像啊。"没错，"雷恩沃特回答说，"这是德国人造成的①，我的祖先从欧洲移民到了美国的田纳西州。"他的外公名叫迪布（Dieb），是一名黎巴嫩人，在美国娶了另一名黎巴嫩人。迪布买了满满一卡车的针线在美国南部走街串巷地叫卖。后来迪布在沃斯堡成立了自己的公司，并最终将公司传给了雷恩沃特的父亲。

---

① Goldwater 意为金色的液体（指的是尿液），这是日耳曼当局强加给这个杰出家族的名字。

雷恩沃特与好莱坞巨擘大卫·格芬（David Geffen）*、迈克尔·艾斯纳（Michael Eisner）**、"超级经纪人"迈克尔·奥维茨（Michael Ovitz）*** 和导演乔治·卢卡斯（George Lucas）等私交甚好。此外，还结交了巴菲特、小布什总统和达拉斯牛仔队前四分卫、后成功转型为房地产开发商的罗杰·斯托巴赫（Roger Staubach）。

雷恩沃特一直保留着位于沃斯堡的办公室。他与合伙人兼妻子达拉·迪·摩尔（Darla Dee Moore）住在曼哈顿上东区一套舒适的公寓里，其中优雅的家具反映的是她的品位，而不是他的。他们在南卡罗来纳州和亚利桑那州也有房子。雷恩沃特和达拉没有孩子，因为达拉说她挤不出时间生孩子。

雷恩沃特非常爱干净。达拉说，如果他到你家串门，"他会参观你的厨房，整理厨房里的杂物，并把灶台的边边角角擦得干干净净"。他喜欢和孩子们以及宠物狗一起玩耍。他对花钱、收藏这类追求毫无兴趣，更喜欢俭朴的生活方式。达拉认为最适合他的住处就是酒店，不拥有产权，想租哪里就租哪里。"他的行为方式很像年轻人，甚至有点孩子气，他喜欢简单。"

达拉声名远扬完全是由于她自身的努力。20世纪80年代，她在化学银行****声名鹊起，被人们称为"DIP女王"（debtor in possession，指债务人使用持有的资产进行融资，一种向破产公司提供贷款的方法）。她在南卡罗来纳州湖城的一个普通社区长大，她的母亲循规蹈矩，要求严格，在卫理公会教堂工作。她的父亲是一位出色的运动员，从小就在家门口训练达拉跑步冲刺，检查她的投篮水平和游泳速度。他培

---

* 梦工厂的股东之一，依据2021年《福布斯》排行榜，其资产达到了95亿美元。——译者注

** 曾担任迪士尼CEO长达21年。——译者注

*** 好莱坞创新演艺经纪公司的掌门人。——译者注

**** 位于纽约的一家民营银行。——译者注

养女儿的方法让人想起了肯尼迪兄弟从小受到的鞭策。

她很早就知道商业是她进入更高阶层的阶梯。1981年获得乔治华盛顿大学工商管理硕士学位后，她参加了化学银行的管理培训生项目。最终，她的年收入超过100万美元，可能是有史以来银行界收入最高的女性。她是一位极其苛刻的谈判者，有一次参加会议时，她兴高采烈地说："小伙子们，把你们的橡胶内裤穿上，等一下当心把你们吓尿了！"《财富》杂志更是将有关达拉的一篇新闻报道起名为《商界最强硬的美女》。当雷恩沃特为自己的公司寻找CEO时，达拉的大好机会就来了，这家公司当时管理着雷恩沃特自己的7亿美元资产。在协助雷恩沃特管理公司三年半之后，该公司的净资产就增长到了15亿美元。她还顶替雷恩沃特在当时市值达150亿美元的HCA公司担任董事一职。

达拉喜欢收藏珍本，但并不关心书中涉及的学术问题。最初，她更喜欢与资本主义诞生有关的书籍，如洛克（Locke）、休谟（Hume）和其他哲学家的著作，以及由狄德罗（Diderot）等人在18世纪出版的法国版大百科全书。后来，她开始收集与她的家乡南卡罗来纳州有关的作品。

她是在1990年出差去得克萨斯州的旅途中遇到比她大十岁的雷恩沃特的，两人一见钟情，不到一年就步入了婚姻的殿堂。1991年12月13日是个星期五，他们取消了原定的盛大婚礼，取而代之的是一场静悄悄的活动。"我把你看作一笔股权投资。"他公开表示——这显然不够浪漫，然而非常现实。

达拉可以很温顺，也可以极其严厉。《财富》杂志曾形容她是"美女与野兽的结合体，说话苛刻、慢条斯理，带着南卡罗来纳州的特征"。她经常与同事发生矛盾，"这给我带来了麻烦。在职业生涯的早期，事情发展到没有人愿意为我工作的地步，整个团队都抛弃了我"。

另外，玛莎·斯图尔特（Martha Stewart）*和奥美广告的 CEO 夏洛特·比尔斯（Charlotte Beers）也是她的朋友。

早期生涯

当雷恩沃特还是个孩子的时候，他就展现出了资本家的本能。13 岁时，他找到了一条送报路线，然后"雇用"其他孩子帮他送报纸；他将所得的 80% 作为工资付给这些孩子，而他作为"经理"，将剩下的 20% 收入囊中。这一点比巴菲特略胜一筹，因为巴菲特童年时靠自己送报纸！

作为得克萨斯大学数学和物理学的尖子生，雷恩沃特获得了斯坦福大学商学院的奖学金。在 1968 年毕业时，他下定决心要成为一名富豪。有一天，他突然出现在高盛的办公室并宣称："我在学校表现优异，基本门门功课满分。对我来说，为高盛工作是实现我的美国梦的第一步。"雷恩沃特最终如愿以偿地被高盛录用，并在达拉斯开始了证券销售工作。第一年雷恩沃特就和一位合伙人为公司赚到了 120 万美元的佣金，他们分得了其中的 16%。

不久，他在斯坦福大学的人脉就为他带来了回报。他与佩里·巴斯（Perry Bass）的长子希德·巴斯（Sid Bass）一起上过几门课，佩里的叔叔通过勘探并开采石油赚了大钱。希德需要找人打理家族的资产，于是与雷恩沃特一拍即合。

万事开头难，他们投入股市的 2 000 万美元很快就跌去了 300 万美元，几乎每一笔投资都在亏钱。雷恩沃特意识到他需要一个清晰的战略和一种系统的方法。因此 26 岁那年他遍访高人，拜访了查尔斯·艾伦（Charles Allen）、巴菲特和菲利普·费雪。他试图找到一种能够持

---

* 美国著名家居生活杂志《玛莎·斯图尔特生活方式》的创办人。——译者注

续带来回报的投资方法，而不是前后矛盾、难以操作的方法，用他的原话就是一种"适合（我的）并且我能学会的方法"。

他最重要的结论之一就是，要想投资取得成功，你必须专精某一个领域。你应该不断地寻找并识别出那个任何人都有可能取得成功的领域。他遇到的不少投资者虽然看似成功，但实际上在其擅长的领域找不到大量的其他成功案例。

就这样他找到了一个符合他标准的人——J. H. 惠特尼公司的戴维·邓恩（David Dunn），邓恩帮助他的公司从很小的资金量起步并赚取了数亿美元，取得了持续的成功，而且邓恩非常自律。邓恩用"每个项目雨露均沾"来形容风险投资者常犯的过度分散的错误，也就是说，无论什么项目都投入一小部分资金显然是一种失败的策略。

邓恩专注于计算机领域，这不仅涵盖生产环节，还包括零售和批发环节。他参与创办了一些大公司，包括美商存储科技公司和优质电脑公司（Prime Computers）等。具体到某个行业，邓恩最喜欢问的一个问题是："有哪些有钱人在做这项生意吗？"也就是说，只要有3～10个成功人士也进入了这个行业，那就既能证明有一定数量的成功人士也认可这样的商业模式，但又不至于让这个行业竞争惨烈。

在求索之路的终点，雷恩沃特得出结论：他应该向巴斯家族推荐一些有吸引力的行业，包括房地产、套利和对冲基金，但无论投资什么，首先必须缩小自己的关注范围，聚焦于一点。在接受了这些想法并形成了一套行之有效的方法之后，他说："他们从相对有限的初始资本中获得了巨大的财富。"

这是风险投资家必须经受的历练。事实上，很少有人能端坐在办公桌前坦然地就各种各样的交易签支票，毕竟卖家总比买家精。最终，一位成功的风险投资家会对某些领域形成足够深入的理解，从而使胜利的天平向有利于他的一方倾斜。

投资策略的形成

雷恩沃特在为巴斯家族工作的那几年里，形成了他在此后的投资生涯中一直遵循的策略。它由六大关键部分组成：

1. **瞄准一个声名狼藉但有可能涅槃重生的重要行业**。要在这样的行业中找到机会和价值，雷恩沃特认为并非必须成为这个行业的专家，特别是在买入之前。他会思考更加宏大的问题，他说："大行业中那些为全世界提供必需品的公司才会引起我的兴趣。"

2. **找到这个行业中特别有吸引力的公司或子领域**。雷恩沃特称之为"机会中的机会"（这被我称为双杀战术）。由于油价低迷，雷恩沃特开始研究钻井公司；在医疗保健行业，他聚焦于那些入住率能够提高、医生可以拥有股份的医院；他投资的房地产几乎全部集中在西南部的几个地区。

3. 他还使用了一种与众不同的策略——用华尔街的术语可以称之为"过滤器"，这一策略获得了极大的成功：**找到一家具有长期、可持续竞争优势的公司**，另一些人称之为牢不可破的特许经营权。迪士尼就属于这一类，因为它拥有独一无二的资产，即它创造的主题公园和卡通人物。

4. **让"世界级表演大师"来参与演出**。雷恩沃特并没有试图成为每个行业的专家，而是请咨询专家来帮忙寻找合适的经理人以重振公司。然后他会"打电话给一个德才兼备的经理人说'交给你了'"。然而，有时他也会亲自操刀，试图把自己的想法转化为现实。

5. **不要独自进行一项投资**。对于每一笔私人投资，雷恩沃特都会建立一只合伙基金，通常包括值得信赖的前同事，可能还有所选行业的专家，并从这群人中选出一位来运营管理这只基金。这是一种与众不同的态度，因为大多数风险投资家在面临艰难抉择时都喜欢独自做出决定，而不是咨询他人。

6. **通过财务杠杆提高风险回报率**。雷恩沃特从亨特家族的雷·亨特（Ray Hunt）手中买下了得克萨斯州一栋40层高的办公大楼，他的办公室也在这栋楼里。亨特在这栋大楼上投资了1.4亿～1.6亿美元，而雷恩沃特仅仅用了6 400万美元就将其收入囊中，其中还包括5 500万美元的浮动利率贷款，实际上仅动用了他不到6％的自有资金。

早期的成功案例

在20世纪80年代为巴斯家族工作的过程中，雷恩沃特就成功地从正在转型的行业中挖掘到了好几个投资机会。发现被低估的能源股让他初尝胜利的果实，他买入了马拉松石油公司和德士古公司的大量股份。1984年，准备收购盖蒂公司的德士古公司回购了雷恩沃特持有的9.9％股份，让他赚得盆满钵满。（当时有一些人认为这完全是敲诈勒索，因为巴斯家族一直在向德士古公司的管理层施压，要求他们回购公司股票，而不是收购盖蒂。）

同年，雷恩沃特趁迪士尼动荡之际买入其股票。1982年，该公司的盈利下降了近19％，第二年又下跌了7％；位于佛罗里达州的未来世界项目成本超支严重，这些是负面消息；好消息是，该公司负债率低，拥有珍贵的电影版权和卡通人物，以及每年创收10亿美元的主题公园。这些资产似乎比该公司20亿美元的市值更有价值——尤其是考虑到其中一些资产的竞争对手根本无法复制。

野蛮人索尔·斯坦伯格（Saul Steinberg）* 是第一个出手的，他收购了迪士尼近10%的股份，并于6月出价收购其余股份。1984年6月9日，迪士尼与斯坦伯格达成和解，以每股高于市场价7.5美元的价格回购其持有的公司股份，仅三个月该投资就为斯坦伯格获利近3 200万美元。

雷恩沃特紧随其后提出要约收购，拟将阿尔维达地产公司的股票作价2亿美元换取四面楚歌的迪士尼10%的股份，前者是他在一年前以2 000万美元的现金加上2.7亿美元的债务收购而来，据称该公司的名字是为了纪念亚瑟·维宁·戴维斯（Arthur Vining Davis）。迪士尼接受了他的要约。随后，雷恩沃特开始帮助迪士尼提升管理能力。他向导演乔治·卢卡斯和其他人寻求建议，并最终说服派拉蒙影业前总裁迈克尔·艾斯纳加入迪士尼担任 CEO。

艾斯纳在1998年出版的《半成品》一书中阐述了雷恩沃特快速评估形势的能力。在一次讨论迪士尼未来的重要会议上，雷恩沃特、希德·巴斯以及几位同事听艾斯纳阐述公司如何从以主题公园赢利为主转型为靠卖座电影来获利。艾斯纳用文字描述了当时的情景：

> 大约半个小时后，雷恩沃特站起来接了一个电话，希德和他一起离开了房间。我们当时并不知道，他们一出门，希德就告诉他的搭档：
>
> "我喜欢艾斯纳的主意。"
>
> 雷恩沃特回答："我支持你。"
>
> "那我们回去告诉他们，我们未来五年打算支持他们大干一场。"希德说。

---

* 斯坦伯格以恶意收购著称，成功收购了一家有150年历史的保险公司，并运营至其破产，他还曾经试图收购化学银行。——译者注

希德后来告诉我，这就是他们谈话的全部内容。不到半小时，希德和雷恩沃特就得出结论：只要我们能设法扭转局面，他们继续持有股份肯定比他们将迪士尼拆分出售要赚得多。

此后不久，巴斯家族继续增持迪士尼的股份至 25%。1986 年，当雷恩沃特不再为巴斯家族工作时，这部分股份的价值接近 20 亿美元，获利 8.5 亿美元。"迪士尼的问题很容易解决，"他说，"换个 CEO 就搞定了。"

1984 年，他与金融家迈克尔·米尔肯（Michael Milken）* 有过短暂交往。他迫切地希望检验自己通过创新的融资方法来增加价值的策略，于是他说服米尔肯加入了一只由巴斯家族以及其他一些投资人共同出资组成的基金。巴斯投资有限合伙企业成立之初的总资本为 12 亿美元，其中的 5.4 亿美元由公平人寿出资。雷恩沃特和米尔肯一起为该合伙企业的投资项目出谋划策。合伙企业以 9% 的利率借款并投到收益率为 15% 的垃圾债券上。第一笔资金被用于重组美泰玩具公司，最终他们完成了一系列的交易，涉及 MCI 电信、麦考移动通信、大都会传媒等。雷恩沃特在 1989 年将这些投资套现，该基金为公平人寿带来了 30% 的年化收益率，而普通合伙人的年化收益率高达 100%。

雷恩沃特认为巴斯家族借助家族以外的财务杠杆是明智之举："一直让我感到奇怪的是，企业，即便是家族企业，提拔员工的标准都是基于技能而非血统；但大多数家族仍然根据血统来决定谁来管理资产。这一点在我和巴斯家族看来都不可理喻。"

---

* 垃圾债券大王，一度呼风唤雨，最终因内幕交易锒铛入狱。——译者注

独自高飞

在为巴斯家族服务的 16 年中，雷恩沃特不仅帮助该家族实现了财富的成倍增长，也为自己赚取了 1 亿美元的财富。

在他离开巴斯家族单飞后，他投资的第一个领域是石油和天然气。他确信低迷的石油市场已经触底，因此买入深陷泥沼的几家得克萨斯州石油公司的时机已经成熟。雷恩沃特说，政府"严格限制整个石油和天然气勘探行业"，这些限制措施包括超额利润税、石油限价令等。政策制定者制定这些政策的根源是他们内心的不安全感，他们希望美国可以在石油供给上自力更生，而不至于沦为海外原油的奴隶。他最先介入的是位于休斯敦的布洛克能源公司，该公司在 20 世纪 70 年代盛极一时，但当雷恩沃特买入时，它的主要资产就只剩一堆老化的设备，还欠着银行 1 亿美元的债务。

雷恩沃特申请了 1 200 万美元的贷款，并迅速着手重建该公司。他说服了一家海上钻井公司受人尊敬的 CEO 卡尔·索恩（Carl Thorne）来运营整家公司。1987 年 4 月，他们发行了 5 500 万美元的新股，并将布洛克能源公司更名为能源服务公司（Ensco）。他们还动用了 200 万股公司股票来吸纳优秀的合伙人，其中包括来自好莱坞的高管大卫·格芬，通过迪士尼的交易雷恩沃特认识了他。

天然气合伙企业（NGP）是雷恩沃特为天然气领域提供融资的一家企业，该企业充分利用了政府干预天然气领域的政策所创造的机会。为了获得融资，输气管道商必须与生产商签订长期合同，以指定的价格购买天然气，然后卖给市政当局。然而，当天然气行业管制在 20 世纪 80 年代解除，天然气价格大幅下跌，输气管道商纷纷违约并转而与其他生产商重新签订合同以购买更廉价的天然气。那些原来签订了长期合同的生产商立即起诉这些输气管道商，然而后者得到了政府的救济。最终大量生产商和部分输气管道商咽下了亏损的苦果，但随之而来的大量诉讼和行业混乱创造了新的投资机会。为了经营 NGP，雷恩沃特找到了"一位讨人喜欢的证券分析师甘伯·鲍德温（Gamble Baldwin）。《机构投资者》杂志认为他在油气行业所有分析师中位列前三"。

雷恩沃特说服了鲍德温来运营 NGP，并从公平人寿的朋友们那里获得了 9 750 万美元的投资。NGP 自成立以来从机构投资者那里筹集到了近 10 亿美元的资金。NGP 与 Ensco 形成双轮驱动，同时寻找开发项目。

雷恩沃特继续通过投资其他陷入困境的公司来发展壮大 Ensco。1989 年他发现了一个投资机会——彭罗德钻井公司，这家拥有 84 个钻井平台的公司曾经属于亨特兄弟，但该公司的主要债权银行迫使亨特兄弟在重组中放弃了控制权。雷恩沃特本人以及 NGP 和 Ensco 开始以最低 60 美分的价格从两家银行买入彭罗德钻井公司的债券，希望能够接管该公司的高质量钻井平台。《商业周刊》在 1990 年 6 月的一篇报道中指出："雷恩沃特合伙企业仅仅出价 4.3 亿美元便收入囊中的钻井平台，价值超过了其出价的两倍。"雷恩沃特后来将彭罗德钻井公司与 Ensco 合并。到 1998 年 11 月，Ensco 成了世界上最大的石油钻探公司之一。雷恩沃特持有其中 6% 的股份，即使是在 1998 年股价下跌之后，这些股份的价值也超过了 1 亿美元。"以前只有 500 只共同基金，但有 5 000 个钻井平台，"雷恩沃特说，"而现在的情况正好相反。"（尽管他在对狼獾勘探公司的投资中损失了 3 000 万美元。）

几年后，雷恩沃特从 T. 布恩·皮肯斯（T. Boone Pickens）陷入困境的事业中找到了一个有利可图的机会，皮肯斯也是得克萨斯州人，以恶意收购著称。1996 年，皮肯斯在几十年前创立的石油公司梅萨的股价从 48 美元跌到了 3 美元以下。从 1992 年开始，雷恩沃特一直试图从中分一杯羹。面对愤怒的股东已非易事，更不用说还有 11 亿美元的债务——皮肯斯悄悄地溜到了亚利桑那州的图森市，与雷恩沃特在峡谷牧场温泉疗养中心碰了头，两人在球场打高尔夫球的过程中谈妥了交易。通过投资 1.33 亿美元收购梅萨 32% 的股份，同时为其债务提供再融资，雷恩沃特挽救了梅萨。

但在交易完成之前还必须满足一个苛刻的条件：皮肯斯被叫到加利福尼亚州，在那里，他遇到了"可怕"的达拉。达拉告诉他，他必须卸任，因为他的声誉为公司带来了恶劣影响。1997 年 9 月，达拉对《财富》杂志表示："我尽可能地做到圆滑，但做到圆滑对我来说太不容易了。"不管怎么说，在收购了另外一家公司并成立先锋自然资源公司后的一年内，雷恩沃特和达拉在这家主要的石油和天然气公司中的占股达到了 1.61 亿美元。

霍尼韦尔（以前被称为明尼阿波利斯霍尼韦尔）是一家业务涉猎广泛的公司，它拥有一些世界上数一数二的业务线，但公司的其他业务却亏损连连。前任首席执行官埃德·斯宾塞（Ed Spenser）墨守成规，没有魄力放弃那些亏损的不良业务。这导致雷恩沃特不得不发起一场管理权的争夺战，并对公司展开大刀阔斧的改革。最终，公司砍掉了亏损的业务线，利润开始暴增。

就在雷恩沃特在能源行业发现这些投资机会的同时，他将目光也投向了另一个管理不善、适合重组的行业——医疗保健。

美国医院的使用量通常仅为设计容量的 45%，令人惊奇的是竟然没有一家医院因此而关门大吉。但最终它们还是陷入了麻烦，因为政府的干预导致产能过剩的情况更加严重了。雷恩沃特发现高企的固定成本已经让医院不堪重负，是时候令医院也达到其他行业一样的效率标准了。他发现 HMO＊更倾向于资助一个大型、集中的医院集团，该集团在某一区域拥有多家医院，提供多种多样的医疗服务。雷恩沃特仔细地梳理自己的关系网，以找到一位合适的"世界级玩家"，最终他找到了达拉斯一位帮助医院处理收购业务的律师理查德·斯科特（Richard Scott）。有了斯科特的加持，雷恩沃特成立了哥伦比亚医院集团。该集团的建设基于两个原则：首先，旗下连锁医院必须高效运行以提升医院的使用量，在 50％的使用量基础上继续提升；其次，"每个人都必须积极拥抱这一不可避免的趋势"。为了达到这一点，集团让医生参股，给员工提供适当的激励。斯科特和雷恩沃特各出资 125 000美元，加上 6 100 万美元的贷款，这些资金足以在得克萨斯州的埃尔帕索市买下两家医院并开展更大规模的收购，而当时很少有人收购医院。

　　哥伦比亚医院集团成立于 1987 年 10 月 19 日，恰逢美国股灾＊＊。在那次下跌期间，雷恩沃特花了 4 500 万美元买入包括宝丽来、数据控制、古尔德和消防员基金在内的 40 只股票。投资由 32 只股票组成的一篮子指数为他在持股期间创造了 66％的年化回报率，而他主动选股的年化回报率只有 43％。

　　雷恩沃特有一套成熟的快速收购扩张方法：创造一只高价股，然后将它作为货币购买资产。鉴于哥伦比亚医院集团的股价是其每股现金流的 8 倍，雷恩沃特和斯科特以每股 5 倍现金流的价格收购医院之后就可以立即获利。他们的收购速度惊人，通过收购特定地区（尤其是东南部）的几家医院来整合市场，然后关闭其中一些医院以优化服务网络，将病人转到其他医院，并大幅削减成本。1996 年，在收购了

＊　Health Maintenance Organizations，由美国的商业健康险公司发起的健康管理组织，主要为被保险人提供医疗费监控与支付服务，符合条件的医疗费不再需要经过烦琐的报销手续，由 HMO 直接支付给医院。——译者注

＊＊　当天道琼斯指数下跌 22％，并引起全球连锁效应，史称"黑色星期一"。——译者注

加利福尼亚州圣何塞一家拥有四所医院的医疗集团之后的四个月内，他们将工作岗位从 4 500 个削减到 3 610 个，890 个岗位被裁撤。雷恩沃特手握重金大量收购并因此获得很强的议价权，被收购医院被迫以非常低的折扣出售设备和物资。

到 1997 年，在与包括美国医院集团在内的其他四家公司合并后，一家创立时只拥有两家医院的公司——哥伦比亚医院集团发展成为拥有 347 家医院的连锁企业。雷恩沃特之前的投资估值飙升至 3 亿美元。后来，政府指控哥伦比亚医院集团旗下的医院对某些服务收费过高，首席执行官里克·斯科特（Rick Scott）因此被撤换，集团在 2000 年被处以巨额罚款，所有这一切为这笔投资蒙上了一层阴影。

政府还试图救助储贷机构，却再一次惹上了麻烦，这一次遭殃的是房地产行业。储贷机构的每一位客户只要存款金额在 10 万美元之内都将获得联邦政府的担保，这一消息经货币经纪人的传播变得人尽皆知，导致大量资金涌入储贷行业。政府的初衷是希望资金被用于可靠的投资项目，特别是房地产项目，但实际上很多热钱都流向了疯狂的风险投资项目，结果是极端的房地产投机，随之而来的是很多人破产。

雷恩沃特观察发现许多行业的混乱局面都源自这种善意但不健全的政府干预。

不管怎样，到 20 世纪 80 年代末，所有人都在想方设法以最快的速度逃离得克萨斯州阳光地带的房地产市场。也正是在那一时期，雷恩沃特能够以 30～35 美分的价格买入价值 1 美元的资产，因此他抢购了大量酒店、物业和土地。他的理由是，尽管得克萨斯州的许多开发商将贷款给它们的储贷机构一起拖入了破产的深渊，但事实上这些建筑已经完工，储户仍在还贷，这些储贷机构被出售后又重新开业。由于没有企业或个人所得税，得克萨斯州其实是一个商业乐园。

1990 年，雷恩沃特在得克萨斯州的第一笔房地产交易就是从亨特兄弟手中买下了一栋40层高的高楼——有着深绿色玻璃外墙的大陆广场。在两年内，他将该物业的出租率从77%提高到近90%——部分得益于他自己旗下的公司租用了一些办公场地，譬如哥伦比亚医院集团。

雷恩沃特还发现了另外一家符合他的比较优势理论的公司：一家总部位于达拉斯的商业房地产公司，由德高望重的达拉斯牛仔队前四分卫罗杰·斯托巴赫经营，他几乎审视过所有的好点子。（这与华尔街的"交易流"* 优势可谓异曲同工。）

1994年，雷恩沃特进入了人生的快车道，他成立了一只名为新月牙的房地产投资信托基金（REIT），通过IPO筹集了3.5亿美元，以每股25美元的价格上市。由于他的信誉卓著，仅凭借他承诺的公司蓝图就让新月牙成功上市，而实际上新月牙的前景就像开盲盒一样。《商业周刊》援引了一位投资者的话："我们买入它不是为了投资组合里的资产，而是因为它是由理查德·雷恩沃特发起的。"这位投资者将自己的3 500万美元"血汗钱"换取了1 400万股新月牙的股票。该公司最初拥有5处写字楼、1个零售商铺项目和3个住宅开发项目的股份。在三年内，新月牙买入了价值近40亿美元的房地产，其中绝大部分是以很低的折扣价买入的：89栋写字楼、7个零售商铺、97个冷藏仓库、90家精神病院、7家酒店、2个水疗中心和5个住宅开发项目的股份。与此同时，其营运资金增长了370%，股价上涨了215%。新月牙的大部分现金流来自写字楼和零售商铺，其中三分之二位于达拉斯、沃斯堡。雷恩沃特低价买入位于南部能源带的高质量写字楼，这让他在新月牙的投资大获成功。尽管油价仍在下跌，但他预期当地的经济将会改善，到时他就可以涨租金。到1997年9月，他在新月牙的持股价值达到了4.26亿美元。

---

　　* 交易流指的是在并购交易中公司收到的所有报价和机会。——译者注

雷恩沃特的近忧

到 1997 年，雷恩沃特预见了艰难时期的到来。他预计油价会下跌，并采取行动以保护占他净资产 40％ 的那部分财富，而这些财富与他拥有的 6 家大公司无关。他从几家对冲基金中赎回了 7 000 万美元，以 2 500 万美元的价格卖出了得克萨斯游骑兵棒球队 11％ 的股份，并以 2 500 万美元的价格出售了新月牙在达拉斯的旗舰酒店新月阁一半的所有权。到 1998 年中期，他已经筹到 3 亿美元的现金储备。

然而，他个人投资组合的市值在 1998 年下降了 29％——损失 5 亿美元。新月牙基金下跌 42％；先锋自然资源公司的股价下跌 65％，而同期标准普尔中型石油和天然气指数仅下跌了 40％；Ensco 的股价下跌了 73％。即便如此，在 1999 年初雷恩沃特依然坚称自己的身价在 10 亿美元以上，《福布斯》给出的数字是 11 亿美元。

尽管遭遇了这么多大的挫折，雷恩沃特的 6 个主要投资项目（新月牙、新月牙子公司新月牙运营、先锋自然资源、Ensco、哥伦比亚医院集团和麦哲伦健康服务）中唯一一个跌破收购价的是麦哲伦健康服务，雷恩沃特希望它能随着海外精神卫生保健行业的发展而扩张到海外。至于他的石油和天然气投资，以及与南部能源带财富休戚相关的房地产投资，雷恩沃特则坚称他的策略肯定会获得回报，只是还没到时候。他在 1995 年说："能源会在未来的 10 年或 20 年里受到全世界的热捧。"在 1998 年底，他的财富有 20％ 押注在了石油和天然气行业上，他相信油价会在 2～5 年内回升到每桶 20 美元以上（事实上，油价在 2000 年达到了每桶 30 美元）。

雷恩沃特可能确实已经精疲力竭，开始满足于所拥有的一切。1998 年 11 月，他向《商业周刊》承认了这一点。"如果我现在出手买入资产一定能挣大钱，"他说，"我从来没有在这么好的机会面前依然拥有这么多的现金储备，主要是我对交易失去了兴趣。我没有了那种不断交易和创建公司的执念和激情……在持续交易和创业 30 年后，我感觉我的精力已经燃烧殆尽，从此淡出投资市场。"

相反，他对慈善活动充满激情。他计划在给自己的家庭留下足够的财产之后捐出自己其余的财产，并为斯坦福大学和他妻子的母校——南卡罗来纳大学设立 1.2 亿美元的信托基金。他当时正在资助大约 100 个慈善项目，包括沃斯堡拯救儿童学习中心。"做慈善这件事儿，"他说，"可以让我在余生每天早上起床后对自己说：'好家伙！我今天真的有一些非常值得做的事情要做。'"

雷恩沃特向南卡罗来纳大学商学院捐赠了 4 500 万美元，达拉希望看到这所学校的商学院进入全美一流商学院的行列。她很关心南卡罗来纳的教育，并且在这一领域非常活跃。有鉴于此，有人邀请她进入州政府从政。

结　论

雷恩沃特宣称他所做的一切都是因为"投资这件事很有趣，而且我能够胜任，我有这方面的天赋。然而，要想真正取得成功，你还必须执着，并且必须置身事内：说服董事会做决定，雇用合适的人，赢得支持者"。

"成为一位领袖。"我回应道。

"有时候这很难，"雷恩沃特继续说道，"有些人永远无法被说服。尽管我一直认为我做出了正确的选择，但并不是所有人都这么想。我会坐在那儿思考这些行业，我看到的情况其他人同样也看到了，但他们就是视若无睹。这些人并不缺乏知识，而是对这些行业已经驾轻就熟，形成了惯性思维。当改变与混乱像暴风骤雨般袭来时，他们要么被压垮，要么呆若木鸡。在经历了多年的不如意之后，他们变得沮丧，不想离开办公室。当我提出想法时，他们有时根本不想执行，有时甚至会提反对意见。而我一旦做出决定，就会勇往直前。我用事实战胜绝望，用慷慨战胜贪婪。"

"抛开意识形态的问题，资本主义其实还是蛮有效的，"雷恩沃特说，"只要企业家们各尽其责，整个经济就会繁荣起来。"

航空、电信、银行、房地产这些行业都有过先管制后放松的发展历程。在放松管制的过程中，政府经常会矫枉过正，行业会出现一个混乱期。无论是企业还是行业，让混乱中的企业或者行业恢复秩序总是一种有效的策略。"有时混乱可能是致命的，"他说，"但有时它只是暂时的。也许我可以帮助企业浴火重生。通过工作的磨炼我几乎成了一名严谨的物理学家，能够进行透彻的分析。"

雷恩沃特将自己的目标描述为"重振、复兴以便让一家公司自力更生"。政府干预的一个周期跨度通常在5～20年，一旦政府意识到它把事情弄得一团糟，它就会暂时撒手不管。美国政府已经从很多可怕的经验中汲取了教训，如今变得更加现实。

他认为从1999年底或2000年开始，我们正准备迎来油气行业的黄金时代。之后假以时日，政府无疑会再次干预，并制造出新的混乱。

假如雷恩沃特如今才开始他的事业，他肯定会对互联网和电信行业感兴趣。"我会找四五个非常聪明的人，在帕洛阿托租一间办公室，投资这些高科技行业的公司。"但事实上，他基本上已经淡出公司业务，对新的知识丧失了兴趣，而且对自己的余生该做些什么迷失了方向。

第五章

卡伯特：事实，永远基于该死的事实

　　几十年来，保罗·卡伯特（Paul Cabot）一直是波士顿机构投资者的领袖。他见证了股票投资从朦朦胧胧的印象派生意逐渐变为至少基于一定事实的投机派技术的过程。虽然卡伯特去世了，但由于本书所涉及的内容无论在当时还是在现在都一样适用，所以我在写作时使用了现在时态，而非过去时态。在他管理哈佛大学捐赠基金的 17 年间，即便剔除了增量资金的影响，基金规模还是实现了从 2 亿美元到 10 亿美元的跨越。他还创立了道富管理和研究公司，并担任了 50 多年的合伙人，该公司运营着一系列稳定的公募基金、捐赠基金和私人投资组合。其中最重要的是道富基金，这也是美国最早的公募基金之一。如果你在卡伯特成立基金之初投入 10 000 美元并选择分红再投资，那么在约 56 年后，其价值将变为约 100 万美元，为当初投资金额的近 100 倍。

波士顿商界的大人物

　　卡伯特是当时波士顿商界的大人物。他年纪轻轻就当选摩根大通的董事会成员，这是美国最强大和最僵化的银行。（摩根先生的办公室位于华尔街 23 号——整条街的中间位置，但他不需要前台或秘书来阻止人们随意拜访，因为压根没人敢这么做。）在一次董事会会议上，一个身材瘦小却很结实的男人出现在人们面前，他的一只眼睛被大大的青肿眼眶包围着，额头上还有一道伤口，此人正是卡伯特。一名董事会成员恭敬地上来嘘寒问暖：这伤该不会是在猎狐时摔的吧？"当然不是！"卡伯特一边怒吼一边走入会议室，"你们这帮混蛋从没喝过酒吗？"①*

在摩根大通的另一次董事会会议上，他坐在阿尔弗雷德·P. 斯隆（Alfred P. Sloan）旁边。斯隆是通用汽车的创始人，斯隆开创了很多新型管理理念，如今这些理念被很多大型企业广泛应用。例如：在集中财务控制的情况下分散经营管理；把资本回报率作为管理人员的主要责任和考核指标；系统化地为通用汽车不同型号的汽车确定市场定位，让它们分别占据不同价格区间的关键位置。面对这样一位严肃高冷、身兼要职的商界领袖，年轻的卡伯特向对方打了个哈哈："你还好吗？"

斯隆彬彬有礼地开始讲述他和财务委员会成员就公司政策达成的共识，主要是关于公司全资供应商（如费舍尔）和不同部门（如别克和雪佛兰）之间的关系。

"不，不！"过了一会儿，卡伯特打断了他的话，"让这些政策见鬼去吧，我想知道的是它们什么时候能真正赚到钱。"

假如你这样问波士顿那些认识他的人：卡伯特怎么会变成这个样子？他到底是在表现自己，还是想让自己看起来很粗俗，又或者是因为最近和他母亲闹了矛盾？你将会得到同样的回答："我不知道，他一直都是这个样子。"

---

① 卡伯特可能患有轻微的图雷特综合征（Tourette's syndrome）。

* 有一部印度电影片名叫《嗝嗝老师》，讲述了一位患有图雷特综合征的老师的感人故事，从影片中我们可以了解图雷特综合征对患者生活的影响，患者会控制不住说脏话。——译者注

卡伯特人生最辉煌的时刻之一出现在 1972 年。几年来，福特基金会的麦乔治·邦迪（McGeorge Bundy）一直在呼吁美国的大学大胆地将学校的捐赠基金用于投资，这样这些钱才能取得更快的增长，不仅能赚到分红，还能赚取市场估值提升的钱——尤其是在牛市中。那是一个多么美好的时代！当时美国公司支付股息可比后来慷慨得多，因为后来大量的利润被用于回购股票或兼并收购了。而债券也在不断遭受通货膨胀的侵蚀，因此，实际收入囊中的真金白银才是你真正能花的钱。

福特基金会慷慨地资助了很多美国大学。对于佐治亚州萨凡纳的公益机构的董事们而言，福特基金会的一举一动都散发着金钱的魅力。当它呼吁大家投资时，恰逢牛市的喧嚣，这吸引了大量美国教育机构奋不顾身地投入其中，最终摔得头破血流。耶鲁大学这么干了，甚至连哈佛大学都受到了诱惑。校长和其他人开始动摇，也许这么做并没有什么风险。

而这让波士顿查尔斯河对岸的卡伯特勃然大怒，尽管他已经不再是哈佛大学的财务主管，但他还是向哈佛大学校长发出了一封措辞激烈的公开信，这封信在管理层、教师和校友中迅速扩散，如今教育界和投资界的很多人对此记忆犹新。

以下是删减了的信件内容：

敬爱的博克校长：

我听说您和哈佛大学董事会的其他成员正在考虑一项开支计划，除了按照现行政策投入学校捐赠基金产生的全部收益之外，还打算把本金（实际上是资本增值的一部分）也投入其中。

这封信的目的是希望你们不要采纳这种危险、不公平、不明智甚至可能带来灾难性后果的建议。

自 1636 年哈佛成立以来，物价长期来看一直在上涨，美元一直在贬值，这就是通货膨胀。我相信在这一点上您及董事会其他成员和我持有相同的观点，也就是这种情况在未来将会持续下去，无论采取什么措施，想要遏制目前这种快速的通货膨胀基本都是徒劳。

除非哈佛、其他机构和个人都认识到这一点，并像哈佛过去那样做好准备，否则未来的结果很可能是灾难性的。这就像一个人将自己的钱用于今天的消费，这自然就减少了投资的本金，那么未来靠这些本金产生的投资收益自然也会减少。这只不过是寅吃卯粮，消耗未来救济当下。当然，这样的做法对任何坐在校长位置上的人都充满吸引力。因为在这样一项注定失败的政策产生实质性后果之前，这个人很可能早就死了，或者已经离开了哈佛。

我服务了两位前任校长，他们对我拒绝任何使用本金的开支计划总是百分之百地支持。事实上，开支比每年赚取的收入要少了几百万美元。

在 1948 年 6 月 30 日，哈佛的投资市值仅比耶鲁高出约 1 亿美元。而到了 1971 财年末两所大学的捐赠基金市值表现为：哈佛 13 亿美元，耶鲁 5.47 亿美元。哈佛的投资市值比耶鲁多出了近 7.5 亿美元！是什么导致了这一结果呢？在这一时期，尽管哈佛获得的捐赠确实比耶鲁多，但这不足以解释这种巨大的差异，投资政策的差异才是最主要的原因。事实上，哈佛每年都在存钱，而耶鲁很多年都在透支本金，耶鲁甚至为使用本金制定了专项政策。复杂的数学公式掩盖了这一糟糕政策的真面目。简言之，耶鲁的政策消耗了本金……

不仅如此，寅吃卯粮还会对学校基金的捐赠者产生恶劣的影响。大多数捐赠者都假定并期望（实际上法律对某些情况有明确规定）他们所捐赠的本金得到保留，而不是被挥霍掉……

最后，我恳请您和董事会的其他成员不要成为逐步扼杀哈佛捐赠基金这只金鹅的凶手，毕竟这只金鹅在过去下了那么多金蛋。

我之所以将这封信广而告之，就是希望它能促使哈佛和耶鲁的校友劝阻校董事会成员，不要误入歧途，要迷途知返。

您真诚的朋友

保罗·卡伯特

最终卡伯特赢得了那场战争[①]，这是常识和坚忍不拔的胜利。哈佛波士顿式的传统不仅战胜了耶鲁纽约式的传统，而且在未来几代人的时间里确保了哈佛的优势地位。这意味着哈佛将拥有更多天资聪颖的教授、更多的奖学金、更大的图书馆、更优秀的人才并对美国和世界产生更深远的影响。但哈佛最需要提防的是骄傲自满！

当市场崩溃时，许多大学发现，它们的投资收益非但没有像预期的那样增长，反而随着市场崩溃下降了，基于这种乐观的投资收益假设的开支计划自然也就成了空中楼阁。许多捐赠基金，包括对自己的宣传深信不疑的福特基金会自身，在熊市中都遭受了严重的损失。

福特基金会的麦乔治·邦迪在误导他人时，同样也误导了基金会本身。作为基金会的财务委员会成员，他敦促基金会和受托人加大投资，结果同样尝到了市场下跌的苦果。在1966—1974年期间，基金会遭受了令人震惊的损失。在他上任时，基金会的投资组合价值约为37亿美元。到1970年，这一数字下降到了28亿

---

① 现如今人们接受了这样一个观点：一个投资组合的合理支出并不一定非要基于实际收入，也可以将潜在收益考虑在内，就像近年来大量企业将现金流用于扩大再生产而不是分红。

美元，并且在 1974 年进一步下降到 17 亿美元……在过去的 15 年里，基金会近四分之三的资产价值灰飞烟灭，其损失相当于如今的 60 亿美元，创下了历史纪录。[1]

谨慎的现实主义

那么卡伯特的投资方法有什么精妙之处呢？

每当你问他这个问题时，你都会得到同样的答案，只是表述方式不同：现实主义加谨慎，或者谨慎加现实主义。当你向波士顿投资界的前辈们询问卡伯特投资技巧的精髓时，你通常也会得到同样的答案："他极其谨慎"，"他是如此细致入微"。

"首先，你必须掌握所有的事实，"卡伯特说，"然后你必须面对事实。"接着，他又像往常一样嘟囔："而不是做白日梦。"[2] 他总是说，除非你已经历尽沧桑，换句话说就是你已经到了一定的岁数，否则你不可能成为一个现实主义者。随着年龄的增长，他变得愈加谨慎。

卡伯特发现年轻人都非常乐观，他们对投资收益的预期高得令人难以置信，并且确信一切都会越来越好，一个人越年轻就越倾向于冒险。随着年龄的增长，你就越来越明白天有不测风云，因此，"我只对经历过萧条、衰退、战争和其他糟糕的一切的成熟人士有信心"。

卡伯特的职业生涯是在道富管理和研究公司度过的。该公司现在的办公地点位于波士顿一座摩天大楼的顶层，一个赏心悦目的前台会帮你把外套挂到嵌入墙内的壁橱里，一切显得气派而高效。

---

[1] Waldemar Nielsen，*The Golden Donors*（New York：E. P. Dutton，1984）.

[2] 这符合我自己对生活的观察，包括对社会学、国际事务和许多其他事情的观察：大多数人很容易受近因效应的影响，基于最近发生的事情来推断未来，而不是专注地研究当下。未来其实就在我们身边，只是我们看不到。

卡伯特的办公室则完全是另外一回事。进入他的办公室仿佛让我突然回到了本科时哈佛导师的书房：门内侧挂着一把老式的卷笔刀，地上摆放着一堆简单的木椅，一个木质衣架上挂着一件灰色外套和一顶波士顿帽（帽子仿佛压在网球场的压路机下面风干了好几年），一个玻璃书柜里放着各种商业书。在一张简朴的大桌子后面，坐着卡伯特本人。他身材结实、面色红润，穿着新英格兰风格的灰色花呢西装和马甲。

我问他哈佛的投资组合表现如何，业绩是否充分考虑了新增资本与赎回的影响。

"嗯，"卡伯特说，"我接管基金是在……"他停顿了一下，从桌上探过身去查看一个巨大的金色压花红皮盒子，这个盒子显然是用来保存重要工作成果的，"1948 年。"他嘟囔着，朝盒子点了点头："具体日期我不记得了。当我 1965 年离开时，它已经增长了 500%。哈佛在一栋大楼建成的当年就会把它冲销掉，这么做实在是太英明了，因为这些大楼在经济上压根就是一种负债。碰巧的是，捐赠基金的初始金额和一栋大楼的建造成本差不多，但是捐赠基金增长了 5 倍。当然，那是一个投资的黄金时代。"

我接着问他早年例如二三十年代的投资业绩如何。

卡伯特开始略带自嘲地讲述他早期的一些交易。

我们第一批大规模买入的公司之一是卡夫——你知道的，做奶酪的那家公司。这家公司是卡夫先生在芝加哥创立的。他过去经常骑着马拖着一辆小车到处卖东西。后来他们找到了一种巴氏奶酪消毒法……这种方法完全毁了他们的奶酪，使他们的奶酪吃起来就像牙膏一样，我喜欢天然奶酪。不扯了，当我们买入卡夫的股票时，它的销售收入是两三百万美元，而现在是 20 亿美元！我们当时不愿意进入公司董事会，当然现在情况有所不同了，所以当时我们请了一个叫吉姆·特林布尔（Jim Trimble）的朋友代表我们进入卡夫的董事会。

卡夫先生是一个虔诚的浸信会*教徒，从不抽烟喝酒。有一次，我们团队搞活动去了芝加哥，所有人都挤在德雷克酒店的一个房间里。特林布尔在床上跷着脚，我们喝着波本威士忌，抽着雪茄。这个时候卡夫先生走了进来，告诉我们他刚刚从哈尔西（Halsey）和斯图尔特（Stuart）那里借了200万美元。特林布尔像收起的折叠刀一样从床上弹了起来，言辞表现出强烈的不满。但这还不是最糟糕的，卡夫先生接着说，作为交易的一部分，斯图尔特和哈尔西将获得公司一半的股票期权。特林布尔和我都认为他疯了，简直是一个傻瓜。我们猜测哈尔西和斯图尔特将会以200万美元的价格出售他们获得的债券，只保留股票期权，这样他们一分钱没花就获得了公司一半的控制权。不过事实并不完全如此，很快他们便把股票期权与债券打包销售，在短短几周内，债券的价格就上涨到面值的160%！我们真的厌倦了卡夫先生，他是一名好的商人，但对财务管理一无所知。

那些年经常碰到这样的事情。几年之后，事实上，我自己也加入了董事会。当时公司的奶酪销量已经占到美国的三分之二！总之，在董事会会议上我发现自己就坐在卡夫先生旁边。

“那位特林布尔先生现在怎么评价我啊？是不是还认为我是一个疯狂的傻瓜？”老头问我。

“卡夫先生，我认为他的意见没有改变。”我回答他。

你知道，当我刚进入投资行业时，没人愿意投资股票。人们

* 17世纪从英国清教徒中分离出来的一个教派，因施洗方式为全身浸入水中而得名。——译者注

认为只有怪人才会冒风险投资股票，这显然不适合保守的投资者，债券才是正经人的投资。我第一次看到有人正儿八经地把股票视为一种投资是在一本名叫《长期投资普通股》的书上，这本书的作者名叫埃德加·劳伦斯·史密斯（Edgar Laurence Smith）。奇怪的是，埃德加·劳伦斯·史密斯自己从来没有投资过股票。后来他摔了一跤去世了。

理想股票的特点

在卡伯特看来，一只非常理想的股票具有什么样的特点呢？

"最重要的一点是企业拥有德才兼备的管理层。被伊瓦尔·克鲁格（Ivar Kreuger）这类该死的骗子骗得一贫如洗是再容易不过了。"①

"然后，你需要一个景气的行业，这也是必需的。"

我向卡伯特询问有关保险行业的问题，毕竟保险是美国销售额最大的行业，而且保费收入具有显著的长期性特点，同时这个行业正在通过计算机技术提升效率，计算机不仅不会要求加薪，事实上，它还越来越便宜。

"现在，我非常喜欢的一只股票是惠普。我的合伙人乔治·班尼特（George Bennett）认识休利特（Hewlett）本人。他认为休利特是他所见过的商人中最了不起的。我们买入了惠普的大量股票，并且这并没有影响我们的睡眠。"

由于休利特和帕卡德（Packard）当时即将退休，我提出了关于接班人的问题，也许有些人确实是不可或缺的。

① 伊瓦尔·克鲁格被人们称为"瑞典的火柴大王"。他通过波士顿的李希金森公司发行了大量最终毫无价值的票据。

卡伯特说："一位如此优秀的商人当然会担心接班人这一问题，其实他还要操心公司经营的方方面面。不管怎么说，他们自己也持有公司的大量股票，所以对接班人的管理问题很上心。"

"目前公司的市值大约是 10 亿美元，"我说，"然而，历史一再告诉我们永远不要盲目相信接班人。橡树的树荫下长不出像样的东西，希望惠普不会重蹈覆辙。"

然后针对他喜欢的行业，卡伯特举了一个例子——制药业。史克公司 * 是他们持有的最大制药控股公司。他们最近才买入，并很快又增加了 1 倍的仓位。我发现卡伯特抓住了这一波史克股票的反转行情，他们一定拥有一位非常棒的医药行业研究员。"确实如此，"卡伯特说，"公司的管理层发生了变动，我们认为可以把宝押在新来的人身上。"

他提到道富管理和研究公司对美国广播公司（ABC）的投资翻了一番。"这是一家经营得特别好的公司。这一切成果都要归功于尼尔森（Nelson）。电视广告业务利润丰厚，这笔大钱按收视率被哥伦比亚广播公司（CBS）、美国国家广播公司（NBC）和 ABC 这三家瓜分。ABC的单位广告时间比其他公司短得多——大概每单位广告播出时间只有两分钟左右。但如今 NBC 的收视率跌到了可怜的第三位，ABC 则夺得了头把交椅，所以我们认为 ABC 的单位广告时间会获得更多收入。"

投资中的风险

投资中最大的风险是什么？

"毫无疑问是通货膨胀，这是整个世界的头号问题，不过我觉得我

---

* 史克公司始建于 1830 年，1989 年与英国必成公司合并成史克必成公司，2000 年与葛兰素惠康合并，成为如今知名的葛兰素史克公司。——译者注

们对此无能为力。看看政府的预算赤字吧——太可怕了！我记得当我在哈佛做财务主管的时候，我们有一个记账员 20 年拿着同样的工资。他做着同样的工作，当然没法指望加薪。当然，你升职了，基本工资就会增加，但生活成本也同比例上升了，你的工资购买力压根就没有提升，这相当于你的工资没有增长。当然，你肯定会把通货膨胀因素纳入整个投资体系，但你能怎么改变它呢？"

我回答说，人们似乎需要遭受一个可怕的打击才能改变他们的观点，比如战败，或者经历一场社会剧变。什么样的打击能产生这样的作用呢？社会保障体系的破产？

卡伯特回应道："大多数人都太蠢了，除非快要饿死了，否则他们根本不愿意醒过来。"

一个人究竟能做点什么来抵消通货膨胀的影响呢？

卡伯特说剔除通货膨胀因素后，投资者将不得不面对自己资产的缩水。我告诉他，罗斯柴尔德家族有个人曾宣称，如果能够让他的财产在不受通货膨胀影响的情况下直接传给自己的子孙后代，哪怕立刻让他的财产缩水四分之三，他也会毫不犹豫地这么做。

"你怎么打理你自己的资产？"

"我有一大笔优质市政债券。当然不是纽约发行的……是小镇发行的，它们更有责任感。譬如我现在居住的小镇，马萨诸塞州的尼德姆……或者牛顿。我持有的债券期限都很短，然后不断续期。"

我指出，当通货膨胀率超过市政债券的回报率时，这就意味着吃老本。

"你说的没错，但股票的分红也是如此。"他回应道。我同意这种说法：有些股息实际上就是投资者所投入本金的一部分，目的只不过是让投资者买入公司股票。从这个角度看，股息不过是交了税的本金。

有没有考虑过投资艺术品？卡伯特说："我根本分不清哪张画是哪

张。"我注意到，与普遍的看法相反，大多数艺术品的实际价值从它们第一次卖出时就开始稳步下降。回过头看当然很容易知道哪些艺术品涨得比通货膨胀还快，但这不过是事后诸葛亮，就像参观一个养老院，最引人瞩目的总是百岁老人——这只不过是幸存者偏差。然而，实际的规律并不以大众的意志为转移。

我接着问他在道富管理和研究公司的投资清单中他最喜欢哪一家，他说是非劳动力密集型企业。"但我也不确定，在我看来它们的前景都不乐观。举个例子，在大萧条时期，迪尔公司的股价从 142 美元跌到 7 美元。我的合伙人潘恩（Paine）想在 7 美元的价位抛售股票，因为他觉得迪尔公司快要倒闭了。我试图劝阻他，但是没成功，所以他就清仓了。你知道后来发生了什么吗？他一夜之间又改变了主意，但第二天这只该死的股票一开盘就上涨，他用每股 10 美元的价格又把抛出的头寸全部买了回来！没有多少投资者会像他那么灵活。"

我问卡伯特道富管理和研究公司会不会追逐波段——高抛低吸。

"那肯定不会，"他说，"追逐波段完全靠运气。如果你受到幸运女神的眷顾，你就赢了，反过来，你就输了。笨蛋才会干这事儿！不过，我要给你讲个故事。1929 年，股票市场见顶，然后就是大萧条，再后来股票市场又大幅反弹。在上涨期间，我们手中大约 60％是现金，大约 40％是股票。突然之间，美国放弃了金本位制。我当时在佛罗里达，他们给我打电话时我说'能买多少就买多少'。潘恩也同意这么干。所以在一天之内，我们的股票仓位从 40％增加到 90％。市场行情在接下来的两三个月里翻了一番，然而，我们花了将近一年的时间才弄明白我们在那一天到底买了什么。"

我又问他关于投资道德方面的问题。"我不认为这跟道德有什么关系。有一次，我们持有一些酒类公司的股票，如申利 *、国家酿酒公司

---

* 美国曾经的四大烈酒公司之一。——译者注

等。有时我们会收到股东的反对信。我们告诉股东公司的业务是以合法的方式为股东赚钱，酒类也是合法的业务。如果一个股东想要坚持超越法律的道德水准，那么他所要做的就是卖掉他所持有的道富管理和研究公司股票。只有一个股东这么做了：一位佛蒙特州的老妇人，她持有 100 股左右的股票。"

我问他在担任哈佛财务主管时有没有受到过社会学方面的影响。"一点也没有，"他回答，"我记得当我还只是一名普通职员的时候，哈佛校刊《深红报》的一个编辑晚上给我打电话，他问我哈佛是否持有中南公用事业公司或密西西比电力照明公司的股票，我告诉他学校确实持有。他要我抛售这两家公司的股票，因为这两家公司歧视黑人，我说你就是个小屁孩。我们正好有个合伙人是这两家公司的董事会成员，他知道这两家公司对待黑人已经比其他公司好太多了。"

我接着又问他，如果他持有的一家公司在少数族裔就业或其他方面有劣迹，他会怎么看。"这会对公司的生意产生不良影响。我会试图说服管理层改正自己的做法。"他想了一会儿又说道："总的来说，做生意还是要遵守道德。"

在我看来商界至少和政府一样道德，而且更加诚实。"应该说要比政府道德得多。"卡伯特强调说。

天色已晚，卡伯特从他那简朴的写字台旁站起身来，走到衣架边取下那件灰色外套和那顶灰色波士顿帽穿戴好。我们穿过门内侧挂着老式卷笔刀的大门，离开了他那哈佛导师式的书房，然后如同通过时光之门一般进入了道富管理和研究公司充满现代气息的办公室，穿过长长的通风走廊。当我们经过一群英俊、聪明的高管身边时，他们一起向卡伯特敬礼。

"晚安，伙计们。"卡伯特说。

第六章
费雪：前沿地带

1931 年 3 月 1 日，菲利普·费雪正式成为一位投资顾问。在斯坦福商学院完成了一年学业之后，他去了旧金山一家银行的证券分析部门（当时被称为统计部门）工作。尽管当时在银行销售股票需要一些分析能力，但这些能力几乎毫无用武之地。在胡佛宣布经济繁荣即将到来后不久，费雪跳槽去了一家券商。不幸的是，还没有等到胡佛的预言成真，这家券商就破产了，费雪再一次流落街头。后来他认为这是他商业生涯中最幸运的事情之一，他一直想要自食其力，于是失业的他在一间没有窗户的小办公室里开启了自己的创业之路。

创业伊始他就发现了两个意想不到的好处：

首先，为了完成他的工作，他需要和公司的管理人员交流，而这些人通常很闲，所以他们很喜欢聊天。费雪拜访过的一位高管告诉我，在他看完了报纸的体育版之后还不太想马上回家，于是他喃喃自语："为什么不让这小子进来和我见个面呢？"结果他成了费雪的长期客户。后来据他透露，一年以后想要再见到费雪就非常困难了：因为费雪太忙了。

其次，几乎每个潜在客户都不满意现有的投资顾问，如果他还有钱投资的话。

在斯坦福大学的一门课上，费雪每周都要和这门课的任课教授一起去湾区拜访一些公司，这些公司的高管非常认真地和他们探讨自己公司的运营，而这位教授确实也帮助许多公司纠正了经营上的问题。当时这位教授没有车，于是费雪主动提出给这位教授当车夫。在开车回家的路上，他们细数了接触过的每家公司。费雪说每周的那个小时是他接受过的最有用的培训。

在他们走访的公司中，有一家是生产水果灌装机的，另一家则为果园和农场生产喷洒杀虫剂用的泵。费雪告诉教授，在他看来，这两家公司似乎是到目前为止他们接触过的最有前途的公司。1928 年，这两家公司与另一家生产蔬菜灌装机的公司合并，成立了食品机械公司（FMC）。FMC 的股票在 1929 年的繁荣期快速上涨，但在大萧条时期它也没能幸免于难。

1931 年，当费雪作为新手投资顾问开始拜访潜在客户时，他都会热情地推荐 FMC。然而几年下来，这只股票并没有给他和他的客户带来任何满足感，实际上，它的表现还不如市场平均水平。但到了 1934 年底，它又火了起来，成为 1937 年登顶的这波牛市中的宠儿之一。随着 FMC 的股价逐渐走高，与他交谈过的人自然会留下深刻印象，慢慢地，客户将越来越多的资金交给他来打理。

他在同一栋办公楼里待了几十年。在此期间，虽然他和他的办公室都没有太大的变化，但他成了一位独特、深刻、冷酷而彻底的投资思想家。随着他的名声日隆，他所管理的投资组合的价值也在持续增长。他持有的股票有一个共同点——都是科技股，而旧金山是一个跟上高科技发展步伐的好地方。

费雪在旧金山当投资顾问一干就是几十年。他总是严控客户的数量。"哦，是的，《普通股与不普通的利润》。"人们谈论他时总是提到他的第一本著作。他管理过的最大资金量可能是 5 亿美元，在 2000 年相当于 20 亿美元。他的经验和对投资的透彻洞察给了他保持自己独特性的信心，最重要的是保持耐心。他是公认的投资大师，如果你告诉华尔街的专业人士费雪在德州仪器非公开配售中买入了大量股份并一直持有，他一定会对此留下深刻印象。

费雪为人友好、待人随和、彬彬有礼。他中等身材，高个子，有点瘦削，有点驼背，瘦削的脸庞透出一股书生气，无框眼镜后面是一双深棕色的眼睛，日渐退后的发际线越发显得额头突出。他非常幽默，耳朵又大又尖，看上去比实际年龄年轻得多。15 岁读大学的他当时看上去肯定显得很小，压根不像个大学生。

当我拜访他时，我发现他那间没有任何标识的小办公室里只有一些最简陋的钢制和塑料家具。在他那简陋破旧的桌子上，放着一支白色人造革笔和配套的笔筒——别的什么也没有。地上铺着米色的地毯，墙上挂着几幅装饰画，一幅是他朋友画的唐人街水彩画，另一幅画的是一座鲜红色的宝塔，还有一幅印刷出来的拼贴画——一棵盆景树，室内还挂着一盏他妻子组装的日本灯笼。除了一部电话和一个数字时钟（故意调快了 7 分钟）以外，再没有任何其他东西——没有文件，没有计算器，没有发件/收件箱，没有照片，也没有纪念品或小装饰物。

费雪不喜欢任何昂贵的东西。多年来，他穿着几十年前的大衣，开着一辆没有收音机和装饰条的老掉牙奥兹莫比尔 6 型汽车 *，因为他觉得完全没有必要换一辆新车。

费雪的生活基本就是两点一线：工作、妻子、孩子和孙子。（费雪的儿子肯跟随父亲进入投资顾问行业，不过他一起步就创立了自己的公司。他和其他人一样不太理解自己的父亲。）费雪每天早上六点起

---

*　通用汽车旗下品牌。——译者注

床，喝完他的每日例汤，然后在纽约证券交易所开盘时开始打电话，之后前往办公室。

他敏感而热情，喜欢滔滔不绝地谈论几乎任何话题。他对政治和对其他大多数事情一样，有着和普通人一样的普通观点。尽管他有时会支持那些承诺减少政府浪费行为的候选人，但他通常会对他们随后的表现感到失望。

在第二次世界大战期间，费雪在美国空军服役。闲暇时，他经常思考战争结束后自己的人生方向这一问题，而他复员后的第一件事是找出美国最好的化学公司，这让他一下子找到了问题的答案。在他花了 9 个月的时间把所有化学公司都研究了一遍之后，他选出了其中的三家。最终，他认定陶氏化学是众多公司中的佼佼者，并在 1946 年买入该公司的股票。

1947 年春，陶氏化学的一位重要客户将费雪引荐给公司管理层。在与管理层会面后，费雪认为他们是他所见过的最杰出的团队之一，而且他们从来没有给他改变自己观点的机会。在 20 世纪 50 年代的大约 7 年时间里，这家公司的表现并不突出，但费雪没有失去信心或耐心，也没有卖出任何数量的股票。陶氏化学的成功堪称传奇，而它长期以来一直是费雪的重要持仓之一。

1954 年，标准普尔的行业分析师斯蒂芬·霍顿（Stephen Horton）首次向费雪提及德州仪器这家公司，之后费雪开始与很多人探讨该公司，对它的兴趣也与日俱增。有一天，他正在与埃米特·所罗门（Emmett Solomon）聊天，时任克罗克家族（Crocker Family）控股公司——远见证券经理一职的所罗门后来成为旧金山克罗克银行行长。费雪告诉所罗门，虽然他对这家位于达拉斯的小公司还不够了解，暂时还不会买入它的股票，但到目前为止，他所获得的信息都令人兴奋不已。所罗门觉得太巧了，因为他和他的妻子刚刚在前往夏威夷的邮轮上遇到了德州仪器的负责人埃里克·琼森（Erik Jonsson），在邮轮上他们夫妇的房间就在琼森一家的隔壁。所罗门被勾起了好奇心，他决定邀请费雪和自己一起去拜访琼森的公司。

摩根士丹利建议德州仪器的四位创始人出售少量股票用于遗产规划。在所罗门和费雪拜访公司之后，远见证券和费雪成为此次配售的三个买家中的两个。费雪随后在三次市场下跌的底部位置持续买入德州仪器的股票，最终该公司成了费雪最大的持仓之一。

榜上无名

同样是在闲聊的过程中，费雪又发现了摩托罗拉。一位路过旧金山的投资家向他提到了摩托罗拉，似乎这是一家非常了不起的公司。费雪以自己公司和消防员基金的名义拜访了这家公司。这次拜访令费雪印象深刻，所以他和消防员基金随后都买入了摩托罗拉的股票。大约一年后，消防员基金的管理层告诉费雪，公司聘请了一家位于纽约的银行来评估自己的投资组合。该银行将消防员基金的持股分为"非常有吸引力"、"有吸引力"和"没有吸引力"三类，而摩托罗拉没有出现在这三类的任何一类中，该银行声称根本不值得在摩托罗拉这类公司上浪费时间。然而，后来消防员基金的管理层告诉费雪，摩托罗拉是公司的投资组合里表现得最好的。

FMC、陶氏化学、德州仪器以及摩托罗拉成为费雪投资组合中的核心持股，尽管在熊市中它们的股票跌得和大盘一样狠，但是在牛市中它们股票的表现远超大盘。

费雪说："与其买入一堆不错的公司，不如持有少数几家伟大的公司。"他把注意力聚焦在一小撮公司上，而对其他大多数企业视而不见。最重要的是，他不想做一个万事通，到头来却什么都不精通。人的认知能力是有极限的，所以要想精通一件事，你必须保持专注。

令他感兴趣的投资对象，是那些能够将出色的商业管理与其业务相关领先技术完美结合的公司。他不会投资那些依赖大众消费品位的公司，因为大众的品位在很大程度上受广告的影响，而费雪发现他的品位经常与大众相左，所以他觉得自己无法理解广告对大众的影响。他发现当他和妻子特别喜欢某部电视剧时，这部电视剧很可能会因为不受欢迎而被电视台停播。而在我看来，他所谈到的这种现象发生的本质是伟大的投资者通常都特立独行。投资成功的关键在于与大众逆向而行：当大众犯错的时候你是对的——如果可能的话，成为那个唯一正确的人。我告诉他，我在担任《哈佛讽刺》的编辑时撰写了一条令人伤感的小格言："只要是我们喜欢的，读者就不会喜欢。"

出于两个原因，他没有投资保险和其他金融公司。首先，在一些技术领域之间存在着"相互联系"，因此他与一家科技公司的接触可以帮助他评估另一家相关领域的科技公司；而这种效应在金融领域并不存在。其次，制造业是他的能力圈。他认为自己所了解的业务领域受不同经济因素的影响，这可以帮助他分散风险，因此他没有必要踏出他的能力圈。

我问他并非技术人员出身的他是怎么评估这些技术的。他说，和其他领域一样，资源和知识都是慢慢积累起来的；一个技术细节会引领人们找到另一个技术细节。

费雪投资思想的核心是：投资一家杰出的企业，年复一年地持有它，在它变大变强的同时，你的钱包也会鼓起来。到最后，你所购买的股票会比刚开始的时候值钱得多。几乎可以肯定的是，只要你所持有的公司内在价值在增长，你的股票迟早会随着公司内在价值的增长而上涨，所以你应该关注内在价值的增长：没有这一核心，一切都是泡影。

费雪认为短线思维很可笑，因为在他的一生中他只见过一位快进快出却还能持续赚钱的炒家。他认为追求短期目标很可能也是一家公司犯的最严重的错。因此他坚持认为，公司的管理层必须首先具备并且坚守长线思维。增长之所以发生，是因为管理层全心全意地致力于增长，引导公司的所有活动紧紧围绕这一目标展开。只要这一切举措行之有效，投资者就可以继续安心地持有这家公司。

费雪重申，那些试图预测股价的短线炒家放弃了他们唯一能够获得成功的希望。

费雪痛斥了那些"看图说话"的骗子，他们通过假装可以预测一年或者几个月后的股价来骗钱。"我还记得五六年前我被一封推荐信震惊到了，这封推荐信出自一家非常保守的银行的信托部门，该部门也已经颇具规模。该信建议卖出一家公司的股票，而这家公司是该银行的客户，银行应该对该公司非常了解。然而可笑的是，这一建议并非基于任何长期基本面信息；相反，它是基于在接下来的六个月的时间里，资金可用于哪些更有利可图的地方。也许因为我是在一个更老派或许也更理智的时代熏陶下成长起来的，我还记得自己读到这封推荐信时惊讶的样子，难道银行的信托部门都可以使用其管理的资金充当短线炒家了吗？"

永远别卖

关于持有期限这个话题，费雪有一个非常著名的言论："如果在买入前按照正确的方式完成了所有的工作，那么卖出股票的期限应该是——死都不卖。"

但是他也给出了两种例外情况：第一，你在评估中犯了错；第二，公司情况恶化。原有的管理层失去了内驱力，或者新的管理层不胜任都可能造成公司情况恶化。另外，一家公司由于规模过于庞大，无法超越行业平均水平，甚至无法超越整个市场的平均水平。（与普莱斯不同，费雪并不反对持有一家成熟、在行业中保持低成本优势、持续创新并不断削减成本的公司。）

而第三种例外情况，费雪认为它几乎不成立，那就是你发现了一个特别有吸引力的新机会，比如一家年利润有望持续保持20%增长率的好公司。为了买入它的股票，你决定卖出预期增长前景比它差一些的股票。然而，你对新公司的了解可能比原来的公司要少，经年累月的研究令你对原来公司的了解越来越多，所以这种换股操作有犯错的风险。毕竟，你不可能同时掌握很多家公司所有的重要信息。费雪强调，不应该如弃敝屣般地将那些经年累月的所得抛诸脑后。

他还认为，你不应该因为你认为一只股票的价格过高，已经"超过其内在价值"，或者因为整个市场即将下跌而卖出。

无论基于以上两种原因中的哪一种卖出，都意味着你认为自己足够聪明，以后可以在更低的价位买回股票。但在实际操作中，当股价回升时，你几乎总是会错过它。另外，你还得缴纳资本利得税。毕竟，如果你从一开始就选择了一家正确的公司，并有一个合理的预期，譬如十年内股价上涨3~4倍，那么它现在被高估35%还重要吗？而且，未来还有可能出现你还不知道的好消息从而推动股价进一步上涨。

费雪接着说，最愚蠢的行为就是仅仅因为股价涨了很多就抛售。真正伟大的公司——他唯一感兴趣的一类公司——将无限增长，其股价也将无限增长。自买入以来股价就一直大涨意味着一切都在朝着预期的方向发展。

保　守

费雪重新定义了投资领域的"保守"一词。对他而言，保守的投资者会令自己的资本以一种现实的、可实现的方式增长，而不是依赖

一种虚无缥缈、无法成功的方式。人们经常把投资知名的大公司描述
为保守。然而对费雪来说，投资那些已过盛年、在竞争激烈的商业丛
林中节节败退的老牌知名公司绝不能称为保守。相反，保守的投资者
应该是那些买入赢家的人，即充满活力、管理良好的企业，因为它们
具有独特的竞争优势，竭尽所能、年复一年地创造价值并保持增长和
繁盛。

这些公司的所有者完全不用担心市场波动，因为真正关键的是底
层资产的不断增加：只要公司朝着正确的方向发展，获得市场的认可
是迟早的事。

道听途说

令人惊讶的是，费雪在《普通股与不普通的利润》一书中的第一
个实质性章节（相对于介绍性章节而言）详细论述了道听途说（被他
称为"商业小道消息"）在投资中的重要性，这一话题在他的书中反复
出现。事实上，费雪认为如果没有其他信息源，谨慎的投资者必须考
虑的一些要点，比如管理层是否诚信、长期规划、成本控制和公司研
发的有效性，都很难通过公开发布的数据来确定。

他指出："普通投资者只有在尝试运用'道听途说'这一方法之后
才会相信其惊人的效果。仅仅通过向不同的研发人员提出关于公司研
发的明智问题，就能得出一幅关于公司研发的极其完整的图景，这确
实令人惊奇。"

在谈到评估公司的销售能力时，他说："由于公司在销售上的付出
根本无法通过财务比率来展现，所以很多投资者根本无从下手，尽管
它在决定实际投资价值方面极其重要。摆脱这种困境的方法依然是使
用'道听途说'技术……竞争对手和客户都知道答案。同样重要的

是，他们很少会在表达自己的观点时犹豫不决。谨慎的投资者在这方面所花的时间……通常都会得到丰厚的回报。"

实际上费雪是在讨论企业背景调查。"获取商业小道消息，"他写道，"是一件了不起的事情……大多数人，尤其是在他们确信自己的话不会给自己招致麻烦的情况下，乐于谈论他们所从事的工作，并且会毫无顾忌地谈论他们的竞争对手。在同一个行业中找五家公司，就其他四家公司的优势和劣势向每一家公司提出明智的问题，十有八九就能得出关于这五家公司的全景图，其详尽和准确程度令人吃惊。"

令人意想不到的是这些小道消息最丰富的来源之一其实非常常见：贸易展销会。这对于渴求信息的投资者来说魅力在于，许多潜在的信息源聚集在了同一个地方，而且他们都在做同一件事——说话，主要是相互驳斥。你还不需要为他们的到来支付机票钱，他们自己掏了腰包。不要打断那些滔滔不绝的销售人员或主管，因为你作为客户就是他们在那里滔滔不绝的原因。此外，推销自家公司产品的推销员必然要解释他们与竞争对手的不同之处。

行业协会的高管也是一个宝贵的信息源。花上一顿午餐的钱，你就能学到很多奇妙的东西。当然，你必须发誓永远保守秘密，就像一位新闻记者一样，否则给你提供信息的人就会陷入麻烦。同样，你还可以如法炮制，找大学和政府的研究人员了解信息。购买公司产品的客户也会告诉你很多信息，如果你能联系到公司的供应商和采购商，它们同样会告诉你很多信息。前雇员则经常会发一通牢骚——所以就不要指望他们的观点不带偏见。[①]

---

① 尽管费雪没有提到，但我喜欢的一个信息源是耐用消费品的修理工，这个信息源不仅真实，而且很容易找到。任何一位机械工程师或电工都会告诉你，哪些汽车或电器使用寿命更长，并把容易损坏的部件放在随手可拿的地方，或者相反，放在一个难以拿到的地方。消费者研究报告通常会系统性地展示这些信息。另一个来源是互联网 BBS（电子公告牌），那上面信息的坦率程度令人惊讶。

费雪还提到初次找到这些资源所花的时间往往与和他们交流所花的时间一样多，对于小投资者来说，这么做有点不太现实。此外，与外行相比，专业投资者还有另一个优势：他可以与对方交换事实、想法或八卦，这样就成了双向谈话。

优秀的企业

在他的第一本书中，费雪描述了一家优秀企业的 15 个特征。在第二本书中，他又提到了另外几个特征。我认为总结起来大概有 20 个特征，当然这取决于如何分类。

尽管费雪在两本书中并没有明确提出，但他的判断标准可以分为两大类：业务特点和管理质量。

一家具有吸引力的企业的业务特点包括：从现有产品和新产品上获得增长；高利润率和高资本收益率[①]，并且能保持不断向好的趋势；有效的研发；无与伦比的销售团队；具有规模效应的行业领导地位；有效的"特许经营权"——独特的产品或服务。

管理质量方面的特征包括：诚信，保守的会计制度是诚信必不可少的一部分；使命必达；在不稀释股权的情况下，追求长远效益，如有必要，不惜牺牲本季度的利润；认识到永远不变的是改变；优秀的财务控制能力；跨学科技能的综合运用能力；与特定行业相关的特殊技能；有效的人事政策，这包括持续的管理培训。

费雪针对人事政策的看法特别具有启发性。他坚持认为公司必须持续关注、不断努力打造从上至下的一流工作环境，而且必须得到员

---

① 人们必须留意工厂的使用年限。已过折旧年限但依然可以使用的设备可能会带来明显的高回报。巴菲特建议人们在考虑净资产收益率的同时也应该考虑库存，这一点非常有道理。

工的认可。为此他提到了 IBM 卓越的培训计划，IBM 的销售人员整个职业生涯的三分之一是在 IBM 大学度过的；摩托罗拉的高管学院旨在帮助有前途的高管做好承担更大责任的准备；德州仪器让员工团队自行决定自己的目标，他们可以直接与高管沟通交流，并根据自己的绩效分享利润。

在谈到利润率时，费雪提到了一个投资者有时会遗忘的观点：高得离谱的利润率往往是吸引饥渴的竞争对手的"蜜罐"。最保险的做法可能是仅比竞争对手的利润率高出一丁点儿，辅以更高的周转率，因为这会让新的竞争对手失去向你发起攻击的欲望。有时经纪公司的报告会提出这样一种观点，即排名第二的公司可能是更有吸引力的投资，因为它的股价更低，想象空间更大，但费雪对这类观点嗤之以鼻。一个完全处于统治地位的公司，例如通用电气或默克，只要管理层保持警惕，其领导地位就很难被撼动。

费雪自始至终一直在强调管理层的诚信。公司内部人士有很多机会谋取私利，无论是在物质方面还是在公司的前景方面欺骗股东，而这一切最终都由股东来买单。贪婪的管理层最常见的滥用行为是在公司的股价恰好处于低位比如低于每股账面价值时，给自己发放过于慷慨的股票期权。随着时间的推移，股价恢复到正常水平，管理层不费吹灰之力就能从股东那里榨取数百万美元。

另一种不合理的做法在某种程度上源于股东自身的懒惰，他们允许管理层一边追求短期目标，一边谈论长期规划。费雪举了一个例子，许多劳资关系糟糕的公司却自称"以人为本"。有些公司在会计方面充满创造性，就是为了欺骗股东，让他们认为实际情况很好，而这种假象很可能是拆未来的东墙补现在的西墙。然而，股东特别是金融机构，通常对这种做法并不陌生。一家公司使用富有想象力的会计方法实际上只能短期推高股价，长期却会引发投资界对管理层诚信的怀疑，并最终导致股价无法上涨。用客户的钱买入这些公司股票的投资经理实际上也暴露了他们自己的诚信问题，谨慎的投资者绝不会立于危墙之下。

顺便提一下，费雪对很多公司节日庆典式风格的年报表示失望。他说，这可能"反映的不过是公司公关部门在公众心目中营造公司形象的技巧……他们很少对公司的实质问题和困难进行多维、全面的讨论。通常他们都太乐观了"。

"如果副总裁向总裁汇报工作就像总裁向股东汇报工作一样，那么相信这个副总裁最多只能保住自己的职位10分钟。公司的管理层似乎常常把公司年报当作另一种形式的广告，这是完全错误的。"

费雪还提到了另一个观点，这个观点并没有出现在他的书中，而是出现在他的谈话中：管理层必须有一个持续有效的成本削减计划。这意味着首先得有一个计划，其次它必须清晰易懂，最后它还必须富有成效。

如果一家公司经营状况良好，并将今天的大部分利润用于明天的增长，股东就会得到最好的回报。当高科技公司将现金流投入研发时，它们就自动做到了这一点。当然，这里假设再投资的回报大于股东所能获得的股息回报。如果做不到这一点，公司就应该通过分红或回购股票的方式将这些利润分给股东。

如果一家公司能够成功地将利润投入业务中以获得更多的利润，那么它的收益和每股账面价值就会在适当的时候上升，股息也会增加，投资界就会认为两者有可能继续上升，股价肯定会随之上涨，尽管人们无法确切知道何时会上涨。费雪说："知道会发生什么比知道什么时候会发生要容易得多。"按我的话讲就是费雪总是在寻找"双击机会"：一家公司的利润上涨，带来估值的提升，然后股价就会像火箭般飙升。

费雪的投资方法

本书的大多数读者都很难像费雪那样进行投资。因为首先要解决的问题是，即便你有时间，你是否也有能力开拓出能够获取商业小道消息的渠道，而这是费雪的投资方法中非常重要的一环：不同行业中优秀公司的人脉、在政府和行业协会的信息源、愿意交换意见的投资伙伴。如果这些都没有，你可能无法使用他的投资方法，因为这种方法高度依赖定性因素——而格雷厄姆的方法则主要基于数字。你永远别指望只从公开披露的信息中就能得出结论，如果你没有这些信息渠道，按照费雪的观点，你就应该找一位专业顾问，要么直接聘请，要么把钱投入运营良好的基金。

费雪提出了正确分析一家公司的三个连续阶段：首先是消化吸收可以找到的任何书面材料，然后是通过信息源交叉验证筛选出有用的信息，最后是拜访公司管理层。

1. **书面材料**。这包括年报、中期报告、招股说明书、股东大会书面决议以及 10K 报表（公司必须提交给美国证监会的一份补充材料，同时也向公众披露）。从这些数据中，你应该试着总结出公司的会计特点：花了多少钱在研发上、公司所使用术语的准确含义、管理层的背景和薪酬以及利润率的趋势。

你应该查阅所有能找到的华尔街资料，主要是为了了解投资界对该公司的看法，因为这种看法与现实之间的差异创造了投资机会。

2. **从业界获取的额外信息**。这是获取高质量的小道消息必不可少的环节；正是这一点令业余投资者望尘莫及。

通过一些间接渠道你可以获取关于公司的更多信息，包括应该提出哪些与管理层有关的关键问题。如果一位曾经表现优秀的公司高管开始酗酒，你不要指望公司会主动承认这一事实；但你至少可以试着找出公司是如何处理这个问题的。同样，提前知道他人如何评价你即将拜会的公司管理层会让你对诸如过度乐观这类特质有一个心理准备。

3. **登门拜访**。费雪希望通过对管理层的拜访来评估三件事：公司的商业政策、这些政策是否真正得到了执行、管理层其人。

调查公司商业政策的主要目的是看对方在长期目标与短期目标之间是如何平衡的，例如销售人员培训计划、研发方向、如何提升员工忠诚度以及如何不断追求降低成本。既然聊天毫不费力，投资者就应该努力挖掘公司落实这些政策的确凿证据。最后，一个有能力、有经验的投资者往往可以通过与公司的管理层会面来勾勒出他们真实的形象。你可以试着判断和你谈话的人是否诚实、聪明，能否全面地看待事物，能否在面对艰难抉择时坚守政策而不是退缩放弃。

买入时机

针对股票的买入时机，费雪给出了三个绝妙的建议。

一座新的大型工厂试运行（有时会持续数月，其中包括针对新产品的特别促销活动）会降低当期利润，从而打击投资者的信心，这是第一个介入良机。

通常情况下，工厂试运行成功并将转入全面商业化运营的消息会吸引一些跟风的个人买家、不明就里的投机者。如果股价无法迅速上涨，他们就会很快退出。费雪的这个看法会让我们想起一句老话：如果说试运行阶段的工厂是一辆以 10 英里时速开在糟糕路面上的老牛破车，那么投入商用的工厂则是一辆时速为 100 英里的超级跑车。但是公众很快会忘记这两者之间如此明显的差异，只要工程师出了纰漏，并且无法在几个月内修复漏洞，公众很快就会卖出股票。当股价下跌时，经纪人会暗示公司可能还存在更严重的问题。费雪表示，这可能会带来巨大的买入机会，因为在第一家工厂通过了试运行并投入商用后，该公司很容易就能推出第二、第三、第四和第五家工厂。

第二个买入时机通常是公司传出坏消息的时候，比如一场罢工、营销失误或者其他一些偶发事故。

第三个以优惠条件买入的机会出现在资本密集型行业，如化工行业，这些行业的工厂投资巨大。有时，即便是在投产一段时间之后，工程师们仍然会想方设法通过投入相对较少的额外资金来大幅提高产量，这可能会大幅提高公司的利润。在股价上涨反映出这一前景之前，就可能存在买入良机。

费雪还提到，人们应该毫不犹豫地在战争恐慌中买入股票。在20世纪，几乎每次美国卷入世界上某个地方的纷争或者面临严重危险时，股市就会下跌，但最终股市都恢复了，无一例外。

买入当然不是因为战争对企业和股价有好处。真正的原因是各国政府为了支付战争经费而负债累累，从而导致货币贬值，所以物价会上涨，包括股价，股票背后是实物资产的所有权。在战争恐慌中抛售股票去换取贬值的现金是非常愚蠢的。"战争总是对现金不利。"费雪说。

费雪认为投资者通常的买入方式是愚蠢的。他们筛选大量经济数据，得出商业前景向好的结论，然后就开始以真金白银买入。几乎所有来自银行和经纪公司的投资推荐信都是这样开头的，告诉读者经济前景好或者坏，所以应该买进股票或一直持有直到"前景明朗"。虽然这在理论上听起来很有说服力，但在实践中根本行不通。经济预测还没有先进到能够进行长期预测，费雪将其比作炼金术时代的化学："当时的化学，就像现在的商业预测一样，基本原理刚刚从一大堆迷惑人的废话中浮现出来。然而，这些原理还不能被安全地用作选择行动方案的基础。"

费雪一直好奇，如果投资界能够不像中世纪的炼金术士和神学家那样，把时间浪费在做出相互矛盾的经济预测上，那么他们会取得多大的成就呢？

我比费雪更进了一步：这些预测不仅愚蠢，而且通常它们相互呼应，进而推动了共识的产生。那些在等待预言家们普遍出现乐观情绪之后才随大流买入的投资者，显然为同样的股票支付了更高的价格。此外，牛市通常会在所有人都很乐观的时候谢幕，这种虚假的美好正是孕育熊市的温床。同样，当每个人都悲观绝望的时候则预示着底部的到来，牛市在遍地坏消息的市况下浴火重生。毕竟，大崩溃始于1929年的普遍狂热，而历史上最佳的买入点出现在1932年银行倒闭潮发生的时候：股市在两个月内翻了一番。

通常情况下，投资者最安全的做法就是反华尔街共识而行之：不要等到银行发布的"长期经济概况"变得有利时才进行投资，而应该在全面衰退以及银行和经济学家表示一切都将下跌时依然坚持无视众人的惊恐，这样才可能以折扣价买入优质资产，以没有反映其前景的低价买入优质成长股。

为此投资者必须能够分辨事实和看法。如果事实比看法更有利，迟早有一天，投资界会恍然大悟，人们的看法也会随之转变，股价就会上涨。

收　入

费雪认为，公司服务投资者的最好方式是遵循连贯的、可预测的股息政策，事实上，这样做是管理层的首要义务。他本人希望能找到那些致力于长期增长的公司，这意味着将大量利润用于再投资，并取得高投资回报率，这样做必然会降低股息率。而另一位投资者可能更喜欢高分红，这样的公司通常在内部没有吸引人的项目来消化多余的利润，自然就应该遵循高分红的政策。不论是什么情况，管理层都不应该将股东的钱投到比他们个人可以找到的投资对象的收益率还要低的项目上。

费雪用了一个令人叫好的类比来说明保持股息政策稳定的必要性。假如你开了一家餐馆，一个经营高手可以通过以下任何一种方法来建立稳定的客源：高性价比；米其林三星；中餐或意大利菜。这些方法都能吸引顾客以合理的价格购买，然后通过口碑传播就会收获一众顾客。唯一无法奏效的策略就是朝令夕改：今天卖精致的法国菜，明天却变成了物美价廉的自助中餐馆。人们无法做出预测就会敬而远之，股利政策也是如此。

顺便提一下，费雪驳斥了一个在华尔街广为流传的股息神话，即高股息可以为投资者带来额外的安全性，因为它在熊市中为股价提供了缓冲垫。他说，事实并非如此。"关于这一主题的每一项研究都表明，在价格表现糟糕的股票中，高股息率的股票占比更大，而非低股息率的股票。一位在其他方面都做得很好的管理人员，如果增加公司分红，就会牺牲将利润投入再生产的增长机会，这就像一个杀鸡取卵的农场主，短期看似乎多赚了一点，但长期却付出了惊人的代价。"

所有这些都源自费雪的基本信条，即吸引人的投资来自持续不断的增长，而这几乎总是来自有利可图的利润再投资。因此，高股息意味着更低的利润再投资，也意味着更慢的长期价值累积，而投资的目标正是追求价值的不断积累。

第七章

格雷厄姆：量化，必须量化

格雷厄姆是他所生活的那个时代最伟大的投资理论家。他喜欢数学，所以他的投资方法也基于数学、需要定量。事实上，他很可能把证券分析当作了数学的一个分支来研究。当然，没有一个早期的投资思想家仅仅通过数字来研究这个课题，而不考虑企业的质量或管理特点。

格雷厄姆的代表作是《证券分析》。然而，几乎对所有读者来说，《聪明的投资者》这本书更有用，几乎每一位投资者都应该读一读这本书。格雷厄姆让人们认清了投资的真相，而你在华尔街听到的大多数都是废话；格雷厄姆能帮助你正确地看待这一切，并知道到哪里寻找客观的真相。

1895 年，年仅 1 岁的格雷厄姆跟随父母从英国移居纽约。他的父亲经营着一家家族瓷器公司——格罗斯鲍姆父子公司。（在第一次世界大战期间，他父亲将姓氏改为格雷厄姆）。他在曼哈顿和布鲁克林长大，是三兄弟中年龄最小的一个。父亲去世那年格雷厄姆 9 岁，家里的状况越来越糟。他的母亲无法适应这种变化，她的焦虑无疑促成了格雷厄姆日后对财务安全的执念。

　　他学习勤奋，作为一个男孩有点乖巧得令人难以置信。在高中期间，他就开始兼职养家糊口，他学习了希腊语和拉丁语，这日后成为他人生中一项持久的乐趣。1914 年从哥伦比亚大学毕业后，格雷厄姆获得了英语和数学助教奖学金，但他没有接受这些奖学金并继续他的学业，而是去了华尔街在 NHL 公司担任信息员。他很快就获得了晋升，开始撰写研究分析报告。到 1917 年，他作为一名分析师已经小有名气，并开始在金融杂志上发表文章。在 1920 年，他成为该公司的合伙人。

　　格雷厄姆长得矮小结实，随着年龄的增长，他变得越来越瘦，一张古怪的圆脸上有着厚厚的嘴唇和浅蓝色的眼睛。他性格复杂、精力充沛、热爱文学。他喜爱的作家包括普鲁斯特（Proust）*、维吉尔（Virgil）、夏多布里昂（Chateaubriand）、雨果以及一些德国诗人，而且他非常善于恰如其分地引用这些人的名言。

　　以华尔街的标准来看，他有着异乎寻常的广泛的兴趣爱好：希腊文和拉丁文经典、哲学、语言。他翻译了一本葡萄牙语图书，自己撰写了好几本书。他崇拜马可·奥勒留（Marcus Aurelius）**，并将自己与丁尼生（Tennyson）*** 笔下的尤利西斯相提并论，后者是一位狡猾而有思想的冒险家。

　　有一次在他的生日宴上，他发表了这样一段精辟而发人深省的自我分析：

　　　　尤利西斯是我童年所读过的最伟大的英雄之一……《奥德赛》从一开始就吸引着我，这种迷恋多年来从未减弱。书中主人公的

---

　　* 马塞尔·普鲁斯特，法国最伟大的小说家之一，代表作为《追忆似水年华》。——译者注
　　** 古罗马帝国皇帝。——译者注
　　*** 阿尔弗雷德·丁尼生是英国的一位诗人。——译者注

狡诈与勇气、苦难与胜利，都具有一种我永远无法完全理解的吸引力。起初我以为是那种与我生活截然不同的东西让我着迷，因为尤利西斯的性格和命运都与我截然不同。在我长大成人很久之后，我才开始意识到我的性格中充斥着奥德赛式的缺点和优点。

当我还年轻的时候，我很高兴看到尤利西斯的漂泊和考验随着他与佩内洛普成功重逢而结束，他们俩"从此幸福地生活在一起"。但几年后，丁尼生那首伟大的诗让我认识了真正的尤利西斯。对他来说，岛上的家和他妻子的床永远只是一个停靠的港口……

很久之后我又读到了但丁（Dante）笔下奥德修斯无畏的远征和轰轰烈烈的死亡，这段故事被记录在《地狱》① 篇那个简短而难忘的段落中。最后，我手里拿着一本讲述同样主题的巨著，是当代作家卡赞扎基斯新近写成的。也许尤利西斯和我差不多年纪时离开了他的妻子和他已经结婚的儿子，也许他是永恒的，就像我有时感受到的那样。无论如何，在他那多变的思想中，在他那不安分的心中，在他那无畏的身体中，在他那尖顶水手帽下，我感受到了一种打破传统的理想，它像一块看不见的磁铁在我的一生中吸引着我……

格雷厄姆在自己的孩子们懂事之后才开始关心他们，并成为他们活的百科全书。他天生是块做老师的料，他喜欢给他们编故事，回答他们提出的任何问题。

他慷慨善良（他在纽黑文捐赠了一座黑人教堂），接触过他的人都喜欢他，但他并没有什么密友。在一篇自述中，他引用了第三任妻子

---

① 《地狱》第 26 章。但丁［和丁尼生一样，他读过维吉尔和奥维德（Ovid）的书，但没有读过荷马的书］把奥德修斯送到地狱的第八层，因为他抛弃了妻子、父亲和儿子。

埃斯特尔（Estelle）对他的评价："讲人道没人味儿。"虽然他是不可知论者，但他对宗教哲学很感兴趣。当滑雪运动还没有普及的时候，他就成了一名滑雪运动员。他还热衷于打网球。正如一位朋友所言，他几乎没有不良嗜好：不抽烟、不喝酒、不贪吃，但他经常心不在焉，不喜欢开车。他过着朴实而舒适的生活，在经济上有了保障之后，他就不太关心钱了。晚年，他从纽约搬到了加利福尼亚州的拉霍亚，在人生的最后岁月，他又搬到了法国南部。

1926 年，他成立了一个资金池——本杰明·格雷厄姆联合账户*，以获取利润分成。账户成立的第一年，杰罗姆·纽曼（Jerome Newman）加入了他的事业。在他的整个商业生涯中，他一直与纽曼保持着合作。

也就在这个时候，格雷厄姆遇到了伯纳德·巴鲁克（Bernard Baruch）**，他帮助巴鲁克进行了多项投资。一位知情人士补充称："巴鲁克私底下对格雷厄姆赞不绝口，但仅此而已；巴鲁克在这段关系中只索取不付出。"据信，巴鲁克曾向格雷厄姆提供了一个分享利润的机会，但格雷厄姆并不满意其开出的条件。

发生在 1929—1932 年的大崩溃对格雷厄姆造成了沉重的打击；在1929—1932 年间，他的联合账户下跌了 70％，而道琼斯工业平均指数下跌了 74％，标准普尔 500 指数下跌了 64％。但考虑到格雷厄姆使用了大量杠杆——这是当时投资者的普遍做法，他的实际选股能力要比账户表现得好。尽管如此，他个人还是在大崩溃中一败涂地。尽管经历了 1929 年的劫难，他还是被股市吸引，最终在底部到来之前重回市场。

---

* 类似今天的私募基金。——译者注

** 在 1929—1932 年大崩溃期间成功逃顶的投资家，原因是一个擦鞋童向他推荐股票。——译者注在 1928—1956 年间，格雷厄姆在哥伦比亚大学商学院教授一门颇受欢迎的夜校课程。1934 年，他与戴维·L. 多德（David L. Dodd）一起出版了一部畅销的经典作品——《证券分析》，这是一本为认真学习投资的学生准备的基础教材。（1940 年版所列出的被低估企业的市值在接下来的 8 年里增长了 250％以上，而同期标准普尔工业指数只增长了三分之一，这从一个侧面展示了格雷厄姆的投资水平。）

1944 年，格雷厄姆出版了《储备与稳定》一书，他在书中提出了一个稳定食物盈余、全球商品和货币的计划。1947 年出版的《解读财务报表》是一本优秀的书，1949 年出版的《聪明的投资者》则是他写给业余投资者的最有用的书。

小心驶得万年船

格雷厄姆作为一名投资者的伟大之处在于他知道如何说"不"。格雷厄姆-纽曼公司的一位助理曾沮丧地向我叙说，这就如同向格雷厄姆提供了一份精挑细选的潜在投资机会清单，结果他却在每一个机会中都找到了实质性的反对意见。只有在所有情况都证明对他有利时，他才会出手投资。

当他最终买入时，他很清楚自己在做什么。他认为好的、安全的投资就是一遍又一遍地以 50 美分的价格买入价值 1 美元的资产。在某些特定的情况下你可能会犯错，但如果你按照这个过程做几十次，你几乎不可能亏钱。分散投资是这种方法的关键，就如同买保险一样。

当买入股票时，格雷厄姆总是做好撤出准备，就好像把一只脚放在门外，随时准备在计算出错时逃跑。这种内在的谨慎性使他丧失了捕捉市场重大波动所必需的才能。除了在 20 世纪 30 年代过早地重新进入市场并惨败之外，他还错过了从 1950 年开始的一轮波澜壮阔的大牛市。1951 年，他甚至建议他的一位支持者放弃去华尔街的工作机会，原因是指数太高了。

然而，在 1973 年版的《聪明的投资者》中他说对了："我们认为，投资者必须为未来的困难时刻做好准备——可能是 1969—1970 年下跌场景的快速重演，也可能是另一轮牛市狂飙之后更具灾难性的崩盘。"事实上，1973—1974 年的崩盘是 1929—1932 年大崩溃以来最严重的一次，其底部提供了自大崩溃以来的最佳买入机会。

"给我看看资产负债表"

在整个职业生涯中，格雷厄姆都在寻找可解释的、具体的技术，这样他就可以传授给其他人，让他们能够找到安全且有利可图的投资。他想要的是一种完全量化的方法，不依赖于人们无法确定的东西，例如社会趋势、公司的新产品能否大卖或者管理质量。换句话说，这恰恰是普莱斯未来学方法的对立面。

他还希望这种方法人人能用，因此它应该仅依赖于公开发布的资料，特别是公司发布的报告。

经过多年的努力，他和他的合伙人终于在《证券分析》一书的纲要中为投资者提供了他们所需的工具。然而，《证券分析》所展示的方法非常复杂，尽管从理论上讲，这本书同时为普通投资者和专业人士指出了投资成功的关键，但很少有业余人士使用它。

格雷厄姆一个接一个地分析了很多行业，解释了每个行业的财务特征，并展示了分析师如何通过比较关键的经营和财务指标来判断在一组相似的公司中哪些是成功的、哪些是失败的，哪些财务状况良好、哪些财务状况脆弱，哪些定价过高、哪些价格低廉。他还在书中探讨了债券和其他证券。真正能够掌握《证券分析》一书的分析师显然具有广博的知识。

最终，格雷厄姆确实发明了一种简单的人人都能使用的投资试金石：那就是他对"便宜货"的定义。它不像"增长"、"管理"、"创新"或"低成本制造商"那样是一个通用理论，而是一个衡量低估的标准。在职业生涯的末期，他又提出了两个衡量廉价股票的标准。他最后得出的结论是，这三种工具使他早年精心设计的投资技术变得不再那么有必要。

投资与投机

格雷厄姆不断强调投资和投机之间的区别。投资必须基于彻底的分析，必须保证本金的安全和足够的投资回报。没有经过分析、安全性或回报不足的持股行为都不能被称为投资，而只是一种投机。

第一个陷阱是在没有充分研究的情况下冒险，这种仅仅靠猜测来投资的行为是过往大部分个人买家的典型做法。投机者往往接受了犯错的赔率，这恰恰给了投资者机会。在本书对格雷厄姆观点的简短总结中，不可能详尽阐述他提出的用以确定投资者本金安全性和回报充足的分析方法，因为这些方法在《证券分析》一书中长达数百页。当然，他也没有说每一种股票都可以这样分析。但他确实说过许多公司的前景并不明朗，如果你买入这类公司的股票，你就不是在真正地投资，而是在赌博，而且很可能是以内幕交易人士希望你成交的价格买入，而他们对公司情况的了解比你深入得多。

每隔几年，当市场再次被乐观情绪推高，热衷于投机的人在研究一家公司的盈利记录时，就会习惯性地犯下两个可怕的错误：将当年的利润与上一年因回溯而调低之后的利润进行对比，这会让人产生一种公司经营状况在持续不断改善的错觉；在不确定公司状况是否真的实现了如此大幅改善的情况下，就接受了公司披露的利润数据并且深信不疑。此时，格雷厄姆的一个原则就变得至关重要。

格雷厄姆的这个原则非常简单——实际的每股盈利应该等于每股支付的股息加上每股净资产增加的金额（或减去每股净资产降低的金额），这通常表现为包括任意准备金（voluntary reserve）在内的保留盈余的改变。为了更好地解释虚假盈利，他以美国动力公司过去十年的财报为例。截至1960年，该公司披露过去十年的累计盈利为1 350.2万美元，即每股50美分左右。但是按照格雷厄姆的方法计算，其实际盈利仅为684.6万美元，即每股25美分左右。事实证明，有665.5万美元的费用被计入了保留盈余，但几乎所有这些费用都不应该计入利润。格雷厄姆不无遗憾地指出，在投机热情高涨的时候，市场对现实采取了掩耳盗铃的态度。

在2000年撰写本书时，我们发现了同样的问题。可口可乐和许多其他优秀的公司将子公司的非经常性销售收入计入普通收入，还有一些公司不断调低过去的利润，以夸大其增长性。

例如，通用汽车在1998年宣布前一年的利润创下历史最高纪录。这听起来很棒！随后它宣布了一项税后金额高达40亿美元的"重组"计划！但是，注意了！在过去的7年里，通用汽车类似的支出总计达到了70亿美元，占其利润总额的三分之一。这些真的是"一次性的"成本吗？

烟蒂式投资

格雷厄姆很喜欢看标准普尔的《股票指南》，该指南每月出版一次，提供数千只股票的基本财务情况，包含了在美国主要交易所上市的每一只股票。

他充满激情地描述自己翻阅这本包含美国主要公司的《股票指南》时的快乐感受。这本《股票指南》囊括那些市值增长了成百上千倍的公司，那些在市场上仅以2倍市盈率交易的派息记录长达百年的公司，或者股价从0.375美元上涨到68美元之后又回落到3美元的公司（他曾担任这样一家公司的高管）。

然后，他根据《股票指南》提供的信息，按照自己制定的一系列标准筛选出未来几年可能会上涨的股票。这些标准包括净流动资产、负债率、盈利稳定性、分红记录、盈利增长、股价相对于净有形资产的折扣以及质量排名。

还有一个指标——市净率无法从《股票指南》提供的信息中直接推导出来。

格雷厄姆描述了他对这些标准进行单项或者组合测试的结果，最后发现最好的投资方法就是买入他所谓的"便宜货"，即股价低于其每股净流动资产的公司，这类公司被他称为"雪茄烟蒂"——遭到市场遗弃，但仍有一些价值——捡起这些烟头的烟民还可以免费吸上几口。

"如果一个人能以低于每股净流动资产的价格（扣除所有负债，并对固定资产忽略不计）买入一组分散的股票，那么投资回报应该是相当令人满意的。尽管这种做法以前曾经、现在依然显得简单到可笑，但是根据我们的经验，在过去的30年这一做法一直有效。"

按照这种方法，你就可以在没有冒重大风险的情况下赚钱，"前提是你能找到足够多的满足这一条件的股票来分散投资组合，并且你不会因为买入以后它们没有迅速上涨而失去耐心，有时需要相当大的耐心"。1964年版的《聪明的投资者》提到了伯顿-迪克西公司股价仅为20美元，而每股净流动资产为30美元，每股账面价值为50美元。直到1967年8月，股价才涨至53.75美元，与每股账面价值差不多。格雷厄姆差点就要为这3.5年的等待道歉了，幸好他的读者经过长时间的等待以后获得了165％的收益率。

格雷厄姆这一简化版"便宜货"投资方法的副产品是为测量市场的整体情绪提供了最简单的方法。如果市场上很多公司的股价低于每股净流动资产，那么市场处于低估状态；如果这样的公司有成百上千家的话，那么就是大举入场的良机。

格雷厄姆的投资方法要求高度分散，这与银行业或保险业的经营思想不谋而合。当你可以放心投资的时候，也就是说，当好公司的股价低于其每股内在价值时，你通常可以在许多不同的行业中找到"便宜货"。我们都会犯错：确保安全的唯一方法是将赌注的分散程度提高到相应水平，以便让平均法则发挥作用。显然，在理论上你必须付出比找到一个好机会更多的努力才能找到几个好机会，但实际上，任何一个证券分析师都知道，在市场低迷的时候，你总是拥有很多好机会。

成长股

活跃在美国证券市场的许多资深证券分析师都是通过学习格雷厄姆早期版本的《证券分析》成长起来的。他们一定还记得格雷厄姆曾经激烈而正确地质疑20世纪20年代末的成长股口号——"对美国无线电公司来说，价格再高也不过分"，然而当他们在后来的版本中看到格雷厄姆惊人的转变时，一定会惊异万分。

他首先指出，要确定成长股的真面目是极其困难的。在这个问题上，分析师通常是错误的，而且即便他们是正确的，他们也没有信心利用它来投资。买入IBM股票的最佳时机是在20世纪50年代初，当时它已成为一家根基稳固的公司，但还未迎来未来25年的惊人增长。然而在1952年，美国证监会研究了118只基金后发现它们平均只有

0.5％的仓位建立在 IBM 的股票上！直到后来，当 IBM 的增长放缓时，它才成为大多数基金持股的主角。

格雷厄姆举了几个例子来说明要正确预测一只所谓的成长股未来的走势有多困难。他引用了 1961 年出版的维森伯格（Wiesenberger）的《投资公司》一书中的统计数字——所有成长股基金十年来的平均收益率是 289％（假设分红再投资），明显低于同期标准普尔 500 指数322％的平均收益率。格雷厄姆得出的结论是，人们不应该相信有关成长股价值的详尽演算。

不过，我必须承认从同样的数据中我得出的结论是，很多成长股基金业绩不好是因为能力不够，但这并不足以说明所有成长股基金都没有能力。毕竟，大多数价值型基金同样也没有跑赢指数。许多成长股基金只是跟风买入成长股，而那时这些股票的价格已经很高，但增长却已经放缓，或者干脆买入那些永远都不会增长的投机性股票。有些公司确实实现了持续多年的利润增长，其股价也随之上涨；投资这些股票的基金取得了出色的长期业绩。

每个人都在寻找收益能够多年持续增长的股票，因此，这类股票如果得到广泛认可，股价就不可能低。要想在这个游戏中赚钱，你必须正确地辨别它们，并在它们被普遍认可之前有足够的信心买入它们，特别是不能为了单纯的投机而不考虑股价高低，买入优质成长股的安全时机是当它们的市盈率略高于市场平均市盈率的时候。

奇怪的是，尽管格雷厄姆反对为增长支付过高的价格，但他认为，市场上盛行的股价常常低于其合理的水平。基于一系列不同的推理，他认为，对于一只预期持续增长率为 14.3％的股票，其市盈率超过 30 倍是合理的（见表 7-1）。

表 7-1　不同方法推算出的市盈率

预期增长率（%）	10	14.3	20
不同方法推算出的市盈率：			
莫洛多斯基方法	23	31.2	46.9
泰瑟姆表格法	25	—	—
"8.6T ＋ 2.1" 公式	24.4	36.5	55.3
"8.5 ＋ 2G" 公式	28.5	37.1	48.5
我们偏好的方法（7 年预测）	23.5	31	41.5

资料来源：Graham，Dodd，Cottle，and Tatham．*Security Analysis*，4th ed.（New York：Mc-Graw Hill，1962），p.538.

技术股

在《聪明的投资者》一书的附录中，格雷厄姆提供了一组有趣的统计数据。1968 年 12 月的标准普尔《股票指南》列出了 45 家名以计算机、数据、电子、科学或技术开头的公司。在查阅 1971 年 9 月的《股票指南》时，他发现这 45 家公司中有 2 家股价上涨，31 家下跌（其中 23 家下跌幅度超过 50%），还有 12 家则完全从指南中消失了。[①]

"几乎可以肯定的是，"格雷厄姆观察发现，"许多在 1968 年没有被列入指南的科技公司其后续股价表现要比那些已被列入指南的公司差……IBM 和其他几家公司所取得的巨大成功必然会在各自领域催生出一大批效仿它们的公司，然后接二连三地发行新股，而这些新股造成股民的巨额亏损几乎是必然的。"（熊彼特[*]将其称为企业家一窝蜂效

[①]　我准备通过以下三个命名规则来进一步讨论这个问题：1. 为了反映当时股市的时尚而改名的公司股价可能会下跌。当然，危险的是带有 ".com" 字眼。2. 吸引其他公司纷纷效仿改名的一类公司股价也会下跌。3. 当行业里的公司希望通过改名来撇清与行业的关系时，这个行业反而会有上佳表现。例如卷烟公司改名为雷诺兹工业公司等类似的名字。

[*]　美国著名经济学家，被誉为"创新理论鼻祖"。——译者注

应——当我撰写本书时，很明显这样的情况正在高科技领域重演。）

格雷厄姆对某些类型的股票持否定态度。例如，他发现大部分私营公司的新股首次公开上市（IPO）时都不适合真正的投资者。这些新股往往在投机盛行的牛市上市，股价通常都高得离谱，用任何合理的估值方法都无法看出其合理性。

格雷厄姆对另类证券也持怀疑态度，包括可转债和认股权证。他不认可可转债的理由很有趣，也很有道理，我在本书就不赘述了，感兴趣的读者可以参考《证券分析》中的"特许发行"一章。事实证明，可转债通过数学测算出的吸引力通常远远低于人们的预期，这很像赛马，通过数学测算出的赔率也许对赌客更公平，但是你不可能获得这样公平的待遇。可转债对投机者的吸引力导致它们的市场价格持续过高。

特许发行——尤其是可转债——在格雷厄姆看来是"靠天吃饭"。在股市繁荣期，尽管它们的表现不错，但也不如普通股；在股市萧条期，它们的表现则更糟。部分原因在于，与不成熟的公司发行新股一样，它们往往选择在疯狂的牛市上市，也就是在股价大幅下跌的前夜。按面值发行的优先股通常继承了两者的劣势，既没有债券的安全性，也没有股票的增长潜力。

他认为买入可转债的唯一合理方法是当可转债的价格接近其转股价值*时，本来就打算买入相应公司股票的投资者可以将可转债作为比股票更好的替代品买入。而在其他任何时候，他重申了华尔街的格言："永远不要行使可转债的转换权。"

显然，造成股票低估或高估的是市场情绪。格雷厄姆就像一个医

---

* 可转债的转股价值可以通过如下方式计算：转股比例＝债券面值÷转股价，转股价值＝公司股价×转股比例，所以可转债的价格接近其转股价值也可以简化为公司股价接近可转债的转股价。——译者注

生在治疗一个在暴乱中倒地的病人，他压根没法抬起头来观察和思考他周围的疯狂。但在他的书中，你总能听到背景中疯狂的号叫声。例如，表7-2改编自《聪明的投资者》一书的相应图表，它奇妙地折射出人性的善变。

表7-2 银行家证券公司

	当年年底每股资产价值（美元）	当年股价（美元）
1928	65	218
1932	424	140

银行家证券公司是1928年成立的一家投资信托公司，那是20世纪60年代对冲基金开始狂飙之前的最后一个时代奇迹。在它的股票上市时，贪婪的公众编造出一堆奇妙的理由，认为为了1美元的价值应该支付超过3美元的价格；若干年后，这一疯狂的传统不可避免地传承了下来，同样的1美元价值，同样的公众，不同的是此时公众认为世界末日即将来临，所以只愿意为这1美元的价值支付30美分。

"市场先生"

显然，只有在投资者恐惧的时候，公司股价才会低——当然，请相信，他们卖出的理由可谓言之凿凿。用格雷厄姆自己的话说，就是使用他的投资方法的投资者通常会在"当前形势不利、短期前景不佳、低迷的股价已经充分反映当前悲观情绪"时买入。格雷厄姆讲述了一个令人拍案叫绝的小故事，谈的是真正的投资者面对市场波动时的态度。让我们想象一下，有一个亲切而疯狂的合伙人，与我们同样拥有一家企业的股权，我们就把他称作市场先生吧。每天市场先生都会根据早晨他从床的哪一边爬起来，以及当时是什么样的美梦或梦魇缠绕着他，然后宣布一个价格，在这个价格之上他会收购我们手中的股票，否则他就决定把他手中的股票卖给我们。大多数时候我们都可以忽略他的存在。只有当我们对事实有了清醒的研判——我们对这些事实的了解至少不比市场先生少——使我们确信他的出价是高得离谱还是低得荒谬时，我们才需要留意他的出价。除此之外，我们最好是端坐不动。"在其他时候，"格雷厄姆说，"真正的投资者如果忘记股票市场的存在，关注股息回报和公司的经营结果，他反而会获得更高的投资回报。"

格雷厄姆补充说，人们不应该因为一只股票的价格上涨而买入，也不应该因为它的价格下跌而卖出。恰恰相反，他的建议是："不要在股价大幅上涨后立即买入，也不要在股价大幅下跌后立即卖出。"

在《聪明的投资者》一书中，格雷厄姆检验并否定了很多预测市场的方法——根据一个公式来买卖股票，无论是道氏理论，还是他自己在《证券分析》中提出的"中心价值理论"，抑或是其他任何方法。

他指出尽管这些公式在回测时效果非常不错，但在实操中往往不尽如人意。例如，"1938 年之后，根据道氏理论所得出的结论质量发生了根本性变化，也就是在该理论开始受到华尔街重视的几年后……在此后的近 30 年时间里，投资者买入并持有与道琼斯指数挂钩的基金要比按照道氏理论投资好得多"。

格雷厄姆的实操表现

格雷厄姆－纽曼公司的成功可以用它的平均分红来衡量。粗略地计算一下，如果一个人在 1936 年投资了 1 万美元，那么在接下来的 20 年里，他平均每年会得到 2 100 美元，并在最后收回最初的 1 万美元投资。

该公司同时使用了以下六种投资方法：

1. 只有在股价不高于每股净流动资产的三分之二时才买入股票，并且要保持整个投资组合中的股票超过 100 只。

2. 如果一家正在清算的公司能够提供至少 20％的年化回报率，而且这种可能性大于等于 80％，这时才考虑买入。

3. 风险套利：买入一家公司的股票，同时卖出另一家其正在并购公司的股票。

4. "可转债对冲"：买入可转债或优先股，同时卖空可转债或优先股能够转换成的普通股。只有当可转债的价格接近其转股价值时才买入，因此，即便无法转股也不会损失太大。普通股的价格与可转债的转股价值之间的差异越大，赚的就越多。

5. 对于收购价格低于其价值的公司，获取控股权并将其清算。

6. "对冲"投资：做多一种证券的同时做空另一种证券——可以说是一种平衡。如果选择正确，做多的股票上涨，做空的股票下跌，那么投资者就可以从它们的相对变动中获利，而与整个市场的走势无关。

到 1939 年，格雷厄姆－纽曼公司已经非常清楚只有前五种方法的投资效果比较理想，并值得继续在实践中运用。

从那时起，第二、三、四、五种方法已经被运用得非常广泛，以至大多数投资者都已经知晓。* 因此，我们只剩下第一种方法——以低于每股净流动资产的价格买入便宜货，这是格雷厄姆－纽曼公司投资技巧的一部分，尤其适用于当今的大多数投资者，当然还有格雷厄姆后来发明的另外两个投资技巧。

格雷厄姆在北方管道公司上的成功投资很好地展示了他的投资方法。在查阅北方管道公司必须提交给州际商务委员会（Interstate Com-

---

* 未提第六种方法，英文书如此。——译者注

merce Commission）的表格时，格雷厄姆注意到，北方管道公司每股流动资产为 95 美元，而其股价仅为每股 65 美元，投资收益率约为 9%。格雷厄姆的合伙企业购买了该公司的大量股票，目的是鼓励该公司将闲置的利润分配给股东。在 1928 年的年会上，他带着 38% 的股份委托书来到公司，并进入了董事会。在适当的时机，他说服了公司每股分配 50 美元给股东，此时每股价值仍然超过 50 美元，所以每股总价值加起来超过 100 美元，超过 65 美元成本的部分就是他的利润。这次交易是典型的格雷厄姆式操作。他不关心公司做什么，也不关心管理层是否有能力；他只对被低估的资产感兴趣。使用格雷厄姆这一方法进行投资，如果公司因经营困难而只能出售或清算，这对投资者来说更好，因为这让投资者能够更早地获得投资回报。

1948 年，格雷厄姆－纽曼公司和纽曼－格雷厄姆合伙企业动用了 72 万美元，即它们资产的四分之一，购买了盖可保险（GEICO）一半的股票。盖可保险直接通过邮件而不是保险代理人向政府雇员销售汽车保险。它可以提供非常有吸引力的收益率，因为它的成本很低，而且经验表明这类司机的事故发生率相对较低。

格雷厄姆的两家企业所持有的盖可保险股票的价值最终达到了 5 亿美元！盖可保险随后陷入了艰难时期，在 1977 年跌至谷底时，其市值相对于峰值下跌了 95%，之后才迎来了辉煌的复苏。

除了将其清算所得现金分配给投资者的盖可保险这只股票，格雷厄姆在任何时候管理的资金都没有超过 2 000 万美元，按 2000 年的货币价值计算，也就是几亿美元——以衡量投资机构规模的标准来看，这也并不是一个大的数字。通过将持股清算所得现金分配给股东，他阻止了公司规模的扩大，这是因为他没有信心每次都能发现价值超过 2 000 万美元的被严重低估的投资机会。如果他允许资金不断在公司积累，那么数额最终肯定会非常可观——也许是 25 亿美元，这必然会影响最终的投资收益率。

格雷厄姆的忠实追随者也都一直控制着所管理资金的规模。随着计算机被运用于数据服务和筛选工具，游戏变得更加简单，因此竞争也更激烈，利润随之减少。

像大多数伟大的投资者一样，格雷厄姆能够在必要时改变自己的理念。

他的《证券分析》给任何好学的投资者都提供了一种挖掘价值的工具。它包含大量关于诸如存货周转率、流动比率*、产销比率、毛利率等关键因素的表格和公式，并按行业进行了分类，这构成了一个系统。在此之前，除了行业专家和公司管理层以外，投资者主要跟着感觉走。

然而，40年之后，格雷厄姆的理念变得人尽皆知，想要通过使用他的技术胜出可谓希望渺茫。投资类似于另一种竞争性游戏——战争。不时涌现出的新技术——骑兵、机枪、坦克、雷达——所向披靡，然后另一方很快采用了同样的技术，于是再次回归平衡。同样，格雷厄姆的技术在20世纪70年代初已被投资行业普遍采用，为了获取优势，投资者必须找到一种不同的技术。

在1976年的一次研讨会上，格雷厄姆的立场发生了180度大转弯（这些论述在他去世后才发表）：

> 我不再主张用复杂的证券分析技术来寻找更好的投资机会。这曾经是一项回报挺高的活动，比方说，40年前当我和多德合著的《证券分析》第一次出版的时候；但从那以后，情况就发生了很大的变化。过去任何一位训练有素的证券分析师都可以通过详细的研究来找到被低估的证券；但考虑到目前这一方法已经被广

---

* 流动资产与流动负债之比。——译者注

泛采用，我怀疑在大多数情况下，在这一方法上倾注大量心血能否找到足够优秀的投资对象来抵消这样做的成本。

然后，他提出了两种高度简化的方法来找到便宜货：

我提出的第一种投资方法是以低于每股营运资本或每股净流动资产的价格买入股票，完全不考虑工厂和其他固定资产的价值，并从流动资产中减去所有负债。我们在管理投资基金时广泛采用了这种方法，尽管这种方法受到的限制较多，但在30多年的时间里，我们每年通过这种方法平均获得20%左右的收益率。然而，在20世纪50年代中期之后的一段时间里，牛市大行其道，这种投资机会变得非常稀缺。但1973—1974年的股市暴跌让这种投资机会变多了起来。1976年1月，我们在标准普尔《股票指南》中发现了超过100只这样的股票——大约占总数的10%。我认为这是一种傻瓜也会用的系统化的投资方法，但也要再次强调一下，不能用这种方法押注单只股票，而应该进行分散化的投资。

他说，第二种方法在基本理念上与第一种方法相似。

第二种方法是以低于每股当前或内在价值的价格买入股票，股票的价格是否低于其内在价值可以通过一个或几个简单标准来判断。我更喜欢的标准是股价是否低于过去12个月每股利润的7倍。你也可以使用其他方法，比如当前的股息率是否超过7%，或者每股账面价值是否超过股价的120%，等等。我们刚刚完成了对这些方法在过去半个世纪（1925—1975年）的回测评价。使用这些标准进行投资可以持续稳定地获得每年15%或更高的回报率，是同期道琼斯指数回报率的两倍。我之所以对这一通用方法充满信心，是因为它所具备的以下三重优点：（a）逻辑健全；（b）使用简便；（c）出色的回测记录。归根结底，这一方法能使真正的投资者利用投机者周期性的贪婪与恐惧来赚取真金白银。

在 1976 年格雷厄姆和他的同事完成了对他提出的寻找便宜货的简化标准的回测评价，回测时间跨度为 1925—1975 年，除了他的传统标准之外还包括以下标准：

标准 1

在不考虑固定资产并全额扣除所有负债的情况下，以每股净流动资产三分之二以下的价格买入股票，当股价达到每股净流动资产时卖出。

以下两个标准择优使用。

标准 2

2a. **公司的负债一定要低于其价值。**也就是说，如果将优先股也作为负债，债务与有形资产的比率应该小于 1。

2b. **收益率（即市盈率的倒数）应该是现有 AAA 级债券收益率的两倍。**如果一只股票以 10 倍市盈率出售，它的收益率为 10%，如果以 5 倍市盈率出售，它的收益率则为 20%，以此类推。因此，如果 AAA 级债券的收益率为 5%，你就可以以 10% 的收益率（或 10 倍市盈率）买入股票。如果 AAA 级债券的收益率为 10%，那么一只股票的收益率必须是这一水平的两倍，即 20%，或市盈率不超过 5 倍。

两个条件同时满足才达到标准 2。

标准 3

3a. 公司的负债一定要低于其价值。

3b. 股息率不低于 AAA 级债券收益率的三分之二。 因此，如果 AAA 级债券的收益率是 6％，那么股息率至少应该是 4％。如果 AAA 级债券的收益率是 9％，那么股息率至少应该是 6％。

两个条件同时满足才达到标准 3。

格雷厄姆和他的同事发现，在过去的 50 年里，在不考虑股息收入和佣金支出的情况下，符合这三个标准中前两个的股票实现了约 19％的年化回报率，而同期道琼斯指数的年化回报率仅为 3.5％（计入股息的话年化回报率为 7.5％）。

而同时符合第二和第三个标准的股票也几乎实现了相同的结果：18.5％的年化回报率。

格雷厄姆花了一生的时间来建立标准 1，并且知道它的有效性，所以在他 1975—1976 年的工作中没有对标准 1 进行回测。

卖出的规则同样被简化为：

1. 如果股价上涨 50％，那么卖出。

2. 如果两年内都没有触及标准 1 的卖出条件，那么卖出。

3. 如果分红中断，那么卖出。

4. 如果企业盈利迅速下滑，以至目前股价比新的目标买入价高 50％，那么卖出。（换句话说，相当于将卖出规则 1 运用于假设的新的目标买入价。）

以上简化版的买入标准要求买入穆迪和标准普尔股票指南中符合条件的所有股票。今天的投资者如果使用格雷厄姆的简化原则，至少需要买入几十只股票，哪怕这意味着买入很多碎股 *。在这样的操作中

---

* 不满 100 股的股票。——译者注

不能掺杂个人的喜好和主观的判断，除了这些数字，投资者如果对他
所买入的公司一无所知的话，这反而有百利而无一害——这就好比把
公司的"脑袋"套在袋子里打闷棍，假设他持有的股票足够分散，那
么即使偶尔犯错也不会是灾难性的。

　　即便是在生命最后的日子里，格雷厄姆也没有停止尝试新的投资
方法，并进一步简化他原有的想法，而且他会回测这些方法的效果。

　　在 1980 年我有如下发现：

　　　　他以前的一些合作者现在正基于这项研究的公式来管理资金。
　　然而，我对他们的前景持怀疑态度。在任何时候，人们都可以用
　　计算机进行回测并得出一些公式，这些公式往往是事后诸葛亮，
　　只能让人们在昨天及之前大获成功，而不一定适用于未来，任何
　　公式都可能因条件改变而过时。随着越来越多使用同样方法的人
　　迫不及待地加入进来，水自然就会被搅浑，正是这种投资方法的
　　大获成功最终导致了它的失败。

　　　　如果这种变化发生的时间比大多数新格雷厄姆派预期的还要
　　早，我也不会感到惊讶，毕竟不变的永远是改变。大多数投资方
　　法都需要有无视众人的惊恐的十足信心，包括猜测未来可能会怎
　　么样，但是格雷厄姆的方法完全不需要这些，它只需要利用现成
　　的信息就能简单、机械又安全地赚钱，这样一种投资方法能够吸
　　引一众追随者显然不足为奇。到那时，格雷厄姆派将不得不对他
　　的方法做出妥协：随着机会的枯竭，他们将不再能以每股净流动
　　资产三分之二以下的价格买入股票，而必须抬高买入价，譬如每
　　股净流动资产的 80%；不是以 7 倍的市盈率买入，而是 8 倍、9
　　倍，以此类推。所有明显的机会都会被发现——一个有限的"有
　　效市场"就被创造了出来。然后，那些经受《证券分析》艰苦训

练的、老派的、辛苦耕耘的分析师将在计算机的帮助下重新发挥
自己的能力。这些分析师将能够发现新格雷厄姆派用他们更粗糙
的方法所不能察觉到的价值，正如一个有雷达的水手可以冒险前
进而没有雷达的水手只能被困在港口一样。在格雷厄姆派内部，
接受全面规范训练的老式正统的格雷厄姆派分析师将比过于简单
化的新格雷厄姆派拥有更大的优势，而在市场内部，由于价值投
资方法的过度使用，投资机会反而会出现在成长股中。

　　毕竟风水轮流转。

　　而当我在 2000 年写作本书时，风水确实轮流转了！成长股投资又
回到了 1972 年的优势地位。因此，人们必须意识到下一个周期将属于
传统的价值分析师。

第八章
莱特鲍恩：获取第一手资料

伦敦创世纪智利基金的管理人马克·莱特鲍恩（Mark Lightbown）曾断断续续地被评为全球最成功的新兴市场投资经理，在那些采用经典投资风格的管理人中名列前茅。吉姆·罗杰斯（Jim Rogers）* 运用他独特的技术取得了卓越的成绩：当一个国家的市场向外国人开放时，他总是排在第一个；不过对他而言，选择投资市场而不是选股技能才是获胜的关键。他如果喜欢一个国家，通常会买入市场上的每一只股票，而莱特鲍恩则是高度挑剔的。

所有伟大的投资者都异于常人，即便他们试图掩盖这一事实，而莱特鲍恩并没打算这么做。他有充足的理由在文化上保持自信，并始终展现真实的自我：一个高大、害羞、粉脸、红头发、彬彬有礼、言谈举止很有教养的英国人。他很瘦、略显笨拙、饮食清淡，通常边吃饭边喝水，大约每两周才喝一杯咖啡。他很喜欢走路，甚至可以不知疲倦地一直走下去。他也是我所认识的为数不多的能出口成章的

---

* 量子基金的创始人，以"把赌注押在国家上"的投资风格出名，48 岁环游世界。——译者注

人——另外一个人是 C. 诺斯科特·帕金森（C. Northcote Parkinson）。在解释一个复杂的问题时，他会摆出一副心不在焉的表情；然后，结构完美的短语和完整的数字脱口而出。当他努力思考的时候，他会闭上眼睛，一动不动，有时会微微一笑。

莱特鲍恩 1963 年出生于伦敦，父亲是一位艺术学者；他在牛津大学的基督教会学院学习法语和德语。此后，他放弃了学术和艺术，投身于投资事业，在伦敦的摩根建富公司和邓普顿公司任职，后被创世纪公司的新兴市场基金聘用。

他经常去爱尔兰，因为他家在那儿的乡下有一栋房子。我问他当初为什么会选择爱尔兰。他说他父亲有一点爱尔兰血统，但主要原因是那栋他父亲在 20 世纪 60 年代买的房子里有几千册他父亲的藏书——那是他父亲的私人图书馆。他的父亲曾担任维多利亚和阿尔伯特博物馆负责金属制品的馆长，写了一本非常精彩的关于皮耶罗·德拉·弗朗切斯卡（Piero della Francesca）* 的书，之后又写了另一本关于克里维利（Crivelli）的书。房子四周是空旷的原野，因为周边业主的信念是竭尽所能砍树除根。"爱尔兰是森林覆盖率最低的欧洲国家——只有个位数，"莱特鲍恩说，"我有时很想写一篇关于'谢默斯·奥登多罗恐惧症（Seamus O'Dendrophobe)'** 的文章。"他说这话时还带着一丝微笑。

智　利

莱特鲍恩和我是老朋友了，所以当他跳槽去创世纪公司的新兴市场基金的时候，我和他谈到了智利。这是一个被幸运女神眷顾的国家，

---

* 意大利文艺复兴初期著名的画家。——译者注
** 这是莱特鲍恩为了讽刺爱尔兰人喜欢砍伐树木的怪癖而编造的一种森林恐惧症，Dendrophobe是指对森林的恐惧症。——译者注

它像一根垂直的香蕉紧贴着南美洲南部的西海岸，拥有丰富的铜矿、农业、渔业和木材资源。大多数人口是聪明的西班牙人和南美土著的后代，中产阶级精力充沛，富有企业家精神。智利整个国家离太平洋都很近，运输各类产品到港口非常便利。除了美国，世界上很少有国家能像智利一样基本上没有被其他国家入侵的风险。智利北部的沙漠和东部的安第斯山脉形成了天然屏障，南部是合恩角。它与亚洲隔着太平洋遥相呼应，在21世纪，亚洲将成为全球增长最快的大陆。

由阿连德（Allende）和皮诺切特（Pinochet）引发的灾难本来是完全可以避免的。在皮诺切特统治时期，很少有美国人愿意到智利投资。在阿连德执政期间，同样几乎没人敢这么做。然而在这场灾难的尾声，当皮诺切特准备下台时，他受到了米尔顿·弗里德曼（Milton Friedman）、阿诺德·哈伯格（Arnold Harberger，尽管他不太知名，但他对皮诺切特的转变所发挥的作用同样重要）和智囊团"芝加哥男孩"（Chicago boys）*的影响，推动这个国家再次回到了自由经济的怀抱，随后这个国家的经济开始腾飞。在阿连德执政前后，我对智利都很了解，尽管我在皮诺切特统治时期曾远离智利，但我确信，一旦皮诺切特下台，智利的政治将恢复正常，外国投资将加速，一切都会繁荣起来。

因此，当我受邀成为创世纪智利基金的一名董事时，智利政府提出了令人满意的条件，我接受了这一任命。莱特鲍恩搬到了圣地亚哥，代表这只还处于婴儿期的基金与当局进行了长期的谈判，并最终取得了成功。

自智利采用市场制度后，智利企业不仅在国内变得欣欣向荣，而且成功地运用资本和实际经验在邻国秘鲁、阿根廷甚至巴西进行投资。因此，在某种程度上，智利成了南方共同市场（Mercosur）的开发银

---

*　由一群在美国芝加哥大学接受过教育的智利经济学家组成的智囊团。——译者注

行——南方共同市场是由位于南美洲南部的一些国家形成的早期共同
市场。

莱特鲍恩喜欢满世界跑，当然也包括智利，而且从不带传统旅行
者所带的行李。他的主要旅行用品被装在一个又大又结实的纸质或塑
料购物袋里：通常他会选择哈罗德百货的购物袋，尽管他会时不时地
改变习惯，使用其他著名百货公司的购物袋。这些购物袋轻如羽毛，
航空公司当然不会检查这些购物袋，所以他从来没有碰到过装备丢失
的问题。这种旅行方式的代价是，他经常被视为伦敦各大贵族中衣着
最不讲究的代表，穿着磨损的胶底鞋、卡其裤和磨损的衬衫。然而，
与他交谈的人很快就会忽视这一切，因为他的业绩和公司的资本比光
鲜亮丽的着装更能说明问题。（曾有传言说他卖掉了一些股票，但这不
是真的。）在不受投资者青睐的地方，如斯里兰卡、墨西哥或柬埔寨，
他的投资回报似乎还算不错。

找对公司

对莱特鲍恩来说，分析任何一家公司的第一步都是采用包含债务
和剔除债务的两种方法计算其价值，然后使用同样的方法计算类似企
业的价值，最终评估该公司的内在价值（不是市值），并将这些计算结
果进行比较。换言之，就是比较一家公司的真实价值与市值的差异，
如果结论具有吸引力，你就可以设定一个有吸引力的价格区间并开始
买入其股票。

为了计算一家公司的真实价值，莱特鲍恩使用了几个工具。首先，
确定它产生的自由现金流。有两种方法可以做到这一点，第一种方法
是将净利润加上折旧和摊销（现金流的传统定义），然后减去公司维持
经营（而非用于实现快速增长）所需的支出。

在莱特鲍恩看来，第二种计算自由现金流的方法更好，用营业利润加上折旧和摊销，然后减去维持工厂和设备运转所需的资金以及维持预期增长率所需的额外营运资金。这种方法可以揭示企业是有盈余的现金用于分红，还是为了实现增长需要股东不断输血。除此之外，它还能体现新增投资的回报率。

莱特鲍恩的第三个工具源自他的一个论点，即每家企业的目标都是创造经济商誉。他将其定义为企业售价超出投资额的部分。简言之就是如果你投入 1 美元，你能让它增值为 1.5 美元、2 美元或 3 美元吗？

他的第四个工具是确定这种增值会发生在哪个业务阶段。哪些活动、决策以及市场会促使这种增值发生？他认为这一分析过程可以让人们了解究竟是哪些因素对公司的利润率和利润的可持续性至关重要。

在莱特鲍恩看来，理想的企业是一家几乎不需要增量现金就能实现增长的企业，并能将多余的现金分配给股东由他们自行处理。

另一种理想的企业是管理层特别善于利用增量投资创造高回报的企业。

莱特鲍恩说他所寻求的管理层是那种能够看清商业本质的管理层，例如一家船运公司的管理层能够明白自己其实经营的是物流业务。（我指出这是一个敏感的话题，因为在 20 世纪中叶，我的祖辈创办了白钻石航运公司，从波士顿转运剪刀和包裹。遗憾的是，公司没能向蒸汽船运输转型，更不用说在时机成熟时转向空运了。）我们想到了拉扎德（Lazard Frères）、基德（Kidder）以及皮博迪（Peabody）这样的例子，这些贸易公司转型为举足轻重的投资银行。（几乎所有的商业银行都是从商业起家，如同通用电气在很大程度上已成为一家银行一样，它们善于抓住机遇，随机应变。）

在被问及成功适应时代变化的案例时，莱特鲍恩提到了太古集团，该集团历史悠久，主要开展远东贸易和航运业务。太古集团收购了国泰航空，然后将其旧工业园区大规模改造为公寓，并进军其他服务行业。

一家公司如果不去展望探索与自身业务相关的领域就很可能裹足不前，从而被滚滚向前的历史车轮碾压抛弃。换一个角度看，我们必须观察一家企业是如何与时俱进地发展自身能力来适应市场变化的。

管理层能否做到实事求是也是必须衡量的因素：必须确保管理层不会自欺欺人，并试图看清事物的本来面目，而非他们所希望的样子。他们不应该对市场或他们的竞争对手正在发生的变化抱有幻想。如果他们无法认清真相，他们就不能有效地应对变化。

找对国家

1. 好的公司是投资的基础，但在评估一个国家是否有前途时，莱特鲍恩总会判断总统和国会是否站在一个战壕里。例如，当阿根廷总统梅内姆（Menem）决心将经济从庇隆主义（Peronist）* 控制和限制措施中解放出来时，他控制了国会，并让国会为后续要采取的行动做好了准备。仅仅提出经济结构改革的好主意是不够的：提出这些改革的人必须得到持续的政治支持。

2. 一个拥有丰富自然资源的国家很可能无法取得持续的发展，因为它可能把注意力集中在提取和重新分配现有资源上，而非创造新的财富上。

通常人们会认为拥有丰富自然资源的国家肯定可以获得持续的发展，然而实际情况恰恰相反，这一点确实非常有趣。智利的自然资源

---

* 阿根廷前总统胡安·庇隆提出的庇隆主义，其核心为第三种立场说，即与美国和苏联保持等距离的第三立场。——译者注

极其丰富：铜矿，当然还有林业、渔业和农业资源。当我问到关于智利的问题时，莱特鲍恩回答说，近年来这个国家发展最快的领域都不属于自然资源领域。我个人对这一点的补充是，如果一家公司能够利用本国的比较优势（通常就是该国的人民），它就更有可能成功。譬如日本没有自然资源，而印度东南部则因软件编程产业而蓬勃发展。相反，古巴专注于甘蔗产业……

巴尔米拉位于叙利亚境内，拥有宏伟的寺庙和纪念碑。在参观这里的古老沙漠贸易中心时，莱特鲍恩指出贸易比生产，尤其是农业生产，更容易实现通向财富的彼岸这一目的。

3. 推动一个国家变革的力量必须来自其现有的政治集团内部，但其采用的政策必须与该集团的传统政策大相径庭。这一见解显然异乎寻常，但人们可以从阿根廷或俄罗斯找到证据。

梅内姆的当选几乎是一场闹剧。这位原本是私营企业主的候选人宣称，阿根廷必须加入现代世界、减少财政赤字、让政府退出商业经营、放松管制并实现私有化。梅内姆是正义党候选人，而正义党对所有这些倒退措施负有责任。他在竞选时实际上只说了一句："投我一票！"结果，当选以后他就采取了他的对手所呼吁的一切举措。

4. 要找到有利于投资的国家，就要找到其国民希望存钱再投资的国家，而不是其国民只想着花钱买更多奔驰的国家。莱特鲍恩引用了20世纪80年代智利的例子：他观察发现该国享有巨大的贸易顺差，而这实际上是一种国民储蓄形式。

5. 有利于投资的国家的国民教育水平一定很高。人们必须有信心找到更好的做事方法，并有信心和决心将这些方法付诸行动，还得有足够多受过教育的人来落实这些行动。种族构成单一是一个相当大的优势，因为同宗同源的人口更有可能朝着共同的目标前进，而不是内耗内斗。

6. "一个国家需要刺激和引导国民储蓄的机制，这样可以避免只能依赖陌生人的善意来为经济增长提供资金的窘境。"莱特鲍恩说。一个发展中国家需要高储蓄率和高投资率来建设高速公路、地铁系统、机场、管道和发电厂，而由于美国上几代人已经为这些设施买好单，如今大家觉得这些设施的存在是理所当然的。

7. 已经建立起允许资本自由流动的体系，不论它有多么原始都强过尚未建立这样的体系。例如，必须有一个至少知道如何吸收存款并拥有信用分析技能（无论多么粗糙）的银行系统。已经建立起普遍接受的法律体系。

一些投资者在东欧以及俄罗斯购买认股权证（vouchers），尽管当时这些权证八字还没有一撇，但这并不妨碍这些投资者获得巨大的回报。我问莱特鲍恩怎么看待这种现象。莱特鲍恩说在当时俄罗斯这样一种原始制度下，这些权证实际上充其量只是在等着从公司盈利分一杯羹的队列中占了个坑，因为当时还不清楚谁将是这些公司的最终所有者，即西方意义上的所有权，这种所有权意味着对现金流的控制。[①]

人们在期待自己的投资能够取得成功之前的另一个重要基石显然是股票交易所的存在。莱特鲍恩观察发现，如同一个特定的法律体系，人们正在寻找一种文化，这种文化能够接受资本的提供者有权获得资本回报，并且应该被视为企业的合伙人，即使他扮演的角色不如其他人那么有创造性。这种文化应该接受企业家精神是一种复杂的创造性努力，需要所有相关的人共同推动。

8. 一个有利于投资的国家，其政府必须远离业务经营。它不应该直接经营企业，不应该实施价格管制，不应该规定企业如何获得资金和劳动力。所有这些做法都有悖于"精益求精"这一原则，正是这一原则提高了生产力，创造了新财富。

---

① 别列佐夫斯基（Boris Berezovsky）将他对俄罗斯公司的大规模掠夺称为"利润私有化"。

9. 莱特鲍恩对有利于投资的国家的另一个标准是，这个国家应该有低而稳定的税率。它应该对保留利润用于再投资提供激励措施，而不是为非理性投资提供激励措施，从而扭曲对工厂的合理选址或破坏工业的发展。他认为，相对于成熟经济体，低税率可能更适合快速增长的经济体，因为在成熟经济体中，极低的税率可能会成为资本错配的诱因。

10. 必须解除对劳动力的管制，因为这样就有可能根据工人的生产力支付工资，而不是根据他们获得的法律特权，后者对公司或经济都没有帮助。

11. 所有这些标准都基于一个基础，即人们必须等待一个有正确想法的人上台，然后他也必须能够实施这些想法。例如，这些措施可以在三年内改善人民的生活，这才能让领导人的改革真正落地生根。希望让政策落地实施的领导人应该具备解释其好处的政治技巧，以避免受到工会或特殊利益集团的抱怨抵制而导致改革失败。不管黑猫白猫，只要抓到老鼠就是好猫，所以由什么类型的政府来发起改革并不重要，重要的是这个政府必须能够把事办成，而且这个政府必须能够在十年以上的时间里保持政策的连续性。

莱特鲍恩认为，非洲要实现令人满意的经济发展还需要很长的时间。"人们从生存迈向生活的门槛正在不断提高。非洲的许多国家基本上都由家族或部落控制，这既不利于建立稳定的基础设施，也不利于资本积累。"

我指出了家庭在经济发展中的悖论：在有些国家，例如希腊，家庭观念极其强烈。这本来是一件好事，因为家庭是社会的基本组成部分，只有这样孩子才能得到很好的抚养。然而，想要在希腊这样的国家建立大公司是极其困难的，因为那里的人不愿意说"我是 IBM 人"。相反，他们只认可自己作为家庭一员的身份，他们的忠诚首先属于家庭，而不是属于他们所在的企业。

"那些看到了合作好处的社会繁荣了起来，"他回应，"它们必须抛弃那种抢到就抓住不放的态度。彼此不信任的人是不会一起创业的，在这种情况下企业家精神中的创造性就会被扼杀。拉丁美洲人总体上没有学会盎格鲁－撒克逊人（Anglo-Saxon）妥协的把戏，结果是经常陷入极端的措施，甚至爆发革命。双方都认为自己是百分之百正确的，而不仅仅是百分之九十的正确性。"

其他一些社会的态度同样让投资者感到困惑。例如在缅甸，一些沿路的标牌在宣传占卜服务。①莱特鲍恩发现那里的人似乎觉得人的命运是老天决定的，而不是他们可以影响的。他说："如果希望将宗教或者喝酒，而不是合作，作为解决问题的普遍方法，对于个人来说意味着治标不治本，对于投资者来说则意味着有限的前景。"

我们讨论了吉姆·罗杰斯的投资技巧，当一个国家的市场向外国资本开放时，他总是试图成为第一个吃螃蟹的人。莱特鲍恩经常去秘鲁，他说自己记得有一次碰到罗杰斯骑着摩托车去证券交易所问是否有会说英语的经纪人，于是交易所找到了一名75岁的秘鲁奥林匹克篮球队前队员，这名前队员会说英语，罗杰斯的投资才得以继续进行。［顺便说一下，这位老人还记得杰西·欧文斯（Jesse Owens）* 在 1936 年奥运会的田径比赛中获胜。希特勒看到非雅利安人获胜时脸上露出惊恐愤怒的表情，这让这位老人感到非常震惊。］

---

① 缅甸货币缅元（kyat），发音为"khat"，金额都是 15 的倍数，因为当地人认为 15 比 10 更吉利。

* 美国著名黑人短跑健将，在 1936 年奥运会上获得 4 枚田径比赛金牌。——译者注

坐着大巴看世界

　　莱特鲍恩说，许多无法对公司进行全面分析的投资者更喜欢参与政治投机，因为这很容易，应该说这太容易了。通常情况下，他们会问一些无法找到答案的问题，然后会花大量时间研究在茶杯里打转的茶叶，试图找到它们打转的模式，结果当然是一无所获。

　　作为耳听为虚眼见为实的一个例子，莱特鲍恩谈到了他在委内瑞拉的一次经历："有一次，我参观了一家生产控制阀的公司。这是一项令人满意的业务，因为在石油工业中，你需要在阀门发生故障之前就提前更换它。该公司坚持良好的质量标准，但产品并不复杂。我从加拉加斯往东跑了几百英里去拜访那家公司的创始人，他正准备把公司卖掉。在离工厂400码的一个工业开发区内，我看到了一座精美的新建筑。我要拜访的这位创始人竟然在自己创始的阀门厂附近建了一座更有竞争力的新阀门厂！在这种情况下，旧厂未能像人们希望的那样兴旺起来也就不足为奇了。"

　　"要了解事情的真相，"他说，"你应该乘坐公共交通工具在你感兴趣的国家四处旅行。在首都一家高级酒店里待上三天，再与股票经纪人谈谈，你几乎不会得到什么有效的见解。相反，在农村和地方城市周围打探消息远比只是看看最新的民意调查更有启发性。它可以帮助你建立一个关于这个国家不同组成部分之间如何相互作用的思考模型。"

　　莱特鲍恩说自己最不舒服的一个晚上是在某个城市公路上的一辆大巴上度过的。"司机在经过颠簸的路面时只考虑车头，而我睡在车尾，这对我的影响可想而知。第二天早上，我们开车来到一个山谷，山谷里的松树林中有几座小寺庙。我受到了一位僧人的欢迎，他坚持要和我聊天并和我分享他的午餐。这一切本可以更加美好，但遗憾的是他的午餐就只是一些煮熟的土豆，并且他觉得投资这一行有点荒唐可笑。"

尽管如此，莱特鲍恩依然喜欢旅行，对旅行的条件也毫不介意。他表示："你只能因地制宜地发现当地美好的一面和有创造力的人，去非洲抱怨那里不像伦敦是没有意义的。当然也有非常艰难的地方，比如玻利维亚和哈萨克斯坦。"

我发现莱特鲍恩所描述的经历很像战时情报工作：分析人员通过研究目标国家的货运时间表和足球赛比分，拼凑出一个更大的画面。

"是的。例如，许多外国人表示阿根廷的物价太高了，它应该降价。然而，这样的评价只适用于布宜诺斯艾利斯，而不适用于地方城市，那里的房价比首都要低三分之一到一半。了解了这一点，人们就会对当地的经济竞争力产生不同的印象。阿根廷的布宜诺斯艾利斯就像中国的香港：一座通往内地的桥梁，货物通过它进进出出。在亚松森，曾经有一段时间，原先挨着万宝路广告牌的巨大广告牌上突然冒出了'放弃贿赂！''谴责腐败！'这样的标语，但是从那些带篱笆的石头大房子和德国牧羊犬的数量来看，我们只能得出这样的结论：对于这些劝告不必太当真。从骆驼、牛车到现代汽车，印度道路上各种各样的交通工具表明，号称拥有两亿多中产阶级的印度显然名不副实。政客们可能会对不同的选民群体做出不同的回应。孟买的企业家可能会支持一个项目，但这不太可能会影响国家政策。在印度，经济发展很可能是不平衡和分布不均匀的。这一事实与游客在访问新德里并与几位股票经纪人交谈后产生的简单印象形成了鲜明的对比。"

政 客

"人们应该通过一个国家政治领袖的演讲对其进行评估，"莱特鲍恩说，"很快，你就能通过他在回答问题时的反应速度得出一个他的信念有多深的有效看法。"作为回应，我讲述了列别德将军（General Lebed）在一位法国空军将军请他喝一小杯波特酒时的阴暗反应，而我和莱特鲍恩恰好都曾拜访过这位法国将领。"有白兰地吗？"列别德满怀希望地问。然后有人给他拿了一瓶酒和一个平底玻璃杯，他将一大杯酒一饮而尽："好！很好！空军飞过去投下炸弹然后飞回来。我不一样，我会跳伞，然后把所有人都扔下去！"他显然会成为一个令人不安的邻居。

你必须判断一位国家领导人是否真的和你一样坚定不移地认为你所相信的东西对商业至关重要，以及他的偏见可能是什么，只有这样你才能对他可能如何应对外部冲击或环境变化建立一个初步印象。为了表示赞同，我提到我听过巴西左翼总统候选人卢拉（Lula）的演讲，并留意到他可能在一次工业事故中失去了一根手指。华尔街有的是对这些问题滔滔不绝的人，但是没有人知道这一点。他给我的印象是一个典型的绝对坚定的工会领袖，这是非常重要的一类人，但不是政治家，也不是海外投资者的朋友。"有些分析师主攻复杂的社交圈，参与各种晚宴，"莱特鲍恩说，"他们可能认识所有重要的人，记得他们昨晚相互之间说过的话，但通过这种方式获取的信息无法令他们得出广泛适用的结论。他们过于关注短期的想法，却忘记了这些预期是需要经过合理评估的，只有这样才能真正把握商业的全貌。"

距离产生虚幻美

如果一个国家的规模适度，它会更容易进行改革，因此莱特鲍恩认为韩国比中国更容易完成改革，同样，匈牙利优于俄罗斯，阿根廷优于巴西。投资者很容易被一个幅员辽阔的国家的前景所吸引，但却没有考虑到改革人口大国的复杂性，以及这个国家内部权力中心之间的政治竞争，地方政要很可能不愿意服从中央的意愿。

莱特鲍恩指出考察一个国家的公共基础设施是否跟上了经济发展的步伐是非常有必要的：道路是否宽阔，机场如何扩建，等等。例如，20 世纪 80 年代末，智利的一些地区性机场自 50 年代或 60 年代以来就再也没有得到过任何财政支持。

再谈好公司

"当然，投资者必须与公司管理层进行交流。对于一个中立的问题，大多数高管在大多数情况下会说真话，为此你必须是一个好的倾听者。当然，你也应该向公司的资金提供方，例如银行家和经纪人，了解公司所有者和管理层的声誉，'这些人是否正直？'要了解一家公司或一个行业，你还可以和从事私募股权或股权交易业务的人交谈，因为他们对一家公司及其竞争对手（上市的或是未上市的）的了解程度通常是单纯的经纪人难以比拟的。要了解一家特定的公司，你必须从上至下了解透彻，与公司的所有者、管理层以及员工交流，这个过程的核心是广撒网，收集尽可能多的碎片化信息。大部分投资就是用所有这些碎片拼出一个完整的画面，当然，这需要时间。"

通常新兴市场中存在着某些行业的利润率高于大多数行业的情况，因此投资者最好密切关注这些领域。例如，通常管理良好的零售银行是一个有吸引力的领域；技术出版是一门好生意，只要政府不赖账；一个地区性机场有可能成为一个有利可图的"收费站"；生产拥有自主品牌的药品通常是一门好生意；啤酒酿造和软饮料灌装也是如此；养老金管理通常是一项非常不错的业务。

老大难行业包括钢铁，它的固定成本如此之高以至为了赚钱，钢铁厂必须满负荷运转，然而价格战常常令一切变得困难重重，总之钢铁厂需要大量的资本投入；农业，包括家禽养殖，是一个极其困难的领域，农民既无法控制产量，也无法控制价格，基本只能靠天吃饭，政府为了帮助那些无法维持生计的生产者还常常扭曲价格结构；在纺织业和制鞋业，似乎总有人能把产品卖得更便宜，而这种人通常在远东。

投资者应该了解一家公司的"市场控制力"，因为这决定了定价权。占主导地位的生产者可以建立并引导市场朝自己的优势方向发展，例如，拥有70％市场份额的软饮料灌装厂可以引入新的口味或设计，拥有规模庞大的客群有利于它们占领新的市场。

信息来源

我问莱特鲍恩哪些二手信息来源比较有用，譬如与公司的竞争对手交流是否会有所帮助。"没用，"他直截了当地回答，"我一直认为很难从竞争对手那里获得有关一家公司的有用信息。"

我又问，向销售人员提出这样一个问题怎么样：如果你不在这里工作，你愿意为谁工作？"这是个好问题，"他回答说，"尽管如此，我还是觉得了解公司的所有者和管理层是最有帮助的，因为公司的所有者与其他投资者面临同样的问题：如何衡量公司的业绩，以及管理层的业绩。"

"然后，你应该仔细考察一家公司的产品分布情况。如果你在偏僻的地区也能发现该公司的产品，那么你可以得出结论：该公司有效地考虑了配送问题。例如，当基尔梅斯进入智利市场时，我在这个国家的犄角旮旯也能看到它的啤酒。这是一个令人印象深刻的品牌渗透案例。"

这让我想起了我和莱特鲍恩一起经历过的一件事。我和他以及创世纪智利基金的其他董事一起去旅行，在一个海滨小镇我们参观了位于马路两边的两家超市，我们将这两家超市逛了个底朝天。当我们回到车上时，我问大家有没有注意到哪款产品在两家超市都没有竞争对手。它就是金霸王，这两家超市都只卖这一个电池品牌的产品。

我们参观了位于布宜诺斯艾利斯的菲利普莫里斯*，该公司的工厂价值明显超过了其市值，因此你不费分文就能免费获得它的商誉、市场份额和品牌影响力。它的股价后来上涨了25倍。

"读几份你感兴趣的地方报纸是个好主意。它们通常反映了一个社会对自己的假设。而且，它们刊登的内容和它们没有刊登的内容几乎同样有价值。你可以从广告中了解到哪些公司试图销售什么产品。它们能让人对市场的成熟度以及流传于当地的社会、经济和政治思想产生感性的认识。对于我所关注的国家，我会尽量阅读2~3份当地的报纸。"我让他举几个例子，莱特鲍恩笑了。"有名的刊物有《斯里兰卡岛报》、《印度教徒报》、《印度时报》、《布宜诺斯艾利斯先驱报》和秘鲁的《商报》。"

---

* 世界著名烟草公司，有名的万宝路就属于这家公司。——译者注

莱特鲍恩的投资经

当莱特鲍恩第一次在智利安顿下来并准备买入优秀公司的股票时，他被圣地亚哥周围向餐馆甚至办公楼运送可口可乐的卡车数量震惊到了。他知道当一个国家繁荣时，软饮料卖得更快。他对圣地亚哥不同类型和年龄段的食客就餐时所点的饮料进行了分类研究，得出的结论是可乐已深得人心。随着经济的增长和工资水平的提高，可乐的销量还会继续上升。于是他开始去了解当地一家名为安迪纳的可乐灌装厂是否已经上市，事实上它确实已经在圣地亚哥证券交易所上市了！接着他阅读了该公司的年报并进行了实地走访，还拜访了总经理尤洛吉奥·佩雷斯·科塔波斯（Eulogio Perez Cotapos）。尤洛吉奥的办公室位于灌装厂的一楼，非常简单但功能实用。这位外部投资者的到访令尤洛吉奥非常高兴。尤洛吉奥详尽地阐述了公司正在努力做的工作以及业务应该如何发展。他预计公司销量将以每年10%左右的速度增长，而随着产量的提升，利润率将进一步提高，而且价格可能会有所提高，因此，预期中10%的销量增长应该会转化为20%的利润增长。

此时安迪纳的股价为每股19比索，相当于每股净利润的4倍，每股现金流的2倍。因此，只要没有意料之外的可怕事情发生，你完全可以预见未来三四年公司的市盈率有可能会超过10倍。但这一切如何实现？百事可乐已经加入了这场竞争，挣扎着勉强获得了12%左右的市场份额。垄断啤酒商CCU的一个部门占据着软饮料市场四分之一的份额（从那以后，其市场份额就在不断走下坡路）。但在当时，占主导地位的是安迪纳，其市场份额超过了60%（2000年超过了70%）。

莱特鲍恩首次买入安迪纳股票的价格是每股19比索，而当地的一位经纪人曾试图阻止他这么做，因为这位经纪人从未见过经济繁荣所带来的软饮料销量的爆炸式增长。此外，当时可口可乐与百事可乐的广告大战打得正酣，这也令这位经纪人非常担忧。但莱特鲍恩在其他国家见证过这种增长。他的结论是，人们只需要知道三个事实：销量会增长、利润率会提高、股价合适。所以他满怀信心地买入了价值100万美元的安迪纳股票——约占该公司总股本的5%。

他成功了，而且是巨大的成功！安迪纳不仅逐步提升了可乐的销量，而且还通过推出新品种（尤其是果汁）和新规格的饮料来不断增加销量。随后安迪纳在纽约证券交易所上市，并收购了主攻里约热内卢市场的软饮料公司Refrescos，果汁业务的增长甚至比软饮料还要快。就在我写作本书的时候，莱特鲍恩的100万美元投资——一股都没卖掉——已经价值7 000万美元，而且还在继续升值。

此外，莱特鲍恩还谈到了他的另一项成功投资——阿根廷啤酒酿造公司基尔梅斯。为了在卢森堡上市，这家啤酒酿造公司从一家杂牌企业集团中分离出来，并用法语撰写了一份招股说明书，但它没有使用承销商的服务或进行其他大张旗鼓的宣传。莱特鲍恩对这家低调的公司印象深刻。该公司上市时的市值包含很大一部分现金，公司销量增长迅速，利润率不断攀升，啤酒价格的管制也刚刚解除。该公司上市时的市值仅为其年销售额的三分之一，经拆股调整后的最初股价为每股80美分。当股价上涨十几倍，达到每股11美元时，它的市销率依然只有1.3。

在研究玻利维亚东部靠近巴西边境的圣克鲁斯的一些公司时，莱特鲍恩发现当地酒店向外国客人收取的费用大约是当地人的两倍，这让他和其他外国客人非常吃惊，而这些酒店的大多数玻利维亚客人在室内戴着墨镜，脖子上戴着金项圈，显得有点古怪。他所考察的公司财务报告中数字一贯不一致的现象也同样令他感到困惑，数字加起来就是对不上。最后他意识到，这些公司的出口贸易只有一小部分是通过合法渠道实现的，大部分货物都是由那些戴着墨镜和金项圈的人走私出去的，他们贿赂海关官员以便让后者不要多管闲事。因此，这些公司有三套账本：常见的两套——一套应付税务局，一套应付股东——外加真实的一套，只有这套才会包含走私的秘密。

"你需要不断地用新的证据来检验自己建立的思维模型，看看它是否需要调整。"他说。我说这很像科学研究：提出一个假设，然后检验这个假设并进行相应的调整，继续检验。"这个模型永远不会完成，"莱特鲍恩回答道，"而是在不断进化，所以你需要对引起模型变化的蛛丝马迹非常警觉。接下来的问题是证据的来源，当地人的思维方式与外国投资者差别很大，只有那些投资了本地基金的当地人才有可能具备相同的思维方式，股票经纪人和银行家则有着不同的关注点和目标。"

投资建议

莱特鲍恩强调，投资新兴市场的终极奖励是找到在当地经济中拥有稳固地位的中型公司，并且它正朝着成为大公司的方向发展，通过有组织的增长和明智地配置自由现金流，最终它有可能成为区域性甚至世界级的公司。找到类似安迪纳那样的公司，长久地持有它的股票，你就会大赚一笔：翻100倍甚至更多。不要把太多时间花在寻找那些微不足道的机会上。

你必须考察公司所在行业的进入门槛，并评估这些障碍可持续多久。这就引出了相应问题：为什么一家公司的经营会风生水起？它是否在正确的时间出现在了一个正确的地方？它是否把某件事做到了极致以至其他竞争对手无法超越？这在新兴市场尤其适用。你经常能找到某家公司在一个很有吸引力的领域拥有很大的市场份额，但你必须搞清楚这来自它独到的商业眼光和活力，还是仅仅因为强大的竞争对手例如某家跨国公司尚未到来。

耐心是优秀投资者的核心品质。只要业务继续繁荣，即便股价还没有上涨，也不需要担心。这种态度解释了莱特鲍恩投资组合管理的一个独特之处：他的换手率只有 15% 左右，这确实非常低。

2000 年初，莱特鲍恩指出，那些能够在欧元市场以 4% 的利率借款的大型跨国公司，如果在新兴市场能够收购一家公司并获得 9% 的收益率，那也是不错的交易，尽管这远远低于当地股东所要求的回报率。因此，如果你收购了一家优秀的公司，它可能是一家大型跨国公司的潜在收购对象，那么你要做的就是淡定地端坐，等着那些大型跨国公司提出收购报价……让你的投资翻两三倍。

第九章
内夫：系统化的便宜货猎手

金融行业的专业人士会选择谁来管理自己的资金呢？

多年来，一个经常出现的答案是大多数非专业人士都不认得的名字：宾夕法尼亚州伯温市的约翰·内夫（John Neff）。由于谦虚低调、貌不惊人，他在投资界之外鲜为人知。他的外表和举止压根不像华尔街的风云人物，而更像一位中西部的公司高管：一栋处于城郊的漂亮房子；结婚30多年的妻子；简单、土气、略带凌乱的衣着；没有华丽木质镶板的办公室，只有酷似大学系主任散乱无序的一间书房。报纸上鲜有他的消息，更不要提八卦专栏了，主流社会从未听说过他。然而，他却是美国最杰出的金融人物之一。他是《巴伦周刊》圆桌会议任期最长的参与者，持续了25年的时间！[①] 事实上，正如我所言，在几项民意调查中，他是很多基金经理管理自己资金的不二之选。

---

① 然而，1995年杜兰大学的研究人员研究了《巴伦周刊》圆桌会议自1968年成立以来参与者推荐的1599只股票，最终发现这些建议对投资并没有什么帮助。如果你在新的一期《巴伦周刊》面世后的一个交易日内根据圆桌会议委员会的建议买入股票并持有1年，你的收益率会比对照组股票高0.21%——结果基本相同，如果你坚持持有2~3年，结果还不如对照组股票。市场逻辑公司在1993年对《华尔街周刊》推荐的2000只股票进行了类似的研究，结果几乎完全相同。

从 1964 年 6 月 30 日到 1995 年 12 月 31 日，内夫管理先锋温莎基金长达 31 年。当他退休时，该基金的年复合回报率为 14.8%。在此期间，投资于标准普尔 500 指数的 1 万美元将获得 24.8 万美元的回报；如果投资于先锋温莎基金，回报则是 58.7 万美元，足足是前者的两倍多。年复一年，内夫管理的基金在所有基金的排名中处于前 5% 之列，这并非偶然。

格雷厄姆主义者

内夫属于"价值"投资派：他只在股价过低且市场表现不佳时才买入；按照他的标准，当股价过高时，他绝对会卖出，同样他总是在市场表现强劲时卖出。他买入的股票表现乏善可陈，或者用他自己的话来说就是"深受误解和表现糟糕"，而且他会在市场搞明白这一点并且推动它们的股价上升到公允价值或超过公允价值时卖出。从这一点来看，他是一个典型的逆向投资者，一个真正的新格雷厄姆主义者。

内夫与同行的不同之处在于他对收入的坚持。内夫声称市场通常会为成长股支付过高的价格，但成长股有两个缺点：第一，它们的消亡率很高，通常在其增长被认可后无法持续足够长的时间；第二，你通常可以从增长较慢的公司获得更好的总回报，因为这些公司正在大笔地分红。

对于上述观点他是这样论证的：假设你从某年的 1 月 1 日开始买入一只股票，这只股票的收益保持每年 15% 的增长，最终股价也会达到同样的增长率，但公司必须将所有的自由现金进行再投资，以支持这种增长，所以你几乎没有收到任何真金白银，同年 12 月 31 日，你可以通过卖出这股票获得 15% 的收益率。现在，假设相反，你有一只股票，它的增长率要低得多，比如 10%，但因为公司不需要为高增长提供资金，所以可以支付令人满意的分红——比如说 5%。同样，到年底时你的财富增长了 15%：这 15% 中的 10% 来自收益增长，另外 5% 则来自分红。

但是哪一种策略更好呢？内夫相信是后者，因为它的确定性更高。

除了税收方面的考虑以外，基金经理们之所以重视成长股，部分原因可能在于个人在衡量自己的投资回报时主要考虑的因素仍旧是资本增值，只有在机构投资者主导市场之后，投资总回报才有可能成为衡量投资回报的标准。此外，在评估自己的投资组合时，个人投资者更容易关注巨额的资本增值而忽视了分红，而机构投资者则不然。

在 1931 年大萧条时期，重视"增长与分红"的内夫出生在俄亥俄州托莱多城外的沃森。1934 年，父母离异，后来，他的母亲改嫁给了一位石油企业家，并跟随这位企业家在密歇根州四处搬迁，最后搬到了得克萨斯州。内夫的高中生活是在科珀斯克里斯蒂度过的。他在上学期间一直在外面打工，对上课没什么兴趣，成绩也很差，在同学中也不受欢迎。毕业后，他在很多不同的工厂干过，包括一家生产自动点唱机的公司。与此同时，他的父亲在工业设备供应行业发了财，并说服内夫加入自己的行列。内夫发现这段经历对他启发性很大，因为他的父亲教会了他高度关注买入价。"商品只有买得好，才能卖得好。"这是他父亲的口头禅。

此后内夫在海军服役了两年，在那里他成了一名航空电子技术人员。退伍后，他决心完成学业，于是进入托莱多大学学习工业营销，他的兴趣被充分激发出来并以最优等的成绩毕业。他在公司金融和投资这两门课上找到了自己的专长，在此之前他一直认为金融是常春藤盟校学生的专利。在托莱多大学就读时，他娶了土生土长的托莱多人莉莉·图拉克（Lilli Tulac）。当时托莱多大学金融系的系主任是西德尼·罗宾斯（Sidney Robbins），他非常擅长投资学，并参与了格雷厄姆和多德的名著——《证券分析》一书的更新。因此，从一开始内夫就接触到了价值投资理论，这比成长股或定性投资方法都更容易量化，也更容易传授。后来，他又在凯斯西储大学*的夜校获得了银行与金融学硕士学位。

内夫后来在位于克利夫兰的国民城市银行成为一名证券分析师，并在那里工作了 8.5 年，最终晋升为该银行信托部门的研究主管。然而，作为格雷厄姆和多德的信徒，他相信最好的投资鲜有人关注，因此他经常与信托委员会意见相左，后者更喜欢能让客户放心的大公司的股票，尽管投资它们可能赚不到那么多钱。[①] 他的导师阿特·博阿纳斯（Art Boanas）是一位彻头彻尾的保守主义者。博阿纳斯坚持认为，投资成功的关键在于比别人挖得更深，并不断检验自己的数据。他说，当你下定决心时，要坚持你的结论；最重要的是，要有耐心。内夫延续了这种投资风格，这让他受益匪浅。

1963 年，内夫离开了克利夫兰并加入了费城的惠灵顿资产管理公司。一年后的 1964 年，他出任惠灵顿先锋温莎基金（一个超级亲英的名称）的基金经理一职，该基金成立于 6 年前。

在管理先锋温莎基金时，内夫手下有 4 个人。当然，他有位于波士顿的母公司 18 名分析人员的支持。他的报酬"高达七位数"，其中有一部分是业绩提成。他经营自己私人生活的理念与他购买股票的理念如出一辙，除了一个网球场，他的房子里几乎没有任何装饰，每周六他都会在自己的球场打一场激烈的比赛。他喜欢炫耀自己买到了多么便宜的运动装备和运动服，在罗氏卖场或赛姆斯折扣店淘到了多么便宜的鞋。坐在办公室的摇椅上，内夫经常以一声质朴的"好嘞！"结束和他人的通话。他说他喜欢阅读历史书，尤其是欧洲史，还喜欢

---

* 位于俄亥俄州的克利夫兰，是一所以独立研究闻名的私立大学。——译者注
① 如果客户能理解的话，最好的做法就是买入鲜为人知的优秀公司。

旅行。

内夫长着一张诚恳、宽大、略显滑稽的脸，下巴很大，嘴巴又宽又翘，表情丰富，满头的银发遮住了他高高的额头，小小的鼻子上架着一副金属框眼镜，他说话时带着中西部沙哑的声音，白衬衫的口袋里总是别着一支钢笔，脚上穿着有菱形花纹的袜子。

有时他节俭的生活方式也会给他带来投资机会。他当时正在分析一家名为伯灵顿外套仓储公司的企业，并派妻子和女儿去实地考察它的连锁折扣店里的商品。结果她们带回三件外套，并强烈建议内夫买入它的股票，内夫接受了这一建议，随即买入了50万股。

与此类似，当福特汽车推出金牛座（Taurus）车型时，内夫对这款车和福特汽车都充满了热情。在解释福特汽车的投资价值时，内夫指出，该公司几乎没有债务，还拥有90亿美元的现金。他说，福特汽车的管理层和通用汽车的管理层有着天壤之别，通用汽车的高管非常傲慢，而经营福特汽车的人则好像一群"乡巴佬"，他们知道如何压低成本，避免盲目自大的错觉。总裁和装配线上的工人一起吃饭，所以他知道他们在想什么。福特汽车装配线上的工人每年能拿到几千美元的奖金，而通用汽车的工人几乎什么也得不到。内夫在1984年初开始大量买入福特汽车的股票，当时市场对汽车制造商的幻想破灭，导致福特汽车的股价跌至每股12美元，市盈率仅为2.5倍！在一年之内，他以低于14美元的平均价累计买入1 230万股股票。三年后，股价涨至每股50美元，为先锋温莎基金带来了近5亿美元的利润。

内夫指出证券分析师在分析汽车行业时首先会预测下一年的汽车销量，每隔几个月他们就会调整预测以反映他们当前的想法。他们几乎从不谈论卡车。然而，福特汽车和克莱斯勒从卡车、小型货车和运动型多功能车中获得的利润比轿车业务多！内夫认为三分之二的福特卡车被卖给了个人，而非企业。年轻人，尤其是美国西南部的年轻人，喜欢购买皮卡。美国汽车制造商占据了美国卡车市场的85%；这方面日本在竞争中处于下风，因为卡车在日本远没有在美国受欢迎，日本本地卡车市场太小导致日本汽车制造商在建设出口卡车生产线方面无法形成规模效应。

宾夕法尼亚大学在1980年邀请内夫为它管理捐赠基金，该基金过去十年的表现是94所大学捐赠基金中最差的。内夫按照他一贯的方式重建了基金的投资组合———一堆毫无亮点、无趣、不受欢迎的便宜货。一些受托人反对他的这种做法，敦促他买入时下令投资者兴奋的股票，其实这种偏好正是该基金之前表现不佳的一个原因。然而，内夫拒绝了这些要求，在接下来的十年里，宾夕法尼亚大学捐赠基金的业绩在所有同类基金中名列前5%。

内夫和其他大多数伟大的投资者有两个共同点：小时候很穷，长大后都是工作狂。他的继父在事业上一直没有取得成功，这导致整个家庭始终挣扎在贫困的边缘。内夫说他很早就暗下决心一定要在财务上取得成功。他每周工作60～70个小时，这包括周末加班的15个小时。只要在办公室，他总是能聚精会神不受干扰，并以同样的要求驱使他的员工努力工作。要是员工的工作没有做到位，他就会非常严厉无情。但是，他会邀请员工参与他的决策，这是他们喜欢的。

内夫的投资在市场好的时候往往比市场上涨得慢，但在市场低迷的时候下跌得也更少，这一点倒并不出人意料，因为他的投资策略就是如此保守。

内夫指出管理大型基金执行力非常重要：优秀的基金经理行动果断，尤其是在收到坏消息需要卖出时。当某项投资出现问题时，银行里负责这项投资的经理可不想可怜兮兮地在信托委员会面前承认自己的错误。（此外，如果你亏本卖出一只股票，投资者也会找你的麻烦。）内夫显然不需要与这样的委员会打交道，而且，由于他寻求的投资标的与众不同，即便他要卖出一只股票，也不太可能碰上其他机构投资者同时抛售同一只股票，他可以悄无声息地退出，就像他当初悄悄地买入一样。

他的持仓高度集中于几个行业。例如先锋温莎基金1988年的年度报告披露其对汽车公司的持仓占整个投资组合的22.2%，银行股占16%，而保险业占比上升至13.8%，尽管当时保险业的前景不容乐观；包括储贷机构在内的贷款行业占投资组合的20.8%，加上保险业，整个金融业的占比达到了37%。而1987年，航空公司在其投资组合中的占比达到了7.2%，回顾过去的新闻报道，不难了解该行业当时可谓一片愁云惨雾。

换句话说，内夫在他有限的选股决策上下了重注。事实上，在1988年的报告中，前10大持股占了该基金59亿美元资产的一半以上。我们还可以看到内夫在花旗银行上投资了3亿多美元，而许多投资者因担心其破产避之唯恐不及；对福特汽车的投资超过5亿美元；仅仅在3家保险公司上就投资了近7.5亿美元，这才是真正的自信！

他敢于集中持仓的一个原因是他从不投注那些虚幻的标的：他只购买最便宜的股票，即便出了问题，下跌的空间也有限。

猎取便宜货

内夫是一位公认的杰出证券分析师。尽管后来他本人很少实地拜访公司，但他会与公司管理层进行深入交流。他有一个分析师团队为他工作，但当一只新股出现在他的视野中时，他会带头冲锋陷阵，用他自己的话说就是"团伙解决"问题。当他和团队完成分析时，他们就进一步积累了未来所需的信息。在35年的从业经历中，内夫购买或研究了大部分他关注的潜在买入对象。换句话说，当一个新的引起他关注的公司出现时，他只需要更新一下他的知识库，而不是从零开始。

他经常关注那些在市场上不受欢迎的行业，研究的对象也仅限于那些市盈率特别低、收益率特别高的股票。事实上，在内夫管理先锋温莎基金的那些年里，该基金的平均市盈率一直比市场平均水平低三分之一左右，而它的平均回报率却比市场平均水平高出了 2%。

尽管内夫自称"低市盈率射手"，但与格雷厄姆不同的是，他关心的是公司底层的本质，也就是说，他想要的是一个低价的好公司。具体而言，他的判断标准如下：

1. 可靠的资产负债表。

2. 令人满意的现金流。

3. 高于平均水平的资产回报率。

4. 能干的管理层。

5. 持续增长的前景。

6. 令消费者喜欢的产品或服务。

7. 所在行业蒸蒸日上。

内夫指出投资者倾向于为高增长公司支付过高的价格，而没有增长就意味着公司出了问题。因此，他买入的大部分便宜货的增长率在 8% 左右。

内夫的良方

内夫在将单只股票或投资组合与其他股票乃至整个市场进行比较时，使用了一种有趣的方法。当时先锋温莎基金的资本增长率约为 9.5%，股息率为 4.9%，即总回报率约为 14.4%，基金所持有股票的平均市盈率为 6 倍，然后他将 14.4% 的总回报率除以 6，得出的 2.4% 这个数字被他称为"付出回报比"或"最终关系"。

1989 年初，整个市场上涨了 8.5％，股息率为 3.7％，总回报率为 12.2％。将其除以 11 倍的市场平均市盈率，得到的可比"付出回报比"是 1.11％。对比这两个数字，内夫的投资组合的吸引力是整个市场的两倍多。

内夫按照同样的方法计算个股的"付出回报比"，以比较它们的相对吸引力。他确实发现他对自己所买入股票的收益估计通常比华尔街更乐观，用他的话说就是更"激进"。[1]

在很长一段时间内，先锋温莎基金的收入以 17％的复合增长率增长，这可能是因为内夫总是将上涨的股票卖出，从而降低基金的市盈率，然后用卖出所得继续买入价格较低但收益率较高的股票。

内夫在确定买入价时会预测该公司未来若干年的利润，之后他会确定一个合理的市盈率，即正常市场对具备这种利润水平的公司给出的估值，依据这个市盈率他就能推算出数年后的目标股价，通过与当前股价对比得出打折幅度，由此得出该股票的升值潜力。

当然，主观因素在一定程度上也会影响整个推算过程。例如，如果内夫对增长率的稳定性有异常的信心，或者如果他认为管理层水平很高，那么所有的数据都要进行调整。反之亦然，不利因素可能会降低买入价。

他为自己的投资组合计算了类似的综合数字，并将其命名为"门槛回报率"（hurdle rate）*。如果他想要买入的股票预期复合增长率低于现有投资组合的门槛回报率，那么他会等该股票达到门槛回报率时才买入。

当然，有时他也会在某种程度上改变这种方法。例如，如果在他

---

① 当市场迷恋成长股时，这种情况就不太可能会发生。到那时经纪人倾向于对他们最看好的股票做出乐观的估计。

* 也可以翻译为最低资本回报率，但这就无法体现这是内夫发明的特殊名称。——译者注

筹集现金的过程中市场启动了，那么他就会买入其回报率低于门槛回报率的股票，以便让现金快速运转起来。（换言之，他预计门槛回报率将很快上升。）

在一个投资组合中，内夫会计算每只股票的升值潜力百分比，然后据此来决定它们在仓位中的占比。如果一个投资组合包含 70～80 只股票，这意味着个股的平均占比略高于 1%。如果他对某只股票确实很有信心，在实际操作中他会持有 5% 的仓位。实际上他经常会在同一个行业中的好几家公司上投入 5% 以上的资金。换言之，他以大胆的行动来体现他的自信，这恰恰是因为他在分析时一丝不苟。

有人可能会认为内夫的投资方法应该非常适合程序化，即使用计算机来筛选目标公司的股票并比较其价值。然而，事实上他刻意避开了使用计算机，而且他也不相信股利贴现模型（dividend-discount model）和其他一些机构投资者青睐的呆板僵化的设备。在这方面，内夫出人意料地老派。

在实际执行买入操作时，内夫非常自律。他有明确的目标价位，并且很有耐心地等股价下跌。如果股价没有跌到目标价位，他就会呆坐不动继续等待。内夫的交易员通常能够以低于当天开盘价的价格买入股票，也就是说，尽管他的交易规模很大，但他仍然能够利用一天中股价较低的时段买入。

内夫的卖出准则分为两个部分：目标卖出价和执行卖出操作的战术。

他的目标卖出价同样是基于整个投资组合的"门槛回报率"。当市场充分反映了他持有的任何一家公司的前景，该公司进一步升值的潜力就会在某个时候低于投资组合中的其他公司。当它的升值潜力降到整个投资组合的 65%～70% 时，内夫就会开始卖出。他喜欢一开始就大量抛售，然后随着股价继续上涨进一步卖出剩余的股票；但如果股价回落，他就会停止卖出；如果股价下跌充分，他又会再次买入。

真正卖出时，内夫会非常小心，他几乎总是希望在当日的高位卖出，同时他会避免卖出数量超过一只给定股票当日交易量的四分之一。当然，如果一只给定股票的价格开始飙升，这个交易量限制就不那么重要了。同样，内夫通常能够以高于当日开盘价的价格卖出股票。

对于一个管理大型投资组合的基金经理来说，交易成本中最大的因素是交易对市场的影响。内夫主要靠他的交易员的技巧来尽量降低对市场的影响。

然而，一旦回本，内夫就不会再等最高的价格，而是直接卖出。"尽管这看上去过分简单，但这基本上就是我的工作方式。如果你持有的股票价格出现了大幅波动，你就应该尽早卖出，然后寻找其他股票。"

内夫认为，人们应该在一只股票实现全部潜在收益之前就卖出。你必须给下一个买家留下足够的激励，这样他们才会买入你抛售的股票。

尽管如此，内夫的投资方法有一个特点，那就是如果他持有的股票没有实现增值潜力，他不介意一直等。在这一点上他与其他一些"价值"投资者不同，后者会预测未来一两年内的目标股价，如果没有达到，他们就会卖出。只要一只股票的前景仍然令人满意，并且相对于投资组合的其他部分而言仍然很便宜，内夫就会继续持有这只股票，而这个持有期可能会长达很多年。

无趣与悲观

内夫认为有价值的股票总是不受市场待见，并容易遭到投资者的怀疑。它们都有一个共同的特点：通常都不畅销。

例如，当内夫选择在福特汽车的股票上豪赌时，这个行业在投资者中极度不受待见，因为克莱斯勒事实上已经破产的坏消息动摇了他们的投资信心，日本汽车大举进入美国市场的消息也令人忧心忡忡。汽车公司的股价跌到了白菜价的水平，于是内夫大举介入，就像他在石油、金融以及其他行业抄底时所做的大手笔交易一样。

这种在相对较少的标的上豪赌的投资风格，从长期来看对内夫确实大有好处，但在短期内容易受到下跌的影响。事实上，之前投资表现良好的内夫在1987年股市崩盘后也遭遇了暴跌。在截至10月31日的1990财年，先锋温莎基金下跌了整整28%。"太糟了，"内夫对股东们说，"这是我们经历过的最糟糕的一年。"几个月后的1991年2月，《福布斯》刊登了一篇题为《荣耀不再》的文章。"如果内夫买入低市盈率股票的'价值'投资方法出了问题，那么这是暂时的现象还是永久性的损失？"内夫一如既往地在相对较少的股票上投入大量资金。当时先锋温莎基金前十大持股占了总仓位的40%。到这个惨淡的财年结束时，该基金有14%投资于银行，11.8%投资于汽车公司，8.5%投资于保险公司，6%投资于储蓄机构。他损失惨重，尤其是在克莱斯勒、福特汽车、美国银行、花旗银行、安泰以及信诺*上的投资，每笔投资的金额约为2亿美元，浮亏从36%到62%不等。《福布斯》总结道："总而言之，内夫的投资组合……看起来像一个病入膏肓而急需救治的人。"

甚至有股东给他写信，说他"持有储蓄机构、银行和保险公司的股票，简直就是一个白痴，因为所有的新闻媒体都说它们会下跌"，他向《吉普林格》**杂志坦言。

---

* 安泰和信诺都是保险公司。——译者注

** 位于美国华盛顿的一家为个人提供商业资讯和财务建议的财经媒体，创立于1920年。——译者注

在花旗银行上的投资尤其令内夫痛苦。他在 20 世纪 20 年代的低点买入了它的股票，但在 1990 年底他眼睁睁地看着花旗银行的股价跌到了 10 美元。不久之后，董事长约翰·里德（John Reed）将分红砍掉了 44％。"我崩溃了，"内夫当时说，"这非常愚蠢，完全超出了想象，这与之前所有的经验都不相符。就在两周前，里德还在一个公共投资论坛上表示削减分红也不管用。"内夫对他的主要投资直言不讳并不罕见。事实上，几年前克莱斯勒的股价大幅下跌时，他曾公开向李·艾科卡（Lee Iacocca）喊话，让艾科卡让位给罗伯特·卢茨（Robert Lutz）。

即便是在那些艰难的岁月，内夫也依然坚守着他的投资策略，从未改变：坚持你的计划，等待回报的到来。他没有惊慌失措并转而投资更热门的股票。事实上，标准普尔指数所包含的 50 只市值最高的股票，先锋温莎基金一只也没买。内夫最终还是迎来了光明。1991 年 1 月花旗银行的股价还在 13 美元徘徊，而到 1995 年底内夫退休时，这个数字已经超过 67 美元。先锋温莎基金所持有的其他银行股票大多在 1991 年底开始上涨。

到 1994 年，先锋温莎基金拥有近 110 亿美元的资产，持股却只有 69 只。内夫确实找到了一些大赢家，他在计算机磁盘制造商希捷科技上的持仓略低于 10％（美国证监会规定基金公司持有单一公司的头寸不能高于总持仓的 9.9％）。磁盘价格每季度都会下降 10％，制造商必须通过提高生产效率来弥补损失，而希捷科技几乎是同行中唯一一家成功实现盈利的公司。内夫以每股 16 美元的价格买入希捷科技的股票；到 1994 年底，股价上涨到 28 美元，成了该行业中的宠儿。

内夫发现铝的全球消费量以 3％～5％ 的速度增长，却看不到任何新的产能。他认为股价必然会上涨，因此他开始大量增持美国铝业和雷诺兹。事实证明这个决定太明智了！铝价从 1994 年的每磅 51 美分上涨到 1997 年初的每磅 72 美分。

　　我相信关于内夫投资策略的这些案例以及前文对他投资方法极其细致的描述，可以解释为什么其他专业人士对他的评价如此之高，并选择他为自己管理资金。他的投资方法缓慢、枯燥，但严格地基于价值，结果它几乎总是奏效。

未来前景

　　内夫对股权类基金的未来感到担忧。"婴儿潮一代指望从标准普尔500指数中获得16％的年回报率，你我都知道这基本上是不可能实现的，特别是从当前市场达到的高度来看。当婴儿潮一代发现他们无法永远获得即时满足时，他们可能会重新考虑股票投资，并将资金转移到其他地方。"

　　他对新兴市场充满希望，并认为这些国家会在挫折中逆势前进，而这些国家的经济增长率通常是发达国家的3倍。作为一个逆向投资者，他自然会喜欢正处于阵痛中的国家，比如当时的泰国、印度、韩国。另外，包括墨西哥在内的整个南美洲也是他所青睐的。

第十章
罗伯逊：蜂王

　　朱利安·罗伯逊（Julian Robertson）经营的老虎基金（Tiger Fund）获得了巨大的成功，他谈到了 46 岁就从麦哲伦基金（Magellan Fund）退休的彼得·林奇（Peter Lynch）："林奇错过了一件事：他没能在投资中获得乐趣，也没有找人帮助自己。"千真万确，林奇确实没能像罗伯逊那样享受投资的过程，而且林奇喜欢独来独往。他是一个工作狂，股票充斥他的整个生活甚至是每一次呼吸。几乎所有的投资天才都出身贫寒，一种被恶狼追赶的感觉始终困扰着他们，让他们处于焦虑之中，但罗伯逊显然不符合这种穷小子模式。他精力充沛、家境殷实。从他浮夸的举止来判断，他几乎享受着他职业生涯的每一天——同时也赚了很多钱。

　　包括罗伯逊在内，几乎所有伟大的投资者都有着孤独的灵魂，他们喜欢追踪股票，这可不是他们愿意委派给他人的工作。他们过于主观和权威，这可能会让他们成为令人无法忍受的管理者。但罗伯逊似乎也不太符合这种个性。时年 60 多岁的罗伯逊高大、强壮、脸色红润。他喜欢指导有竞争力的团队，并将功劳归功于他们，为集体的成果而非个人的智慧感到欢欣鼓舞。

1932 年，罗伯逊出生于北卡罗来纳州的索尔兹伯里，父亲是一家纺织厂的经理。从索尔兹伯里初中毕业后，他就读于弗吉尼亚州亚历山大市的圣公会中学，随后又在北卡罗来纳大学教堂山分校获得工商管理学位。在一艘海军军需品船上当了两年少尉之后，他开始思考人生的终极问题：一生该如何度过？

1929 年股市大崩溃以后，他父亲所在工厂的股东厄兰格（Erlanger）家族确信市场会复苏，并借钱给他父亲买股票。他父亲成为一名热心的投资者，有时也会给儿子罗伯逊解释商业是如何运作的，以及如何解读财务报表，而这些恰恰是成功投资的精髓。罗伯逊记得他 6 岁时就已经开始接触股票！父亲对他寄予厚望，并劝他去华尔街追求名利。他父亲宣称"那里才是财富的发源地"。罗伯逊听从了父亲的建议，去到华尔街，并为基德－皮博迪公司*工作了 23 年。他从经纪人起步，在 42 岁时成为基德－皮博迪的子公司——韦伯斯特管理公司的 CEO。这些都只是循规蹈矩的成功。

以退为进

之后罗伯逊走上了独特的发展道路。1978 年，46 岁的罗伯逊在经营韦伯斯特管理公司 4 年后决定辞职，并打算跑到一个远离纽约的地方从头开始思考人生，最终他与妻子约瑟芬（Josephine）以及两个儿子一起搬到了新西兰的奥克兰。有几个原因促使他做出了这样的决定：首先是佣金率的迅速下降给整个行业带来了巨大压力；其次，无论是信托还是投资咨询这种正统的资金管理工作，过的都是典型的"灰色

---

* 基德－皮博迪成立于 1865 年，是美国历史上最悠久的老牌投资银行之一。——译者注

法兰绒套装"生活*，虽然无法令人抱怨——毕竟你打交道的对象都是高端人士，但也没有什么令人兴奋的地方，既没有大富大贵的财富前景，也没有为整个社会创造很大的价值。

总之，罗伯逊在宜人的奥克兰度过了一年半的时间。与此同时，现实开始把他拉回纽约。一种新的资金管理形式——有限合伙基金或对冲基金，正以令人炫目的方式帮助基金经理赚取巨额财富，尽管代价是付出比传统经纪人或理财顾问多得多的努力和想象力。与罗伯逊同时代的一些人，如乔治·索罗斯（George Soros）和迈克尔·斯坦哈特（Michael Steinhardt），在股市上混得风生水起、大获其利。无论奥克兰有多么宜人，像罗伯逊这样热衷于竞争的人是很难在主场进行大赛时安心地坐在观众席上的。

于是他重返纽约，并在1980年5月成立了自己的对冲基金，管理的资金为880万美元。他和合伙人索普·麦肯齐（Thorpe McKenzie）倾其所有，拿出了150万美元。根据协议，他们将获得20%的利润，其余的利润由有限合伙人瓜分。他将该基金命名为"老虎基金"，因为他称自己的妻子约瑟芬为老虎（其实很多人都被他称为老虎），两人在1974年的一次聚会上相识。他的妻子在得克萨斯大学获得艺术学位后搬到了纽约，从事圣诞饰品生意。

1980年，道琼斯工业平均指数终于突破了1 000点这个长期以来的天花板，标志着里根政府成功地将美国人从失败的自我感觉中解脱出来，一轮汹涌的大牛市就此开始，所以老虎基金的成立可谓正当其时。该基金在第一年就上涨了70.4%，扣除管理层20%的利润分成，有限合伙人的收益为56.3%，几乎比标准普尔指数高出25个百分点。第二年，也就是1981年，股市下跌了5%，但该基金依然上涨了24.3%，在扣除管

---

* 指西装革履的中产生活，1955年出版的《穿灰色法兰绒套装的男人》一书将这一中产特征标签化。——译者注

理层 20％的利润分成之后，有限合伙人获得 19.4％的收益，比标准普尔指数高出 24 个百分点。1982 年，有限合伙人获得了 42.4％的收益，而标准普尔指数的涨幅仅为 22.3％，该基金再次胜出 24 个百分点。很明显，这些美妙的结果绝非偶然。

尽管老虎基金在整个 20 世纪 80 年代都在持续增长，但它仍然是一只规模不大的基金。和几乎所有的同行一样，罗伯逊在 1987 年的股灾中遭受重创，但他很快就恢复了元气，原因就在于其核心强项——选股，并且他开始为国际交易做准备。

在 20 世纪 80 年代，罗伯逊开始根据自身需求雇用外部顾问：保险业的高管、航空专家和医生等。后来随着内部分析师团队的不断壮大，这一做法就显得没那么有必要了。他希望他的每个雇员都能成为自己专业领域中的佼佼者，无论是分析、交易还是管理。

选股标准

到了 1989 年，罗伯逊受被他称为"寡头垄断或垄断"的企业深深吸引，也就是那些在各自行业中占据主导地位的公司。[1] 例如，他大举投资的戴比尔斯公司控制着全球 80％的钻石市场，但其市盈率仅为 3.5 倍；又譬如联合航空的母公司 UAL 以及美国航空的母公司 AMR，他预测这两家公司将在未来很长一段时间内主导美国国内某些长途航线；他对沃尔玛的强烈兴趣持续了多年，尽管沃尔玛并不具备垄断地位，但极低的成本结构使其几乎无懈可击。作为投资沃尔玛战略的一部分，罗伯逊做空了沃尔玛的竞争对手，它们规模较小、成本较高，都是牺牲品。

---

[1] 在我第一本于 1974 年出版的书——《钱蜂之舞》中，有一章是"投资垄断企业"。

他还找到了一些处于有利的监管环境而有望取得成功的公司。其中一家公司名叫托斯科，是当地唯一一家重要的独立炼油厂。由于监管限制阻碍了竞争，他认为托斯科可以保住自己的地位。

在所有这些选择中，罗伯逊寻找的是隐形冠军：它们实力雄厚、市场定位独特并能够保持领先地位。

在筛选这些公司时，罗伯逊首先考虑的是公司的管理。他希望公司专注于利润，就像全美航空的斯蒂芬·沃尔夫（Stephen Wolf）、美国航空的罗伯特·克兰达尔（Robert Crandall）以及 WPP 集团的马丁·索瑞尔（Martin Sorrell）那样。他寻找的是能够做出艰难的决定并有能力执行这些决定的经理人。他甚至会亲自参与到管理工作中去。福特汽车经历了一个管理不善的时期，这是他"投资生涯中最失望的事情之一"。

到了 20 世纪 80 年代末，罗伯逊越来越关注全球的发展——事实证明，这个转变非常及时。他成立了两只新基金——美洲豹和美洲狮，作为对老虎基金的补充。他抓住了 1989 年和 1990 年柏林墙倒塌后德国股市的上涨机会，及时做空了日本股市并从中获利。

1990 年《商业周刊》的秋季刊中有这样一段文字："尽管财富垂青了朱利安·罗伯逊，但他依然寂寂无闻。"但这一点发生了彻底的改变！他出色的投资回报不可避免地吸引了人们的注意，有报道称他曾为保罗·西蒙（Paul Simon）和汤姆·沃尔夫（Tom Wolfe）等名人以及普林斯顿大学等机构管理资金，普林斯顿大学将一部分捐赠基金交给他来管理。他曾牵着活生生的老虎出现在自然历史博物馆，这让他出尽了风头。他休假更加频繁，每年长达 8 周。但这些其实不是真正的假期，因为他在休假期间仍在研究那些他到访的国家以及那里的公司。

他的成功吸引了华尔街一些最聪明的年轻人为他工作，通常他们都是南方人（除了他的口音，他还保留了其他一些与南方的联系，尤其是他的母校和教堂山）。到 1991 年，罗伯逊管理的资产规模达到 10

亿美元，但就在那一年，他卷入了所罗门兄弟丑闻，该公司在 4 月和 5 月企图垄断美国国债拍卖，不过没有人对他提出指控。这是他人生中最痛苦的经历，因为他在与其他公司、他的员工和公众打交道时都力求保持最高的道德标准。

1991 年，他将大卫·格斯滕哈伯（David Gerstenhaber）纳入麾下。作为来自伦敦的经济学家，格斯滕哈伯给罗伯逊带来了国际视野，补充了他对企业的认知。到 1992 年，在格斯滕哈伯的帮助下，老虎基金三分之二的利润来自"宏观投资"——对货币和衍生品的大规模投机，这种模式持续了好几年。到 1994 年，格斯滕哈伯离开公司并自己创业，这迫使罗伯逊在一段时间内自己承担起了作为公司宏观经济分析师的重任，随后他又聘请了戴维·莫里森（David Morrison）和杰里米·海尔（Jeremy Hale），两人分别成为他的经济和债券策略师。

国际操盘

罗伯逊特别关注日本、欧洲和墨西哥。他投资海外市场的方式与投资美国市场大致相同，寻找个股或行业、做多或做空，而不是押注整个国家。当然，他也并不总是正确的。1993 年，他在日本的大量空头头寸表现非常糟糕，尽管当时日本经济已经开始下行。总的来说，罗伯逊对外国公司持负面看法，他发现大多数管理层对利润的关注度不够，"令人惊讶的是，在世界其他地方似乎没有人真正关心盈利能力"。

虽然他在 20 世纪 80 年代就开始为全球扩张做准备，但直到 20 世纪 80 年代末，他才开始真正努力深入研究海外的情况。1989 年，他开始竭尽所能地了解欧洲市场。"如果你都不了解史克必成和费森斯*，

---

* 英国一家制药公司。——译者注

你又如何了解先灵葆雅*、默克或强生的优点呢？"他问。

　　为拓展国际业务所开展的研究需要搞清楚外国公司的会计特点。例如，刚开始研究德国企业时他差点就不想去那里投资了，德国企业的管理层似乎根本没有动力为股东的利益服务，管理层很少拥有股票，工会成员通常占了董事会半壁江山，而经营德国大部分工业和金融业的管理层都有自己的小圈子，而且他们对此安之若素。尽管如此，德国资产的价格低廉，人员拥有强大的技术能力，所以如果能找到合适的公司，就应该能获得不错的回报，于是罗伯逊的团队开始费力地逐一分析德国企业。1989 年 11 月 9 日柏林墙倒塌时，他完成了自己的研究并蓄势待发。两天后，即 11 月 11 日，他开始收购德国的银行，德国的银行都是控股公司，与它们所持有的投资组合的价值相比，它们的股价显得非常低。在工业企业中，拜耳是一个很容易找到的投资标的；它的市盈率只有 9 倍，而且它生产的产品质量上乘、价格公道，本身负债也很少。

　　但阻碍人们发现德国企业资产价值的会计方法最终还是被逐渐淘汰了。到 1994 年，罗伯逊的发现不再是秘密，而是众所周知的事实。他有些不太友好地将德国称为"一个效率低下的虚胖子"，公司的管理层随意地使用"削减成本"和"重组"等词汇，尽管他们压根不知道如何实现这些目标。因此，他开始减持德国企业的股票，不仅如此，他还做了少量的卖空交易。

　　长期以来，日本市场一直占据着罗伯逊全球战略的中心位置，因为几乎没有人对日本公司股票的基本面进行过深入的分析。所以，日本顶级公司的市盈率通常只有美国同类公司的三分之一。1970 年，他开始投资日本市场，到 1987 年，他摸索出了一个吸引人的策略，他发现每年平均只要付出 1.5％的成本就可以买入三年期日经指数的看跌

---

　　* 一家跨国制药集团。——译者注

期权，这只是美国同类操作成本的一个零头。到 1991 年，他的投资组合中有 12％是日经指数的看跌期权，并持有了很多年。他把它们视为保险，以便在灾难性的市场暴跌中拯救自己。

在与世界其他地方对比之后，他对日本经济形成了一套自己的见解，这让他即便是在发生令人震惊的事件时也能迅速采取行动。例如，在伊拉克入侵科威特之后，他立即卖掉了几天前才刚刚买入的价值 1 亿多美元的日元和日本债券，因为他认为日本的石油供应受到了威胁。

多年来他一直看空日本银行业，而他无疑是正确的。在世界上所有的银行中，日本银行的市值最高但是盈利能力却最低。例如，花旗银行的资产仅为三菱银行（日本最好的银行）的一半略多一点，但其平均资产回报率几乎是三菱银行的 4 倍。在对日本银行的管理层进行了反复多次访谈之后，罗伯逊发现他们没有认真应对坏账问题，他们借钱给不稳定的客户，并担心如果他们不这么做，同行会这么做。罗伯逊卖空银行的策略需要时间，最终他在 1997 年获得了丰厚的回报。[罗伯逊的同事蒂姆·席尔特（Tim Shilt）关于日本银行熊市的陈述参见附录三。]

他认为苏联解体后在发展中国家投资变得更加有利可图，他开始密切关注巴西、智利和阿根廷。1991 年，他甚至聘请了一位西班牙语老师，让老师每周来老虎基金办公室 3 次，教大家学习西班牙语！

他对印度很感兴趣。较高的国民教育水平是印度企业的一个重要优势，很多企业的管理人员都拥有博士学位或硕士学位；良好的商业环境、合理的法律框架和完善的股票市场也给他留下了深刻的印象，因此他在印度股市建立了 3％的多头头寸。

俄罗斯股市多年来都使罗伯逊灰心丧气，到 1995 年，他象征性地持有俄罗斯股市 1％的多头头寸。

到 1994 年，他在墨西哥建立了 11％的空头头寸，但当他看到成群结队的年轻人涌向南部边境并分享对持续繁荣的期待时，他决定改变对墨西哥看空的想法。

罗伯逊国际化策略的一个经典案例发生在零售业。正如前文所言，他在美国一直热衷于投资沃尔玛。随后，他将自己的热情转移到了宾夕法尼亚交通公司。这是一家前途无量、拥有好几个食品杂货连锁店品牌的公司，而食品杂货店似乎是一个很不错的投资机会。随后他和他的团队在英国零售业发现了一个令人吃惊的机会，英国最大的两家零售企业——森宝利和乐购拥有美国竞争对手所不具备的优势：它们在自己的店内同时销售自有品牌商品，而且这些品牌还很受欢迎。因此，它们在制造和销售两方面都能获利，并能更好地控制自己的业务。罗伯逊向这两家公司投入了大量资金。

然而和其他许多大型对冲基金一样，老虎基金已经变得臃肿不堪。[1] 后台部门需要彻底的变革。1992 年，美洲豹基金大幅夸大了 7 月至 11 月的业绩，随后不得不发出一封令人尴尬的致歉信，通过安装更先进的计算机系统之后这个问题才得以解决。

1992 年春，罗伯逊设立了黑豹基金。由于该基金在美国证监会进行了注册，它的业务比其他基金受到更多的限制，在第一年年底它拖了其他基金的后腿，罗伯逊因此不得不在 1994 年之前都取消对黑豹基金 15% 的业绩提成。

剔除黑豹基金的表现，罗伯逊的投资业绩绝对属于一流行列。1992 年他通过做空日本银行赚了好几亿美元，1993 年他利用欧洲利率期权套现了债券类和货币类固定收益资产，此后他在欧洲开始越来越多地使用这种期权。在美国，他在时代华纳、康卡斯特*和 TCI 公司上

---

① 正如帕金森教授所言："增长带来复杂性，而复杂性导致衰退。"没有几家公司能够逃脱这样的命运！

* 美国有线电视、宽带服务提供商，并于 2014 年收购时代华纳。——译者注

下重注。他继续保持了对零售业的热情，并一直在寻找管理完善的中型公司，例如哈雷戴维森*。

尽管罗伯逊的基金比其他一些对冲基金更为保守，但还是无法完全摆脱长期高杠杆投资所带来的高波动。因此，罗伯逊眼看着自己的基金在 1993 年取得 63％的惊人涨幅之后的两年中陷入萎缩。1994 年他的基金下跌了 9％，1995 年的涨幅低于平均水平，这导致一些投资者退出。其他基金经理也陷入了同样的困境，例如迈克尔·斯坦哈特的基金在 1994 年反弹之前下跌了 30％以上。

1996 年夏，《商业周刊》刊登了一篇臭名昭著的封面文章，题为《巫师的堕落》，指责罗伯逊疏远了他的投资伙伴并失去了运营公司的能力。他因此起诉《商业周刊》诽谤，但在该杂志承认夸大了他的问题后，他撤回了诉讼。在 1996 年他赚了 3 亿美元，成为华尔街薪酬第二高的金融家。据《福布斯》杂志的报道，他进入了十亿美元富翁行列。

多年之后，罗伯逊终于在 1997 年 10 月对他在亚洲股市的部分空头头寸进行平仓。不幸的是，在他完成这一操作之前日本股市开始反弹，这让他损失了 4 亿美元。尽管如此，这一年罗伯逊仍旧收获颇丰，老虎基金的资产达到了 160 亿美元。自 1980 年成立以来，该基金的年化回报率达到了 36％，是同类基金中最成功的大型基金。

罗伯逊的投资术

老虎基金是一家典型的对冲基金，甚至可以说是唯一一家真正意义上的大型对冲基金，这意味着它在持有积极的多头头寸的同时保持

---

* 生产了著名的哈雷摩托。——译者注

空头头寸，以平衡多头头寸并界定风险。他并不认为自己有能力进行波段操作，事实上，在他的整个投资体系中市场估值并不具有决定性作用，关键在于看涨好公司，看跌差公司。有时他会跨国界进行对冲，例如做多美国银行的同时做空日本银行，但是如果两个市场的走势都对他不利，他就会有风险敞口。他还会通过一个行业对冲另一个行业的风险，譬如做多炼油业的同时做空航空业。在行业对冲中，一个预期中的事件会有利于其中一个行业，但会对另一个行业造成伤害。

为了控制特定事件带来的风险，他会分散持仓。尽管如此，当确定性较高时他还是会下重注。在大多数时候，8～10项重要持仓就已经贡献了大部分利润（请参阅附录四中的列表）。他会对自己的持仓进行压力测试，检验所有持股每发生10％的损失会带来怎样的结果，流动性会怎样。在确定自己有足够的安全边际后，他才能喘口气（长期资本管理公司之所以破产，就是因为没有考虑这些最坏的情况）。索罗斯坦言自己曾经因压力过大而心脏病发作，罗伯逊可不想靠近这样的危险区。他总是希望实现很多稳稳的小确幸而非铤而走险的一次本垒打。

对于一家公司的信息他总是来者不拒，不论其来源和类型，但他很快就能确定其中的一个、两个至多三个决定性因素，例如收入增长、利润率提升等。然后他会想尽一切办法来获取真相。如果有绝对的必要，他还会聘请专业顾问。经过这些深入分析后如果他被说服了，他就会采取行动。

即便身处不断变化的环境中，罗伯逊也始终坚守自己的模式。扣除空头仓位后，他的净多头敞口往往在20％～40％之间波动；基金的杠杆率通常保持在其资产的2～2.5倍之间；美股和海外股的仓位也相当均衡。而罗伯逊最重要的技能仍旧是选择个股，除了某些特殊时刻，他的大部分收益并非来自索罗斯式的大规模货币和利率投机。他在

1994 年的一封信中提醒投资者："如何选择股票一直是我们交易的法宝。"在这一点上，他与索罗斯可以说迥然不同。对索罗斯而言，宏观投机是核心，股票投资只是副业。

走动式管理

他喜欢在办公室里一边走来走去一边问问题。他想听到敏锐、有力的回应，而我发现这是优秀团队管理者的共同特征。

游戏规则

罗伯逊能够快速洞悉一家公司的战略和比较优势。通过与公司管理层的频繁联系，他就能了解它的最新状况。对于一家公司，他最关注的特征包括管理质量、公司战略的稳定性以及真实可靠的增长——当然，前提是价格要有吸引力。同时，他对管理层决心的丧失、不友好的监管环境和意想不到的质量控制问题始终保持警惕。

罗伯逊在选股时坚持了以下七个规则：

1. **管理完善**。他只投资经营出众的公司。管理层必须全力以赴追求利润，而非扩大销售规模；必须拥有长期计划以及执行这些计划的手段。他对打算整顿公司的新管理层保持警惕。

罗伯逊过于依赖自己对管理层的印象，有时这反而会适得其反。在 20 世纪 80 年代末，有一次他和埃迪·安塔尔（Eddie Antar）共进晚餐。埃迪令他印象深刻，所以第二天他就大举买入该公司股票。遗憾的是，这家公司被人戏称为"疯狂的埃迪"（Crazy Eddie）。埃迪因被指控欺诈而声名狼藉，随后逃之夭夭。公司股价一落千丈，罗伯逊也深受其害。[1]

2. **垄断或寡头垄断**。罗伯逊寻找的是凭借市场地位享有竞争优势的公司。例如，美国航空和联合航空的航线结构使得竞争对手几乎不可能闯入它们的领地；沃尔玛庞大的规模意味着其他公司必须经历一个漫长的增长和整合过程，才有希望通过降低利润率来与之竞争；英国的森宝利和乐购通过自有品牌占据了主导地位。

3. **基于深入的报表分析之后发现高价值公司**。罗伯逊对外国公司财务报表的分析尤为细致。例如在日本市场，他确定了银行的真实负债，以及他感兴趣的零售企业可以实现多少现金流。第二重要的是市盈率。花旗银行就是一个很好的例子，作为一家优秀的企业，当它的市盈率在 11 倍左右的时候，罗伯逊非常热衷于投资其股票。但你必须考虑什么样的因素会导致利润下降从而推动市盈率上升。

4. **监管**。当政府束缚住竞争对手的手脚时，公司就可以从中受益。当一家公司违反环境或监管方面的法规时，他会变得极为谨慎。

5. **投资产业链的上游**。一旦确定了一个正在增长的行业，与其寻找行业的龙头公司，不如寻找将为整个行业提供产品的公司。例如在 1998 年，罗伯逊对用于手机和自动排放控制设备的钯进行了大量投资。他确信，俄罗斯和南非的矿山将无法满足世界对这种金属的需求。

6. **增长**。增长将会帮助你摆脱糟糕的市场。

7. **重仓核心标的**。罗伯逊主要投资经过实践检验业绩可靠的公司，通常数量只有十来家，其中包括英特尔和花旗银行。

---

[1]　J. P. 摩根最看重的品质是人品。当他采访范·斯威林根兄弟时，他问："你们工作努力吗？""哦，是的，先生，我们就像海狸一样勤劳。""你们睡得香吗？""没法更好了，先生。"摩根很喜欢他们的回答，他说："非常好！你们会得到应有的报偿。"结果他损失了数亿美元（20 世纪 30 年代）（范·斯威林根兄弟的铁路帝国是从 20 世纪初他们希望将一条电车线路延伸到他们居住的社区开始的，兄弟俩最终建立起了一个价值 30 亿美元的铁路帝国，但在大萧条时期破产，公司在 1938 年被拍卖。——译者注）。

蜂　王

"管理就像航海，"罗伯逊曾这般说，"天气好的时候，没有什么比这更有趣的了。"他享受整个管理的过程。他的基金运作方式几乎和初创时一模一样，公司依然围绕他这个核心转。他仍然在监督选股，就好像他是一个管理 2.5 亿美元资金的基金经理，而不是 100 亿美元！他就像蜂巢里的蜂王：周围的工蜂从事着数百项工作，但一切都围绕着他这个蜂王。他自称是"扣动扳机的人"，通常他只接受团队中最优秀的分析师的选股建议。分析师的报酬与他们的选股是否成功挂钩，也包括那些被他拒绝的建议。一旦股票被买入，他就和分析师一起"拥有"了这只股票。缺了哪只工蜂对蜂巢都无关紧要，但若没有蜂王，蜂巢就会崩溃。同样地，尽管罗伯逊身边的人通过与他的合作获得了巨大的利益，但他很少因为员工的离职而蒙受重大损失。

另外，集中决策必须有一个限度，这个限度迟早会为引入顶尖人才打开大门。

《商业周刊》的那篇文章指责罗伯逊的性格使他与周围的同事格格不入，这其实有点言过其实，但他确实喜欢把每个员工的长处都榨干，这意味着他们被逼到了极限，因此有离职的可能性。事实上，时任老虎基金总裁的约翰·格里芬（John Griffin）曾因扩大公司的全球影响力而受到赞誉，但他还是在任职 10 年后于 1996 年初离职，并成立了自己的基金，其他许多人也做了同样的选择。由此引发一个合理的问题：为什么优秀的人才会离开老虎基金？这或许是因为对于许多加入老虎基金的人而言，罗伯逊的公司实际上扮演着一所对冲基金管理学校的角色。当他们学成时，他们就已经准备好开始自己的冒险。

信息来源

除了所有显而易见的信息来源外，罗伯逊还喜欢从他的基金投资者那里了解他们对自己所在行业的看法。我在他的办公室里与他谈话时，他总是被 CEO 们的电话打断，而且他的名片盒中放着成千上万张名片。

罗伯逊喜欢冲突。一种方法是让对某只股票持有相反观点的两个最有见地的分析师在电话中进行争论，然后他会选择做多、做空或退出，而这取决于他认为谁赢得了争论。

罗伯逊通过不断旅行获得了宝贵的洞见。他也许没有索罗斯那种接触外国领导人的渠道，但也相差无几了。他在给投资者的信中描述了自己的旅行经历，其中既有打高尔夫的故事，也有来自银行管理层和官员的消息。

一些持仓

罗伯逊在 1997 年建立了一只名为豹猫的新基金——当然，这又是一只大型基金。在资产规模达到 10 亿美元的目标后，他在年底为这只基金设置了申购门槛，最低的申购金额为 100 万美元，而理论上申购老虎基金需要 1 000 万美元。投资者需要承诺最短持有期为 5 年。

到了 1998 年中期，老虎基金的杠杆率约为 200％，净风险敞口徘徊在 40％左右。罗伯逊认为美国股市依然是世界上最强劲的股票市场，这在很大程度上要归功于美国企业的首席执行官们对企业盈利能力的持续关注。对于欧洲和日本的大企业，他建议大家保持怀疑的态度。

老虎基金旗下仅 7 家公司的持仓就已经达到 35 亿美元，集中度可见一斑。罗伯逊对航空业始终充满热情，他是美国航空母公司 AMR 和全美航空的最大股东之一，这两家公司在他的投资组合中占了近 10 亿美元。他对 AMR 的罗伯特·克兰达尔和全美航空的斯蒂芬·沃尔夫始终着迷不已，以至他认为这两家公司的航线几乎没有竞争风险。而他对科技股的主要持仓是英特尔。

1998 年，罗伯逊抛售了他持有的许多金融企业的股票，这包括276 万股花旗银行股票、257 万股旅行者集团股票、110 万股美林股票以及第一银行 40％的股份。他保留了在摩根士丹利、添惠证券和发现者上的持仓。

从 1998 年末到 1999 年，罗伯逊的整体投资回报不佳。在全美航空上的大手笔没有获得回报，罗伯逊表示要采取补救措施。同时他抱怨整个市场依然没有发生风格转换，他的价值股遭到了遗弃。高杠杆以及美元与日元的汇率走势让他遭受了难以想象的可怕损失。1999 年老虎基金下跌了 19％，跑输标准普尔500 指数 40 个百分点，投资者大规模的赎回潮一直持续到 2000 年也没有停止，仅 1 月就有 10 亿美元的赎回，达到了剩余资产的八分之一。如果不阻止这种加速赎回的趋势，老虎基金将面临彻底溃败的风险，遗憾的是 2000 年初该基金的业绩仍在持续下滑。

罗伯逊此前采取了非常谨慎的措施——降低业务的杠杆率。1999年初，他的股票头寸还是本金的 2.7 倍，幸运的是，到年底时股票头寸仅比本金高出 35％左右。

看起来似乎可以喘口气了，但真正的问题是他没有选对股票，因此任何杠杆都加剧了这一问题。过去几年，高科技公司吸引了大部分投资者的热情，但他从来没有贸然买入高科技公司的股票，而是坚持自己的"价值"选择。然而不幸的是，市场并没有认同他对价值的判断。他拥有全美航空（被《纽约时报》称为"衰退得难以置信的航空公司"）总股本的四分之一，该公司的股价从高点下跌了一半以上。另一家他重仓持有的公司——辉门公司*已经破产，而苏格兰皇家银行和哥伦比亚/MCA等几家银行也遭受重创。

所以罗伯逊确实被困住了。《商业周刊》的一篇文章宣称罗伯逊曾时不时地想要成立专注于特定行业的行业基金，因为富达和其他基金在这方面取得了巨大的成功。但老虎基金的一名前员工表示："在紧要关头，他不会松手。"该杂志的消息人士认为这类基金的表现可能会打破他自己的纪录，而这种风险"坦白地说是他的自负所不能承受之重"。

因此，在 2000 年第一季度末，罗伯逊决定在他还有能力时有秩序地关闭老虎基金。他管理的基金规模从 220 多亿美元缩水到 60 亿美元，最重要的是受业绩拖累，管理层 20％的利润分成——关键合伙人的主要激励来源，只有在基金收益增长 50％之后才能恢复，在当时那种哀鸿遍野的市场环境下，谁也不会对这样不切实际的幻想押注。

艾伦·阿贝尔森（Alan Abelson）在《巴伦周刊》上一篇典型的尖刻社论中展示了他与众不同的观点。传统的观点认为罗伯逊的麻烦源于其严格遵循的"价值"风格；相反，阿贝尔森认为根本原因在于罗伯逊对宏观经济的豪赌，这与索罗斯简直如出一辙。"由于对日元汇率的错误预测和对新兴市场的错误押注，罗伯逊损失了数十亿美元……与此同时，由傲慢驱动的宏观策略也影响了他的微观策略（即选股策略）……如果你在对冲基金中投入了重金，那么你持有的股票其实上了很大的杠杆，其负面影响是巨大的。"

---

* 创始于 1899 年的美国汽车零配件供应商，之后收购了世界知名石棉制造商 Turner & Newall，在英国石棉灾难中面临巨额产品责任赔付，于 2002 年申请破产重组。——译者注

对此，一种结构化的解释是，随着规模的增大，整个机器变得过于复杂以至仅仅依靠蜂王来快速行动已经变得不切实际，但这与罗伯逊的天性背道而驰，他不愿意下放最根本的权力，同时他本人也不具备"新经济"市场所需的灵活性。

所以，最终让他陷入困境的是帕金森原则：增长带来复杂性，而复杂性导致衰退。

伊卡洛斯综合征

有趣的是，罗伯逊还是我以希腊神话中的伊卡洛斯命名的综合征的真实案例。伊卡洛斯由于飞得太高、离太阳太近，他翅膀上的蜡被太阳晒化而最终坠入了大海。炙手可热的基金经理有时会积累起越来越多的资本，导致他要承受比上升期更重的负担，直到他的投资方法被这些重担压垮。以罗伯逊为例，刚开始时他的基金规模很小，到1998年8月，他管理的资产规模已经超过220亿美元，之后基金规模快速下跌了47%。因此，他给投资者造成的亏损可能比他帮投资者赚到的钱还要多；当然，亏的都是后来加入的投资者。

总而言之，在鼎盛时期，实际上在他的整个投资生涯中，罗伯逊一直都属于最伟大的投资大师之列。1980年1万美元的投资在20年里变成了80万美元，年化回报率达到了惊人的25%，其中18年的年化回报率达到了31%，这是一个惊人的纪录。在这个过程中，他个人获得了15亿美元的回报——一笔丰厚的安慰奖！

第十一章
罗杰斯：无限风光在远方

　　吉姆·罗杰斯在不受欢迎的国家下了重注，如博茨瓦纳、秘鲁和莫桑比克。他一直努力成为他那个时代第一也是唯一的买家，这最终令他买到了非常有吸引力的便宜货。[①] 他认为适合投资的国家满足四个标准：

　　1. 该国与之前相比有巨大的进步。

　　2. 该国的境况比人们普遍认为的要好。

　　3. 该国拥有可自由兑换的货币。如果自由兑换要等一个月，他就会等一个月。因为在该国货币实现自由兑换后还有足够的时间进行投资。

　　4. 该国的市场必须具有流动性。他说："如果我犯了错，我总是希望能够摆脱困境。"

　　撇开别的不谈，如果一个国家的股票市场仅对你一个人开放，没有

---

　　① 我要对罗杰斯的公式做个总结：当一个适合投资的国家试探性地向外国投资者开放时，你要成为第一个排队的人，这样之后的买家就会为你推高价格。如果以下两件事同时发生，那么在相当长一段时间后，你将迎来另一段美妙的时光。首先，政府大大放宽投资条件。其次，地方养老基金部分私有化，并允许用于投资股票。由此释放的购买力应该会推动股市飙升。

其他外国投资者可以买，那么即便你可以买入也毫无意义。因此，罗杰斯希望通过传统渠道进入一个国家的投资市场，并观察后来者会经历些什么。有时候一些投资者会因为被引荐给中央银行主席或者其他什么高官而扬扬得意，然而在罗杰斯看来，这只是政要"口吐莲花"吸引投资者的一种手段，后续的投资者就不会受到如此隆重的待遇了。

以葡萄牙为例，在 1974 年被激进的左派接管后，该国一直徘徊在内战边缘，就像萨尔瓦多·阿连德统治下的智利一样。两国政府都引入了专业人士来帮助激进的左派接管国家：从古巴到智利的数千人（武装人员），从苏联到葡萄牙的数百人。紧接着资本外逃，商业凋敝。之后在葡萄牙激进的左派被取代，令国家重拾信心，旅游业和商业开始回升，尽管还没有恢复到之前的水平。一些重要的外国工业投资开始出现，股票市场尽管在任何情况下都不温不火，但仍然没有对外国人开放。

1984 年，罗杰斯感觉时机已经成熟，于是向葡萄牙金融当局抛出橄榄枝，希望在葡萄牙展开投资。六个月后的 1985 年，他获准将他在当地证券交易所的投资所得重新兑换成美元。然而，里斯本一家头部投资公司的工作人员告诉他，公司不看好葡萄牙股市。尽管如此，罗杰斯还是通过该公司买入了在里斯本交易所上市的所有 24 只股票，以及所有新股，最终持仓达到了 35 只股票。从那以后，葡萄牙股市看起来越来越好；他的大胆一搏最终取得了辉煌的成功。

罗杰斯的另一次出奇制胜发生在奥地利。1984 年，奥地利股市历时 23 年之后依然只有 1961 年历史高点的一半。与此同时，一些欧洲国家通过了投资激励措施，以鼓励其资本市场发展，这其中包括法国，法国经济和货币在以弗朗索瓦·密特朗（François Mitterrand）总统为首的政府统治下已经崩溃。罗杰斯发现奥地利政府正准备效仿其他欧洲国家，他确信欧洲的投资经理在四处猎取尚未启动的资产时一定不会放过奥地利，于是他跑到一家奥地利主要银行在纽约的分行咨询外国人如何投资奥地利股市，然而该银行对此一无所知，因为几乎没有人有兴趣投资奥地利股市，尽管奥地利经济保持了稳定与成功。由于在奥地利以外无法获得这些信息，罗杰斯不得不亲自前往维也纳咨询。他还询问奥地利财政部的人，哪些政治派别或利益集团反对放开股票市场并阻止外国投资，结果得到的答案是压根不存在这样的利益集团，这让他意识到机不可失。

但紧接着一个问题出现了：摩根士丹利的国际指数（International Index）显示，奥地利股市的整体市盈率竟然达到了惊人的 67 倍！然而经过调查，罗杰斯发现这是一个完全具有误导性的统计数据，因为该指数只包含了 9 家公司，而且其中 3 家还处于亏损状态。摩根士丹利同时表示奥地利股市流动性不足，然而事实再次证明这只是一种错觉：在交易所之外的银行间交易市场非常活跃。"摩根士丹利真可恶！"这是罗杰斯的判断。但应该感谢摩根士丹利国际指数的持续疲弱，或许还应该感谢外国投资者在追求真知上的懒惰，几乎没有其他外国投资者对奥地利感兴趣，于是罗杰斯开始买入奥地利股市上的股票。就在他买入的第二年，奥地利联合信贷指数（Creditanstalt Share Index）上涨了 145%。

罗杰斯做空市场的热情不亚于做多，也就是卖出他不拥有的股票，并希望以后能以更便宜的价格买入。"没有比找到一个没人注意的国家更有趣的事情了，"他说，"但是找到一个人人都看好的国家并做空它的市场更胜一筹。"就在投资奥地利股市的同年，他押注瑞典股市下跌，该市场在四年内曾上涨了近 6 倍。虽然瑞典股市在随后的一年中只下跌了 10% 左右，但罗杰斯做空的那些投机分子所热衷的股票，包括爱立信、瑞典通用电机公司 *、法玛西亚公司和金宝公司**，却下跌

---

 * 瑞典最大的电工企业，也是全球十大电工企业之一，已有超过百年的历史。——译者注
 ** 瑞典金宝公司是全球血液净化技术领域的领导者。——译者注

了 40%～60%。

1986 年他再次做空，这次的目标是挪威。正如他曾解释的那样："挪威的收入很大一部分来自石油，认为依靠石油就可以永远高枕无忧了，但从那以后石油价格开始暴跌。今年早些时候，石油价格达到了历史高点，显然，这是一个值得做空的地方。"挪威股市一开始还在上涨，但在 1987 年的全球崩盘中开始下跌。1987 年 11 月，罗杰斯开始大规模做空，这其中就包括了挪威。

1985 年，罗杰斯开始在马来半岛大展拳脚，当时新加坡的储蓄率达到了 42%。就经济而言，总理李光耀的管理极为严格，他要求雇主和雇员都向一个中央退休基金缴款，然后，他允许该基金用其中一部分资金买入蓝筹股，紧接着他还削减了投资税。这些举措为股票市场的复苏埋下了种子，但这粒种子并没有立即发芽，因为当时的经济和市场仍然非常疲弱。GDP 增长率从 1984 年的 8.2% 骤降至 1985 年第二季度的－1.4%，于是政府采取了若干紧急措施来刺激经济。但是总部设在新加坡的一家大型控股公司泛电破产了，该公司在中国、马来西亚、百慕大、文莱和英国拥有数十家子公司。政府惊慌失措，12 月 2 日，新加坡和吉隆坡证券交易所双双关闭。

罗杰斯告诉他在政府的朋友这是一个可怕的错误。事实上，当几天后两个交易所重新开放时，股市下跌了 25%。然而对罗杰斯而言，这是绝佳的入场时机，他开始买入。马来西亚禁止新股发行，直到市场秩序恢复；新加坡也通过了类似的禁令。供应的减少，加上减税带来的需求增长，最终推动了股市的上扬。在接下来的 18 个月里，两地市场都翻了一番。罗杰斯认为这两个国家的经济主要依赖自然资源，只要人们认为大宗商品价格会持续上涨，即便是微涨，这两个国家的股市就会继续向好。

约翰·邓普顿曾打电话告诉他某个国家的资产似乎特别便宜，罗杰斯回答说他需要知道便宜的原因。有很多国家的资产都很便宜，而且会一直保持这种状态，所以他需要了解导致变化的原因。当他在奥地利和葡萄牙展开投资时，其他投资者甚至不知道如何在那里进行投资，因此，当他得知这些信息即将公之于众时，基于海外需求的不断增长，他不难预见明天的美好。

如何了解不同国家的风险和机会？通过旅行、阅读历史和哲学——而不是在商学院读死书。罗杰斯坦言他自己的成功来自发现别人还没有注意到的东西。罗杰斯引用了吉卜林（Kipling）的名言："只有英国人才了解英国，其他人怎么会懂英国呢？"但罗杰斯认为他在美国也能了解英国，如果他在英国，他也能了解美国。

罗杰斯自称是"来自亚拉巴马州的穷孩子"，他在人口仅为 7 800人的迪莫波利斯长大，那里的电话号码位数很少，很容易记。离他的家乡最近的大城市塞尔马在 50 英里之外，人口也不过区区 1.9 万人。他的父亲来自亚拉巴马州的一个古老家族，为博登化学公司管理着一家工厂，该工厂生产埃尔默胶水和福尔马林。

罗杰斯于 1964 年从耶鲁大学毕业。由于不清楚自己想要做什么，他申请了几所研究生院，也参加了一些公司的面试。其中一位面试官来自多米尼克证券公司，他在纽约被称为"地狱厨房"（Hell's Kitchen）*的克林顿区长大。罗杰斯和这位面试官惺惺相惜，最终罗杰斯获得了该公司的职位。罗杰斯解释说，那时他已经决定秋天去上牛津大学，所以他问面试官是否可以只工作一个夏天。这仿佛是上天的安排，尽管当时罗杰斯还分不清股票和债券，但他对证券业可谓热情高涨。

"我喜欢的不是钱生钱，因为那时候我没有钱，而是只要你够聪明，运用你的智慧，关注这个世界，这就是投资所要做的一切。那时我对世

---

　　*　早年是纽约曼哈顿岛上著名的贫民窟，以环境差、种族冲突和高犯罪率闻名。——译者注

界上发生的事情非常感兴趣，经常如饥似渴地阅读。你不需要懂得什么领带配哪种服装，你也不是非得成为某个乡村俱乐部的会员。你可以做你想做的事，他们还会为此给你钱，我认为这是我所遇见过的最令人兴奋的事情。"那年秋天，他去了牛津大学，尽管他个子矮小，但他还是成了牛津大学著名的蓝色赛艇队的一名舵手。（无巧不成书，约翰·邓普顿也是在南方的一个小镇上长大，并且上了耶鲁大学和牛津大学。他和罗杰斯是由牛津大学的贝列尔学院*院长介绍认识的。）

罗杰斯说话时轻声细语，有点腼腆，但语速很快，一针见血。他身材矮小，长着一张宽宽的、讨人喜欢的脸，总是穿着一件运动夹克，配上花哨的领结和不配套的裤子，他从不穿大衣，即使在纽约寒冷的冬天也是如此。在他回到美国后，他意识到自己最感兴趣的是国际金融。他想成为实力雄厚的国际银行家，到处去投资各种各样的东西。1965 年夏，他回到多米尼克证券公司，在场外交易部工作。之后，他在军队服役了两年，在服役期间他还帮助他的指挥官打理资产。他赚钱的决心也变得越来越坚定。他说："我想赚足够的钱，这样我就再也不用担心工作了。"[①]

退伍后罗杰斯在贝奇公司找到了工作，然后又去了迪克基尔德公司，用他自己的话说，在那里他学到了"要理解这些数字的含义。在 20 世纪 60 年代，很多人都不知道自己在做什么。就现状而言，很多人都在莫名其妙地赚钱，但却不知道赚钱背后的原因"。随后，他又去了路博迈集团**、阿霍尔德－布雷希洛德合伙公司。1970 年，他遇到了索罗斯，两人组成了业内最成功的投资团队。从 1969 年 12 月 31 日到 1980 年 12 月 31 日，索罗斯基金上涨了 335%，标准普尔综合指数

---

   * 牛津大学最古老的学院之一，以浓厚的政治氛围著称。——译者注

   ① 这种情况很少发生。在成功的刺激下，这位大亨继续更加努力地工作。最终，他知道的就只剩下工作了。

   ** 创立于 1939 年的老牌华尔街资管公司。——译者注

仅上涨 47%。一开始，整个公司只有他们两个人和一个秘书，索罗斯负责交易，罗杰斯专攻研究。

该基金的特点在于负责人独立思考：罗杰斯和索罗斯都没有太多时间与华尔街的分析师打交道，因为这些分析师几乎都只是随波逐流而已。罗杰斯说，没有人会因为根据这些分析买入而致富，其实"这是通往破产的捷径"。但罗杰斯并不认为自己仅仅是一个逆向投资者，那些所谓的逆向投资者自 1959 年以来每年都会买入美国钢铁公司的股票，然后继续赔钱。你的观点必须正确，而且要与众不同。

该基金成功的秘诀在于能够预见深远变化的能力——长期的，而非周期性的。罗杰斯在自己的投资中仍然遵循这一方向，他当时解释说："我们对一家公司下个季度的盈利情况或者铝材的出货量不太感兴趣，我们更感兴趣的是广泛的社会、经济和政治因素将如何在未来一段时间内改变一个行业或企业的命运。如果我们所看到的和股价之间有很大的差异，那就更好了，因为这样我们就能赚钱。"这种投资方法被华尔街称为自上而下的投资方法。

在基金成立十年后，索罗斯和罗杰斯依然是公司里仅有的思想家，尽管员工人数已经增加到 13 人。在同一时期，该基金管理的资金规模从最初的 1 200 万美元增长到了 2.5 亿美元。这是促使罗杰斯在 1980 年离职的因素之一：他认为大型基金变得难以管理。离职时他所贡献的利润达到了 1 400 万美元。

罗杰斯形容自己是"一个特立独行、孤独而厌世的人"。他有些放荡不羁，不喜欢与人打交道，尽管他一直非常愿意在哥伦比亚大学商学院教授证券分析课程。他用他第一次上课的酬劳换取了哥伦比亚大学体育馆的终身会员资格。

他计划将自己的大部分财产捐给牛津大学和耶鲁大学，作为旅行奖学金，让其他人也能像他一样获得更广泛的游历机会。如果学生愿意在接下来的两年里花 75％ 的时间在国外度过，他们将获得一笔津贴。除此之外，这一奖学金没有任何限制。他鼓励哥伦比亚大学的学生"学习历史和哲学。做任何比去商学院念书更重要的事情——在餐馆当服务员，在远东徒步旅行"。他强调，只有这样学生们才能发展出全面的人生观。

罗杰斯曾考虑读 MBA，然而多米尼克证券公司的一位高级合伙人告诉他："那还不如做空大豆期货，你在一次交易中学到的比花两年时间在商学院学到的还要多。"罗杰斯最终没去读 MBA，并且很快就学会了如何赔钱。1970 年 1 月，他觉得熊市即将来临，所以他在机床类公司的看跌期权上押上了自己所有的资金。1970 年 5 月 26 日，他卖掉了这些看跌期权，他说"卖出的时机还不错"。但三四个月内这些期权很多涨了两倍。随后市场反弹了几个月，罗杰斯再次做空。在那之后，市场转牛，并且持续了两年之久，罗杰斯赔光了他所有的钱，尽管数额并不惊人，但他已经一无所有。他觉得多米尼克证券公司的合伙人是对的：虽然很痛苦，但这是宝贵的人生经历。

"退休"后的罗杰斯只负责打理自己的钱。他说："每个人都想赚大钱，但是我告诉你，这绝对不容易。"他把他的成功主要归功于勤奋，他说，当他还是一名全职基金经理时，"我生命中最重要的事情就是我的工作。在我的工作完成之前我几乎没有生活"。当他与索罗斯合伙时，他搬进了滨河大道上一栋漂亮的艺术宅邸，每天骑自行车就能到达位于哥伦布环路的办公室，在那里他不停地工作——十年来没有休过一次假。如今他仍然住在那里，并把房子装修成俱乐部风格，地下室被改造成了办公室。"在我工作最紧张的时候，"他说，"我真的对世界上正在发生的事情了解得非常多，几乎了解了地球人所能了解的一切。"当他的观点与其他人不同时，他从不焦虑，"其他人晚上睡不着觉。我一沾枕头就能睡着"。

在变局中投资

在投资美国的证券时，罗杰斯会押注整个行业，就像他在海外投资时押注整个国家一样。首先，他会提出一个宽泛的投资概念；然后，他会买入他认为即将好转的行业中的所有股票，就像他买入海外某个国家的所有股票一样。他是如何找到这样的行业的呢？他要找的是一个重大的长期变化，而非波动的商业环境。"只有找到尚未被识别或发现的概念或变化，你才可能找到低买高卖的投资机会。无论你看到什么，不要仅仅看表面，不要看到一块地毯就说'那是一块棕色的地毯'，而是要找出'那块地毯会怎么改变，或者那块地毯是否会改变，世界上有什么正在发生的事情会使它现在或三年后变得不同'。如果你发现了一家破产的公司，这并不能代表它以后永远就只能是破产的命；如果你看到一家突飞猛进的公司，这也不代表它以后能够永远飞速奔跑。所以去寻找变化，我所说的变化是指长期变化，而不仅仅是商业周期的变化。我正在寻找即使在经济下滑时也能表现良好的公司，比如 20 世纪 70 年代的石油行业，在那十年石油行业发生了重大变化。"

罗杰斯寻找的主要是以下四种类型的变化：

1. **灾难性的变化**。例如洛克希德和克莱斯勒。如果这种规模的公司遇到了危机，那就意味着它们所在的整个行业都处于灾难性危机之中。通常当整个行业处于危机之中，并且有 2～3 家头部公司已经破产或濒临破产时，只要导致根本性改变的因素出现，整个行业的反弹就会一触即发。对此，罗杰斯举了一个需要变革催化剂的例子，尽管钢铁行业已经破产很多年，但至今能够拯救它的事情还是没有发生。

2. **物极必反**。这通常属于"树长不到天上去"的范式。如果某个行业非常热门，以至投资机构持有该行业的头部公司 80％ 的股票，那么你不用怀疑自己对这些股票被高估的结论。在这种情况下，罗杰斯会做空该行业的很多股票，而不仅仅是某只股票。但你必须特别小心，即便当前的股价很高也并不意味着它不能更高，因此，他会试图精准确定物极必反发生的时间点。

3. **带来新趋势的变化**。20 世纪 70 年代，女性开始远离过度化妆，确切地说是远离任何化妆品。罗杰斯研究了雅芳的产品，他认为市盈率超过 70 倍的雅芳是时候下跌了。于是他在其股价达到 130 美元时开始做空，一年后雅芳的股价跌到了 25 美元。

其他类似的新趋势还包括日托中心、连锁医院和垃圾处理业务。罗杰斯参加了 1969 年的一次垃圾处理大会，当时新的竞争对手正在从市政当局和黑手党的双寡头垄断手中争夺这项业务的市场份额。参会的其他代表都惊呆了（其中不乏一些非常粗鲁的人）：华尔街的人竟然会出现在一个垃圾处理大会上！当然，粗鲁的个性并没有妨碍其中的某些人拥有棕榈滩的房子，他们的公司甚至还在纽交所上市。同样，他也看到了园艺用品、护理中心的需求增长，退休人员数量增加导致休闲活动需求的增长。

另一个案例发生在摩托车行业。在 20 世纪 50 年代，"摩托车"意味着（如罗杰斯所言）"垃圾""廉价"。然而到了 20 世纪 60 年代，本田打出"你遇到的最棒的那些人都在骑本田摩托"的广告语，这其中可能包括马尔科姆·福布斯（Malcolm Forbes）。罗杰斯并没有及时发现这个机会，他说当时的他还不够聪明，所以错过了本田。

其他趋势性的变化还包括医院。在一两代人以前，医院由市政当局和慈善基金会经营，而如今越来越多地以营利为目的的商业公司参与了进来，经营酗酒治疗和心理健康中心；此外还有移动房屋业务，在罗杰斯小的时候，住移动房屋被认为是一件非常糟糕的事情——他的母亲不让他和住移动房屋的人交往，她称那些人是"拖车垃圾"。

类似的案例还包括连锁酒店。罗杰斯曾指出，希尔顿酒店的股价在过去 30 年上涨了 100 倍。过去不同城市的酒店，即使是非常好的酒店，也都是由不同的所有者分开经营的。后来人们意识到，在同一品牌下统一经营它们可以提高效率、产生规模效应并改善质量控制。

4. **政府行动导致的变化**。当政府采取行动时它就会把钱砸到某个问题上。罗杰斯在 1974 年成为洛克希德公司最大的外部股东，当时传闻该公司有可能破产。罗杰斯注意到，在 1973 年的阿以战争中，尽管以色列的飞机要先进得多，飞行员也要优秀得多，但还是遭到了埃及空军的痛扁。罗杰斯发现这是由于埃及得到了苏联提供的电子设备，但美国却无法给以色列提供相应的设备，因为在越南战争期间，美国的所有努力都集中在常规武器的供应上，从而牺牲了长期的技术发展。得出这一结论后，罗杰斯推断美国必须在国防电子设备方面赶超苏联，而这方面恰恰是洛克希德公司的强项。最终洛克希德公司的股价从 2 美元涨到了 120 美元，罗拉公司的股价从 0.35 美元涨到了 31 美元，E 系统公司的股价从 0.50 美元涨到了 45 美元。当时 E 系统公司还鲜为人知，但罗杰斯通过询问洛克希德公司和诺斯罗普公司管理层谁是他们最强劲的竞争对手、阅读行业期刊并咨询国防专家，最终发现了它。（当 E 系统公司的股价涨到 8 美元时，罗杰斯与一位银行家讨论了这家公司，尽管这位银行家非常认同罗杰斯的观点，但是他表示在股价低于 10 美元时他无法为他的银行买入，因为 10 美元是该银行设置的买入门槛价。）

另一个因政府干预而改变的行业是养老院。在 20 世纪 60 年代之前，年老的父母都是由子女来照顾的，但后来政府开始介入，为子女提供包括医疗补助、医疗保险和养老院在内的支持，于是养老院开始大量公开募股。结果，当其中最大的一家公司之一——四季养老院破产时，人们发现它在会计处理上一直存在欺诈行为。许多其他公司也纷纷被人们发现不过是金玉其外，其实根本没有真正赚到钱。丑闻接踵而至，于是整个行业崩溃了。过了一段时间，罗杰斯注意到其中一些公司开始主动收缩业务，出售非核心部门和亏损业务，并且开始实现盈利。因此，他拜访了其中几家公司，最终他意识到，尽管该行业臭名昭著，近年来鲜有新的养老院建成，但美国的老龄化问题不可避免，所以他选择了投资该行业。

供给与需求

罗杰斯的致富诀窍是正确评估供需，这说明了罗杰斯的另一个核心原则——供求关系的重要性。他发现无论是谁都无法让这个原则失效，这是他最重要的思想之一。

他以石油工业为例来解释这一原则。为什么油价会在 20 世纪 70 年代飙升？人们普遍认为这是欧佩克（OPEC）干的。但罗杰斯有自己的见解，他说实际上欧佩克自 1960 年以来每年都试图提高油价，但从未成功，油价总是再次下跌，真正的原因要追溯到更早的时候。在 20 世纪 50 年代，美国最高法院裁定政府可以调节天然气的价格，政府果然这么做了，将天然气的价格调整到一个很低的水平，事实上，价格如此之低以至生产天然气逐渐变得无利可图，所以很多石油钻探商在开采石油时顺便就将天然气烧掉了。20 世纪 50 年代后期和整个 60 年代，几乎没有人再去钻探天然气。但与此同时，消费者意识到了天然气的优点——它比石油或煤炭更便宜、更清洁，越来越多的家庭转而使用天然气，而此时生产商们却在逐渐退出，因此，到 70 年代初，许多天然气管道公司的供应已经告罄。罗杰斯记得他当时注意到，天然气管道公司发行债券时的募资说明书不再承诺有足够的天然气供应来确保利息的支付。从钻探公司赫尔默里奇-佩恩的一份年报中，他发现美国的钻井平台数量正在稳步下降，原因就在于美国公司没有动力继续进行石油和天然气的钻探。

罗杰斯前往塔尔萨参观了几家钻井公司，这些公司的经营状况都很糟糕，无一例外。他认为让这些公司破产并断供天然气绝对是不可想象的，因此，他从损失最严重的陆上钻井公司入手，买入了石油钻井公司的股票，页岩油公司的股票，以及该行业的其他所有股票。不久之后，欧佩克将油价提升了4倍并开始禁运石油，这带来了整个石油市场的飙升。然而，早在1971年，也就是比欧佩克最终成功提高油价的1973年早了两年，罗杰斯就已经提出，天然气行业一定会再次腾飞。万事俱备只欠东风，欧佩克的提价就是这股东风。

然而好景不长，"树长不到天上去"的情况再次上演。当油价从2.80美元一桶涨到40多美元一桶时，整个美国掀起了一股节能浪潮：建筑保温、开小型车、使用更高效的电器等不一而足。与此同时，石油勘探也取得了巨大的进展，由于这两个因素的叠加作用，供求关系再次失衡。石油和天然气价格——以及相应公司的股价——开始暴跌。

投资过程

罗杰斯的选股技巧是什么？其中一条已经在前文提及：他从不与经纪人或证券分析师交流。在他看来，重要的是"培养独立思维方式"，就像他和索罗斯那样，这种思维方式让他们获得了巨大的收益。他说："我一直觉得坐下来独自阅读要好很多。当我与其他人交流时，我的思维就会变得混乱。独自阅读并把事情搞清楚更适合我。"

罗杰斯说他从来没有靠内幕消息赚过钱，即使这样做并没有违反法律和道德。他说这些内幕消息十有八九是错的，它们要么基于错误的事实，要么根本就是以讹传讹。"认识总经理，亏50%，认识董事长，亏 100％。所以还是老实点，远离这些内幕消息。"

当他还是个基金经理的时候，他就阅读了至少 5 个不同国家的报纸，大约 40 种学术期刊、80 种行业杂志，其中包括《视相》*、《出版人周刊》、《铁器时代》等。这些刊物大多都非常乏味，充斥着公关代理人浮夸的废话，但偶有具有启发性的文章或广告。此外，他还阅读了数百份公司年报，追踪了许多公司的内部交易数据。虽然他后来依然在大量阅读，但与以前相比确实少了很多。

罗杰斯的许多投资理念都源自对周围日常世界的观察，第一银行就是一个典型的案例。美林证券的经纪人敦促罗杰斯开立一个现金管理账户，罗杰斯注意到他的现金管理账户开在一家他从未听说过的银行——第一银行。于是他对该银行进行了调查，发现该银行有一个专门的计算机系统用于服务其他大型经纪公司，并且完全有能力处理日益增长的支票和信用卡交易。随着他对该银行的研究越来越深入，他也越来越喜欢这家银行，最终他成了该银行的股东，而其股价从 1980 年中期的 6 美元上涨到了 1986 年中期的 30 美元。

罗杰斯认为买入股票的关键是买得便宜，这样即便之前所有的判断都是错误的，最糟糕的情况也只是你的投资在一段时间内没有回报。"我在往上看之前会先往下看。"罗杰斯说。譬如他曾买入一家在事实上已经破产公司的股票。然而，在做空时你永远无法百分之百确定股价会下跌：无论你多么英明神武，市场都可能会站在你的对立面，从而让你损失一大笔钱。

他从没打算逃税。正如他所言，当他到北方时，他"就是冲着缴税去的"。他也从未利用过避税手段，避税手段在他看来会造成经济上的大灾难。

罗杰斯始终坚守他的供需原则，任何能赚钱的交易他都愿意参与，

---

* 美国知名文娱杂志。——译者注

因此他在大宗商品领域非常活跃。他做过橙汁、菜籽油和土豆的交易，甚至还在交易所买了一个席位，以间接的方式押注食糖价格上涨。

他的另一个重要投资原则是：不要赔钱。如果你不了解事实就不要参与其中，而是投资国库券或货币基金，然后享受沙滩阳光，看个电影，下下跳棋，做任何你想做的事。

"当你真正了解的事情发生时，把你所有的钱从货币基金中拿出来，投入其中并持有三年、四年、五年甚至十年。你会知道什么时候应该卖出，因为你比其他人更了解这一领域。然后把钱重新投入货币基金，继续等待下一个机会出现。"

罗杰斯喜欢使用会计表格作为他的主要分析工具。"成千上万的表格包含大量数字。"他不用计算机，而是手工绘制这些表格。以前有三个人帮助他完成这项工作，但后来只剩一个人了。他不使用任何计算机数据库，因为他不知道电子化的数据是否可靠。他认为没有信息总比拥有错误的信息好：如果基础事实是错误的，那么基于这些事实的推论也不会正确，最终很可能导致错误的结论。具体而言，应该避免使用标准普尔、《价值线》或经纪公司报告中的二手数据。最好使用一手数据，即美国证监会要求的上市公司年报和10K报表。

当罗杰斯写信给一家公司时，他总是要求这家公司提供它向任何监管机构报备的文件。有时通过这些文件他会发现一些之前不了解的情况。他指出，对于在美国交易所上市的外国公司，尤其是通过美国存托凭证（American depositary receipts）进行交易的公司，除了年报以外，投资者还可以要求其提供20K报表，这相当于美国上市公司的10K报表。这份20K报表尤其重要，因为外国公司的年报提供的信息非常有限。

在财务报表中，罗杰斯认为资产负债表比利润表重要得多。他还非常重视资产折旧科目，这可能与他喜欢收购濒临破产的公司有关。

折旧和摊销只是会计记账，而不是真正的"现金流出"，因而罗杰斯可以从折旧中还原公司真实的现金流，从而判断公司出现亏损以后存活下来的概率。

多年来，他形成了一套自己的数据表格。当他犯下一个严重的错误时，他会往他的数据表格加上在这次犯错中所忽略的东西，例如公司应收账款的趋势。他发现，只有长期（5～10年）维护好这些数据表格才能为了解一家公司提供足够长的历史视角（有关示例参阅附录五）。

例如，他会考察一家公司历年的盈利能力：当业绩不错时，是什么原因导致的？当结果不佳时，又是为什么？罗杰斯喜欢在情况依然糟糕但即将反转时买入，而不是在情况已经好转的时候。所以他既需要知道情况会变得多糟，也需要知道情况会变得多好。

为此，他会紧密跟踪以下参数：

1. 资本开支：

a. 绝对金额；

b. 折旧占比；

c. 厂房和设备总开支占比；

d. 厂房和设备净开支占比。

资本支出与折旧的比率并不是一个科学的数字，但研究它的历史数据可以给投资者带来富有启发性的见解。当该比率很高时，你很可能正处于泡沫的顶部；当它很低时——也就是说，当这个行业在节省每一分开支时——其前景可能正在好转，因为这个行业的生产供给将会枯竭。

2. 接下来他会研究应收款项占比、负债率等指标。当一家公司几乎没有库存、应收账款很低、利润率达到20%、税前资产回报率为25%、资本支出以每年40%～50%的速度增长时，罗杰斯就看到了经典的顶部特征，这是做空的好时机。

　　他指出所有股票都有被视为成长股的时候，即便是铝加工业，它在 20 世纪 40—50 年代期间也曾被认为是一个增长型行业。大多数以前的增长型行业都经历过复苏，但这并不能真正让它们再次成为成长股。但当它们被视为成长股时……你就有了做空的机会！

　　罗杰斯以金融服务业为例，也就是投资银行家和股票经纪人所在的行业，来说明一个行业由盛而衰是怎样一种情况。此时他们会雇用大量员工、扩大服务，并在市场上筹集资金；如果你读到了哈佛商学院的大多数毕业生都想成为投资银行家的新闻，这也是转折点即将来临的一个信号，商学院毕业生涌入一个行业可能预示着一个行业即将见顶。例如有一年，迅速扩张的视频游戏生产商雅达利雇用了哈佛商学院 5% 的毕业生，结果三年后该公司破产了。

　　罗杰斯喜欢运用他那些久经考验的指标来衡量企业的状况会变得多么糟糕；当它们达到下限时，他认定会否极泰来。例如，当一个行业中的三四家大公司都开始亏损时，就像 20 世纪 70 年代后期的汽车行业一样，整个行业情况会很糟，结果只有两个：要么整个行业彻底消失——这不太可能！要么整个行业的情况会逐渐改善。实际上，这个在 60 年代受到严重过度监管的行业①在 70 年代迎来了监管的放松，资本需求也开始下降，因此他开始买入福特汽车、通用汽车和美国汽车（该公司后来被克莱斯勒收购，之后克莱斯勒又成了戴姆勒克莱斯勒的一部分）的股票。如前文所述，核能公用事业行业也会面临类似的转变。它们有无穷无尽的问题，但这样的行业不可或缺，因此罗杰斯认为买入的时机快来了。当你看到几家大公司正在亏损，资本支出停滞，那就期待行业复苏吧！

---

　　①　在那段时间里，我发现通用汽车为了应对监管和现代化所需的资本超过了公司当时的市值！

市场周期

罗杰斯给我们描述了市场周期是如何跌宕起伏的：一家公司或一个行业陷入了灾难之中，但股价却是另外一回事。有些人买入是因为他们的祖父为这家公司工作，或者是出于其他诸如此类的原因；接着格雷厄姆派会买入。大约在这个时候，无论该行业是做什么的，整个供给都开始枯竭：供需是这一切的关键！然后整个行业的前景会被看好，更大范围的人开始买入。随着股价不断上涨，华尔街的经纪人变得活跃起来，怂恿他们的客户买入。之后，经过五年的复苏，公司被认定为成长股（尽管名不副实），更多的人开始蜂拥买入。

再后来股价开始下跌，反向的过程开始了。

在熊市中，股价会矫枉过正，跌穿合理的水平，进入便宜货的区间，最后达到令人难以置信的甩卖价格。在那之后，情况变得非常糟糕，所有人基本都被洗劫一空。

对海外市场的观点

1990年3月25日，罗杰斯开始了为期2年、跨度达6.5万英里的环球摩托车之旅。他穿越欧洲和亚洲到达东京，再经西伯利亚回到阿姆斯特丹，然后向南穿越非洲到达开普敦，接着他飞到澳大利亚，开车环游了整个澳洲，之后他越过了南美洲最南端的合恩角，向北穿越美洲大陆，到达阿拉斯加。他在旧金山稍事停留，最后飞回了纽约。在他所著的《投资骑士》一书中，他描述了自己时隔两年再次进入董事会的情景：

"'我有段时间没见你了，'有个人问我，'你在忙什么呢？'"

"'我刚骑摩托车环游了世界。'对方笑着说那真好。要给纽约人留下好印象可不容易。"

罗杰斯逐一评估了非洲的每个国家。他预计刚果的蒙博托（Mobutu）会倒台，进而导致刚果崩溃；他喜欢喀麦隆，因为那里越来越民主、自然资源丰富并且国民受过教育、善于向外国学习。"在恰当的时候，"罗杰斯解释说，"那里的投资者可以将资金投入农业以及金属、木材、食品生产行业。他应该买入任何有能力将产品卖给南方邻国，如南非和博茨瓦纳，或北方欧洲国家的那些公司，唯一的条件就是现金流要充沛。"

博茨瓦纳是罗杰斯立即喜欢上的另一个非洲国家，在与非洲其他地方的官僚机构斗争了几个月后，他惊讶地发现自己在该国受到了友好的欢迎。

罗杰斯发现那里的繁荣令人惊讶——崭新的汽车，塔吊林立，一片欣欣向荣。他意识到在非洲南部他遇到了更加坚实的经济体，于是他决定在离开博茨瓦纳之前就开始在那里的投资。"我已经确定博茨瓦纳拥有健全的经济和社会结构，并且出现了一个新的股票市场①。不仅政府支持该市场，就连反对派也支持其发展。我进一步确信，无论是使用股息率还是其他传统的估值方法来衡量，这些股票都很便宜。"

他对自己在拉丁美洲的所见所闻感到欣喜。"几十年来，那里的政府一直在尝试进行外汇管制，如今这些政策已经取消。拉丁美洲经历了一个完整的周期，政策制定者明白这是他们领先于非洲的重要原因，

---

① 博茨瓦纳不仅没有政府赤字，而且还享受贸易顺差和投资的正平衡。我清楚地记得它的股票市场，该市场唯一的经纪人办公室里放着唯一的一张桌子，这位经纪人每周进入该办公室一次，在桌子上码好买卖订单，并完成他能完成的交易，然后关门离开直至下周。我知道所有这些听起来有点离谱，但是，从附录中的图表（见附录六）来看，你可能会轻松地做出决定，将投资资金增加一倍或两倍！

经过 70 年之后拉丁美洲终于认识到外汇管制不起作用。而非洲现在正处于这样一个阶段：'好吧，我们知道外汇管制不起作用，所以现在让我们试试别的办法。'"

罗杰斯指出有外汇管制的地方就会滋生外汇黑市，而在黑市你能学到很多东西。"我发现这种保留着原始资本主义的市场非常令人着迷，如果说存在一种快速而可靠的方法可以让投资者或旅行者了解一个国家正在发生的事情，那一定就是黑市。"高于银行汇率的溢价是他的线索。"如果我在银行用 1 美元只能兑换 5 兹罗提*，但在黑市上却能换到 8 兹罗提，这告诉我政府正试图把本国的货币强加给自己的人民，因为它害怕让本国货币在世界市场上自由浮动。"

毋庸置疑的事

罗杰斯解释说："在我多年的投资生涯中，有一条原则是我最珍视的：总是与中央银行对赌，与现实世界对赌。中央银行和政府总是试图将货币、金属、羊毛或任何一种其他商品的价格维持在一个人为的虚假水平，通常这些价格是荒谬的，关于这一点市场却是诚实的。当中央银行在捍卫某种东西时——无论是 35 美元的 1 盎司黄金价格还是 800 里拉兑换 1 美元的汇率——聪明的投资者总是会另辟蹊径。这可能需要一点时间，但我向你保证你最终会胜出。"

在罗杰斯结束环球之旅回到美国后，他经常在《巴伦周刊》一年一度的圆桌会议上或在 CNBC 电视台的节目中讨论他的想法，尽管他没有透露他的投资规模与回报。通过这些渠道，他宣布了他最喜欢的

---

　　* 波兰的货币，20 世纪 90 年代初波兰发生了严重的通货膨胀，旧的兹罗提急速贬值，最后波兰政府不得不以 10 000∶1 的比率回收旧的兹罗提，发行新的兹罗提。——译者注

国家，排在首位的是中国，他宣称 21 世纪将属于中国，正如 20 世纪属于美国、19 世纪属于英国一样。"赶紧教你的孩子中文！"他不断鼓励大家这样做。他是基于文化和历史得出这一结论的：勤劳是中国人的传统；他们具有企业家精神；他们有很强的内驱力；他们愿意为了明天的利益而推迟今天的享受。海外华人取得的成就就是范例。中国早在 1978 年就开始转向市场经济，他声称中国将在 21 世纪成为世界上最富有的国家。

罗杰斯对印度充满热情，当时印度拥有世界上规模最大的中产阶级，数量在 1.5 亿到 3 亿之间。它的经济规模大于法国、英国、意大利或巴西，事实上，它位居世界第五，排名仅次于美国、中国、日本和德国；它有民主和法治的基础，而且印度人还很聪明，他们为硅谷企业分担了很多编程工作。他写道："二十年后，很多美国人可能会通过互联网让位于新德里的会计师帮忙计算税款，他们的财务规划可能会由加尔各答的一家公司来完成，设立遗嘱或起草离婚协议等常规法律工作则由班加罗尔人来完成。"

他不断延续自己对非洲的热情。"非洲 50 多个国家从过去 40 年的错误中吸取了很多教训。在过去的几年里，非洲悄无声息地设立了超过 25 个公开股票市场，其中有几个市场提供了很好的投资机会，而且没有引起投资界的注意。"他还坚持认为，部落战争正在逐渐平息，独裁者正在被多党制取代。事实上，他对投资者的建议之一就是投资非洲的旅游业。"北部有撒哈拉沙漠和阿拉伯文化，"他在 1998 年的《价值》期刊中写道，"中部有深邃神秘的丛林和刚果河，南端是非洲大陆最富有的国家——南非。"1994 年他开始在加纳进行投资，并将其称为"可可和黄金的表演"，这其中包括联合利华、美孚、健力士和渣打银行。

罗杰斯的另一个心头好是茶叶。15 年来茶叶的价格一直在下降，茶叶已经让位给棕榈油、橡胶和大豆。他认为，随着亚洲变得更加富裕，庞大的东方人口将消费更多的茶叶，紧随其后的是白糖。罗杰斯在 1998 年指出，期货糖已经从历史高点下跌了 85%，他觉得拉丁美洲的炼糖厂将会是一个非常有吸引力的投资标的。基于同样的理由，他建议在一家海外的大宗商品交易所购买一个席位，最好买在东京或者布宜诺斯艾利斯这样的地方："购买这样的席位可以让你以很低的成本进入这些市场。区域性的大宗商品交易市场将继续发展壮大，并进一步融入全球市场。"

他在 1997 年的一篇专栏文章中总结了他的全球化投资建议："找到那些践行自由经济、自由市场原则的国家，这些原则正是使我们国家变得伟大的秘密。"为了支持这一想法，他引用了加拿大弗雷泽研究所（Fraser Institute）的一项研究，该机构的研究人员考察了 103 个国家在四个主要领域的表现：货币供应量的增长与通货膨胀、政府运作、税收以及对国际贸易的限制。他们的结论是什么呢？"经济和政治开放程度一直较高的国家，其经济增长率要比那些更加集权或封闭的国家高得多。"罗杰斯总结道。[1] 研究还表明，健全的经济体系远比运气重要，天上不会无缘无故掉馅饼。例如 20 世纪 60 年代，尼日利亚和印度尼西亚的石油产量都排在世界前 10 位，但是尼日利亚没有管理好这些轻易就获得的财富，而印度尼西亚采取了更为开放的方式，并获得了经济上的繁荣。

1997 年底，罗杰斯为投资者列出了"21 世纪最有希望的国家"，这些国家包括爱尔兰、丹麦、博茨瓦纳、葡萄牙、中国、新西兰、澳大利亚、智利、加拿大、秘鲁、韩国、埃塞俄比亚、乌干达、莫桑比克和厄立特里亚。

---

[1] 毫无疑问，人们应该分清因果关系，身材匀称的女性在着装上会体现自己的身材优势，但这并不是她们身材匀称的原因。

　　1999 年底，从西欧到中亚，他开启了自己的第二次环球之旅。他喜欢国际石油公司，但他认为在他拜访过的这些地区的所有国家中，唯一具有真正潜力的是土耳其，然而他还没有准备好在那里采取行动。他对自己在西欧所看到的一切并不满意，而东欧也看不出潜力。

　　1999 年底至 2000 年初，罗杰斯得出的结论是大宗商品总体上将出现长期大幅上涨，为此他创立了一只大宗商品指数基金。这只基金基于他自己设计的一套权重，在他看来，这套权重比现有的指数更能反映各种商品之间的合理比例关系。

　　"学会做空，"他说，"未来几年，在全世界很多地方都用得到这项技能。"

第十二章
索罗斯：宏观游戏大师

乔治·索罗斯（George Soros）是世界上极负盛名的资产管理人，这部分要归功于其离岸基金的傲人业绩（当然，基金的主要日常交易他已经授权他人完成），但更重要的原因是他在东欧的民主活动。截至本书写作，他已经承诺为这些活动投入约15亿美元，未来他还会投入更多的资金。

他可能是所有公开持仓的投资管理人中表现最好的：在29年左右的时间里，年复合回报率约为33％。他是一个押注短期走势的投机者，而不是一个真正的投资者。和其他一些投资管理人一样，索罗斯大量使用杠杆和衍生品，这和巴菲特利用保险公司的浮存金作为杠杆有异曲同工之效，因此将他的业绩与传统基金经理的业绩相提并论并不合适。他的主要基金——量子基金注册在荷属库拉索岛，拥有约90亿美元的资产。1969年投入该基金的每一万美元，到1997年价值已超过3 000万美元。该基金在2000年初遭受重创，净值损失为30％左右，同时失去的还包括几位关键的投资经理。

索罗斯的个人财富大约为几十亿美元，他和漂亮聪明的第二任妻子苏珊住在曼哈顿的上东区。苏珊经营着巴德装饰艺术研究生中心。他在纽约州的贝德福德（在那里他以乡绅自居）、康涅狄格州的华盛顿和伦敦的南肯辛顿都有住宅。在南肯辛顿的宅邸，他曾与一名即将离职的厨师争得面红耳赤。还有一次，他因为自己家的大门尺寸超标违反了贝德福德的分区规定而与当地市政官员吵得不可开交。他精通网球与滑雪，很少与其他金融家打交道，也尽量避免参与各种俱乐部和协会，当然，纽约外交关系协会（Council on Foreign Relations）除外。

索罗斯的姓氏在匈牙利语中的发音应该为索罗希，源自德语施瓦茨（Schwartz）。他是一个直截了当、情绪外露的人，平时总是眉头紧锁，下巴棱角分明，嘴唇很薄，喜欢剪小平头。他说起话来声音没有起伏，嗓音略带沙哑，仍然保留着匈牙利口音（他还会说法语和德语）。与大多数杰出的投机者不同，他是真正有文化的人。他的父亲是一名富有的犹太律师，在第一次世界大战中被俄国人俘虏但最终逃脱，然后亲身经历了布尔什维克革命。在第二次世界大战中，还是个孩子的索罗斯学会了如何求生。在已经被德国占领的匈牙利，据说他的父亲为当时的政府管理犹太人的资产，但后来被迫颠沛流离、四处逃亡。二战结束两年后，17 岁的索罗斯搬到了英国。从伦敦政治经济学院毕业后，他成为 SF 银行的股票套利交易员，计算附有认股权证的股票或债券的相对价值，然后通过分拆交易套利。

1956 年他来到美国，并为 F. M. 迈尔公司和韦特海姆公司工作了一段时间。他的第一任妻子安娜丽丝（Annalise）是一位德国人，喜欢音乐，和他一起住在格林尼治的一套小公寓里。利息平衡税（interest equalization tax）* 的出台粗暴地阻止了他对海外的投资，他不得不抛售手中的欧洲证券。他曾打算撰写一本哲学书，但在花费了三年时间

---

* 在 1964—1974 年间，美国政府对国人购买外国证券收到的利息征收的一种税，主要是为了降低国人对外国证券的投资兴趣。——译者注

之后他还是选择了放弃，但其中一些观点体现在了他后来写的《金融炼金术》一书中。1963年，索罗斯加入了阿霍尔德－布雷希洛德合伙公司，担任该公司的证券分析师。该公司成立了一只名为"双鹰"（Double Eagle）的离岸基金，索罗斯在1969年被任命为该基金的管理人。那一年，他在一份研究备忘录中描述了一种新的投资工具——房地产投资信托（REIT）的吸引力。他认为这是一个非常棒的主意，并且准确地预见了该工具发展壮大，然后由盛而衰的全过程。他确实投资了房地产投资信托，但是当1974年房地产投资信托充满泡沫时，他做空并大赚了一笔。1971年，双鹰基金的四分之一持仓为日本证券。

1969年，39岁的索罗斯最终决定自己创业，与罗杰斯一起创立了量子基金——历史上最成功的大型基金之一。由于没有在美国证监会注册，该基金无法在美国募资，所以其股东几乎都是外国人，大部分来自欧洲。它使用巨额保证金从事大宗商品、货币、股票和债券的多方位国际投机。索罗斯说，该基金的资金基本上用于股票投资，而在大宗商品和货币上的赌注则来自期货和举债。量子基金做空了机构投资者最喜欢的股票，如迪士尼、宝丽来和纯果乐，因此即便是在大多数投资者都亏得很惨的1973年和1974年，索罗斯依然赚到了钱。他在雅芳股价达到120英镑时做空了这只典型的"死了都不卖"类型的股票（"one-decision" stock）*，事后证明这是一个非常明智的举动。

多亏了罗杰斯，该基金成为最早意识到国防股投资价值的基金之一。此外，在高科技投资方面它也遥遥领先。1979年，它持有M/A Com公司8％的股份；1980年，它持有BBN公司23％的股份；它在化学核能公司以及规划研究公司上持有的股份分别达到了5.3％和3.4％。它通过投资石油服务类公司的股票赚到了钱，但由于做空这类股票又把赚到的钱还了回去。尽管加利福尼亚州住房市场的崩溃拖累

---

* 指那些投资者买入以后就不打算卖出的股票。——译者注

了量子基金，但是该基金在抵押贷款担保保险公司——MGIC上的投资表现良好。基于这次投资索罗斯得出了一条规则：人们不应该在一家企业面临艰难考验的时候买入，而应该在其通过考验之后再行买入。

尽管量子基金的规模增长迅速，但罗杰斯对索罗斯不愿意扩充人力，并且不接受任何人的批评感到非常不满，这导致了他俩合作关系的破裂。伴随着规模快速增长的还有压力，索罗斯被迫与妻子分居。为了应对焦虑，他接受了精神治疗——据他的朋友说，这对他确实有好处。

我对索罗斯有一种特殊的情感，因为我的第一任雇主（实际上也是唯一的一个，如果参军不算工作的话）伊姆里·德·维格也是一位在伦敦成长起来的匈牙利流亡经济学家，后来他转行做了投资，并成了一名投资大师。匈牙利人是一个坚强而骄傲的民族，习惯于抵御来自四面八方的入侵，他们的语言（Magyar）也只有匈牙利人才听得懂。对于这个世界来说，他们仿佛是异乡来客（在这方面犹太人更胜一筹），不得不放弃幻想，深思熟虑地生活。和索罗斯一样，德·维格试图将自己的经济智慧应用于更广泛的目标；除了他的投资公司，他还与诺贝尔奖得主、投入产出经济学之父瓦西里·列昂惕夫（Wassily Leontief）一起创办了一家咨询公司，为大型公司、不同行业和政府提供投入产出分析，但这家公司经营得不够成功（列昂惕夫碰巧也是索罗斯基金会的董事会成员）。

索罗斯基金会

作为早期对哲学探索的延续，索罗斯1979年于纽约提出了开放社会基金（Open Society Fund）的概念，这个概念源于哲学家卡尔·波普尔（Karl Popper）。开放社会指的是一个自由和言论开放的社会，这样的社会天然就会排斥独裁统治。在此基础上逐渐形成了一个慈善基金会网络，该网络遍布 31 个国家，并且有 1 300 名员工。整个网络的负责人是阿耶·奈尔（Aryeh Neier），但索罗斯才是这一切的幕后老板。

匈牙利索罗斯基金会是第一个产生重大影响的机构。它成立于 1984 年，主要为学术和社会研究提供助学金和奖学金。但到了 20 世纪 80 年代末，该基金会开始支持地下政治力量，这些力量后来成长为该国的民主反对党，而通常这些政治力量最需要的物资是复印机和电脑。

随着苏联的解体，索罗斯发现一场风暴正在酝酿之中，他意识到如果没有大量的资金，东欧和俄罗斯将永远无法建立起维护开放社会所必需的机构和组织，正如他一再强调的，开放社会比封闭社会复杂得多，后者只需要中央集权式的审查与压迫。1988 年在一次波茨坦举行的会议上，索罗斯公开拥护马歇尔计划（Marshall Plan）*，以支持新兴的民主国家。《法兰克福汇报》在其头版报道称，这个想法遭到了嘲笑。新的索罗斯基金会在波兰、罗马尼亚、保加利亚、拉脱维亚等地迅速涌现，但索罗斯仍然担心自己的投入不够，他最担心的是来自俄罗斯逐渐抬头的民族主义独裁的威胁。1992 年，他提出了一项"冷钱"计划，即由西方国家每年向俄罗斯提供 100 亿美元，以建立一个社会安全网，然而他的提议几乎无人响应。

正是在这种西方世界毫无作为的背景下，索罗斯公布了他最大胆的捐助：提供 2.3 亿美元用于俄罗斯和其他国家的教育项目，并为俄罗斯科学家提供 1 亿美元用于科研。（后一份礼物比它看起来的更具战术性：这些资金可能有助于阻止俄罗斯的科学家向西方的敌对国家出售核技术。）1997 年，索罗斯承诺再次向俄罗斯提供 5 亿美元的援助，

---

* 该计划的官方名称为欧洲复兴计划，是美国对被战争破坏的西欧各国进行经济援助、协助重建的计划。——译者注

使他成为比美国政府更大的捐助者。索罗斯还是蓬勃发展的中欧大学的创始人，该大学总部位于布达佩斯，他向该校捐赠了数亿美元。

保持简单

索罗斯没有在经济研究上花太多时间，也不看华尔街的研究报告，他的观点基本上是通过阅读国外的报纸和快讯形成的，特别是与世界各地的消息灵通人士交谈。通过加入外交关系协会，他与一些美国高级官员建立了友谊，例如当时的国务卿马德琳·奥尔布赖特（Madeleine Albright）和助理国务卿彼得·塔诺夫（Peter Tarnoff）。在大多数对他有重要意义的国家，索罗斯都能接触到政府高层。

索罗斯的一位员工发现，如果索罗斯确信信息经由他的下属准确处理之后才来到他面前，他的处理速度就会非常快。他有很强的直觉，但这必须有大量的知识作为基础。

据知情人士透露，罗杰斯在索罗斯管理公司拥有 20% 的股份，他对量子基金的早期成功至关重要。索罗斯负责把握大局，并扮演交易员的角色，而罗杰斯则主要负责挑选海外市场，也是一位极其勤奋的股票分析师。

1979 年，在被美国证监会指控操纵计算机科学公司的股价后，索罗斯不得不在同意判决书上签字画押；1986 年，他被指控超限额交易，只好再次认罚。这两件事都不太严重，毕竟运作如此复杂的基金确实很难不越雷池半步。

股市跌宕起伏，老骥也难免失前蹄。1981 年，他的基金净值下跌了 23%。很多投资者都是奔着他的业绩而来，在业绩不佳时自然就会离他而去。还有一些人则担心他已经偏离轨道，因此选择退出。这些导致他的基金规模缩水了一半，股东们感到人心惶惶自然也就不难理解。索罗斯的方法对于大多数投资者来说理解都很困难，更不要说应用了，这依赖于每天坚持不懈的精心磨炼。典型的索罗斯策略是一把双刃剑，比如做多日元的同时做空英镑，还加了杠杆，如果成功的话会带来巨额利润，但失败的话后果也是灾难性的。结果到了第二年，也就是 1982 年，基金净值上涨了 57％，成为他表现最好的一年，到 1983 年底，基金规模达到了历史顶峰。

1987 年一场暴跌在仅仅数天之内席卷整个市场。在标准普尔 500 指数崩盘前的几周，索罗斯宣称日本股市被严重高估，并做空了日本股票。然而，不幸的是华尔街在 10 月 17 日第一次屈服了，两天后，据说索罗斯买入了价值超过 10 亿美元的股指期货，这使他在美国股市的风险敞口增加了一倍。在短暂的反弹之后，华尔街再次崩溃，这次索罗斯也乱了阵脚，最终不得不认赔收手。但当他的经纪商希尔森（Shearson）抛售他的标普股指期货合约时，交易员们就像秃鹫盘旋在一头濒死的野兽上空一样，拒绝出价。这些合约的价格从 230 美元暴跌至 200 美元，相当于将其底层股票资产的价值打了八折，最后他不得不屈服清仓。交易结束后，标普股指期货立即反弹，报收于 244.50 美元：这对秃鹫们来说是一顿丰盛的大餐！索罗斯还不得不在现货市场大量抛售股票，这次股灾总共让他损失了 8.4 亿美元，占基金资产的 28％。但是尽管遭受了这样的打击，他的基金当年仍然上涨了 14％。

1992 年秋，索罗斯在英镑迅速贬值并引发欧洲混乱的过程中获得了臭名昭著的 15 亿美元意外之财。接着在 1994 年初，他押注日元将在美日贸易谈判结束后下跌，这一误判使他损失了 6 亿美元。顷刻间他的 8 只量子基金中的 4 只跌破面值折价销售，这包括量子工业、亚洲基础设施、量子房地产和量子英国地产。媒体纷纷发文宣称米达斯（Midas）*

---

* 希腊神话中的弗里吉亚国王，因贪恋财富，求神赐予点石成金的法术，酒神狄俄尼索斯满足了他的愿望。最后连他的爱女和食物也都变成了金子。——译者注

丧失了他的"点金指"。

1995年，由于索罗斯错误押注美元和日本市场，他的量子基金继续下跌。令人惊讶的是，这一次挽救他的不是宏观投资，而是选股，即找到那些因管理层发生重大变化而预期向好的公司，例如斯科特纸业，这令量子基金在年底上涨了39％。

1997年严峻的考验再次来临，尽管此前量子基金上涨了22％，但由于在俄罗斯证券市场上的过度扩张以及其他一些问题，该基金遭受了沉重的打击，一天之内损失了20亿美元，几乎占总资产的10％。尽管如此，量子基金当年仍然上涨了17％。

索罗斯的投资方法要求绝对心无旁骛。到1987年，随着他越来越多地投入到慈善项目中，投资者必须时不时地留个心眼。1988年至1989年上半年，量子基金跑输了道琼斯指数，事实上，就连索罗斯都在怀疑自己。由于习惯了与合伙人一起管理公司——之前是罗杰斯和维克多·尼德霍夫（Victor Niederhoffer），他开始引入新的管理团队：他设立了 个风险套利团队， 个期权套利团队，并找了 个人负责与他一起研究宏观经济，以及三个团队分别负责美国、欧洲以及日本市场的投资。这还不包括一个负责做空的团队，这个团队有一位经理，以及几位半独立的成员。团队经理的资产负债表都是独立的（索罗斯称之为"迷你账户"），而只要是索罗斯看得顺眼的交易，他就会增加交易量，实际上他扮演的角色越来越像一个教练。

在索罗斯引入新的管理团队后，我向索罗斯提到了我以前的导师伊姆里·德·维格。虽然德·维格才华横溢，但他不是一个好领导，他试图建立一家长寿公司的远大抱负最终破灭了。索罗斯当时回应说："看看我能不能做得更好，这也不是我的强项。不过，引入年轻人还是很有趣的。"

索罗斯最重要的两位雇员都更年轻，但绝非新手。他为量子基金找到了斯坦利·德鲁肯米勒（Stanley Druckenmiller），后者通过大规模押注外汇和债券，在基金规模大幅增长的同时保持了高回报。与此同时，德鲁肯米勒也为自己赚了不少钱，仅1999年一年就获得了10亿美元的酬劳，并于次年离开了量子基金。

一位更难以捉摸的人物是尼克·罗迪提（Nick Roditi）。1992年，索罗斯从伦敦的罗斯柴尔德家族将他挖过来管理旗下的配额基金（Quota Fund）。1997年夏《金融世界》杂志称罗迪提在前一年赚了1.25亿美元，然后问道："这家伙是谁？"他出现在公众的视野中是在1995年，当时他管理的配额基金拥有15亿美元的资产，在扣除20%的管理费后，利润率为159%；第二年，配额基金又赚了82%。罗迪提的办公室位于伦敦汉普斯特德区。到1997年，他把配额基金的规模提升到了近30亿美元。同年，投资者愿意支付68%的溢价申购配额基金，但10月的暴跌将溢价压低至50%以下（相比之下，量子基金的申购费要低得多）。截至1997年底，配额基金的规模降至25亿美元。

罗迪提运用了惊人的杠杆在6个市场针对指数和货币进行豪赌。在一次复杂的美元押注中，他一次投下了380多亿美元。如同索罗斯一样，他可以在"针尖上跳舞"。1997年春，罗迪提在欧洲和美国政府债券上押下了190亿美元的赌注，3个月后，他将这些头寸中的大部分平仓，转而用130亿美元做空日本政府债券。不愿抛头露面的罗迪提为了远离人们的视线，移居到南非开普敦郊外的一处殖民时期的宅邸。1998年在经历了开局不利后，他因疲惫不堪宣布退休；在休息了一段时间后，他重出江湖，但一年后不得不彻底隐退。

在豪赌欧元时曾输掉10亿美元的经历令索罗斯心有余悸，这也导致他对1999年科技股的过度繁荣感到担忧。德鲁肯米勒也是如此。他说："我不看好这个市场，但也不想像德鲁肯米勒那样被淘汰。"他开始做空科技股，但科技股继续飙升。到了年中，德鲁肯米勒调转枪头开始大量买入，到年底获利颇丰。

在 2000 年初，他宣称科技股的上涨行情如同只完成了八局的棒球比赛，显然还有一局没有完成*。然而，实际情况并非如此！3 月份股市的急剧下跌导致索罗斯和德鲁肯米勒双双遭受重创，而他们之间的持续争吵让他们雪上加霜。尽管有庞大的个人财富作为慰藉，深受挫败的索罗斯最终还是选择了离场……就像德鲁肯米勒以及基金的很多投资者一样。随后，索罗斯将量子基金与另一只基金合并，并宣布幸存下来的基金——量子永续基金，将转向更为保守的投资策略。

索罗斯的交易日记

索罗斯撰写的《金融炼金术》一书披露了他的部分交易日记，大家可以借此管中窥豹，以对他的投资方法了解一二。这部分交易日记非常详细地描述了他在 1985 年 8 月 18 日至 1986 年 11 月 7 日的交易。

在后文中大家也会发现，索罗斯喜欢用一些奇特的术语代指他所熟悉的事物，例如他把交易日记称为"实时实验"，在日记披露的时间段内他的基金净值翻了一番，这是一段光辉岁月。

交易日记始于 1985 年 8 月。大家一定还记得，1984 年里根再一次当选总统，随后他实施的一系列减税和加强国防的措施带来了美元和股市的繁荣。美国面对苏联的压力毫不退缩，开放的经济在海外人士的参与下蓬勃发展，这一切无疑都令外国投资者感到欣喜。

在里根执政初期，外国资金的涌入提振了美元和资本市场，推动了经济扩张，从而吸引了更多的资金，进一步推高美元，如此循环往复，索罗斯称这种现象为"里根帝国循环"（附录七是索罗斯针对这一现象绘

---

* 一场棒球比赛一共有九局。——译者注

制的奇妙而复杂的图表）。通常这种现象被比作泡沫、雪球或马车。究其本质，树长不到天上去，过度的繁荣最终必然会导致崩溃。当不断增加的债务成本超过其带来的收益时，经济吸引新资金的能力就会减弱，那就是泡沫破裂之时。然而，在此之前许多其他因素也可能会刺破泡沫，进而可能导致货币贬值，以及大量投机资本的撤出。经济下滑导致全面的螺旋式下降，与之前的螺旋式上升完全相反的循环开始了。

1985 年 8 月 18 日是索罗斯开始交易日记的第一天，那天他的基金价值为 6.47 亿美元。一些读者可能依然记得，当时尽管货币供应量的增加催生了虚假的繁荣，但是伴随着更高的利率，投资者都担心萧条必将到来，然后经济就将面临"硬着陆"的风险。经济繁荣导致周期性股票表现强劲，而依赖于低利率的股票则表现疲弱。

索罗斯在日记中宣称他对这种传统智慧持怀疑态度，他认为"里根帝国循环"正在被打破，美元的强势即将终结，利率将会上升，从而引发经济衰退。因此，他没有买入将受益于持续繁荣的周期性股票，而是买入可能会被收购的公司以及财产险公司的股票，结果获利丰厚。在货币方面，索罗斯认为美元将会走弱，因此买入了德国马克和日元。此外，他认为欧佩克正在解体，因此他开始做空石油。索罗斯最初的持仓头寸如附录八所示，见 8 月 16 日那一列。

然而三周后，什么都没有发生。德国马克和日元双双下跌，而索罗斯在这两种货币上的多头头寸达到了约 7 亿美元，甚至超过了整只基金的价值，亏钱已经是板上钉钉的事。到了 9 月 6 日，他的德国马克和日元头寸已接近 8 亿美元，比整只基金的价值足足高出近 1 亿美元。

随后在一个周日，美国财政部召集五国财长和央行行长一起召开了著名的广场会议*。当天晚上尽管纽约时间仍然是周日，但北京时间

---

　　* 美、日、英、法、德五国政府达成协议，联合干预外汇市场，使美元对主要货币特别是日元有秩序地下调，以解决美国巨额的贸易赤字，这就是著名的"广场协议"。——译者注

已经是周一早上，索罗斯大举买入日元，日元强势升值，此时索罗斯持有的日元头寸达到了 4.58 亿美元，10％的收益轻松到手。

索罗斯在 9 月 28 日的日记中将广场协议达成后的这次狙击描述为"此生最强一击……上周的利润超过了过去四年货币交易损失的总和"。这次绝杀经历了四年漫长的等待，同时也证明了货币交易的难度。如果你仔细查看量子基金在 1985 年 9 月 6 日的持仓，你会发现德国马克的风险敞口为 4.91 亿美元，日元为 3.08 亿美元，两者总计 7.99 亿美元，略高于整只基金的价值。到 9 月 27 日，美元兑德国马克的汇率从 2.92 变为 2.68，也就是德国马克上升了 9％，美元兑日元的汇率从 242 升变为 217，日元升值 11.5％。9 月 27 日这一天，由这两种货币的强势表现所带来的利润以及索罗斯追加赌注的叠加效应，推动了这两种货币的总持仓价值从 7.91 亿美元上升至 10 亿美元，但由于股市和石油的不利走势，整只基金只上涨了 7.6％。换句话说，8％～10％在货币上赚取的利润被其他持仓吞噬掉了。

索罗斯认为股市下跌对他持有的美元空头头寸有强化作用：糟糕的股市将抑制消费和企业支出。此外，股价下跌降低了股票作为抵押品的价值，这进一步起到了抑制作用。

1985 年 11 月的第一周，索罗斯对美元的投机押注达到了巅峰：德国马克和日元的总头寸达到了 14.6 亿美元，几乎是整只基金价值的两倍。这意味着只要上涨的趋势继续，他就会用虚增的利润继续借入资金增加风险敞口……这种投资方法也被称为金字塔式交易法。在使用杠杆的投机中，金字塔式交易会造成严重的损失，因为当趋势逆转时，即便是暂时的，过度暴露的风险也可能使你被逮个正着。

"我之所以不顾一切地持续增加风险敞口，是因为我确信趋势逆转的空间已经变小。我总结的关于自由浮动汇率的原则中有一条就是，在转折点处短期波动最大，随着趋势的确立，这种波动逐渐减弱。"——这是对货币投机者多么重要的一个提示啊！

索罗斯继续指出关于浮动汇率制的另一条新原则，这一原则不仅其他投机者没有意识到，事实上他自己之前也没有意识到，否则他早就能在美元下跌时运用该原则大获其利了。他进一步表示："当所有参与者都做出调整时，游戏规则将再次改变。如果当局处理得好，外汇投机的回报将与风险相称。最终，不够有吸引力的回报将打击投机客的积极性，这让有关当局达成打击投机目标的同时，也是我停止投机之时。"

我强烈建议你认真阅读本段文字，这是处理市场走势的正确方法。几乎所有的投机"体系"都有一个致命的弱点，它们都试图用简单的公式配上片面的数据来描述某种过去的特定经验。如果这一特定经验与接下来将要发生的情况不完全相同，又或者数据发生了变化，那么这种方法就会失灵。

发明一个涵盖过去的公式并不难，但对预测未来而言，这些公式最多只能算是简化的碎片，并没有什么实际用途。在规则固定的游戏里，也许这些公式还能为你带来一些优势，但理解市场的本质却要求理解规则是如何演变的。

回到索罗斯的交易日记，1985 年 11 月的第一周，他指出国际锡委员会（International Tin Council）的崩溃预示着欧佩克崩溃在即。旋即他做空了石油，金额超过 1.8 亿美元，并同时买入炼油公司的股票，理由是炼油公司的主要成本就是石油，如果石油价格下跌，其利润就会改善。

在 11 月期间，索罗斯认为旨在削减政府开支的格拉姆－鲁德曼（Gramm-Rudman）修正案，以及里根－戈尔巴乔夫峰会将有助于国防开支的削减，进而可能预示着一个牛市的到来，因此他买入了股指期货。

此外，日本加息导致债券市场下跌。索罗斯认为，既然五国集团已经同意刺激全球经济，日本应该降低利率。另外，他指出购买长期债券的最佳时机是长短期利率倒挂时……也就是当收益率曲线反转时。因此，他买入了3亿美元的日本债券期货。

经过以上操作，索罗斯的基金规模达到了8.59亿美元，同时还持有15亿美元的日元和德国马克多头头寸，持有8 700万美元的英镑空头头寸；而他做空美元的赌注比他管理的基金规模还要多大约6亿美元。

此外，他还做多了约10亿美元的股票和期货以及近15亿美元的债券，并做空了价值超过2亿美元的石油。

由于这些交易有重叠之处，并不能简单相加，但粗略地估算一下，仅1985年11月，索罗斯在全球各类市场上进行了价值约40亿美元的多空操作，而其基础资本仅为约8亿美元，两者之比达到了5∶1。

在12月8日他写道："我对自己所预测的未来坚信不疑，这一点从我愿意承担的风险敞口规模上不难看出来。"事实的确如此！然而，这一信念与他在8月所持的信念可谓大相径庭。那时他认为"里根帝国循环"在进行最后一轮信贷扩张，以刺激经济并加强军事建设；当大坝决堤时，一切都会随之崩塌。到了11月，他意识到有新情况出现，他的疑虑很快得到了印证：政府组织了一场国际运动，以缓和美元的下跌，因此美元的下跌可能是温和的。股票和债券市场的上涨也同样有助于减缓美元下跌，因为债券价格走强有助于美联储降低利率。

因此，索罗斯指出，"我们可能迎来股市大繁荣"。许多公司被收购，从而减少了过剩产能和流通股，尚未被收购的公司也已经开始削减成本。美元贬值也增强了美国公司在价格上的竞争力。考虑到所有这些因素，再加上国际经济政策的协调一致，他认为目前的形势已经足够好，股价可能会再次超越股票的内在价值。尽管还不清楚美国如何才能削减预算赤字，也不清楚如何才能刺激债务国的经济，但努力尝试本身就足以改善市场情绪。

至于欧佩克，大多数产油国都遵循索罗斯所谓的不正常供给曲线。也就是说，价格越低，为了达到目标收入水平，它们生产得越多，最终迫使价格创出历史新低，因此他一直在做空石油。

1986 年 1 月初，索罗斯对他的投资组合进行了一些重大调整。他将美国股票和股指期货的仓位增加了 6.43 亿美元，并将海外股票的仓位增加了 4 700 万美元，达到了 3.18 亿美元，两者总计达到了约 20 亿美元，这些调整反映了他更加乐观的立场。他还增持了 2.07 亿美元的美国债券，并将自己做空美元的 5 亿美元仓位全部清空，也就是说，他以美元计价的净头寸已经降到与基金价值差不多的水平，同时他还将石油空头头寸扩大至 2.24 亿美元。真是翻天覆地的一个月啊！

他指出当人们认为牛市的确立还需要成功经受住一系列考验时，牛市其实已经来临，而当人们一致认为无懈可击的牛市将持续下去时，他们将再次被熊市收割；后者迟早会发生，但在这一切发生之前还有很长的一段路要走。

1986 年 2 月，他将股票头寸减少至约 12 亿美元，但到 3 月 26 日，他认为自己看涨股市的观点是正确的，油价下跌进一步强化了这一观点；因此，他将自己在美国和海外股票上的头寸重新调整至 18 亿美元左右。自 1 月初以来，他的基金规模从 9.42 亿美元增加到了 13 亿美元。

到 4 月 4 日，他再次卖出了 8.31 亿美元的股票，但在接下来的一周里，他又买进了 7.09 亿美元的股票——这对经纪人来说真是好得不能再好了！到了 5 月 20 日，他再次卖出 6.87 亿美元的股票。这些买卖交易绝大部分针对的是股指期货。

他 40% 的股票头寸和三分之二的海外股票都集中在三个类型上：

芬兰市场、日本铁路和房地产股票、中国香港的房地产股票。芬兰是一个鲜为人知、价格被低估的市场，但它拥有一些杰出的公司，例如诺基亚。后两个类型实际上是同一个类型的不同版本：过度的流动性在日本和中国香港都掀起了土地热潮。具体而言，日本铁路公司已经有十多年没在市场上活跃过了，股价仅相当于其底层资产的一个零头。此外，这些公司还发现它们可以通过借钱投资商业房地产来获利，因为它们借钱所支付的利息低于它们买入房地产所带来的回报。

到了7月，索罗斯在两个相互矛盾的观点中左右互搏：（1）我们仍处于大牛市；（2）油价下跌最终会导致通货紧缩，形成恶性循环，从而打破经济繁荣。

一个投机者依据两种相反的理论同时进行操作，这看起来似乎很奇怪，但事实上，在考虑了人类反应的情况下，这么做又是合乎逻辑的。在国家间的军事谈判中，这被称为"双轨"立场：如果你不移除你的导弹，我就兵戎相见；如果你真的撤走了那些导弹，我也就以礼相待。

我发现当有利和不利的两种压力同时存在时，股票市场并不会不偏不倚地处于平衡的中间位置，而是不断震荡，所以你必须时刻做好两手准备。例如，一方面，战争可能会毁灭一个国家，因此对市场不利；另一方面，战争意味着过度消费，引发通货膨胀，所以在战争期间投资者为了对抗通货膨胀会选择买入资产，包括股票所代表的资产。因此，战争的威胁往往首先导致剧烈的下跌，随后又上涨。在这个过程中，市场首先消化不利的影响，然后反映另一种可能性。

不管怎样，在7月下旬，索罗斯再次被熊市的观点所吸引。他发现油价下跌对经济的影响可谓喜忧参半，这抑制了美国的石油勘探，其他产油国同样受到了沉重打击。然后，新的税改法案取消了房地产税收优惠，削弱了商业房地产市场。农业不景气，国防开支逐步减少。

此外，美元贬值缩小了政府通过降息来刺激商业的空间，因为只有维持高利率才能稳住那些流入的海外热钱。

但是索罗斯看到的情况显然与其之前认为的"一生难得一遇的牛市"假设截然不同。应该何去何从？他的回答很有趣："作为一个通用原则，我不会卖出建立在依然有效的论点基础之上的头寸；确切地说，我会买入额外头寸以反映新的相反方向的论点。"这就如同在同一只基金的某一时刻，两位或多位基金经理突然发现他们朝着相反的方向在操作。

他举了一个让大多数投资者都感到困惑的例子。"如果我有多头头寸，然后卖出等量的空头头寸，那么如果发生 20％的跌幅，对多头头寸和空头头寸造成了相同的影响，多头头寸就只剩 80％。如果我在正确的时间点抛出空头头寸，我就能赚钱；但即使我的空头头寸亏损了，也比在错误的时间卖出多头头寸要好。"

现实中的操作当然要比这个例子复杂得多，因为他需要同时在几个市场进行操作。例如，以下是他在 7 月中旬的操作："7 月 14 日周一，我买入了一些标普指数期货，理由是如果我们面对的是技术性回调，那么股市应该收高。道琼斯指数在此前的 7 月 7 日周一下跌了 63点，看跌者预计接下来的周一会再次下跌，从而形成一个逐级下跌的熊市。当市场确实收低时，我在第二天改变了自己的做法。到周末时，我建立了一个超过我的多头头寸的空头仓位。我还做空了一些长期债券，做多了一些短期国库券期货。然后，我大举进入日本债券期货市场，并将我做空美国政府债券的头寸增加了一倍。这些举措背后的想法是，我预计政府最终会采取行动降低利率。随着美元下跌，美国债券会随之下跌，而日本债券则会上涨。"

我们中有多少人能想到这一点？

这些对索罗斯交易日记的节选，应该能让读者对他的方法有一个

清晰的印象。当然，他的《金融炼金术》这本书本身提供的内容要比
这多得多。

其他操作

索罗斯喜欢抨击臃肿、尾大不掉的机构，同时对别人称他为"敛
财者"感到恼火。尽管积累财富确实是他几十年来一直在做的事情，
他必须付出的代价是他的量子号不再是一艘价值 5 亿美元的"护卫
舰"，而是一艘价值 90 亿美元的"战列舰"，这使索罗斯不可避免地变
得有些传统，他持有的美国股票头寸有很大一部分是道指成分蓝筹股。

多年来，索罗斯一直坚守自己强加给自己的禁令，即不投资任何
他的基金会活跃其中的国家（只有少数国家例外）。然而，到了 1994
年，他认定俄罗斯幅员辽阔、充满活力，不应成为他的投机禁区。他
最初的尝试是灾难性的——市场在他参与后就发生了暴跌。但索罗斯
一直将对俄罗斯的投资视为一个长期项目，实际上更是一个学习的过
程。1997 年夏，索罗斯迈出了大胆的一步，与俄罗斯最有权势的商人
之一、俄罗斯进出口银行行长弗拉基米尔·波塔宁（Vladimir Potanin）
合作，在电信巨头 Svyazinvest 的股权私有化拍卖中赢得了 25% 的股
份。在 18 亿美元的投标中，索罗斯提供了 9.8 亿美元。尽管索罗斯确
实对这次不公平竞争表示担忧，但他无法拒绝这个机会。1997 年底，
量子基金在俄罗斯证券市场扩张过度，并在 10 月的市场动荡中遭受重
创。索罗斯写道：（1）卢布应该适度贬值；（2）货币当局应该稳定卢
布；（3）国际货币基金组织（IMF）和八国集团应该提供 150 亿美元
的援助，或者立即掏出 150 亿美元。当然，最终索罗斯的愿望没有一
个成真，量子基金在一天内下跌超过 10%，损失了 10 亿美元。他立即
受到了严厉的谴责——这并不罕见，我们将在后文接着讨论。然而，

在接下来的几周内，量子基金收复了部分失地，到 11 月中旬，它已经超额 15％实现全年业绩目标。

索罗斯最大的一次成功是由德国央行行长施莱辛格（Schlesinger）在 1992 年夏的一次演讲引发的。施莱辛格提到欧洲可能出现的不稳定正是索罗斯希望听到的好消息，这令他确信英国采取的汇率机制是不可持续的。索罗斯果断抓住了眼前这次千载难逢的机会，他让斯坦利·德鲁肯米勒调集了 100 亿美元的头寸，做空英镑和意大利里拉，买入德国马克（索罗斯知道德国马克在汇率机制危机中会成为投资者的避风港）。意大利里拉率先下跌。随着压力的增加，英国央行将利率提高了 5％，并动用了几乎一半的外汇储备来支撑英镑……但这无济于事。9 月，当英国和其他国家央行认输时，索罗斯获得了 25％的回报，同时他登上了伦敦报纸的头条，被称为"打败英格兰银行的人"。索罗斯一旦确信自己是正确的，他就会从各个角度强化这一立场。攻击英镑的操作包括卖空英国债券：由于英格兰银行被迫提高利率以捍卫本国货币，债券价格将不可避免地下跌。然而随着高潮的临近，索罗斯又一次把握住了时机，他改变了自己的想法并开始买入英国债券，因为他预计英国央行即将认输，之后利率将会下降。索罗斯在他的著作《索罗斯论索罗斯》中解释说："我已经为政权更迭做好了准备，而其他人都没有考虑到这一点，我认为这就是我能意识到情况可能发生革命性变化的原因。"

投资技巧

以下是索罗斯的一些投机原则：

1. 从小额测试开始，如果测试成功，再增加头寸。这是因为他认为在一个汇率浮动的世界里，趋势会随着发展而变得更加稳定、更具有确定性。

2. 市场不会说话，你也不需要无所不知。"投资者在有限的资金和有限的智力下运作：他们不需要无所不知。只要比别人在某件事上懂得更多，他们就有了优势。"例如，当索罗斯还在为韦特海姆公司推销欧洲证券时，他发现德国主要银行持有的证券投资组合的价值就已经超过它们的市值，所以如果你买了这些银行的股票，你实际上就无偿拥有了这些优秀机构的经营业务，你知道这些就足以支撑你采取行动。这一观点已经足够强大有力，其他细枝末节的信息不过是噪声罢了。基于同样的原因，索罗斯发现投资科技股非常困难，因为这需要专业领域的真知灼见，因此，他无缘科技股的大繁荣。

3. 投机者必须从一开始就确定他敢于承担的风险水平，而这恰恰是难点所在。

市场理论

根据索罗斯的观察，股票市场的行为理论主要有三种：有效市场理论、技术理论和基本面理论。

1. 索罗斯和其他许多人通过持续的卓越表现证明了有效市场理论的荒谬，因为根据该理论，他们的卓越表现是不可能存在的。顽固的学院派教授认为索罗斯现象不过是运气使然；但如果真是这样的话，莫扎特的出现也可以用运气来解释，业内没有人相信这些教授的言论。索罗斯不无讽刺地指出："人们越是相信有效市场理论，市场的效率就越低。"

2. 技术分析的理论基础很薄弱，实际上压根无法保证始终有效。

3. 基本面分析认为盈利能力和资产决定了股票的价值，进而最终决定了股价。但是，股票的买卖交易、企业的合并和收购等行为反过来也会影响股价。

我的看法是价值最终决定股价。与投机者不同，投资者不必过于担心短期股价的波动。然而，索罗斯认为"反身性"理论比上述任何一种理论都更好。

看法会改变事件，事件又会反过来改变看法，这是索罗斯"反身性"理论的精髓，这种效果通常被称为"反馈"。用我自己的话来说就是，公主亲吻青蛙，青蛙变成王子，她接着亲他，他又亲回去，然后……然后我也不知道了。另一个通俗的解释是，如果你把一条听话的狗拴在链子上然后踢它，骂它是"坏狗"，这只狗确实会变得恶毒、咬人，从而引发更多的踢骂行为、更多的咬人行为。

让我们继续以货币为例，如果投机者确信美元应该升值，他们的买入很可能会推高美元；反过来，这将产生更低的利率并刺激经济，为美元继续走高提供理由。同样，如果许多投机者确信微软或某公司的股票会上涨，那么他们就会哄抬股价，管理层就可以把公司股票作为一种交易代币，以有利的条件收购其他公司，从而证明更高的股价是合理的。索罗斯把这种"事实—感觉—事实—感觉"的现象称为"鞋带"模式，一根鞋带代表事实，另一根鞋带则代表观点，也有人称之为跟风效应。

"反馈"或"反身性"之所以有效是因为参与者并不完全知道什么是客观事实。他们自己的行为就是事实。（这就是军事决策问题的本质：战争可以被视为另一种竞争性游戏，敌方会阻止你获得所需的所有信息；事实上，当你拥有这些信息时，情况已经发生改变，因为对手总是在向你移动。）

爱德华·N.勒特韦克（Edward N. Luttwak）曾写道："索罗斯不安地意识到，早在他之前就出现了伯克利（Berkeley）、海森堡（Heisenberg）等很多人，他时而低声宣称自己具有独创性，时而又否认任何此类观点。"《经济学人》在谈到"反身性"时写道："找到所有曾否认过这一点的人无疑是一种挑战。"

索罗斯曾希望建立一个更加宽泛的"反身性"理论来解释他所预期的 20 世纪 80 年代的大萧条，就像凯恩斯的《就业、利息和货币通论》一书解释了 20 世纪 30 年代的大萧条一样。后来他承认自己无法提出一个合理的经济学理论，尽管他认为这个想法是有效和有趣的。投机者、政治家和战略家都能理解这一想法，但公众却未必。[①]

索罗斯对"反身性"发挥作用的两个金融领域特别感兴趣：贷款和抵押品之间的关系，监管机构和经济之间的关系。

银行放款这一行为本身就增加了贷款抵押品的价值，因为它假设贷款的收益率要高于吸收存款的利率。如果一家公司或一个国家能像日本铁路一样，借入廉价资金，以低价购买生产性资产，那么它就会获利。增加贷款量通常会刺激总体经济，而强劲的经济会提高资产价值和收入，从而建立起信誉。

然而，如果最终债务超出了偿还能力，抵押品就会被抛售，这又压低了抵押品的价值，使整个过程发生逆转。

索罗斯成功的关键之一是他熟练地大规模使用衍生品，尤其是期货合约。衍生品不仅为索罗斯提供了建立大量头寸所需的杠杆，而且，如果操作得当，它还可以用来在极短的时间内执行大规模交易而不会对市场产生太大影响，这使得索罗斯至少可以在某种程度上进行秘密操作。但联邦监管机构对衍生品的波动性表达了担忧，尤其担心那些借钱给索罗斯和其他高风险基金经理的银行可能会步长期资本管理公司的后尘，而它们在事前完全不能理解自己的所作所为。

---

① 对于一个经济学家来说，听到有人声称他自己的观点被其他经济学家忽视了是很令人痛心的。近期所有的金融市场研究，不论是基于经济基本面、理性预期的传统理论还是那些挑战传统的新兴理论，都发现市场价格和投资者预期具有相关性。参见 Jeffrey A. Frankel, *Foreign Affairs*, March-April 1999。事实上，我在更早的时候就提出了类似的观点。（见附录九。）

均衡理论

经典经济学的均衡理论无法解释投机的随大流现象。该理论认为大多数事物都有一个自然价格，市场很清楚应该以这个价格交易。但这一理论不适用于公众广泛参与的市场，因为市场会随着群体热情的此消彼长而波动。

如果索罗斯能够用经典经济学来解释市场投机行为，那一定会令人瞠目结舌，但遗憾的是他做不到，当然，这并不出人意料。投机市场和其他的冲突性情境，如战争和扑克牌游戏，应该由社会学家来分析，应该使用类似博弈论、复杂性理论这样的新兴学科的数学术语来解释，而索罗斯承认他对这些新兴学科并不熟悉。相反，索罗斯更喜欢引用不确定性原理，他觉得通过不断质疑自己的分析，他就可以在比赛中获得优势，而能够意识到自己和市场的错误是他的优势。

索罗斯认为经典经济学中的均衡理论，以及其中的一些经济学假设，如完全竞争、完全信息、同质化产品和平滑的供需曲线等都是解不开的谜，因为在现实生活中人们是基于预期做出买卖决策的。如果一个生产者预期他的产品价格会下跌，那么他就会像商品投机者一样，在价格开始下跌时卖出更多而不是更少（此外，像日本人一样，他可能会启动一条超大规模的生产线，以降低单位成本，进一步占领潜在市场）；相反，如果价格上涨，人们预计供给会增加，需求会下降，这往往会抑制价格上涨。然而也有恰恰相反的情形：一种货币由于通货膨胀被抑制而开始升值，其他一些原因可能又会导致这种升值进入自我验证的循环。由于供需曲线在很大程度上取决于市场的影响，所以最终这种循环就成了一种趋势而非平衡。

索罗斯还认为推动股价的主要是趋势和普遍的"偏见"（通常被称为预测），两者反过来又受到股价的影响，而这种影响既可能造成自我强化，也可能造成自我纠偏。

每个周期都是独一无二的，但我们可以找到其中的一些相似之处：

1. 投机交易的重要性随着趋势的发展而增强。

2. 偏见（即预测）紧随趋势；趋势持续的时间越长，偏见也就越强。

3. 趋势一旦确立，它就会依据自身规律运行。

货币的趋势波动尤其巨大，因此结合这三点，索罗斯认为投机会逐渐破坏货币的稳定，这也是他反对自由浮动汇率的部分原因。

对于索罗斯而言，典型的繁荣/萧条周期特征如下：

1. 一个鲜为人知的趋势开始萌芽。

2. 自我强化的过程初露端倪。

3. 市场走向得到验证。

4. 投资者信念越来越坚定。

5. 现实与认知之间产生分歧。

6. 出现高潮。

7. 然后，反向的自我强化开始。

索罗斯第一次使用繁荣/萧条序列概念是在大型企业集团股票上的投资；另一次则是在房地产投资信托（REIT）上的投资。这两次的吸引力都在于因为"反身性"效应，公司可以以超过每股账面价值的价格出售股票，从而获得资本收益。

此外，索罗斯表示，即使可以准确预见未来，事态依然可能朝着不好的方向发展：事件只有在转折点出现时才能逆转广泛流行的观点，而这个转折点很难把握。换言之，虽然你能预知某件事会发生，但除非你也能知道它在什么时候发生，否则它可能对你毫无意义，特别是当你在做空的时候，准确地捕捉反转时刻可谓至关重要。

现在让我们假设索罗斯是一个交易员，并假设他确信日元会贬值，而且借了 10 亿美元做空日元。下个季度或明年，日元可能确实会下跌，但与此同时，他可能已经破产。因此，对今天和明天起决定作用的虽然是供需关系，但媒体新闻、当局举措以及最重要的趋势都会影响供需，这也是为什么经验丰富的交易员会说"趋势是你的朋友"。想要抓住趋势是非常危险的，尤其是在使用杠杆的情况下，因为你可能无法准确地捕捉到趋势逆转的瞬间。

另外，对于耐心的长期投资者而言真正重要的是价值，他们真正了解潜在价值并且只投入自己的部分资产。如果你能花 50 美分买到价值 1 美元的股票，或者你今天花 50 美分买到了几年后价值 1 美元的股票，你就不必担心无法捕捉到准确的时机。如果几乎没有其他买家和你竞争，你就有可能买到物有所值的资产。

因此，逆向投资是优秀投资者的标志，尽管这对杠杆交易者来说非常危险。

灵活的理论框架

索罗斯乐于发现自己的错误并采取相应的行动，而不是与之对抗。

通过保持灵活的理论框架，索罗斯希望自己的理论能够应对任何情况。例如，在他开始记录他的交易时，他认为"里根帝国循环"很脆弱，因为他认为美元和美国经济的疲软将导致高利率，而高利率又将引发经济衰退。但随后，美国货币当局干涉了浮动汇率机制，以缓冲美元的下跌，这使利率得以保持在低位，由此导致的金融市场繁荣阻止了经济衰退。

从他的交易策略中不难发现，如同每一个成功的交易者，索罗斯最大的优点是知错就改。例如，1978 年和 1979 年，在人们对博彩股的巨大热情中，他做空了国际度假村公司。罗伯特·威尔逊（Robert Wilson）也做空了这家公司，这笔灾难性的做空交易后来被世人广为谈论。威尔逊向所有人宣布了他的操作后，就到东方度了一个漫长的假期。随后国际度假村公司的股价从 5 美元飙升到 60 美元，这让威尔逊损失惨重。相反，索罗斯见势不妙，立即改变了自己的立场：他立刻清掉空头仓位，转而买入该公司股票。最终这一优点帮助他在财富上超越了威尔逊。

高智商的投资者有时候和普通人一样，死也不愿承认错误，但索罗斯不在其列。他说："我的方法之所以行之有效，不是靠永远正确的预测，而是靠及时纠正错误的预测。"

他指出："我的预测的突出特点是我总是期待那些不会变为现实的事情……部分原因在于市场能够对预期的事件产生影响……反身性没有预先设定的结果，结果是由过程的演变来决定的。"（顺便提一下，这也是复杂性理论的核心思想。）

索罗斯认为大多数机构的基金经理通常都是错误的，从这个角度看他确实是一位逆向投资者："他们的地位越有影响力，我就越不认为他们有能力做出正确的决定。"市场塑造了行情；当船似乎要触礁时，他们可能会高声呼喊。"所以我们生活在一个预言不攻自破的时代。"他接着补充道。这或许解释了一个笑话，即股市预测了过去两次企业倒闭潮中的五次：市场确实预见了危机，并吓得当局采取行动阻止危机的发生。这就是索罗斯所说的市场"炼金术"，因为与试图理解市场的科学[①]不同，炼金术试图改变市场。

[①]　这里指的是好的科学。糟糕的科学经常被用于政治，例如纳粹的"科学"种族理论。在我们这个时代，"政治科学"和"有关科学家"往往比科学更具有政治性。"通过称政治为科学，"索罗斯讥讽地说，"你就可以更大程度地影响市况。"

　　索罗斯有一个令人愉快的缺点，那就是他喜欢给自己的想法取一些浮夸的名字，而这些想法如果用通俗的语言表达其实大家都耳熟能详，这还蛮有趣的。例如他所说的"反身性"其实就是反馈，他所说的"偏见"其实就是预测，"里根帝国循环"其实就是泡沫，"合作组织"指的是头部银行俱乐部，"实时实验"其实指的是他的交易日记。在 1985 年 12 月 8 日的交易日记中，他认为也许世界末日不会马上到来，相反，事态可能会暂时好起来。他将其描述为"资本主义的黄金时代"，这一说法在六个段落中出现了四次；他还宣称这是"一生难得一遇的牛市"，当时标准普尔 500 指数约为 2 000 点。9 个月后，即 1986 年 9 月 29 日，他写道："我所指的'资本主义的黄金时代'已经结束，我正在尝试找到下一个阶段的特点。"这是我们最后一次听到索罗斯提"资本主义的黄金时代"，此时标准普尔 500 指数约为 2 300 点，因此在索罗斯宣布资本主义的黄金时代结束时，该指数仅仅上涨了 15%——这可能是有记录以来最短的黄金时代！

　　正如你必须住在某个地方一样，你必须把你的钱以某种货币的形式储存起来。大多数投资者，实际上还包括大多数基金经理，从来都没有有意识地决定要去哪里，他们只是待在原地不动。如果你身处苏黎世，那你很幸运；如果你身处太子港，情况就没那么妙了。① 对一个爱国者来说，主动选择投资自己祖国之外的国家是很难的。摩根的格言——永远不要成为美国的负担，是一个很好的忠告。但从短期来看，美元和美元股都不是最佳选择，因此索罗斯认为你必须表明立场，因为不做决定本身就是一种决定。他谦虚地透露："有时我很羡慕那些无知的基金经理，他们正面临着生死存亡的抉择而不自知。"

---

　　① 我有一位迷人的朋友，他是一个非洲国家驻联合国和海地的大使。他过去每年都去一次海地，参加当地的国庆节庆典。他的家族财产包括位于非洲的一些用于出租的房屋。他曾若有所失地问我，为了以防万一，他是否应该分散投资，而不是继续在海地买入房产用于出租。

所有有智慧的资产管理人，或者说所有人都愿意为人类世界做一些有意义的事情。在 20 世纪 80 年代，索罗斯也进入了这个人生阶段。很多人收集艺术藏品是为了把它们送给别人，或是为了捐给博物馆，或是为了进入慈善机构或公共服务领域，进而能够与大人物结交，最好的情形不过是向大学或知名慈善机构捐款。索罗斯则走了一条完全不同的路线，他建立了一个极具创新、前所未有的基金会网络，以帮助中欧国家进行民主建设。

蒙田（Montaigne）明确地将自己作为波尔多市长的身份和作为思想家的身份区分开来。市长应该树立榜样，发表振奋人心的声明；思想家则可能，事实上也必须有他自己的想法："你可以往脸上抹粉，但不能往心里抹。"同样，索罗斯鼓吹货币监管，谴责绿邮讹诈，但当事情继续这样发展时，他就在货币和收购方面进行投机，因为这并不违法。索罗斯写道："我给自己的辩护词是我按规则办事。""如果规则出了问题，那不是我作为合法参与者的错，而是规则制定者的错。"索罗斯没有淡化他在英国的胜利，而是公开了他的成功，以吸引更多的人关注他和他的思想。他认为，正是由于缺乏一个更大的平台，他对欧洲未来的提议受挫。因此，从 1992 年开始，关于索罗斯的报道如潮水般涌现，其中大多数都是他自愿参与的。他成立了公共关系机构，公开发布他演讲的文稿，以及有关基金会所作所为的通讯稿，这激发了人们对他的著作的兴趣，这些著作包括《金融炼金术》（1987 年）、《开放苏联制度》（1990 年）和《支持民主》（1991 年）。在恰当的时候，他又创作了第四本书《索罗斯谈索罗斯》①（1995 年）和第五本书《全球资本主义的危机》（1998 年），尽管这些作品很有趣，但对理解他的投资技巧并不重要，所以我就不在这里赘述了。

---

① 这是为数不多的封面上三次出现作者名字的书之一。

批评家的观点

并非所有的批评家都像索罗斯希望的那样认为他是一位政治经济哲学家。例如,《经济学人》是这样评价他的最后一部作品的:"特立独行并不能使他满意,他渴望被公认为伟大的思想家……然而这些都无法改变他的著作还不够优秀的事实。"在谈及他关于如何防止全球崩溃的建议时,该杂志问道:"这是一个笑话吗?"

在《全球资本主义的危机》一书中,索罗斯用了 10 页的篇幅,风趣地讲述了他如何在 1998 年 8 月的卢布危机中发挥作用。这再次被他称为"实时实验",但这一次与投资无关。文中描述了他与华盛顿和莫斯科重磅人物的通话,以及他写给英国《金融时报》的信。他建议将货币"适度贬值 15%~25%",然后引入货币局,而金融市场注意到了货币贬值的建议。索罗斯的担忧是有道理的:一旦卢布被允许崩溃,受苦的不仅是俄罗斯人,全球的发展中市场都将受到严重影响。

布鲁金斯学会(Brookings Institution)* 以及总统经济顾问委员会的委员——杰弗里·A. 弗兰克尔(Jeffrey A. Frankel)在《外交事务》中谈及索罗斯为稳定俄罗斯所做的努力,尽管这一努力被普遍误解:"让他感到恐惧的是,他促成了他本来打算预防的危机……据报道,他的基金 8 月在俄罗斯损失了 20 亿美元……如果他在自己的书中记录下他在俄罗斯违约后与基金经理的谈话那该多好。"

自 1992 年他重挫英镑以来(索罗斯并非孤军奋战,他得到了银行和机构投资者的支援),索罗斯在国际货币市场上的投资就广受批评,媒体指责他的行为如同开设赌场。许多央行担心其经济政策的任何缺

---

* 美国著名智库之一,是华盛顿特区学界的主流思想库。——译者注

陷都可能招致投机者的蜂拥而至。马来西亚总理马哈蒂尔·穆罕默德（Mahathir Mohamad）面对高企的永久性债务和预算赤字，做出了如同1997年夏的泰国、印度尼西亚和菲律宾一样的选择——让货币贬值。穆罕默德指责索罗斯是一个恶棍，并暗示他参与了犹太人的阴谋（东欧的民族主义者也提出了同样的指控，他们对索罗斯的影响力感到不满）。尽管索罗斯在春季确实做空了马来西亚林吉特，但他后来改变了自己的看法，认为林吉特不会像泰铢那样崩盘，所以他回购了自己的空头头寸——这实际上起到了支撑马来西亚林吉特的作用。

　　具有讽刺意味的是，马来西亚央行在1992年对英镑的押注中选择站在索罗斯的对立面，这一错误本来是可以避免的，而这一投机行为使其损失了近40亿美元，比其拥有的资本金还要多（后来马来西亚政府明智地禁止了它的进一步货币投机行为！）

　　索罗斯的基金会也受到了很多攻击。一些俄罗斯报纸在1995年声称索罗斯的基金会是中央情报局的掩护者，因为它们发现了美国政府参与其中的蛛丝马迹；在匈牙利，他的基金会被指责持有左翼偏见；在阿尔巴尼亚、吉尔吉斯斯坦、塞尔维亚和克罗地亚，基金会的雇员遭到袭击，并受到罚款或监禁的威胁；白俄罗斯总统更是查封了当地索罗斯基金会的银行账户，并宣布对其涉嫌逃税行为处以数百万美元的罚款。

　　在我个人看来，这些烦恼反而强化了他的优点，因为困难的事业比容易的事业更有价值。他不时地让西方世界感到尴尬，迫使后者采取行动。譬如他突然提议向波斯尼亚提供5 000万美元的人道主义援助，以及他计划再向俄罗斯提供5亿美元的援助，在这方面大多数西方政府的举措落后于索罗斯。他对新独立的欧洲国家在教育方面的扶持尤其令这些国家受益。①

---

　　①　我必须申明，我是保加利亚美国大学的受托人，索罗斯对这所令人钦佩的大学做出了重大贡献。

索罗斯还在美国开展慈善活动。当克林顿总统签署福利改革法案时，索罗斯觉得外国人没有得到同等的对待，于是他投入 5 000 万美元创建了爱玛·拉札勒斯基金（Emma Lazarus Fund）。索罗斯的父亲于痛苦中离世，而他的母亲在家中安详地度过了人生最终的几个小时，两者极大的反差对索罗斯触动很大。因为大多数美国人都是在痛苦中离世，于是他投入了 2 000 万美元，在美国创立了一个关于死亡的项目。他还创建了一个药物政策改革中心，他认为滥用药物应该被当作一个公共健康问题来处理。索罗斯说："没有政治家会谈论这些问题，它们就像高压线——没人敢触碰。"而经济实力给了索罗斯谈及这些公共问题的自由。

"洛克菲勒在被指控垄断时成立了他的基金会，"索罗斯说，"他希望通过自己的基金会改善自己的公众形象，很多大公司也出于类似的原因成立了基金会。但我的情况却有所不同……"[1] 事实上，洛克菲勒很早就开始了自己的慈善事业，我曾在《纽约观察家》发表对罗恩·切尔诺所著的《泰坦巨人——洛克菲勒的一生》一书的评论："在洛克菲勒还不是一个富翁的时候，他就开始慷慨地向慈善机构捐赠。20 岁时，他就曾捐出超过 10％的收入，其中包括向辛辛那提一名黑人的捐赠，以帮助他的妻子摆脱奴隶制并获得自由。当他加入克利夫兰伊利街浸信会时，他还帮忙打扫大厅，并把窗户擦干净。"

结　论

索罗斯在本书的所有研究对象中是独一无二的，他在为自己创造了大量财富之后，运用这些财富在一定程度上让我们这个世界变得更

---

[1]　参见《索罗斯谈索罗斯》。

好了。不过，目前尚不清楚他能否建立一个永久性的机构来运营他的基金综合体。他的作品价值尚无定论，其中包含了自我辩护的元素，这一点其实也是完全可以理解的。虽然他的慈善事业值得高度赞扬，但人们必须记住，他把从彼得那里得到的东西给了保罗——彼得指的是在交易中被他收割的那些人。与创造新价值的制造商、农民或艺术家不同，投机者没有创造新的财富，而只是重新分配了现有的财富。当然，也很少有投机者能像索罗斯那样有效地做到这一点。总的来说，他是个了不起的人物。

第十三章

卡雷特：大钱小思

菲利普·卡雷特（Philip Carret）那富有艺术气息的古老办公室位于纽约第42街，就在中央车站南入口的对面，我曾到那里拜访过他。在他的办公桌上立着一块牌子，上面写着"凌乱的办公桌是天才的标志"。"瞧这块牌子！"他亲切地笑着说，"这是我妻子送给我的。"所有投资经理（有别于那些实质上在做着行政管理工作的投资经理）的办公桌上通常文件堆积如山，他们总是希望不断从这些文件中获取更多的事实，直到如潮水般涌来的新文件将他们淹没。

他办公室的墙上挂着一个更大的标牌，上面写着莎士比亚在《亨利六世》中的一段台词："当务之急，我们要消灭所有的律师。"尽管如此，卡雷特是波士顿一位房地产律师的儿子，他父亲的主要业务就是承办财产转让。"我的祖辈中第一个就读于哈佛大学的是牧师丹尼尔·古金（Daniel Gookin），那是在1669年。"他不无得意地说。我告诉他，我的父亲和祖父都是律师，都出生在波士顿，我的牧师曾祖父则是哈佛大学1805届的学生，卡雷特认为这很合理。

"你今年去看哈佛和耶鲁的比赛了吗？"他问我，略带着新英格兰那种鼻音。我说很遗憾没去。"非常有趣的比赛，打了个 14：10。我坐在 30 码线的位置……差点被冻死。我敢打赌，我是现场唯一一个观看过 1913 年哈佛和耶鲁那场比赛的人，那一年也是耶鲁碗体育场第一次投入使用。那是另一场非常有趣的比赛，哈佛以 36：0 大获全胜。"

卡雷特无疑是最有经验的投资人士之一：他在 20 世纪 20 年代初就进入了这个领域，他可以自豪地说他在喧嚣的市场中浸淫了 75 年。90 岁的他依然每天一大早就赶到办公室，看上去身体机能完好如初。①他的脸敦实而慈祥，布满了深深的皱纹，他经常轻声地笑，身上散发着一种令人难以抗拒的亲和力。

卡雷特于 1928 年 5 月创立了先锋基金（Pioneer Fund），该基金成立之初约有 25 个股东，都是他的家人或者朋友，在他从基金经理的位置上退下来之前，他执掌该基金的经营长达半个多世纪。在这 55 年的时间里，先锋基金的年复合回报率达到了 13％（如果从大萧条的底部开始计算，则为 15％），这意味着若一位投资者在基金成立之初投入 1 万美元并将所有分红用于再投资，那么在卡雷特离开时，他将获得超过 800 万美元（如果时光倒退到 20 世纪 30 年代初，基金下跌 50％的事实一定也会让他本人感到震惊）。13％如今看起来似乎并不起眼，但在大萧条时期通货膨胀率很低甚至为负的那个年代，这个数字意义重大。无论如何，我们得到的宝贵经验就是，从长期来看复利可以创造奇迹。

卡雷特说："没人能够准确地预测萧条。我的第一份工作是在布莱斯公司，当时，发明了'经济周期'这个术语的哥伦比亚大学经济学教授韦斯利·C. 米切尔（Wesley C. Mitchell）来我们公司吃午饭，公司的两位合伙人问他对经济前景的看法，米切尔可能对别人向他寻求免费建议有点恼火。如果有人付钱的话他倒是很乐意提供这类建议，

---

① 在 100 岁时他将办公时间缩短为一周三天。

但无论如何他还是做出了回答。他说他忙于自己的著作，无暇顾及整体经济。那时离股市大崩溃只有一个月！"

我提到哈佛经济学会（Harvard Economic Society）在 1929 年曾宣称发生在 1920—1921 年的经济衰退不可能重演。"哈佛经济学会根本就不应该成立，"卡雷特说。"这是该大学的耻辱。1929 年感恩节刚过，它就在波士顿召开了一次会议。我的一个朋友和克利夫兰信托（Cleveland Trust）的伦纳德·P. 艾尔斯（Leonard P. Ayres）上校一起喝咖啡，艾尔斯上校被公认为是全美最好的商业经济学家。一起喝咖啡的还有吉米·休斯（Jimmy Hughes），他是股票市场最伟大的研究者之一。他们都认为大崩溃只是'吹散了繁荣中的泡沫'，不会影响他们或任何人的生活方式。这些人都非常聪明，而且见多识广，但他们的结论绝对是错误的。"[1] "所以直觉是最好的向导，是吗?"我问他。"直觉，或者可以称之为潜意识，比统计数据可靠得多。[2] 一个人应该遵循自己的信念。"他回答道。

"在运营企业的过程中，借债再正常不过了。但股市中的融资债务是非常危险的，因为它太容易获得了，你只要拿起电话就可以在股市上融资融券。一名商人想要获得贷款就必须向银行家解释清楚他的资产是什么，他的现金流从哪里来，生意是如何运作的，他想要钱做什么，以及他希望获得的贷款将如何产生现金流来偿还银行贷款。"

我在研究伟大投资者的职业生涯和投资方法的过程中，越来越确信他们往往要么发明了一种新的投资方式，要么至少复兴了一种投资方式：例如普莱斯，他发现了成长股的思想；格雷厄姆则用一系列公式将投资艺术简化为准科学，这些公式在过去的 50 年都被证明是有效的，直到它们变得

---

① 1929 年，该学会在大萧条之后宣布："像 1920—1921 年那样的严重萧条不可能重演。我们并没有面临清理长期库存、全球商品市场低迷和利率上升这些问题。"同年晚些时候，该学会又宣布："货币宽松本身就是当前商业形势稳健的证据。"

② 弗洛伊德正确地敦促我们在小的决定上保持理性，但在大的决定上遵循我们最深的直觉。

过于流行；邓普顿则把整个世界当成了他的投资后院。卡雷特的贡献又是什么呢？

"我喜欢场外交易股票，而且，我比大多数人更保守。大多数人认为的'保守'是指买入通用汽车、IBM 一类的股票，但我更喜欢另类投资，与在纽约证券交易所上市的公司相比，它们受到的操纵更少，因此价格受到群体心理因素的影响也更小。例如，我记得温尼巴格实业*、蔻驰曼工业公司和其他的'休闲汽车'制造商曾广受欢迎。为了证明这些公司当时高企的股价是合理的，你需要让一半的美国人放弃他们的房子，转而不断买入这些休闲汽车，我对这种瘟疫般的时尚避之唯恐不及。我在投资的时候会用一定数量的资本以小博大，买入那些概念股，但通常都是赔钱的买卖，它们绝大部分都不会成为成功的投资。"

他接着说："拉尔夫·科尔曼（Ralph Coleman）管理的基金中有一只叫场外交易证券基金，该基金包含了大约 300 只股票，一旦其中某只上市了，他就会把它卖掉。该基金的表现非常好。在我自己管理的投资组合中，大约有一半的资金投资在场外交易股票上。"

我问卡雷特能否证明场外交易股票本质上比上市公司股票更有价值。"不，我没法证明，"卡雷特说，"场外交易市场中有各种各样的垃圾，但从中也能找到一些皇冠上的珍珠。例如，伯克希尔-哈撒韦。"该公司后来在纽约证券交易所上市。他说他认识这家公司的经营者巴菲特。[①]"他是我的一个朋友，比我聪明。他在投资通用食品公司这件事情上证明了这一点。这家公司的业务平淡无奇，主要业务就是卖咖啡。当伯克希尔-哈撒韦买入它的股票时，我对自己说：'看来巴菲特这次犯了一个错误。'当我注意到这笔交易时，它当时的股价大约为 60 美元，几个月后就涨到了 120

---

* 美国知名房车制造商。——译者注

① 巴菲特曾这样评价卡雷特："每个投资者都应该向他学习。"巴菲特还宣称卡雷特是"一个深谙商业本质的人，一如他对资本市场的了解。如果有投资顾问名人堂的话，他一定位列前十。"

美元……哈哈哈！"（卡雷特在讲述这类故事时总会发出低沉而嘶哑的轻笑。他特别喜欢那些能够证明有时常识完全错误的故事。）

就这一点而言，卡雷特在某种程度上可被视为年龄更大的巴菲特，就连他们的外貌也颇为相似——圆头圆脑、笑容灿烂。他们都有一种一反常规的心态：人弃我取。当巴菲特还是一个"价值"投资者时，两人都喜欢平淡无奇的股票，比如自来水公司或桥梁公司，他们都不介意长期持有这些犹如一潭死水的股票。特别是，他们都具备成为成功价值投资者所必须拥有的耐心，多年来他们经常互通有无。

"例如，我最喜欢的公司之一是岩浆电力公司，我持有这家公司的股票已经很多年。该公司有一个很大的优势，那就是根据加利福尼亚州法律，只要价格没有超过最高的'规避成本'，附近的公用事业公司就有义务购买该公司以任何成本生产出来的电力，所以它仿佛被塞进了保险箱，这在大萧条时期尤其显得美好。当然，这不属于大家通常所认为的保守持股，人们甚至可能从来没听说过它，但对我来说持有这样的股票就是保守投资。"

因为我自己的投资原则之一是在适当的时候，我们应该去现场查看一下我们感兴趣的公司，所以我问卡雷特有没有实地考察过岩浆电力公司。他的回答是肯定的："最初公司位于旧金山北部的间歇泉。那个地方真的很神奇，你可以看到蒸汽从地面冒出来。"

他接着说："我喜欢收集与众不同的投资标的。我有弗吉尼亚天然桥梁公司的一些股份，该公司修的一条高速公路正好穿过天然桥，所以如果你想看到大桥本身，你必须下桥，然后抬头你就能看到大桥的全貌了。这家公司还拥有桥下的土地，以及一家餐厅和一家汽车旅馆，人们会去那里玩上一两天。总有一天，弗吉尼亚州会有一个挥霍无度的政府以高于市场水平的价格收购该公司，在此之前，我不介意等待。"

卡雷特喜欢看到公司盈利增长，但他补充说："如果一家公司的盈利已经增长 15 年，那么它很可能即将迎来糟糕的一年。"

"我确实喜欢'漂亮'的资产负债表。我会阅读我收到的海量年报，至少是简要地浏览一下。如果我看到资产占比很低，或者流动资产占比很低，我就不会再去研究这家公司。我喜欢那些没有长期负债的公司，而且其流动资产与流动负债之比应该高于 2：1。如果它是一家公用事业公司，那么它的财务比率应该合理、业务领域有良好的发展势头，同时还要具备有利的监管环境。"

"对我来说另一个重要的标准是管理层持股。有一次我与国民石膏公司的董事长沟通，发现公司的总裁只持有 500 股公司的股票，所以我给董事长写了封信，他的回答让我大吃一惊：'布朗先生拥有多少股票是他的私事，与他人无关。'我完全无法认同这个观点。在美国证监会要求所有公司高管向公众披露持股之前，这一观点还有正确的可能性，但如今显然这是不正确的。一名公司的高管至少应该将自己一年的薪酬投资于公司，如果他对公司连这点信心都没有，他就不应该成为公司的关键人物。如果他们都没有重仓自己所管理的公司，我又凭什么要买入他们公司的股票？"卡雷特问道，所以他总是在公司披露的文件中寻找内部人士大量持股的信息。

我发现这似乎是好生意的永恒原则。卡雷特在他的一生中有没有发现任何商业原则的变化呢？

"没有，原则就是原则。任何人如果背离了正确的原则，就必须承担后果。有些人很聪明，能够快进快出，但这样的人少之又少。我看过一项关于杠杆投资者的研究，平均 2～3 年他们就会破产，但是有一个投资者 13 年之后才把钱赔光，主要原因是他最初拥有几百万美元的资金。"

卡雷特的原则

1. 至少持有涵盖五个不同行业的 10 种以上的证券。

2. 至少每隔六个月重新评估一次所持有的证券。

3. 至少将一半的资金投入有分红的证券。

4. 在分析任何股票时，分红都是最不重要的因素。

5. 止损要快，但是不要止盈。

6. 永远不要把超过 25％的资金投入那些不容易经常获得详细信息的证券。

7. 像躲避瘟疫一样躲避"内幕消息"。

8. 永远努力探求事实，而非投资建议。

9. 不要机械地运用证券估值公式。

10. 当股市如虹、利率上升、商业繁荣时，至少将一半的资金投入短期债券。

11. 只有在股市低迷、利率下降、商业萧条的时候，才谨慎地进行杠杆投资。

12. 留出适当比例的可用资金，随时准备买入前景良好公司的长期看涨期权。

卡雷特会亲自去了解管理层吗？"能这么做当然不错，但是一天就只有那么多个小时，一年也就那么多天。我持有的股票太多了，没法做到对每个管理层都了如指掌。可以说，我对公司总裁在年报中过于乐观的致股东信始终保持一贯的反感；事实上，如果他在信中略带悲观，对我来说反而可能是个好兆头。我所认识的一位公司 CEO 曾提到一个观点，相比从下属那里获得好消息，他对坏消息更感兴趣。这话不无道理，因为你压根不用担心别人会对好消息藏着掖着。'如果我能早点了解坏消息，'那位 CEO 说，'我就能提前做出应对。'诺曼·文森特·皮尔（Norman Vincent Peale）* 遇到过一个人，那人说他总是被各种各样的问题折磨，生活中都是各种麻烦！皮尔告诉他自己刚从一个有着 6 万人的小地方回来，那里的人没有任何烦恼。那人很兴奋地说：'我也想去那个地方！''我猜你不会想去的，'皮尔回答，'那个地方叫伍德朗公墓。'"

"医生通常不是很好的投资者。"卡雷特说。我问他为什么，他回答："医生对病人必须尽可能做到绝对正确。他不可能仅仅做到保持三分之二的正确性，如果他只能达到这个水平，他早就被开除了。但在投资领域，能做到在三分之二的时间内正确就很不错了，因此，当医生开始投资并发现事情的真相时，他们会感到紧张和烦恼。"当自己持有的股票下跌时，卡雷特依然淡定从容。

卡雷特的投资部分依赖于基本面。例如，1939 年 1 磅粗糖的售价不到 1 美分，之后二战爆发。卡雷特知道，糖的价格会因为战争而上涨，于是他找到了一家位于古巴的制糖公司，以每股 1.75 美元的价格买入了该公司的股票，在股价达到 7～8 美元时，他买入了该公司更多的股票，并最终在股价达到 60 美元的时候卖出了大部分持仓，并在股价达到 200 美元的时候彻底清仓。

多年来，卡雷特一直在追踪观察日全食，为此他不惜一切代价。有一次为了看日全食，他甚至去了亚马孙丛林。但除了这种不太花时间的消遣之外，他承认自己没有别的什么业余爱好。

"每个人都是独一无二的，"卡雷特微笑着说，"我想我比大多数人都更独特。"

显然，卡雷特是一个坦率和诚实的人，他会毫不犹豫地表达自己的观点，并将其付诸行动。并不是所有人都喜欢这种传统的新英格兰

---

　　* 美国著名的演说家、作家，曾获得里根总统颁发的自由勋章。——译者注

式的直率，但大部分人认为这一特点值得称道。一位朋友认为他内心平和、性格坚强、踏实，并且内心没有任何疑虑和不安。

卡雷特出生于马萨诸塞州的林恩，位于波士顿以北 10 英里的地方。后来全家搬到列克星敦，在那里他上了高中，后来全家又搬到了剑桥。他就读于哈佛大学（1917 届），并在商学院学习了一年。1919 年，他以陆军飞行员的身份退役，并加入了一家波士顿的小公司（该公司早已倒闭），周薪 15 美元。五个月后，他的工资涨到了每周 20 美元，但他认为如此低的加薪幅度是对他的一种侮辱，于是他辞职不干了。1920 年 11 月，他在西雅图找到了一份债券销售工作，在那里他遇到了他未来的妻子伊丽莎白·奥斯古德（Elisabeth Osgood）。她在纽约做过社会工作，和卡雷特一样，她也喜欢四海为家，于是去了西雅图，在那里继续从事社会工作。

卡雷特认为伊丽莎白作为妻子完美无缺。"我曾告诉她，她达到了99.99％的完美度，但实际上我错了，她是 100％完美。"他说。作为韦尔斯利学院的毕业生，她成为她那届校友会的主席，同时她在斯卡斯代尔当地的教会中也相当活跃。当卡雷特 8 岁的女儿在学校被问及自己的梦想时，她回答说："成为一名像我母亲那样爱好和平的女性。"

后来他们举家搬回波士顿，他又回到了原来的公司做销售。四五个月后，他再次辞职了，因为他不喜欢做销售，然后他加入了《巴伦周刊》并一直待到 1927 年，当时他打算去纽约挖掘自己人生的"第一桶金"。在纽约，他加入了布莱斯公司，并在斯卡斯代尔租了一套房子，后来他把它买了下来，全家在那里生活了 49 年。1975 年，他们的孩子长大了，他们搬进了斯卡斯代尔的一套合作公寓（cooperative apartment）*。

---

* 一种共同管理的公寓，住户并不直接拥有公寓，而是持有管理该公寓的公司的股份，同时新住户需要征得住委会的同意才能搬进合作公寓。——译者注

1932 年大萧条时期，卡雷特被布莱斯公司解雇了，他因此开始了自己的事业——他认为这是他生命中经历过的最好的事情，尽管当时他并不开心。一开始他有两个合伙人：一个是他以前在布莱斯公司的助理，另一个则是销售。他的销售合伙人只带来了一个客户，正如卡雷特所言，其他客户都是他们挨家挨户按门铃得来的。卡雷特拿到了阿美拉达石油公司的股东名单，这是他认为最好的石油公司，据此他推断该公司的股东应该是有良好判断力的人，会理解他所说的话。于是他从姓氏 A 开始，一一拜访他在百老汇 120 号办公室几个街区内的所有股东。很快他就结识了一位姓氏以 B 开头的股东，后来这位股东成了他的客户，两人也成了多年的好友。

金钱头脑

卡雷特认为，热衷于投资的人有一种特殊的心态，这被他称为"金钱头脑"。为了说明这一点，他讲述了一个故事："多年前，纽约正经历一次周期性干旱。在餐馆里，你必须主动提出来才能得到一杯水。"后来有一天，卡雷特突然想起位于皇后区的一个街区，那里的市政府收取水费不是根据用水量，而是根据每一家的面宽，他认为最终市政府肯定会在那里安装水表，这样就可以区分用水量大的家庭（无疑浪费了大量的水）和用水量少的家庭。于是他开始深入研究并发现可能的候选企业将会是海王星水表公司，而该公司来自信孚银行的一位董事持有 2 000 股公司股票，这无疑是一个令人鼓舞的迹象，同时该公司的各项指标也相当优秀。因此，卡雷特为他的客户买入了该公司的股票，多年来获得了丰厚的回报。

他接着解释："金钱头脑其实是一种怪癖，就像数学头脑一样。"为了说明这一点，他谈到了自己的一位朋友在教堂里不听布道，反而喜欢关注张贴在墙上的赞美诗中的数字，根本无法控制自己，总是用这些数字做算术游戏，最后这位朋友不得不恳求牧师把它们都取下来，这样他才能集中精力聆听布道。

我在 G. H. 哈代（G. H. Hardy）的书中了解到一个关于印度数学天才斯里尼瓦瑟·拉马努金（Srinivasa Ramanujan）的故事。哈代当时正在医院探望拉马努金，并提到他是乘坐一辆编号为 1729 的出租车来的……一个多么无聊的数字。拉马努金马上反驳说："不，哈代，这是一个非常有趣的数字！它是两个数字的三次方之和，而且有两组不同的解①。"一个外行人是很难理解这样的数学头脑或投资头脑的。

我望着他的桌子，上面堆放着三四英寸厚的年报、信件和文件，这无疑给人一种勤勉的印象。

"我不确定那张桌子是否真的空过，"卡雷特说，"当我回到布莱斯公司时，我所在的部门被称为经济研究部。公司解雇我的时候就停止了经济研究，同样被抛弃的还有里面的家具，所以我用 1 美元买下了那张桌子。60 年来，它一直在为我服务。"

---

① $12^3 + 1^3$ 和 $10^3 + 9^3$。

第十四章
斯坦哈特：策略型交易员

如果以 20 年为一个统计期间，迈克尔·斯坦哈特（Michael Steinhardt）的投资表现无疑可以让他进入投资史上最辉煌的投资大师之列。如果你在他的对冲基金斯坦哈特合伙基金（Steinhardt Partners）成立之初，也就是 1967 年 7 月投入 1 万美元，那么 20 年后你将拥有超过 100 万美元，因为扣除管理费之后，该基金的年复合增长率依然高达 27%。那他是怎么做到的呢？

一个可能的答案是斯坦哈特每年向华尔街经纪人支付数千万美元的佣金，这笔钱可以买到大量的研究报告：长达数百页的公司分析、经济预测、对海外经济前景的研究等。当然，前提是你确实需要这些研究报告。然而事实上，斯坦哈特对华尔街的大量研究报告几乎不感兴趣。如果你环顾他的办公室，你几乎看不到一张纸。那么这数千万美元到底买了什么？答案是在每一笔有利可图的交易中获得一点点优势，然后聚沙成塔。

正是他支付的高额佣金让他不断收到①有利可图的交易建议。"我

---

① 尽管斯坦哈特合伙基金最终受到了重创。

们降低了对通用电气下季度收益的预期！""花旗正在往巴西大把砸钱！"一些华尔街公司的影响力如此之大，以至当它们改变一个观点时，就能改变市场。斯坦哈特希望当这样一家举足轻重的公司的关键分析师改变主意时，他能在第一时间获得消息，这不是因为这位分析师一定是对的，而是因为其他人接到这位分析师的电话时会认为分析师是对的。因此，如果你在报纸上看到一些预测股市的"巫师"认为德州仪器的前景正在改善，并且其股价已经开始上涨，请不要感到惊讶：斯坦哈特（以及斯坦哈特家族的其他成员）很可能是第一个听到这个消息的。

但话说回来，这些蝇头小利显然并不能解释他压倒性的成功，他更多的收益是来自对"趋势方向"的正确押注。正如他自己所言："如果我们涉足债券，那是因为我们能够预测利率会朝着某个方向发展……我首先观察市场走向的大趋势，然后试着找到符合我对大势判断的投资组合。我的这种投资方法与只关注公司价值而忽略市场的方法可谓大相径庭。"斯坦哈特被称为策略型交易员可谓实至名归。首先，他会对市场形成一个大而笼统的看法，就像我们通过阅读报纸得出的结论一样，有了这个看法之后他才会去寻找符合这个看法的标的。

从经纪人的角度看，与斯坦哈特打交道的一大优势是，如果他信任你，他会立即答应你的要求，而不是把这个想法提交给某个委员会或者思考犹豫半天，通过一通电话你往往就能获得 10 万股的订单，为此，你当然必须全神贯注！斯坦哈特还可能在经纪人被某只股票困住的时候施以援手，买下对方手里的大量股票……当然，对方需要在价格上有所让步。作为回报，如果斯坦哈特得到了一条他认为会让某只股票下跌的消息，他可能会在消息广泛传出之前迫使经纪人把这只股票从他手里买下来。

对于斯坦哈特而言，这如同赌马，短期、当下才是现实。华尔街研究报告的预测对斯坦哈特来说是长期、是未来，是一个不真实的世界。作为一名交易员，斯坦哈特宁愿每次只赚5％、10％或15％这样的蝇头小利，而不是买入一只股票，长期持有，等待遥远的未来，在他看来，这些事情可能永远都不会发生。例如，1983年他以每股117美元的价格买入IBM的股票，然后股价小幅上涨15％。大多数投资者只会扫一眼报纸上的涨幅，咕哝一声，然后就将其抛诸脑后了。随后，股价跌回120美元，大部分涨幅消失殆尽。好吧，大部分投资者只能接受现实！而斯坦哈特则不同，他借了1亿美元，以117美元的价格买入，然后以大约132美元的价格卖出，赚了1 000多万美元！这还没完，他又做空了这只股票，在价格回落到120美元时又捞进几百万美元。

"我做了大量的交易，"斯坦哈特说，年景好的时候，他每一两个月就会彻底换手一次持仓，"这么做当然不仅仅是为了利润，还因为它能带来其他机会。我总能嗅到各种各样的机会，交易是这一切的催化剂。我其实挺羡慕那些长期投资者的，他们执着于一个遥远的目标，只需要呆坐在那里等待就行了！历史上任何的投资者获得两倍或者三倍回报的概率都比我高。我总是小步快跑，不过，我大部分的盈利来自持有超过一年以上的股票。"这也是斯坦哈特允许自己进行"定向"押注的时长极限，这可能比他大部分持仓的持有时间都要长。

斯坦哈特也会预测大盘的走势，并利用杠杆做多，有时也会转而做空，持有净空头头寸。"我有五六个证券分析师，三四个交易员和一位经济学家，他们会持续寻找那些将发生重要变化的行业。通过经济学家的观点，我希望找到共识与分歧之间的差异。"

1981年，他确信美国中期国债将出现大幅波动。斯坦哈特的经济学家乔治·亨利（George Henry）也认为，当时14％左右的利率一定会下降，而亨利此前曾是美国联邦储备银行的官员。因此，斯坦哈特动用了基金中的 5 000 万美元现金，又借了 2 亿美元，共计 2.5 亿美元买入五年期美国国债。然后，他不得不痛苦地等利率下行，在此期间，该基金一度缩水了 1 000 万美元。在那段时间里，尽管他失去了一些客户，但最终这场豪赌获得了回报：4 000 万美元的盈利。整个基金在1981 财年实现了 10％的增长，而同期标准普尔 500 指数则下跌了3.4％；第二年，他对政府中期债券的杠杆投资为整个基金带来了97％的收益。

三年后，斯坦哈特利用杠杆再次在政府中期债券上建立了规模达 4亿美元的头寸，押注利率下行，这次豪赌又一次取得了惊人的成功。当时的利率已经接近历史最高水平，基准利率达到了约 15％，长期利率达到了 13％。1985 年 7 月，他抛售了这些债券，获利 2 500 万美元。

斯坦哈特在一个形似船头的巨大木制控制台前发号施令，控制台上满是屏幕、按钮和闪烁的灯。他获取利益可不是为了穿特定的制服，所以他通常会穿一件领口敞开的黑色衬衫，配上深色的裤子；他体态圆润，有着圆圆的、留着小胡子的脑袋，肚子圆滚滚的，活像一只海豹；他声音柔软沙哑，态度友好温和，说话方式显得温文尔雅，与其说他是华尔街的交易员，不如说他是出版社的编辑。

和大多数伟大的投资者一样，斯坦哈特也是白手起家。他出生在纽约市的布鲁克林，是一位珠宝商的儿子。斯坦哈特的父母在他一岁时就离了婚。在他的成人礼上，他父亲没有给他现金，而是给了他100 股宾夕法尼亚迪克西水泥公司的股票和 100 股哥伦比亚天然气系统公司的股票。他开始研究经纪人的报告，跟踪《世界电报》上的股票价格，并经常出入美林证券的办公室。"老手们一边抽着雪茄，一边看着显示屏。这让我着迷。"很快，他自己也开始交易股票。

过人的智商让他 16 岁就完成了高中学业，之后他进入宾夕法尼亚大学沃顿商学院学习，毕业时年仅 19 岁。1960 年他毫不犹豫地加入了卡尔文·布洛克共同基金公司，开始了他的股票研究生涯，但这并没有让他一鸣惊人。之后，他加入了美国陆军预备役服役。退役后他为《金融世界》撰写了一段时间的文章，但很快他就厌倦了回答各种各样的用户问题，譬如"你对通用汽车有什么看法？"不久他就被解雇了。"那太可怕了，"他说，"我以为我在华尔街的职业生涯就此结束了。"

然而他的职业生涯没有因此结束，斯坦哈特在勒布—罗德斯公司又找到了一份研究分析师的工作，并终于在套利分析（special-situations）* 领域功成名就。他还开始与贝克尔公司的一位研究员霍华德·伯科维茨（Howard Berkowitz）互通有无，伯科维茨向他引荐了一位自己的校友杰罗德·法恩（Jerrold Fine），法恩当时在多米尼克公司负责资产管理，三人曾在同一时期就读于沃顿商学院。1967 年 7 月 10 日，三人合伙创立的公司开业，初始资本约为 770 万美元。该公司在第一年取得了 30％的回报率，第二年的回报率更是高达 84％，而同期标准普尔500 指数的回报率分别为 6.5％和 9.3％。他们从此正式加入了比赛。

"那是一段欢乐的时光。"斯坦哈特回忆道。到 1969 年末，该公司拥有近 3 000 万美元的资本，三位不到 30 岁的创始人都成了百万富翁。

斯坦哈特是首席交易员，伯科维茨和法恩则专注于研究。20 世纪70 年代公司开始扩张，工作节奏可以用疯狂来形容。斯坦哈特说，这意味着"接连进行 14 次会谈，连轴转地不断交易，忙到完全没有时间吃午饭"。十年来，斯坦哈特对投资的热情已经近乎偏执，这让他觉得自己的视野太狭隘，他渴望休整一下。

---

* 此处也可以翻译为特殊事件投资，也被巴菲特称为 workouts，翻译成套利分析更容易理解。——译者注

"我一直在思考人生的意义。我为我的家庭全力付出了吗？我们在这个世界上存在的意义是什么？这是我人生中最好的选择吗？"这些问题无疑困扰着斯坦哈特，在投资行业辛勤劳作了十年令他精疲力竭，自 1978 年开始他给自己放了个长假。他将 600 万美元个人资产中的 400 万美元交给了斯坦哈特合伙基金来管理，然后就退休了，当时公司的资产规模达到了 1.1 亿美元。他过去抽了太多的烟，体重（210磅）严重超标，这让他更加觉得"应该为了自己退出该行业，永远都别回来"。在他的圈子里，很少有人知道他对投资工作的执着，所以这些人都相信他能彻底远离投资行业。

据他自己回忆，他与公司切断了联系，不再关注报纸和股市的动态。在他位于第五大道、可以俯瞰中央公园的复式公寓里，他花了更多的时间来陪伴家人，全家也会去位于纽约北部基斯科山的度假屋度假。在那里，他种植覆盆子、做果酱、上钢琴和网球课、跟随犹太教的一位牧师学习《圣经·旧约》、学习园艺和瑜伽。他还尝试过慢跑，但没能坚持下来。在此期间，他将房子修葺一新，并去以色列旅游了好几回。

他认为在以色列做生意会很有前景，尽管当时以色列的经济环境非常恶劣，通货膨胀高企、官僚主义盛行、政府干预经济过度、做生意欺诈成风。为此他和一位以色列合作伙伴共同成立了一家房地产开发公司，该公司位于所谓的开发区。最终他还是被以色列恶劣的商业环境打败了，但他并没有完全放弃，他买入了以色列最大的盒子制造公司的股份，并将美林证券引入了以色列。经过一年的"休假"调整，他重返"我们这项光荣的事业"，原因是他找不到任何其他令人振奋和有回报的工作。他说："我在努力学习如何不让工作过度影响自己的生活。这次休假帮我回到过去，让我能够重操旧业，但我的视野变得更开阔，这也减少了我对工作目的的质疑。"无论如何，他工作的驱动力都不再是金钱。

1976 年，他的合伙人法恩离开了公司，并创办了自己的投资合伙企业，伯科维茨也于 1979 年离开，此后，斯坦哈特开始独自经营公司。

斯坦哈特经常和妻子朱迪在基斯科山的度假屋欢度周末，这个迷你庄园有一个人工池塘、一个网球场和一个游泳池。在我们某次面谈的时候，斯坦哈特穿着一件蓝色运动服，搭配蓝灰相间的耐克运动鞋和白袜子。这栋别墅属于现代建筑风格，两匹马在全新的围栏里漫步，管家住在一间现代化的房子里，游泳池边还有一间小屋供客人们游泳前换衣服，但是客人们很少使用它，于是斯坦哈特把这间小屋改成了自己的办公室，里面配备了电脑、电话和传真机。有时斯坦哈特会宣布放假一天，并邀请朋友们来做客。然而当朋友们来了，他却总是待在自己的办公室里，目不转睛地盯着电脑屏幕，忙着接电话，而将他的客人抛在了脑后。

他对纳粹大屠杀这段历史非常着迷，阅读了这方面的很多书籍，同时他对犹太人的历史也非常感兴趣。他曾数十次访问以色列，并投资了那里。他意识到他对以色列的迷恋源自对其宗教的信仰，在他的价值阶梯里，资金管理显然不再排在首位。他喜欢想象自己有一天能更上一层楼。我问他打算如何避免下一代遭受财富过多带来的危害，斯坦哈特思考了一会儿，然后回答说他希望通过将他的民族的传统价值观——注意，此处他提到的不是宗教，而是民族——传递给他的孩子来实现这一点。

交易技术

当斯坦哈特想到市场时，他首先会问自己："什么是会变化的？"

斯坦哈特说过："我从不投资我不懂的东西。如果分析师提出一个标的，通常我只要研究五分钟就会做出决定。他可能会讲述季度利润增长、管理层变动之类的故事，不论他讲的是什么，我都倾向于被动管理，我会给那些想法能够成功的分析师很大的自由度。但如果事情搞砸了，我就会一遍又一遍地回顾整个过程。我的主要职责是提供原则性的指导，确定我们的总体风险敞口，并决定我们可以接受的风险水平。"

《华尔街日报》的一篇文章引用了他的一些前雇员对他的评论："那无疑是富有成效的工作经历，但是身处其中你会感到痛苦万分。"分析师补充道："斯坦哈特像鹰一样盯着你持有的每一只股票。""他必须得到答案。如果你不回答他对每只股票提出的问题，他就誓不罢休。尽管这对管理好基金必不可少，但对那个被拷问的人来说可能有点太过苛刻了。"如果仅仅和他有过一面之缘你肯定无法相信这是真的，因为如果你不和他谈论工作，他总是面带微笑、和蔼可亲、举止文雅。

斯坦哈特说："我认为我的角色就是努力获得最好的资本回报，为此我必须竭尽所能，并且不拘泥于特定的风格。每天我都在问自己什么样的风险回报率才是正确的。第一，我们关注的是长期投资头寸。第二，是那些有吸引力的新股：我们要求并能够获得大量配售。第三，我们以最高的利息将股票出借给那些做空的经纪人。过去这些经纪人可以保留全部收入，但近年来，他们只能保留40％～90％的收入。第四，我们会从事套利交易，包括买入破产公司的股票或者是贸易索赔权。第五，我们也会充分利用各种各样时髦的衍生品工具，例如股指期货。我有四五个交易员，他们对接了八九十个经纪人，这么做在很大程度上是为了打开机会之门。仅仅依靠长期投资我无法取得这样的业绩。"

我感觉这与 A. W. 琼斯﹡的投资理论如出一辙——招募一群奇才，

﹡ 对冲基金之父。——译者注

然后让他们放手一搏，再然后死撑下去？（1974 年，琼斯的合伙企业破产了。）

"当然不是这样！"斯坦哈特回答，"我投入了大量的时间来分析市场。"琼斯最初认为他不能预测市场，但他能够确定投资标的的相对价值，所以他可以做多好股票、做空坏股票。然而事实并非如此，经理们从琼斯的资本收益中分得一杯羹，他们相互怂恿，持有的头寸越来越激进。斯坦哈特说："这种情况非常罕见，但实际上我的基金一直处于净空头的状态，占资本的 30%～40%。"

我们谈到了著名的投机客罗伯特·威尔逊。"他没有做任何研究，"斯坦哈特摇了摇头，接着说，"他主要靠经纪人，自己再读一下公司报告。他和我们不是一类人。"

"我选择的大部分多头头寸都是基于它们的长期基本面前景——当然这并不是说我一定会长期持有它们。我经常对我的员工说，要做长远的选择，即使你所押注的事情可能不会发生。我总是从长期视角分析市场对一个概念的反应，即便不是长期也至少不短于一定的期限。"

在同类股票中，斯坦哈特更倾向于投资有回购计划的公司。这样的计划会进一步推动股价上涨，也能让投资者更容易在时机成熟时卖出。

斯坦哈特的投资组合看起来朴实无华，既不需要高智商，也不需要高深莫测的投资哲学。尽管在大多数年份里，他主要的收益都来自两三只股票，但他依然热衷于交易，关注市场热点，寻找数不尽的交易机会。总而言之，他的风格就是不拘一格。

"我的职业生涯是从一名证券分析师开始的，那是 1967 年，我的日常工作就是拜访管理层，研究不同行业的相对吸引力，等等。那个时候的人习惯于从长远角度思考问题，最聪明的人寻找的是那些最具有长期增长前景的公司。当然，这也导致了'漂亮 50'的异端学说横行：蓝筹股的价格再高也有人愿意买入，只要它们符合这些标准。人们四处寻觅有潜力的蓝筹股，这些股票很多都带有'电子'二字。每个人都在寻找新概念、新服务，他们不再关心价值或者市盈率，一心想找到那些在未来 10 年或 15 年具有高速增长前景的公司。它们的股票仿佛能够永远高速增长下去，以至入场费的高昂与否显得无足轻重，而这最终导致了 1973—1974 年的股市崩溃。"

"之后，人们又开始将注意力转移到短线因素上，例如交易技术、程序化交易。结果我们走向了另一个极端。"他预测投资者迟早会回到长期投资的老路上，而这无疑是正确的。

他说："越来越多的基金经理认为他们需要掌握更多的技能：他们必须能够应对日本市场的变化、预测黄金的投资前景、掌握固定收益证券投资。如果市场发生异动，这很可能是程序化交易指数基金集中交易带来的扰动，所以你又不得不了解这些程序是如何运作的。"

标准普尔期货指数

"我对标准普尔期货非常着迷，"他曾表示，"它很好地衡量了市场的本质。你可以用一个简单的公式计算出指数期货的正确价格，这个价格被我称为溢价，计算方法就是用你因为不持有股票而放弃的价值减去你将资金投资于其他标的获得的价值，这个差额可以被视为机会价值。在上午 11 点到 11 点 15 分这段时间出现过高的溢价通常意味着市场上存在强劲的乐观情绪。但如果高估的溢价持续数天甚至数周，这将是一个越来越明显的由牛转熊的信号。当这个溢价超过合理估值时会触发更多的程序化交易，但是当其高到一定程度时，就不会再有新的赌徒下注。"

"很少有市场参与者了解程序化交易的动机。最主要的一个原因是机构必须保持手中数百亿美元在数周或数月内的流动性，因为这些机构可能需要将这些钱用作营运资本、用于支付保险赔款，或者用于其他什么方面，换句话说，这些其实是短期资金。因此，如果经纪人能够为这些机构提供比现金等价物更高的无风险回报，这显然是有吸引力的。"

"如何做到这一点？当标准普尔期货溢价达到一定水平时，计算机就会指示卖出期货，买入与其挂钩的股票。你不需要把 500 只股票都买下来，人们发现其实买入不到 400 只就可以起到同样的效果，这样大规模的交易就发生了，这种程序化交易的方式显然为一些大公司的业务带来了很多好处。"

卖空战术

斯坦哈特认为对大多数人而言，包括他自己在内，做空需要在心理上做出调整，以克服认为自己正站在魔鬼一方与传统价值观作对的奇怪想法；此外，还必须接受做空的潜在损失是无穷大的，而做多最多只会损失全部本金。

尽管如此，斯坦哈特自己的投资原则却是"不入虎穴焉得虎子"。[①] 1972 年，他冒险做空著名的大牌成长股——宝丽来、施乐、雅芳等，当时这些公司的市盈率达到了 30～35 倍，然后他只能沮丧地看着这些股票的市盈率继续上升至 40～45 倍，这些股票继续大幅扶摇直上，直到 1973 年市场崩溃。还有一次是 1976 年的黑色 1 月，当时斯坦哈特的公司持有的空头头寸创下了历史纪录，然而市场依然在飙升。幸运的是，

---

① 对于一个坚定的便宜货猎手来说未必如此，因为本杰明·格雷厄姆的投资技术降低了投资风险。

这些损失只是个例。1973年，斯坦哈特做空了美国最大的住宅建筑商考夫曼布劳德公司超过10万股，当时公司股价达到近50美元，当该股票因利率和通胀率交替上升而暴跌时，斯坦哈特大赚了一笔——在该股票的价格跌至20美元时斯坦哈特回补了空头头寸，结果这只股票后来又跌到了4美元。

我问他通常会做空哪类股票，因为我发现大多数优秀的投机者并不是通过做空来赚钱，而是用做空来对冲多头头寸的风险。

"在做多方面，我总是寻找市盈率较低、表现落后但有复苏潜力的不活跃股票。而在做空方面，我喜欢瞄准那些美国最知名的大牌公司，它们是人们关注的投机焦点。我通常做空的标的都是市场龙头、机构的宠儿。我做空的股票往往与我做多的股票具有相反的特性，它们往往是高市盈率、热门赛道的热门股票，股价包含了机构投资者热切的预期，然而在我看来，最终这些机构必将失望。我长期存在的问题是无法准确把握这些投机预期崩溃的时机。"

"与那些持有投机预期的机构对抗是一件好事，但前提是你必须能够坚忍不拔地忍受长期的痛苦。"

斯坦哈特每天都要反复检查他的投资组合，尤其是那些有问题的持仓。如果某只股票当天相对市场表现良好，那么他可能不会过多关注；但如果不是，他就会开始问自己到底是哪里出了问题。这样的股价表现可能只是一个随机现象，但他会持续地思考直到他能确定这确实是随机现象。

信息来源

华尔街真有卓越的经纪人吗？斯坦哈特说他经常从各类经纪人那里得到大量信息，但几乎从来没有发现一家经纪公司或研究机构能够长期保持出类拔萃。他发现那些只对佣金感兴趣的人很难成为优秀的选股专家，如果一个人真的是优秀的选股专家，那么他何必要推销自己的想法？这么做显然回报率太低了，只有能力不行的人才会觉得这么做有利可图。斯坦哈特说大多数经纪人"甚至压根不敢参与股市，如果市况与他们的观点相左，他们会随时改变自己的观点"。

在沃顿商学院学习期间，斯坦哈特发现概率论是一门特别有价值的课程，这使他能够自如地处理不完整和不准确的数据。这门课让他大开眼界，它不仅包括处理各种问题的方法，还包括程序化交易；这使他了解了哪些事情是他能够理解的。他说采用概率论进行决策可以保持决策的一致性，能使人们在对相关技术知之甚少的情况下做出判断。如果该行业发生了重大变化，他能够针对变化提出正确的问题，甚至比业内专家提出的问题还要入木三分。

他所说的"一致性"是指不同的主题可以用相似的方法来处理，比如一款新电脑的推出对特定市场上其他电脑产品的影响，或者将贸易平衡问题转化为分析通货膨胀及其对债券市场的影响，甚至是对日本人何时会投资美国股市做出判断。

斯坦哈特每年都会与一位杰出的经济学家会面，每次会面时经济学家都会对世界还没有分崩离析而感到惊诧莫名。所有的宏观统计数据，例如负债储蓄比、债务与 GDP 之比、负债与第三世界国家收入比，常常比以往任何时候都糟糕，这一切用斯坦哈特本人的话来说就是"你不得不为我们的整个体系惊叹不已，因为它成功应对了如此多的冲击"。

新的影响因素

斯坦哈特曾提出："过去能够减少市场波动的因素不再奏效，投资组合保险、程序化交易、国际化以及机构投资占比的增大反而令整个情况变得更糟。过去专家是做市商，主导市场，如今他们成了配角，负责推波助澜。"

未来股市将何去何从？

他在哥伦比亚商学院举办的一个讨论会上指出，决定股市上涨的两个主要因素是较低的利率和更高的杠杆——整个美国工业加杠杆。通过杠杆收购和企业回购，股票供应大幅减少，而需求却在不断膨胀，因为企业发现通过并购比自己从零开始成本要低得多，这一现象成为当时美国市场的主导因素。只要这一状况不改变，企业盈利和其他任何指标就不重要。

负债成了新的市场主导因素，斯坦哈特认为负债"也许将是西方经济未来的关键"，同时他指出现在债务的使用方式与以前相比天差地别："围绕债务的道德准则已经改变。我相信这个房间里根本没有人能够想象，一个像里根这样的保守派总统会允许和鼓励赤字，并让其保持了六年之久，导致国家负债翻了一番。尽管他小时候所接受的道德准则教育对这种做法嗤之以鼻，但他还是突破了传统的价值观，如今这种做法已经成为经济领域的重要组成部分。债务问题涵盖了经济发展的质量、与第三世界的关系、市政负债、消费贷款等方面，如今消费贷款在消费支出中的比例已经非常高，所有这些方面都发生了非常大的改变，这也导致了我们生活模式的改变。1983 年以来股市的上涨主要就是由负债大规模增长造成的。"

斯坦哈特曾提出："与收入、资产或其他任何东西相比，整个世界只有债务一直在大幅增长。"这相当于一座最终一定会倒塌的经济比萨斜塔，因为这显然不可持续。当债务最终无法得到偿还而被迫转为股权时，就会导致通货膨胀。（这在墨西哥、俄罗斯和泰国等地都发生过。）

斯坦哈特在 20 世纪 90 年代经历了一轮动荡的如过山车般的行情，

巨大的压力促使他在 54 岁时就决定金盆洗手，而在此之前华尔街专家和大亨都非常熟悉他的名字，他的这次隐退引起媒体的争相报道。

当时他将外汇交易也加入了自己的投机技术工具箱，这令他的生活更加复杂。到 1990 年 5 月，他管理着 12 亿美元的资产，规模仅次于索罗斯的量子基金。1989 年，他落后标准普尔 500 指数约 10%，费后回报率略低于 21%。总的来说，他持有的多头头寸约占总资产规模的 80%，而空头头寸则达到了 50%。由于他看好灌装以及汽车行业的前景，他的多头头寸包括美国铝业和雷诺兹公司的大量股份。此外，他还持有英特尔和几家石油服务公司的股票，如梅萨和麦克德莫特*。为了对冲风险，他做空了他认为价格过高的股票，而这些股票在其他基金经理那里则颇受欢迎：这包括可口可乐、麦当劳、默克和美国电话电报。

与此同时，他开始大量买入美国国债。此举显得不同寻常，因为他通常不会投资固定收益类产品，但这次他认为经济放缓可能会导致通胀，从而导致利率下降，进而推高债券价格。利率确实已经开始下降，而且看起来这一趋势将延续下去，而运用杠杆炒美国国债赚取利差的想法看起来非常诱人。[1991 年 11 月，《福布斯》报道称："迄今为止，美联储今年已经三次下调贴现率，七次下调联邦基金利率（federal funds rate）**，实际上这是在恳求投机者购买短期国债。有了这个明确的信号，加上美国国债的风险有限，剩下的工作就让杠杆来完成吧。"] 因此，1991 年 4 月，斯坦哈特大量买入两年期国债，5 月，他又在发行前交易市场（when-issued market）上买入了规模达 60 亿美元的国债。

正如他在 1991 年 10 月 10 日写给客户的信中所解释的那样："我

---

* 海上石油钻井平台建造商。——译者注
** 美国同业拆借市场利率。——译者注

们认为目前经济非常脆弱，联邦政府除了降低短期利率之外几乎别无选择……1991年初，随着沙漠风暴行动（Operation Desert Storm）* 的成功结束，人们纷纷认为美国将从经济衰退中再次崛起。我们认为这些预测都过于乐观了。"

不幸的是，和很多同行一样，他的空头头寸令他损失惨重。据报道，后来空头资金大概从1990年底的约40亿美元跌到了10亿美元，最有名的大空头费什巴奇公司差点破产。据说斯坦哈特在1992年春就已经撤离空头市场，他的资金约占当时10亿美元空头资金的15％。

幸运的是，他在国债上的收获远高于这一损失，因此这一年他的基金利润增长了45％以上，他的个人收入达到了5 500万美元。

所罗门危机

1992年，斯坦哈特卷入了所罗门兄弟的国债丑闻。在春季国债拍卖中，所罗门兄弟假冒客户名义进行了欺诈性投标，企图垄断市场并推高价格。斯坦哈特与索罗斯和罗伯逊一起，因涉嫌串通一气而接受调查。正如我们在第二章所描述的那样，当危机结束时，所罗门兄弟已经濒临破产，其高级管理人员被扫地出门，许多人的声誉从此有了污点。调查拖了四年才达成和解：斯坦哈特支付了超过7 500万美元的罚款和赔偿。

与此同时，他正忙着投资大型家用产品公司 Sunbeam-Oster**。斯坦哈特与另一位基金经理迈克尔·普莱斯（Michael Price）在1990年

---

　　* 1991年美国在海湾战争中联合盟军发起的针对伊拉克的大规模军事行动代号，目标是解放科威特。——译者注

　　** Sunbeam在1910年推出了它的第一款家用产品电熨斗，1960年收购了主要竞争对手Oster，在1981年被工业巨头 Allegheny International 收购。1990年，Sunbeam 作为单独的业务单元被出售给投资机构，更名为 Sunbeam-Oster，并于1992年在纽约上市。——译者注

买下了这家近乎破产且丑闻缠身的公司。到 1992 年中期，他们花 1.25 亿美元买入的股份涨到了 12 亿美元。

在此期间，斯坦哈特和许多其他对冲基金经理一样，从欧洲债券中赚取了巨额利润。欧洲货币危机、美国债券上涨以及在 Sunbeam-Oster 公司上赚取的利润，使他的合伙企业在扣除费用后获得了 50％ 的收益。1992 年 12 月，当他宣布开放基金申购时，6 亿美元的额度在数小时之内就被一抢而空。

另外值得一提的是，他在佳士得拍卖会上以 98.6 万美元的价格拍下了一幅毕加索（Picasso）的画作——《拿着棒棒糖的男孩》（*Boy with a Lollipop*），他的艺术藏品也越来越丰富。

到 1993 年，鉴于美国国内经济不断走强，斯坦哈特认为利率最终可能会上升，所以他改变了他的美国债券策略，转而开始深度参与海外债券和外汇市场。由于越来越多的资金流入他的基金，他需要找到一个更深、更大的湖来钓更大的鱼，外汇市场和海外债券市场提供了他所需的体量。因此，他在加拿大、欧洲和日本债券上押注了数十亿美元，同时他还继续做多美元。

当这一切都结束时，华尔街的很多专家将 1993 年称为对冲基金经理之年，这其中以索罗斯、罗伯逊和斯坦哈特三位尤甚。到 1994 年 1 月，斯坦哈特的基金规模达到了 48 亿美元。他利用杠杆在欧洲建立了 300 亿美元的债券头寸，但他内心还是有一些隐忧，因为利率开始上升，这意味着债券将会下跌，不过他确信加息只是暂时的调整，但事实上，美联储主席艾伦·格林斯潘（Alan Greenspan）决心通过提高短期利率来遏制投机行为。当年二三月份，一场飓风席卷世界债券市场，对冲基金争先恐后地削减开支。当斯坦哈特重新调整他的投资组合时，他已经损失 10 亿美元，而他在美元上的赌注也押错了方向。一个季度之后，加拿大短期利率从 4％ 上升至 6％，他的 40 亿美元加拿大债券投资组合下跌了 4 亿美元；与此同时，他在美国的投资情况也好不到哪里去，在净做空大约三年后，就在这些空头头寸即将获利时，他却回补了这些空头头寸。同年 4 月 4 日，他懊恼地写信给投资人："具有讽刺意味的是，由于最近我们清盘了空头头寸，我们没能从本周的市场下跌中受益。"

到 1994 年 7 月，斯坦哈特的基金净值全年下跌了 30%。与此同时，他失去了一位重要的普通合伙人——查尔斯·戴维森（Charles Davidson），正是此人一手策划了 Sunbeam-Oster 公司的投资交易，当时这笔交易为斯坦哈特的基金赚了 5 亿美元。当时戴维森觉得他再也无法在这样的高压下工作。7 月 19 日，斯坦哈特在给投资人的信中写道："今年可能是我最艰难的一年。"他解雇了部分员工，还有一部分人则主动离职。公司调整结束时，他失去了所有的左膀右臂。

同年 9 月，《福布斯》报道称 53 岁的斯坦哈特似乎失去了工作的热情，指数上涨了 3.8%，而他的基金下跌了 32.8%，他管理的资产已经缩水至 32.5 亿美元，同时财政部对他的调查似乎没完没了。《福布斯》评论说："他经常谈到他的个人形象如何随着他的投资业绩而波动，冒险往往意味着承担损失，而这正是他所面临的一个非常危险的缺陷。"

除此之外，他还必须应对管理一只庞大基金的种种困难。在此之前他也遭遇过下跌，但通常很快就会反弹。那时他管理的资产只有 10 多亿美元，进出市场也比较方便。伦敦全球资产管理公司的主管吉尔伯特·德波顿（Gilbert de Botton）借机讽刺斯坦哈特这类刚接触全球投资的新手，虽然他自己也并非完美无缺："虽然他们在自己国家的资本市场上是个成年人，但在全球宏观市场上他们仍然只是个孩子。"

到 1994 年底，斯坦哈特的基金缩水了 33%。"同样的赌注，我在 1993 年赚了大钱，"他告诉《时代周刊》的记者，"然而，1994 年的痛苦远超 1993 年的幸福。"

尽管如此，他还是从错误中吸取了教训。他在国际市场上变得更加谨慎，更多地押注自己更熟悉的美国股市。到 1995 年 6 月，他已将 25 亿美元投资组合中的 25％投资于如学生贷款协会和纽约化学银行一类的标准美国蓝筹股。这一举措奏效了，到这年夏天，标准普尔指数上涨了 20％以上。与此同时，纽约化学银行和大通银行的合并堪称完美，当这一消息在 6 月 30 日宣布时，他持有的 250 万股纽约化学银行股票成了他的第三大持仓。

功成身退

尽管如此，1995 年 10 月，斯坦哈特还是宣布他将于次年金盆洗手。对那些在"瞬息万变的环境下"依然能够与他休戚与共的投资人，他心存感激，同时他含糊其词地宣称自己的这个决定"虽然不可撤销，但也不代表不会回心转意"。这不由得让人想起 1978 年他从投资界撤出休了个长假，一年后又重回市场的那个场景，然而，这一次他动了真格。就在他宣布这个消息的那一年，他管理的基金上涨了 18.5％。在 28 年多的时间里，该基金的费前年化回报率达到了惊人的 30.1％，而同期美国股市的年化回报率仅为 10.8％。扣除所有费用后，他的投资人获得了 24.3％的年化回报率，略低于他们 20 年 27％的年化回报率，但仍然足以笑傲江湖。

斯坦哈特下定了决心在事业高峰期急流勇退。他遭受过各种金融风暴的惨烈打击，以至很多观察人士认为他退出是由于精疲力竭。所罗门兄弟债券丑闻事件的调查一直令人难堪，为要求苛刻的投资人管理一只庞大而极其复杂的基金可以说是一场旷日持久的战斗，这些都令他希望逃离这个全球宏观游戏。不管世事如何变化，他的个人财富都已经稳稳地达到了 4 亿美元。

在 1967 年斯坦哈特创立自己的基金时，一位名叫理查德·库珀（Richard Cooper）的投资人曾花 50 万美元申购他的基金，而到了 1995 年，这笔投资经过 28 年，达到了惊人的 1 亿美元。同年 10 月，《时代周刊》援引了库珀对斯坦哈特的感谢之词："多亏了他，我从未遭受过失眠的折磨。我知道斯坦哈特一直都在那里坚守着我们的财富，我们每个投资人都爱他。"

筹划未来

斯坦哈特说他将致力于传播犹太人的价值观，由于他本人是一个无神论者，所以他关心的价值观是世俗的智慧，而非宗教意义上的犹太教义。他解释说："我们这代犹太人是东欧犹太教的传统和世俗美国的开放这两种不同观念相结合的产物，这令我们这代人取得了许多非凡的成就，你只要细数诺贝尔奖得主、学者、作家和成功商人的数量就不难得出这样的结论。不仅如此，我们这代人比其他任何群体都更加乐善好施，即使作为少数族裔我们遭受了不公正的欺压，我们也依然对帮助他人怀有强烈的愿望。当然，我们这代人对犹太教和犹太价值观的认同还需要加强。"

他在政界保持了活跃度，担任进步政策研究所（Progressive Policy Institute，民主党领导委员会的下属机构）的董事会主席。

斯坦哈特不仅热心于艺术品捐赠，他还向布鲁克林植物园捐赠了数百万美元，并成为该植物园的重要受托人。除了位于纽约第五大道的华丽公寓外，他还在马尔维纳斯群岛拥有两个无人居住的岛屿，总面积达到了 6 500 英亩，这是他在 1994 年以 375 000 美元的价格买入的。即便在岛上能够见到几种珍稀的野生动物，包括黑眉信天翁，他也没有什么动力造访自己的岛屿。他在曼哈顿北部拥有一座占地 54 英亩的庄园，里面还建造了一个动物园，饲养了一种不会飞的南美洲鸟——美洲鸵鸟，还有世界上最大的啮齿类动物水豚，据说在那里还有一只蓝色的鹤老是跟着他在房子周围走来走去。

第十五章

旺格：小小的隐喻

拉尔夫·旺格（Ralph Wanger）在橡子基金（Acorn Fund）的报告中提供了有关历史、心理学、哲学以及投资方面的各种经验教训，以下是其中一个例子：

斑马与基金经理面临同样的问题。第一，两者都追求利润。对于基金经理而言，就是追求高于平均水平的业绩；对于斑马而言，就是更新鲜的牧草。

第二，两者都不喜欢风险。基金经理担心被解雇；斑马则担心被狮子吃掉。

第三，两者都具有群体特征。两者在各自的群体中外表相似、思维相似，就连行动也相似。

如果你是一匹生活在斑马群中的斑马，你必须决定自己在群体中站立的位置，这是一个非常关键的问题。当你认为周围的环境很安全时，斑马群靠外围的地方是最好的，因为那里的牧草鲜嫩可口，而那些站在中间的斑马只能看到被吃掉一半或已经被踩坏的草。那些敢于冒险的斑马站在群体外围，因而可以吃到更鲜嫩的牧草。

然而，当狮子接近斑马群的时候。处于群体外围的斑马很可能成为狮子的午餐，那些站在斑马群中间的瘦弱斑马尽管伙食不太好，但它们至少还活着。

像银行信托部门这一类机构的投资经理可承担不起成为"外围斑马"的代价。对他们来说，最佳策略很简单：始终待在中心。只要他们继续买热门股票……就不会有人怪罪他们。就像一位投资经理所言："对我来说，强生公司的命运真的不太重要，只要每一位投资经理都持有它，只要我们是一起倒下的，那就不是问题。"另外，他承担不起试图在人们所不熟悉的股票上获得大幅收益的代价，如果这个想法失败了，他将面临严厉的指责。

毫无疑问，这个斑马站位理论对我们这些长期投资者来说显然毫无吸引力。

我们大部分时间都试着站在斑马群外围，我们满身都是爪印。

其中关于选股的内容更多，以下是旺格谈择时的一段文字：

这一次，斑马群在一个峡谷中，而狮子则在远处的岩壁上熟睡。每匹斑马都会肆无忌惮地一路啃着草直至跑到狮子鼻尖前，然后在狮子猛扑过来之前就朝着小路疾奔而去。然而不幸的是，这是一条狭窄的小路，实际上，当斑马群到达第一个狭弯时，它们会无助地挤成一团，结果瞬间变成了一大块鞑靼牛排。许多大型机构声称它们可以在一个流动性非常差的市场里，对数十亿美元的投资组合进行"择时交易"，轻松地将股票变成现金，或者将现金变成股票，实际上这是不可能完成的任务。任何这样的策略都只会令市场出现大量短期、大幅的波动，因为那些看图说话的分析师根本猜不准，同时还要付出高昂的交易成本。

旺格甚至还假想了一个"隐喻委员会"，它的"成员冷酷无情、不知疲倦……可以随时猛扑过来，粉碎一个被滥用的直喻，分析一个混合隐喻，或者戳穿一个谬误百出的格言警句"。

对石油征收的"暴利税"让人联想到一个引人注目的"委员会"形象：

> 这对隐喻委员会来说是一个很好的案例：石油消费税是历史上规模增长最大的税种，仅仅通过一个具有欺骗性的名字，它就让美国人民欣然接受了。然而，我们选出的代表们对这笔巨款（约 1 400 亿美元，这对他们来说简直是天降横财）的热情让我想起了我最近阅读的一篇文章——《屎壳郎生态学》。这篇引人入胜的文章详细描述了一头大象在非洲平原上倾倒存货时发生的事情。三种不同类型的屎壳郎在几分钟内出现在了现场。最小的那种在粪堆里挖洞；体型中等的那种就地掩埋小块；体型最大的屎壳郎则挖出大球然后推走。相信读完这篇好文章，你对参议院财政委员会的看法会发生改变。

为了把握一家公司的利润及其增长来源、管理层的目标与想法、潜在的竞争与危机，旺格在投资中会不断地寻找合适的隐喻。他认为"只要这个隐喻依然恰当，就可以继续持有这只股票；但如果持有一只股票的理由不再有效，那就应该果断卖出"。

"大多数基金经理所写的经济预测既无聊又错误百出，"旺格不无讽刺地说，"我选择错误百出但生动有趣。"

旺格个子不高，脸圆圆的，由于经常讲述充满讽刺意味的小笑话，他脸上老是带着一副戏谑而幽默的表情，但在休息时他会变得很严肃。他喜欢边框很细的深色大眼镜，脑袋已经开始谢顶。多年前，当我第一次在我的办公室与他见面时，他头上戴着一顶黑色的希腊水手帽，就是那种纽约人到缅因州旅游时常戴的帽子。在我们的整个谈话过程中，他始终没有取下那顶帽子。他说话的声音很柔和，几乎可以称为喃喃细语。

旺格出生于芝加哥，在麻省理工学院获得了工业管理本科和硕士学位。在旺格看来，管理算不上是一门科学；相反，他认为管理更多的是依赖心理学、常识以及良好的性格。"管理的原则至今并没有发生太大变化。你需要努力把大家拧成一股绳，并确保你指的方向是明智的。而如果你失败了，你很可能会把责任推给别人！"

他在大陆财险公司（如今的大陆集团）度过了一段令人沮丧的职业生涯，随后在 1960 年加入了总部位于芝加哥的哈里斯联合投资公司，当时该公司仅仅成立了两年。他说他之所以喜欢投资工作是因为工资高，而且"没有繁重的体力劳作"。他曾担任证券分析师和投资经理，后来他成了该公司旗下橡子基金的基金经理，并于 1977 年 2 月成为该公司总裁。

1985 年 6 月，旺格与第二任妻子利亚·泽尔（Leah Zell）喜结连理，泽尔是哈里斯联合投资公司的一名证券分析师。他一共养育了三个孩子，一个是和前妻生的，另两个是和泽尔生的。在旺格眼中孩子们都已经是"大孩子，因为他们都找到了工作"。

业绩表现

旺格认为对一个优秀的投资者来说，12%～15%的年化回报率应该是一个合理的目标。事实上在我看来，对大多数人而言，付出巨大的努力尝试去突破这样的收益率并不值得，因为即便是 12％的年化回报率，在复利的作用下每六年就会让你的投资翻番，最终你也会变得很富有，只要你不去破坏这样的复利效应。

旺格观察发现，包括富达基金在内的其他一些基金管理集团过去都曾用新基金试水的方式来谋求更快的发展。这些新基金初始规模都不大，然后通过买入热门股搞个开门红。如果牛刀小试后业绩不错，整只基金就开始公开募资；如果开局不利，这只产品就会被雪藏或者干脆与其他产品合并。因此，那些不太成功的投资记录都被掩埋了起来，就像数十家失败的汽车公司最后都被通用汽车收购了一样。

旺格的投资哲学由两个基本部分组成：

1. 寻找优秀的小公司，它们往往比大公司更具投资吸引力。

2. 确定一个主要趋势，然后，与普莱斯寻找行业龙头不同，旺格会买入那些将从趋势中受益的公司——那些"下游"的受益者。

小盘股

在积极寻找具有卓越潜力的小公司时，旺格其实利用了芝加哥大学教授罗尔夫·班茨（Rolf Banz）在 1978 年研究出来的"小公司"现象。班茨教授发现即使使用了更高的风险系数，小盘股公司的回报率也高于平均水平。

旺格希望"以低于其经济价值的价格买入小公司的股票，在这些公司成长起来以后，将它们再次打包出售。由于这些公司的经营已经取得成功，所以股票的售价都会超过其经济价值。而个人投资者则经常反过来操作，以低于其经济价值的价格卖出小公司的股票，以全价买入成熟公司的股票，他们成了我们收割的对象"。

被那些大机构雇用的大批分析师甚至会忽视小公司。为了应对如此庞大的潜在买入清单，旺格会从地区性和小型经纪公司组成的团队中收集想法。他给最优秀的信息源颁发年度奖，这一奖项被称为"一级红星"（Scarlet A）。"大多数基金经理认为华尔街的研究毫无用处，"旺格说，"但他们每天依然会接听至少 30 通来自华尔街的电话。"

趋　势

旺格说："我目睹人们的生活方式不断变化。20 年前，参加聚会的标配是左手一支烟，右手一杯马提尼，早起慢跑的想法简直被人们认为是荒诞不经的。在那个年代，只有以人到中年为借口才能抵御这些行为。但我们无法预测未来生活方式的转变。如果医生能够预测未来，他们就应该从心脏病学研究转向运动医学研究。我就是一个很好的案例，人们都觉得我为了滑雪已经疯了！"（他是个狂热的滑雪爱好者。）

"生活方式深刻地影响着人们对时间和金钱的支配。例如，现在有更多的老年人遭受背部和膝盖病痛的折磨，这为一些人创造了赚钱的机会。"

"这给希伦布兰德公司创造了机会。"我说。希伦布兰德是医院病床的主要供应商。

"你的钱迟早被希伦布兰德公司赚到，"旺格若有所思地说，"而且它确实是一家运营良好的公司，就如同沃辛顿工业公司。如果这两家公司互换管理层，六个月后它们依然会表现优异。这两家公司从事的都是不受欢迎的行业，但是管理层的才能远超平均水平。通常情况下，由天才经营的公司无法保证一定能胜出，因为通常其竞争对手的经营者也是天才，所以没有人因此获得竞争优势。以半导体公司为例，尽管半导体改变了世界，但多年来整个行业很可能仍在失血，只有极少数公司表现良好。这就如同石油行业，尽管它改变了世界，但大多数公司没能赚到钱，具有同样问题的还有 19 世纪的铁路行业。"

"如果你买下了所有铁路公司发行的全部股票与债券，你很可能会赔钱。美国铁路的资本化实质上是一种国际财富的转移——与马歇尔计划的作用恰好相反。它将以英格兰和苏格兰信托为代表的客户财富转移到了美国，就这一点而言，这简直就是一个无与伦比的完美计划。而美国铁路公司的所有投资者最后的净回报很可能接近零。"①

关于这一点我不太认同，并指出铁路通行权理论认为为了将整个国家紧密地联系起来，必要时可以让铁路运输业务出现亏损，然后通过让渡土地使用权来弥补这些损失。

旺格说："当然，你说的没错，土地使用权才是盈利的来源，而不是运输业务。如果 1880 年你向铁路行业投入 100 万美元，你很可能不赔不赚。然而，如果你把这些钱投入芝加哥的房地产市场，你将在接下来的 40 年里赚得盆满钵满。到 1910 年，芝加哥在铁路运输的刺激下，成为世界上发展最快的城市。"

"在一个处于转型期的行业，大钱都是在核心业务之外赚到的。回到晶体管行业，尽管整个行业并不景气，但受益于晶体管行业，电视广播、有线电视、计算机和数据处理这些行业一片欣欣向荣。"

我认为投资业务本身也正在随着计算机技术的出现而发生巨大的变革。

"的确如此，"旺格表示赞同，"指数基金、各种数据库的出现太可怕了。也许有一天，你只要花 80 美元买一个资产管理程序，然后把你的情况输入电脑，我就失业了。我们正处于一场持续不断的革命之中。"

"现在有一些程序提供了自动化监控功能，以管理一家公用事业公司为例，以前工厂的一线经理需要根据情况（例如工厂使用的不同煤

---

① 正如我在其他地方所提到的，英国人通过劳合社进行了报复。

炭等级的变化）不断调整仪表盘的参数以优化结果，现如今'专家系统'可能比一线经理做得更好。航空业是另一个案例：在不久的将来，人类飞行员将只需要在自动驾驶程序出故障时动手驾驶飞机。"

"芝加哥的银行业曾雇用大量证券分析人员，但最终表现却始终低于行业平均水平。如今芝加哥的银行业已经用电脑替换大量员工，这使芝加哥的银行业得以降低成本从而达到银行业平均的收益水平。"

崛起的东方

旺格对环太平洋地区未来的繁荣下了重注。这一地区中有些国家的人民工作更努力，也更有商业头脑。

那么，投资者又该如何顺势而为呢？一种方法是关注旺格所说的中产阶层崛起，例如新加坡。企业家精神的崛起令太平洋地区的中产阶层呈爆炸式增长，随着财富的增长，这些人开始四处旅行。正是利用这 趋势，旺格买入了二家相关公司：国泰航空（该公司被很多人认为是世界上最好的航空公司）、新加坡航空以及马来西亚航空系统公司。"国泰航空和新加坡航空雇用年轻的空姐时非常挑剔，"旺格指出，"它们不受政府法规的约束，这些空姐到了二十多岁就会被解雇，然后新人加入。"

"投资航空公司就要寻找那些航线网络覆盖广、支线短、折扣少、客流增长快的。国泰航空和新加坡航空都在各自的地区拥有庞大的网络，换言之，它们压根不存在支线的问题。它们的服务网络覆盖了GDP 增长率达到 8%～10% 的国家，考虑到这些国家经济中农业的巨大占比，这就更加非比寻常了。"

"日本人成群结队地来美国旅游，其他国家的人紧随其后。中国香港的酒店刚建成就已经满房，同样的情况在夏威夷和美国西海岸得以上演。太平洋概念同样适用于如嘉年华邮轮和迪士尼这样依赖游客的公司，以及沃特福德玻璃等奢侈品公司。"

不靠谱的预测

要发现真正的世界趋势并不容易。旺格在一份报告中分析了未来学家在几十年前做出的 20 项预测，其中一些预测与 1985 年的廉价能源有关——深海石油钻探、核能持续增长、褐煤等低等级化石燃料的开发、人造燃料、四分之一的新住宅将使用太阳能，然而这些预测中只有深海石油钻探取得了显著进展。旺格从中得出的结论非常简单——想要预测技术的发展极其困难。尽管做出这些预测的都是一些聪明而博学的专家，但依然无法保证预测的质量；更重要的是，他们因此而忽视了已经发生的其他重要变化。他继续道：

"在任何环境中总有一些生物比其他生物能更好地适应环境，最终得以茁壮成长。我们所处的世界环境变化的速度越来越快，所以我认为专注于规模较小的公司可以提高你赶上下一波浪潮的概率。这样才能成为时代的弄潮儿，而不是因循守旧苦苦支撑。"

"在审时度势时，你既要防范过于积极的投资想法，又要警惕过于消极的投资想法，就如同福尔摩斯故事中那条从不叫唤的狗一样。例如在某些年的冬季，如果看不到汽油短缺的报道，那么关于老年人在布朗克斯公寓里冻得瑟瑟发抖的报道也会比较少见，这意味着燃料供应充足。这样的新闻之所以无法见诸报端，是因为人们都爱关注坏消息。但汽油供应充足时油价就会低，这显然对航空公司大有裨益。"

"这对汽车旅馆和迪士尼乐园也同样是利好。"我补充道。

"千真万确，"旺格说，"同样，孟加拉国人在一年左右的时间里总会遇到一次'巨灾'：季风如约而至，随之而来的洪水会迫使成千上万人暂时背井离乡。当然，你会看到这样的新闻是因为季风确实来了，之后人们会重返家园。真正的新闻其实应该是季风没有如约而至。"

换言之，旺格建议如果你没有读到《孟加拉国发生巨灾——数千人无家可归》这样的新闻，这很可能意味着降雨没有如期而至，是时候考虑大豆期货了。

机会渺茫

旺格提出了一个明智的问题："为什么人们在考虑风险时总是忽略了风险发生的概率？"他认为一个可能的答案是大多数人不喜欢或不会通过数学计算得出真实的概率。显然，非比寻常的小概率事件比稀松平常的故事更有可能成为媒体报道的宠儿。但他表示有些管理良好、发生问题可能性较小的公司其实是很好的投资对象，因为市场往往过于担心不太可能发生的灾难。当糟糕的事情发生时，股价的跌幅可能会远超新闻报道，这种情况在华尔街被称为"对坏消息过度打折"。因此，正如旺格所言，当市场因夸大的恐怖故事而不景气时，如果你能找到一家好公司，那就是你赚钱的机会。

有些公司甚至在形势恶化时会表现得更好。例如，亨利 & 理查德报税公司在困难时期通过帮助客户解决税务问题以及保险经纪业务赚钱，这类股票被旺格称为"痛股"。

选股准则

旺格评价一家公司是否优秀有三个标准——增长潜力、财务实力和基本价值，他将这三个标准称为"三脚架"。

1. 增长潜力，这分为以下五个方面：不断增长的市场需求、良好的设计、高效的生产、完善的营销和健康的利润率。高利润率往往是拥有某种特殊竞争力所带来的结果，比如一种技术能力。他喜欢在市场份额上占主导地位的公司："做灯泡行业里的状元好过做拖拉机行业里的探花。"电视台、区域购物中心或报纸都可以利用其在某个区域中的垄断地位。

然后，旺格会寻找优秀的管理层，他们了解公司业务、擅长营销并致力于服务好客户。旺格更青睐那些持有公司足够多股份的管理层，因为这意味着他们与股东在同一条船上。

2. 旺格希望确保公司拥有强大的财务实力，表现在：低负债、充足的营运资本和保守的会计核算。强劲的资产负债表将使公司在无须稀释现有股东权益资本的情况下实现增长。

3. 最后，股价必须有吸引力。旺格指出，机构投资者有时会把公司和公司股票混为一谈，但其实一家好公司和一只不吸引人的股票是可以共存的。

为了验证市场价值，旺格设计了绝对可靠的试金石——退出测试。"你所要做的仅仅是玩一个游戏。假设你拥有一位经营着一家大银行的古怪朋友，他刚刚以大约 10％的利息借给你一大笔钱，你可以用这笔钱以市价买入你正在研究的一家公司的全部股票。如果你研究完这家公司之后对自己说'天哪，这家公司太棒了！只要有钱我也愿意做这样的生意，我要立即辞职去经营这家公司，这笔交易太划算了'，那么你很可能发现了一只不错的股票。但是如果你告诉自己'哎呀，我想我宁愿待在现有的公司'，那么显然这只股票还不够好，你最好再找找别的公司。"

为了给一只股票估值，旺格会让他的分析师估算一家公司未来两年的收益，或者评估一项资产未来两年拆分的可能性，然后使用计算机根据传统的股息贴现模型计算出当时的市盈率，从而得出一个目标价格。

　　然后，根据这个价格计算出预期回报率。旺格会根据预期回报率进行筛选，以找出分析师的预期与市场预期的差异。

鲁宾斯坦法则

　　旺格选股时采用的是"自上而下"的方法。他会首先确定市场中看起来特别有吸引力的领域，然后通过将投资组合限制在这些领域的几只好股票上来降低自己的分析工作量。这被他称为鲁宾斯坦法则：他们要么会弹钢琴，要么不会。他解释说这一名称源自阿图尔·鲁宾斯坦（Artur Rubinstein）* 在伦敦担任钢琴比赛评委时的一个故事。鲁宾斯坦被要求在 1～20 分之间给参赛者打分。在比赛结束时，赞助商沮丧地发现大师给大多数选手打了零分，少数打了满分，分数介于两者之间的一个都没有。赞助商问他为什么以如此极端的方式打分。"很简单，"鲁宾斯坦回答，"他们要么会弹钢琴，要么不会。"

　　一个有吸引力的投资领域必须在未来五年或更长时间内持续拥有这些有利特征。旺格的投资组合周转率非常低，每年仅为 25%。也就是说，他每年卖出投资组合中的 1/8，然后买入其他资产。如果买入一只股票的核心原因或使用的"隐喻"仍然适用，那么它就会被继续持有。由于交易量有限，橡子基金是股票型基金中费率最低的基金之一。

　　几年前，一位朋友告诉他没有一家机构投资过房地产。另一位朋友则提到了自己所在的银行投资预批名单上没有一家房地产公司。在对他们表示感谢之后，旺格立即买入了科格尔房地产公司和伊利诺伊

---

　　*　犹太裔美国钢琴演奏家。——译者注

洲际房地产公司的股票。"毕竟,"他解释说,"我那些乐于助人的朋友所提供的信息解释了房地产股票为什么这么便宜,以及谁会愿意在几年后以更高的价格从橡子基金手里买入这些股票。"首先,投资者很清楚大多数住宅的价格在过去十年里至少翻了一番。其次,美国和外国投资者正在以现金流的10～14倍的价格购买优质房地产,而买入背后的房地产股票只需要5～10倍的价格。最后,在房地产投资信托(REIT)洗牌之后,机构投资者最终仍然会回到房地产行业。

对购物中心的投资则涉及了旺格的三大投资主题:房地产、节能和休闲趋势。他写道:"购物中心是很好的投资标的,因为大型有顶棚的区域性购物中心可以把几十家商店集中到同一个地方,从而节省了顾客的时间和商店的能源消耗。最成功的购物中心擅长使用信息,它们在大多数情况下都会投放电视广告,在全国范围内建立品牌识别度和连锁店形象。"

银行业的虚虚实实

旺格非常喜欢刘易斯·卡罗尔(Lewis Carroll,《爱丽丝梦游仙境》的作者)在《西尔维与布鲁诺》一书中描述的一个场景。在这个故事中,一位教授一开始欠了裁缝一小笔钱。裁缝催他还钱,教授说如果能给他宽限一年的话,他可以付两倍的钱,所以几年后,教授欠了裁缝2 000英镑。但他知道裁缝一定会接受再延迟一年以换取双倍的回报,所以裁缝永远也拿不到钱。这本书出版于1889年,旺格计算过,如果这两个人物都还活着,教授将欠裁缝大约1 000 000 000 000 000 000 000 000 000 000 000英镑。

"当借款人换成阿根廷或波兰这样一个真实存在的国家,而这个国家既没有抵押品,也不打算偿还贷款,银行什么时候才会承认有一笔坏账呢?"旺格问道。"每一次银行将不良贷款展期,其实都在将本金一点点推高,最终进入了梦幻世界。"正是基于这些担忧,一些银行的价值被低估了。旺格特别喜欢小型地区性银行,他表示:"但我们希望这些银行由真正的银行家运营,而非裁缝。"他指出对"盛气凌人的银行家"一词应该从与字面意思相反的角度来理解。

细节决定成败

不过,旺格的投资重心仍然聚焦于小公司,主要是因为回报更大。他引用了伊博森研究公司发表于 1995 年的一项著名研究报告,该报告指出了 1925—1995 年 70 年间的股票回报率。研究发现,大公司的平均年回报率为 10.5%,小公司为 12.5%,这可不是一个可以忽略的细微差别,同样使用 1 万美元投资 20 年,10.5% 的复利效应会将 1 万美元变成 73 662 美元,但 12.5% 的复利效应则会将 1 万美元变成 105 451 美元——比前者整整提高了 43%!

旺格承认专家们对造成这种差异的原因仍存在分歧。他自己的理论认为小公司的管理层能够更好地应对变化,小公司的增长空间更大,可以比成熟公司更快地采取战术性行动,因此这一理论被他称为商业达尔文主义。此外,大公司已经被市场熟知,而对于小公司,你有时可以发现还未被市场了解的信息。

与彼得·林奇不同,旺格认为个人不具备选股能力,尤其是在海外市场。他解释说:"专业人士可以通过与全球各地的企业和分析师建立的关系网发现个人投资者完全无法企及的投资标的。个人投资者单枪匹马如何能够与这些拥有多样投资选择的共同基金相匹敌?"他列举了一些个人投资者无法获取的投资机遇:马来西亚的一家赌场、荷兰的一家报纸、墨西哥的一家瓷砖制造商、瑞士的一家有线电视运营商、法国的一家劳务派遣公司、日本的一家折扣零售商、德国的一家窗户制造商、中国的一家自行车制造商。"我可以向你保证，在东南亚和拉丁美洲这样的地方，普通人不可能仅仅通过给投资银行普惠打几通电话就下单投资。通过这种方式买入股票将会是一场噩梦。"

选择时机

旺格不太关心时机和趋势，这方面他赞同彼得·林奇的哲学，即每年花 15 分钟进行经济形势的分析就足够了。"市场与经济增长 3％还是衰退 1％没有多大关系，"旺格坚称，"每一项研究都表明，股市是经济的晴雨表，但试图反过来看待这个观点则毫无裨益。"

为了说明这一点，他讲述了某一天他大步穿越纽约中央公园时遇到的一件事情。一名女性正在遛她的金毛猎犬。她保持匀速从公园的一头走到了另一头，她的金毛猎犬则左冲右撞地到处跑动，然而，最后它还是回到了主人身边，并一起离开了公园。试图预测和解释狗的行为是何其困难！但不论它做了什么，完全可以预见的是它最终会回到主人身边。旺格坚持认为日复一日地追踪股价就如同试图绘制出金毛猎犬的行动轨迹。[①]"然而，"他总结道，"如果你将眼光放长远一些，专注于跨越多年的长期基本趋势，这个趋势就会平稳得多，你就能知道这名女性的最终去向，而市场这条狗最终也会出现在那里。"

---

① 这条在中央公园出现的金毛猎犬当然是用皮带拴着的，但这不影响结论。我曾打过一个类似的比方：我带着自己的拉布拉多犬黛西在乡间漫步，当我们出发的时候，它就在我身边，在我们结束散步时也是如此，因为散步结束后我会给它喂食，但在散步过程中它是自由的。

一些投资

1997 年，旺格提出了几个他希望从中获利的投资主题，包括能源勘探、东欧自由化、发展中国家的社会变革以及信息科技的飞速发展。

其中一些主题的结论显而易见：例如发展中国家将投资电话系统。另一些观点则更具原创性：发展中国家新兴的中产阶层最终会想去异国他乡旅游。因此，旺格将资金投入了云顶国际（新加坡一家经营邮轮的公司）、日本 H. I. S. 旅行社以及澳大利亚一家名叫伯斯伍德的赌场。基于以下观点，他还坚持投资了嘉年华邮轮公司：如果卡斯特罗最终能离开古巴，那么古巴将会变得更加适合旅游，就会成为美国游客的度假胜地。

能源勘探领域令旺格兴奋不已。在把陆上大部分地区开采完毕后，美国主要的石油公司把目光转向近海，这给小公司留下了通过重新勘探或增加压缩机来获利的空间。橡子基金买入了几家这样的油气开采公司——本顿石油天然气公司、盆地勘探公司和斯奈德石油公司，它们无一例外都是小公司。此外，该基金还投资了位于圣安东尼奥的特索罗石油公司，该公司升级了阿拉斯加的一家炼油厂，并正在收购夏威夷的另一家炼油厂。此外，该公司还在玻利维亚开展勘探和生产业务，一条通往巴西圣保罗的输气管道当时预计将在 1999 年建成，该管道建成后那里的天然气产量将翻番。

当俄罗斯和东欧开放时，旺格看到了其在印刷和包装方面的需求。他在德国克朗斯公司和美国诺信公司上的投资取得了很好的回报，这两家公司都是包装材料和贴标机的制造商。同样，他还投资了日本小森印刷机械公司。此外，他知道这些国家还会需要安全装备——护目镜、口罩、硬脚趾鞋等，为此他买入了全球最大的工业安全设备制造商——矿山安全设备公司的股份。

不过，就连旺格本人也不建议投资者长时间持有题材股。你必须有能力辨别表象是否与实质相符，为此，他引用了苏格兰诗人罗伯特·彭斯（Robert Burns）的诗："我的爱人像朵红红的玫瑰。""这句诗不完全符合事实，"旺格说，"你的爱人确实非常漂亮以至你的目光无法从她身上移开，但是你忽略了她又矮又多刺、住在花园里这个事实。"接着他以1994年墨西哥经济崩溃为例。随着比索价值的下跌，投资者开始惊慌失措地抛售阿根廷股票，从而导致阿根廷比索遭到挤兑。逻辑是不是很奇怪？"这两个国家都说西班牙语，都将比索作为货币，所以它们别无二致，尽管布宜诺斯艾利斯距离墨西哥有 4 609 英里。"

投资下游

旺格认为发展最为迅速的领域之一是信息技术，这是他在报告中经常提到的主题。他写道："我的整个职业生涯实际上都基于这个想法，因为我的大部分投资组合都是围绕这个想法建立的。这是一个似乎永远不会终结的主题。"他的主要关注点通常是如何更有效地处理电子信息。

他对投资信息技术相关股票的建议如下：挖掘一项正在转型的技术，然后投资它的下游。换言之，就是投资因这项新技术而受益的公司，而非这项技术本身。更具体一些，就是要寻找那些因使用电脑和电子产品而获利的公司。

他最成功的投资案例是对国际博弈技术公司（IGT）的投资。事实上，该公司符合旺格的两大主题：技术转型以及未来趋势——对以小博大日益增长的热情。尽管 IGT 最初是从常规的机械老虎机起步的，但它将自己定位为高科技电子老虎机的制造商，电子老虎机不仅可以满足不同的结算需求，还可用于新颖的游戏和彩票玩法。旺格以每股 1

美元的价格买入 IGT 的股票，其股价后来达到了 40 美元。

旺格很少投资半导体公司，摩托罗拉和英特尔从未出现在他的投资组合中。但他在林氏广播公司、移动通信公司、电话和数据系统公司上的投资都非常成功，这些公司都受益于半导体技术的进步。需要大量处理数据的公司也受益于芯片技术的改进，因此他买入了信用卡发行机构埃德瓦塔公司、第一美国银行、MBNA 和人民银行的股票。

1998 年，他最看好的下游公司是位于马萨诸塞州哈得孙市的 ACT 制造公司，该公司为数据网络、电信、医疗和计算机行业制造电缆并提供组装服务。这显然是一种从电子设备需求爆发式增长这一趋势中获利的低风险方式。

旺格看好的另一个行业是外包，该行业以每年 25％ 的速度增长。他投资了一家提供驾照管理外部服务的英国小公司——Capita。

旺格有一个观点可能对他的基金来说是个福音。他认为社会保障、医疗保险和医疗补助等社会项目本质上已经变得比庞氏骗局好不了多少，相应机构根本无法兑现自己的承诺，政府可谓进退维谷。他曾说："政治家和想要领取养老金的人都担心有一天他们醒来时会听到国家退休管理部侵吞巨款的噩耗。"

解决这一问题的办法之一是将美国养老金系统私有化。他引用了 1997 年美国顾问委员会（U. S. Advisory Council）的一份报告，该报告就曾建议国会考虑一定程度的养老金系统私有化。尽管私有化受到很多国会议员的谴责，但这一举措已经被其他一些国家所接纳，其中包括智利、阿根廷、墨西哥、澳大利亚和英国。旺格指出事实上 401(k) 计划[*]和 403(b)计划[**]就是养老金系统私有化的实质性试点项目。

---

[*] 401(k)计划是指美国 1978 年《国内税收法》新增的第 401 条第 k 项的规定，在 20 世纪 90 年代迅速发展，逐渐取代传统的社会保障体系，成为美国诸多雇主首选的社会保障计划。——译者注

[**] 美国税务递延退休储蓄计划。——译者注

随着个人养老基金的多样化，旺格认为这些基金将会买入小盘股。在 1997 年 9 月的一份报告中旺格指出，自当年 5 月以来，小盘股表现好转，并跑赢了标准普尔 500 指数。他表示："尽管这一趋势尚未蔓延至全球，但看起来这很可能会发生。如果情况如我所料，橡子基金的投资将在未来几年获得回报。"

媒体行业

旺格减少了他在有线电视行业的仓位，取而代之的是软件行业的仓位。他认为随着电视频道的不断增加，视频软件行业将是有线电视行业会员费和广告收入的最终受益者。而他最大的持仓是自由媒体公司，该公司拥有探索频道、学习频道和电视购物频道 QVC 等资产。

他对某些媒体公司的预测应验了。1994 年，他以每股 12～17 美元的价格买入了国际家庭娱乐公司的股票，该公司的股价在经历了一段时间的低迷之后开始上涨。三年后鲁伯特·默多克（Rupert Murdoch）宣布以每股 35 美元的价格收购该公司，股价因此攀上了顶峰。1997 年，他买入了盖洛德娱乐公司；最终，西屋电气收购了它的乡村音乐和老剧院部门。

旺格指出，趋势投资者不断追高押注已经将市场整体推高到一个不合理的估值水平，这从他 1997 年的解释中可见一斑，"尽管你赚得更多更快了，但你同时也变得更加偏执了。在股价突破合理点位之后，你之前认为正确的事情就不再正确了"。为了解决这个问题，"仅仅拥有卓越的洞察力是不够的，你必须不断进步"。

第十六章
威尔逊：不系安全带

罗伯特·威尔逊（Robert Wilson）就像一个在跨年派对上用点燃的烟头戳爆气球的小丑。对金钱饥渴的股票经纪人急于向那些听风就是雨的客户大肆吹捧平庸的"概念股"，好让客户掏腰包。而威尔逊最喜欢做的事情就是戳破这些泡沫。总是有一种新的时尚在市场中四处横行：定价过高的网络公司；热门的新药；一种号称可以颠覆世界的新产品，然而它毫无坚实的数字支撑；树长到天上去。新的投机者蜂拥而至，自我肯定的永动机开足马力、不断膨胀，很快就超出了任何合理的估值水平。威尔逊目睹这一熟悉而又致命的过程，他发现橡皮筋开始绷紧，越来越多的接盘侠似乎也无法把泡沫吹得更大。股价下跌至 15 美元，于是他以 15 美元的价格做空，并计划在 10 美元、5 美元甚至 2 美元的时候买进。

在经纪人热情的怂恿下散户竭尽全力地将股价推高至 20 美元，这导致威尔逊浮亏三分之一。他会惊恐吗？绝对不会，这不过是例行公事，于是他在这个价位上又做空了几千股。之后这只股票摇摇欲坠，股价摇摇晃晃地跌回 15 美元。现在威尔逊嗅到了胜利的气息：敌人正在撤退！他向朋友、经纪人、记者以及任何愿意倾听的人解释为什么股价会达到这么荒谬的水平，为什么公司的前景非常暗淡——工厂陈旧、管理不善、竞争加剧、成本上升、需求枯竭、日本更好的产品正在涌入、负债高企，并且监管方面的麻烦或许即将来临。

当最初鼓吹这只股票的经纪人的散户客户越来越多，并试图以"15美元多划算啊，股价是从20美元跌下来的""今后两年每股赚5美元易如反掌，涨到40美元都有可能"这样的话术继续哄骗新的散户客户时，威尔逊及其信徒以及其他短线神枪手正在向他们逼近，并想要收割他们。然后成千上万手的空单导致股价下跌，经纪人开始为下跌编造理由，不详的预言在华尔街四下流传，散户惊慌失措，追加保证金的通知纷至沓来，一切都在变得更糟。股价如自由落体般下跌，威尔逊在7～10美元之间回补了他的空仓头寸，最终获利50万美元。

对威尔逊而言，那些精力充沛、吹捧"概念股"的经纪人就像狩猎中的驱猎物者，驱赶着猎物向他站立的位置靠近。砰！十几万美元。砰！砰！又是十几万美元。在威尔逊看来，这些驱猎物者——我指的是那些经纪人——仿佛不是为他们的客户工作，而是为威尔逊工作。

威尔逊身材苗条，留着整齐的棕色胡子，纤细的头发包围着瘦长的脸。他声音洪亮、语言幽默，中西部的口音略带哽咽。衣着朴素整洁的他身材仿佛只有三十多岁，脸看上去只有四十多岁，而事实上他五十多岁了。他坚信保持健康的重要性，而实际上他在工作中也必须保持健康，就如同一名航空调度员一样。

威尔逊的办公室位于纽约西区的一座写字楼里，这间具有北欧现代风格的办公室大而干净。威尔逊穿着凉鞋，把脚搁在桌子上做着他的股票交易。他每天大约有三分之二的工作时间在打电话①（通过一个

---

① 尽管威尔逊后来减少了打电话的时间。

小小的耳麦装置，他接起电话的第一句话总是"我是威尔逊"），另外三分之一的工作时间则用于阅读商业杂志和收听秘书的电话留言，他还经常在晚上和炒股的朋友们一起出去玩。而整个系统中真正让威尔逊发财的则是他的投资理念。

为了使赚钱机器运转良好，威尔逊非常注意自己的健康。首先是丰盛的早餐，以前包括鸡蛋和培根；当他发现自己的胆固醇过高时，他不再吃培根，鸡蛋也吃得少了。

他日常服用维生素 C 和维生素 E，喜欢低强度的慢跑，同时还练习瑜伽和做其他运动。如果去纽约体育俱乐部的话他只做健美操，而不会去参加其他竞技性运动，这是因为他觉得自己的身体一直都很虚弱，运动起来也不协调。他还会通过脸部运动来防止长皱纹和双下巴（尽管这两个问题他都没有），这包括做鬼脸，把嘴角向两侧下弯。当他逐渐谢顶时，他开始拉扯头发以刺激头皮，结果有效缓解了脱发问题。威尔逊认为随着年龄的增长，身体里的血液流动速度会减缓，为保持血液流动就需要大量喝水。起初，大量喝水可以帮助他软化大便，因为他患有痔疮；后来他发现这对他的肤色也有益处，他的皮肤看上去确实比同龄人年轻得多，所以在痔疮康复后他保持了这一习惯。

20 世纪 50 年代中期，在军队做了两年文书工作后，威尔逊想要加入德·维格公司。公司的老板伊姆里·德·维格简直是一本百科全书，威尔逊惨遭他的"严刑"拷问。最后维格告诉威尔逊，如果他想得到这份工作，就必须放弃投机的念头，但是威尔逊誓死不从，所以为维格工作的希望化为了泡影（我没有谈及自己全额支付管理费让该公司管理我的资金，并曾为维格工作的这段既是客户又是员工的经历）。威尔逊后来为好几家投资公司工作过。

不过，他最重要的活动是管理自己的资金，近年来他的资产一直保持在八位数的水平。

威尔逊独自一人住在中央公园西侧一套宽敞明亮的公寓里。他是纽约几家机构的重要客户，这些机构包括纽约市歌剧院、布鲁克林植物园和惠特尼博物馆。在这些机构中，他的聪明才智受到了人们的广泛赞赏。他喜爱音乐，尤其是马勒（Mahler）*、瓦格纳（Wagner）**、理查德·施特劳斯（Richard Strauss）***、普契尼（Puccini）****、莫扎特和贝多芬的作品，但他去看电影的时候三次会有两次中途退场。他为人简单、幽默、富有同情心、表里如一，同时也是个行动派，对如何将事情做对充满好奇心。

什么是他行动的动力呢？他一再重申自己最大的愿望是变得富有，但他似乎喜欢把钱当作一种象征，而不是用于消费。他的品位很简单，也没有昂贵的爱好，既不雇用仆人，也不购买豪车，因为那样会让他觉得自己与世隔绝了。他相信炫耀性消费会"降低人的活力"，但同时他又喜欢向文化机构慷慨解囊，加入它们的董事会，每周还会外出吃几次别具风格的晚餐。

他认为每个人都应该享受人生的过程。"股市翻红上涨带给我的感受就如同观看了一场伊莱克特拉（Electra）的演出，妙不可言。"当然，股市下跌令他赔钱时他也会很难受，但还不至于难以忍受，毕竟对痛苦的高容忍度是他这种投资方式取得成功的必要条件。"从事这一行对我的影响不是很大，至少不是根本性的。"① 他引用了伯纳德·贝

---

　*　奥地利作曲家，代表作包括《大地之歌》《复活》。——译者注

　**　德国浪漫主义作曲家。——译者注

　***　德国浪漫派晚期作曲家。——译者注

　****　意大利歌剧作曲家。——译者注

　①　英国著名诗人亚历山大·蒲柏（Alexander Pope）经常受到无情的讽刺。一天，一位朋友拜访他的时候发现他正在阅读那些挖苦他的信件，尽管蒲柏故作轻松地说"这些东西就是我的消遣"，但这位朋友还是注意到了他的脸在抽搐。

伦森（Bernard Berenson）*的一句话："想要过得舒心，一个人需要拥有比他所需多一点的金钱和少一点的时间。"

　　威尔逊非常聪明、能言善辩，能从哲学思辨的角度生动地看待自己的很多兴趣爱好。当我们讨论大多数杰出投资者都不喜欢过奢侈的生活时，他指出那些奢侈的生活方式往往是行业领军人物以及高收入低净资产人士的专利。我们一致认为投资者更倾向于内在的哲学思考，因此不太喜欢外在的炫耀。威尔逊还有一句古怪的格言："处理金钱的最愚蠢的方式之一就是花钱。"

捉襟见肘

　　除了坚持自己的运动计划外，威尔逊也会时不时地休假，以保持自己的活力，这正应了 J.P. 摩根的格言："我可以在 9 个月内完成一年的工作，但要我一年工作 12 个月是不可能的。"但也不是所有的假期都能达到同样的效果。有一次在开始为期 6 个月的欧洲、远东和澳大利亚旅行之前，他把投资组合调整到令自己满意的状态；他的多头持仓既满足了多样化的要求，同时又有一篮子空头股票对冲风险，无论涨跌（他预计市场不会剧烈波动）都可谓万无一失。通常通过同时做多和做空能够让他赚到更多的钱，而不是直接出局。在此之前，用他自己的话说，他在做空方面取得了"神一般"的成功。

　　不幸的是，当时威尔逊的空头头寸中有 20 万股国际度假村公司的股票，成本为每股 15 美元，在他出行之前，股价上涨到了 20 美元左右。"我仿佛被钉在了十字架上，但我也许会做空更多。"在一次广为人知的采访中威尔逊宣称。他预言刚刚在大西洋城开设第一家赌场的

---

　　*　美国艺术史学家。——译者注

国际度假村公司不会经营得如公众预期般那样好，因为大西洋城的气候不如拉斯维加斯。威尔逊继续解释：此外，赌场老板需要黑手党帮忙追讨债务，因此，如果新泽西州政府能够成功地将黑手党驱逐，那么赌场就不敢再提供贷款，进而失去对豪客的吸引力。怀揣着这样的自信，威尔逊开始了他的环球之旅。当他蜿蜒穿行于欧洲各国时，国际度假村公司发布公告称其新赌场旗开得胜，投资者闻风而动、蜂拥而至。由于威尔逊已经公开宣布他的巨额空头头寸，经纪人们心知肚明，并告诉客户放心买入，当股价足够高时，威尔逊将不得不充当接盘侠买下他们手中的股票，因为他的资源也是有限的；据说正是这一点给了股价一定程度的支持。

当威尔逊在旖旎的风光、大教堂、宫殿、音乐会和著名餐馆的美味佳肴之间徘徊时，他那滑铁卢般的惨败正在他的家乡悄悄上演。

国际度假村公司的股票开始蓄势待发，从他离开时的 20 美元迅速攀升至 30 美元，达到了他买入成本的 2 倍。之后，当倒霉的威尔逊正从一个景点晃悠到另一个景点时，该公司的股价一路从 40 美元上涨到了 60 美元——是他买入成本的整整 4 倍！这只股票占据了他空头头寸的三分之一，并令他损失了数百万美元。他对在挪威峡湾度过的糟糕一夜记忆犹新，当时他和一对无聊的夫妇喝得酩酊大醉以至他们都无法握手告别，而来自华尔街的电报已经堆积如山，他意识到大事不妙。

财经媒体的记者们纷纷开始猜测他的困境。国际度假村公司的盈利持续向好，经纪人们则纷纷催促客户继续买入，因为威尔逊已经只能落荒而逃！

当他先后抵达新加坡和中国香港时，国际度假村公司的股价仍旧在无情地继续攀升：5 个点，10 个点。即使是微小的涨幅，对于威尔逊而言也意味着 10 万美元以上的损失。

穷途末路

　　威尔逊开始崩溃。整个夏天，这次失败犹如一片挥之不去的阴云一直在他的脑海中盘旋。在内心深处，他认为这一切都是天命；如今的他正身处一个完全不同的投资环境中。谁能料到国际度假村公司可以从"一年赚不了 100 万美元"一下跃升到每年盈利 5 000 万美元？这是商业史上最成功的故事之一。后来威尔逊依然无法找到另一家能在 18 个月的时间里将利润从 100 万美元提升到 5 000 万美元的公司。

　　路博迈集团开始经常致电威尔逊。你需要追加保证金！你打算卖什么？该公司还给他设定了一个美元限额，因为实在不敢让威尔逊冒太大的风险，毕竟如果威尔逊的公司倒闭，该公司也会遭受灭顶之灾。在这一点上该公司是对的，威尔逊也承认如果没有这个限额，他可能早就破产了。

　　"回补一些国际度假村公司的空头仓位。"威尔逊发出指令。现在他已经处于两难境地，而且不得不开始自损，回补空头仓位的买入指令也会推高股价，从而进一步增加他自己的空单压力。

　　当国际度假村公司的股价达到 120 美元时，威尔逊已经损失了1 000 万美元。

　　当威尔逊到达台北时，灾难开始加速发展。九月的台北阳光明媚、整个城市充斥着烟火气，但又不失活力，与美丽而忧郁的香港截然不同。威尔逊下榻的圆山大饭店始建于国民党统治时期，整个酒店成了那个时期的一个象征。他入住的楼层很高，犹如一座宝塔。每天穿着橄榄球衫、运动鞋和浅蓝色裤子，戴着一顶太阳帽的威尔逊乘坐出租车在嘈杂、色彩缤纷的街道中穿梭，从一座寺庙前往另一座寺庙，从一个博物馆奔赴另一个博物馆。

与此同时，国际度假村公司的股价仍在飙升，股价在一周半的时间里从 120 美元上升到了 180 美元。威尔逊一天的损失就高达 50 万美元，也就是在交易所的交易时段内每小时损失 10 万美元。

难以忍受的时刻最终还是到来了。9 月 4 日，当他在圆山大饭店取房间钥匙时，酒店的服务员照例递给他一份来自纽约的残酷电传。股价继续上涨！威尔逊终于明白自己要完蛋了。为了节省几美元，他没有用电传回复（用电传的话对方可以立即收到回复），而是到楼下给路博迈集团发了一份电报：回补所有空头仓位。似乎整件事就这样尘埃落定了。

但事实并非如此。第二天，威尔逊吃了一顿丰盛的早餐：几个鸡蛋、一碗粥和一根香蕉（这被他形容为"丰饶的营养"）。

早餐后如同往常一样，他坐上出租车开始了一天的旅程，参观寺庙、画廊、雕塑馆。一路上他一如既往地惊叹于台北的物价水平竟然如此之低。在享受了一顿丰盛的午餐后，他开始继续游览。

当天傍晚，回到酒店的他准备稍后下楼吃晚饭。

晚上 7 点，电话铃响了。威尔逊还穿着橄榄球衫、运动鞋和浅蓝色裤子，坐在床上接起电话，电话是路博迈集团的经纪人打来的。

"国际度假村公司的股价已经涨到 190 美元，"经纪人在电话里说，"我们下一步该如何应对？"

威尔逊知道 190 美元的股价即便不是阶段顶峰，也肯定离顶峰只有一步之遥了。股价不可能再涨了，这么高的估值简直毫无道理，这是典型的投机泡沫，而且很快就会崩溃。但即便是像他这样的做空高手，是否够胆卖掉其他所有多头头寸放手一搏呢？如果他错了，只需要一星期，就像刚刚过去的那个星期一样，他就彻底玩完了。因此他只能选择回补国际度假村公司的空头头寸，即使这肯定是一个错误的举动。他已经筋疲力尽，他被彻底打败了，那些躲在暗处投机的混蛋最终赢得了胜利。

"你收到我的电报了吗？"威尔逊问对方。

"什么电报？"

"就是我让你回补所有国际度假村公司空头头寸的电报。"

"你想让我们这么做吗？"

"是的，回补所有头寸！"说完他就挂断了电话。

尽管威尔逊遭受的灾难发生在报社罢工期间，但金融媒体对此还是进行了大肆报道，其中包括一篇《华尔街日报》的长篇报道。这很可能会被华尔街当作有史以来最具戏剧性的卖空故事而被铭记，特别是还有这么曲折的电报桥段。[①]

时过境迁

威尔逊表示他在国际度假村公司上犯错不是由于对市场趋势的误判，而是由于对公司基本面的误判，但他同时认为美国市场已经变大。在20世纪60年代，美国无论是在政治方面还是在其他方面都不太顺利，商业领域也不例外，新的商业冒险行动常常以失败告终。但从1978年开始，一个更好的时代来临了，谁能料到纽约人在遛狗的时候也开始捡狗屎了呢？也许国际度假村公司和纽约人行为的改变都预示

---

① 威尔逊很可能因此与令人难忘的艾哈迈德·阿卜杜勒·阿齐兹（Ahmed Abdel-Aziz）齐名。艾哈迈德周五在大清真寺祈祷的静默时刻放了个屁，每个人都转过头来盯着脸红的他，他站起来蹑手蹑脚地走了出去。整个大马士革很快就因为此事沸腾了。最后，艾哈迈德被迫逃到了阿勒颇。几年后，胡子花白的他重回故地，发现这座城市发生了很大的变化：新的商店取代了老旧的房子，新面孔，新建筑，一切都焕然一新。他在市场里向一个陌生人问路，陌生人为他指路之后敏感地盯着他说："你不是大马士革人吧，兄弟？""不，我住在阿勒颇，"艾哈迈德谦虚地补充道，"不过我以前住在这里。""你离开多久了，兄弟？""12年了。""12年？"陌生人沉思着，"那确实够久了。"然后他微微一笑说："12年前啊……那正好是艾哈迈德在大清真寺放屁的那一年。"

着一场深刻变革的开始。威尔逊说国际度假村公司在大西洋城的投资是美国在很长一段时间内第一个大规模成功的项目。（"成功"的准绳当然也取决于你对罪恶的看法。）

想起几年前《纽约客》上的一幅漫画，威尔逊咯咯地笑了起来。一对头发鬈曲、衣衫褴褛的嬉皮士夫妇正懒洋洋地躺在他们的小屋里。他们的儿子头发梳得锃亮，穿着非常正式的三件套西装，手里提着一个公文包，满怀信心地走出大门。这吓坏了他的父母，他们呻吟着："我们到底造了什么孽啊？"

这就引出了威尔逊法则中最重要的一条：任何成功的投资方法都注定迟早会失败，唯一不变的是改变。"短线技巧当然有奏效的时候，但最终也会有崩溃的一天，届时你将不得不改弦易张。"

威尔逊的行事方式会让保守的投资者感到惊恐。事实上，这也是每年让个人投资者损失惨重的方法；不同的是，威尔逊用这种投资方式能够赚到钱，而且在财务上非常稳健。即便形势暂时对他不利，他也不会轻易放弃一个好主意。登山者都会被建议穿登山服，携带合适的装备，在雪崩季的傍晚不要外出，在登山过程中一定要谨慎行事，而有能力的同伴、有经验的向导和结实的绳子则必不可少。然而，一位想要打破纪录的登山者很可能会违反这些规则：他可能压根就没有同伴和向导，因此不需要登山绳；为了提升登顶和下撤的速度，他只携带轻便的装备，甚至置雪崩于不顾。

轻装上阵是威尔逊投资技巧的核心：他几乎从不拜访公司或通过一手信息评估公司的管理水平。他所有的想法几乎都来自股票经纪人，其投资方法靠的是概念和洞察力，而非现场接触。当他买入一只股票时，他会评估让它上涨的因素是什么，哪些因素会吸引人们对该公司产生兴趣，而不是操心其潜在业务的细节。

针对业务的分析还是留给其他人做吧，威尔逊则会如同一位广告公司的 CEO 一般品味新的品牌宣言。"'这可不是可乐*。'有意思……有意思。但他们会不会跑去波卡特洛买呢？什么因素会阻止他们这么做呢？"威尔逊没有受制于理性分析，相反，他富于想象力的综合能力让他比传统分析师更容易看到一只股票的市场前景。他宣称自己是一位"长期交易员"，如果一切尽如他的预期，他也会持有一只股票一年甚至更长的时间；如果天不遂人愿——他的许多想法最终都没有成为现实——他就继续寻找新的标的。

　　他讨厌阅读冗长的股票研究报告，即便真的要看，也不过是匆匆扫上一眼。事实上，他的整个信息系统仅仅由三个放文件的抽屉构成。如果他买入了某家公司的股票，他会将收到的所有有关该公司的信息存档；卖出时他会把这些信息处理掉；毕竟，经纪人或其他投资者的工作电话才是他的灵感来源。

　　威尔逊从不参加机构证券分析师的会议（对他而言，这些分析师不过是一些"官僚"），但他每年都会参加由 WEMA（前身为西方电子制造商协会）举办的会议，来自全美国各地的制造商都会参会。

　　他并不关心投资细节。有一次，我浏览了一份公司名单，这些都是他做多或者做空的对象，我问他是否知道这些公司 CEO 的名字，他仅仅说出了其中的一半。毫无疑问，如果一家公司换了一位新的 CEO 上台，威尔逊一定会留意到这一信息，就如同意大利换了一位新总理一样。但威尔逊想要把握的是公司的总体状况以及公司环境的关键变化，那些公众还不了解的情况。例如，某家公司的销售额可能从 1 亿美元上升到了 10 亿美元，并成为每个机构都争相买入的对象。当公众最终了解了该公司的业务，意识到它的优势并想要买入它的股票时，他就会以更高的价格卖出这只股票。

---

*　七喜汽水面世时的广告语。——译者注

应对风险

威尔逊的投资方法与本书中大多数投资大师的方法的最主要区别在于如何应对风险。例如格雷厄姆总是寻找损失风险很小的投资机会，并保留足够的安全边际。威尔逊则相反，他坚持投资那些存在重大风险的股票，因为只有这样的股票才有可能大幅上涨。他说："除非人们对一只股票充满了恐惧，否则它不太可能带来巨大的资本收益。如果只让我保留投资组合中 70 只股票中的 10 只，那么我会害怕得要命。"

我认为这是我听过的他所有观点中最有用的一个，所以我建议你仔细思考一下这一点。顺便提一句，最让他生气的事情是一位经纪人断言"这只股票没有下跌风险"。

与众不同

威尔逊的基本原则是：买入那些正在创新的公司，无论是与众不同的新产品还是新方法。

他热衷于找寻那些能在 5~7 年内上涨 10 倍的科技公司。然而，参与公众热衷的股票存在一个特殊的风险：不道德的经纪人与管理层联手推动弱势企业的股价走高，以便内部人士能够以高于其价值的价格抛售股票并大获其利，就如同 20 世纪 60 年代所有迅速销声匿迹的热门股票一样。所以试图把握先机的投机者必须保持灵活，否则他将会和公众一样遭受灭顶之灾。但总有一天作为投机者的威尔逊会买入作为泡沫戳破者的威尔逊会攻击的股票。

这正如在一场选举中下注，你不一定会将赌注押在最优秀的那个候选人身上，而是押在你认为胜出概率更高的候选人身上。[①] 威尔逊利用自己的天赋和技巧将赌注押在那些他认为将在未来的数月或一年内令公众兴奋不已的股票上，而不是三年后才能引起公众关注的股票。普莱斯钟情的成长股季复一季地实现 20％以上的盈利增长，股价最终也反映了增长前景。但是威尔逊认为，要想做得更好，必须"出其不意"。

做空泡沫

威尔逊喜欢看一群股票经纪人在背后推动一只股票的价格上涨，因为他知道他们在帮他创造下一轮"郁金香热"，这些经纪人的行为被他比作"加热"。他喜欢做空强势股票，而不是在股价开始下跌的时候做空。

殖民商业公司曾是他主要的空头头寸之一，威尔逊认为它就像长岛上的一堆沙子一样不堪一击。1978 年初，他在其股价为 5 美元时开始做空。同年 10 月，其股价已经上涨至约 20 美元。华尔街认为这次威尔逊将会重蹈在国际度假村公司上的覆辙，于是决定继续推高殖民商业公司的股价，希望迫使威尔逊以更高的价格回补空头头寸，以避免更大的损失。作为这个池子里的一条大鱼，威尔逊自己的买入会推动股价进一步上涨，从而进一步自损。但随后股价回落到了 12 美元，威尔逊继续扩大空头头寸并大获其利。

---

① 凯恩斯（顺便提一下，他的大部分财富都是靠投机商品和货币赚取的）将投机比作选美比赛。你不会把赌注押在你觉得最漂亮的参赛者身上，而是押在你认为其他人会更喜欢的参赛者身上。

威尔逊曾经的空头头寸包括图文扫描公司、阿斯泰克斯公司、汤姆布朗公司、丹碧丝公司和英国石油公司。此外，他还做空了重化行业的股票，尤其是陶氏化学、格蕾丝公司和罗门哈斯公司*，以及空气产品公司、帕斯托工业公司、应用数据公司、并行数据公司、先进微设备公司和国际系统与控制公司。

他在 20 美元的价位做空了鲍玛仪器。这家计算器生产先驱企业在某一年收入激增之后开始贷款进行大规模扩张，结果正好赶上德州仪器公司和国家半导体公司开始进入该市场。威尔逊最终得以在 2.5 美元的价位回补了空头头寸，它的股价曾一度从 20 美元涨到了 40 多美元，而当时整个市场都在下跌。（"那笔交易做得实在太艰难了！"威尔逊事后评价。）当科技护理公司的股价对他不利时，至少他在做多方面赚到了钱，可以弥补在做空方面的损失。而在做空鲍玛仪器之前，威尔逊和很多人交流过该公司，然而几乎所有人都错了。这些人和他一样，都没有预见到计算器市场的蛋糕居然可以这么大，更没有想到鲍玛仪器做得这么好，毕竟在威尔逊看来，计算器不过就是在一个盒子里装上几个半导体然后在上面增加几个按钮的小玩意儿。

不屑一顾

威尔逊认为帮他避免最多损失的投资原则是：不要试图预测竞争削弱一家老牌公司的速度。对待竞争最好的态度是静观其变，而非纸上谈兵式地推演其展开的过程。以丹碧丝为例，人们可能在 25 年前就已经开始担心竞争对它所产生的影响。然而，人们本可以在问题变得

---

* 成立于 1909 年，世界著名的精细化工制造商。——译者注

严重之前大赚一笔，如今问题才真正变得严重起来。柯达对拍立得相机行业的猛烈进攻吓坏了宝丽来的追随者，然而，在柯达这个强大的竞争对手出现后，宝丽来的应对令人钦佩，同时随着拍立得相机的产能大增，市场反而被打开了。还有一个例子是汉堡：谁能想到在麦当劳、汉堡王和所有其他公司之后，市场竟然还能容纳另一个主要竞争对手？"美国人的肚子究竟能塞下多少汉堡？"威尔逊反问道。然而，许多竞争对手依然获得了巨大的成功。

摧毁公司的往往不是竞争，而是它们自己，因为不进则退。进口汽车为什么在美国市场的占有率如此之高？一方面当然是因为海外制造商的敏锐和高效，另一方面是因为美国制造商的自满和马虎。

转危为安

威尔逊发现在 20 世纪 70 年代晚期，美国人开始对自己国家成了"新兴二流国家"的处境感到厌恶。

在 20 世纪 40 年代和 50 年代，整个市场的市盈率降到了个位数水平。苏联似乎正在吞噬整个世界，投资大众预期战后还会出现另一场大萧条。然而到了 1953 年，人们担心的大萧条并没有如期而至，情况变得逐渐明朗，市场整体的市盈率开始攀升。威尔逊认为，20 世纪 70 年代整个市场的市盈率再次降至令人匪夷所思水平的原因，是投资者认为美国正在转向计划和控制。他们开始要求对经济进行刺激，而不是控制，资本利得税被削减，这一转变非比寻常。如果有人在这场变革伊始就能预见其非凡意义的话，其他人一定会对他的预测嗤之以鼻，因为这太不可思议了——这就如同预测出国际度假村公司的股价能上涨 1 000％一样不可思议。之后整个美国在里根的领导下向计划和控制迈进的趋势得到了逆转，威尔逊预测整个市场的市盈率可能会从 20 世纪70年代末的低迷水平上升至20倍以上，或者在5～7年内翻5倍。[1]
威尔逊认为届时自己的身家有望达到数亿美元。

在他不再积极参与投机，转而投身慈善事业并过上了前所未有的
好日子之后，威尔逊写下了他从自己的经历中学到的一些投资原则，
我将它们发表在了我的《金融时报》专栏上。以下是我对他的主要原
则进行的重新表述：

1. **找到聪明的经纪人**。要想投资获得成功，你需要聪明、重视自
身荣誉并与你站在同一战线的经纪人。即使你没有为他们贡献太多的
佣金收入，你也可以通过提供他们可以利用的事实和想法来吸引他们
的注意力。

2. **对一只股票的波动因素寻根溯源**。是哪几个关键因素影响了该
股票的走势？如果答案不明确、不简单，那就放弃它。

3. **然后，观察其走势！** 如果股价走势不符合你的预期，那就立即
斩仓。如果你无法打败市场，那就远离市场。也就是说，除非你已经
准备好、愿意并且能够花大量时间努力工作以打败市场，否则你就应
该把钱投到合适的基金里，远离个股。

4. **寻求不同见解**。成功的投资与其说取决于对事实的了解，不如
说取决于其他人是否也持有同样的见解。

5. **静候佳音**。随着时间的推移，股价可能会渐入佳境，甚至可能
会超出任何人的预期。

6. **"落井下石"**。当一家公司陷入困境时，通常是做空其股票的最
佳时机。永远不要认为股价已经大幅下跌，所以它会回升，趋势往往
超出任何人的想象。

7. **即使你是对的，也不要轻举妄动**。试图预测股价变化的端倪往
往会让你付出不菲的代价，你应该等股价变化以后骑牛而上。

---

[1]　关于这一点他是对的。

8. **避免爱上一家公司**。对一只股票过度着迷会导致灾难性的误判。当你与一家公司及其管理层的关系太密切时，这种情况往往会悄然发生，请保持距离。

9. **避免一叶障目**。当心在树林中迷路！对管理层的人事安排和态度、对公司产品和流程进行深入的研究往往会掩盖更大的趋势，进而导致误判。

10. **小心太多人研究过的股票**。事实上，卖出股票的最佳时机往往是详尽的研究报告开始涌现之时。

11. **当心热门股**。广泛的热情会夸大价值、掩盖弱点并让管理层自满。一只股票越受追捧，在坏消息出现时及时卖出就越重要。

12. **对良性竞争不要杞人忧天**。每一家优秀的公司都有没落的时候，但请不要预测它会在什么时候没落。对于一只绩优股，晚卖比早卖更好。

13. **无论是卓越的管理还是巨大的市场潜力都无法单独创造成功**。一家没有坚实的市场潜力的公司是无法通过卓越的管理变得伟大的，如果你认为它可以，这很可能就是一个陷阱。一个拥有巨大市场潜力但管理不善的公司也注定会失败。

14. **小心管理层的过度自信**。高管不会明目张胆地撒谎，这可能会让他们锒铛入狱，但他们通常对经济环境和行业前景过于乐观，这是他们作为管理层的特质，所以他们通常报喜不报忧。

15. **警惕赚了意外之财的公司**。从某些创新中获得的一次性收益不太可能持续下去，因为竞争对手会嗅到盈利的味道而加入竞争行列，或者公司的网红产品只是红极一时。

16. **该缴税就缴税**。永远不要仅仅为了推迟纳税而持有一只股票。纳税义务不应该影响你的投资方式。

17. **市况不好的时候正是收集线索的好时机**。公司如何在逆境中生存尤为重要，能够安然度过衰退是一个好兆头，它预示着该公司在即将到来的繁荣期会比其他遭受重创的同行表现更佳。

18. **忽略那些根据机构持仓给出的投资建议**。对机构持股占比的担忧往往会模糊基本面，进而误导你。

19. **留心管理层的动机**。股东大会书面决议和年报披露了高管个人的持股占比，富有的高管不会讨厌变得更富有。

第十七章
林奇：永无止境的追求

毫不夸张地说，彼得·林奇重塑了麦哲伦基金。在他 1977 年接管该基金后，它成为历史上最大的共同基金，而且这一纪录被保持了 20 年，持有该基金的投资人超过了 100 万。在林奇任职期间，该基金为富达基金每年贡献约 6 000 万美元的管理费和数亿美元的销售佣金（3％的销售佣金直接进了富达基金的口袋，因为麦哲伦基金压根没有销售人员）。此外，麦哲伦基金的年度绩效奖金（年年都有）达到了其规模的 0.2％，2 000 万～2 500 万美元，林奇因此赚得盆满钵满。正如老话所言：不能既要马儿跑又不让马儿吃草。

一米八以上的个头，身材瘦长，林奇看起来像一个运动员，满头银发，苍白的脸色难掩精致的脸型，仿佛是更帅气（也更健康）的安迪·沃霍尔（Andy Warhol）*。他的穿着合乎礼仪但还算不上优雅，一套棕色粗花呢西装搭配黑色燕尾花边皮鞋，白衬衫搭配一条红色针织领带，领带两端离得有点远。

---

* 继达利和毕加索之后美国著名的前卫艺术家，代表作有《玛丽莲·梦露》，其艺术作品以大量生产与复制为特色。——译者注

他语速很快、信息量很大，用词不仅非常口语化，甚至还有些幼稚。说话的同时他会挥舞一只手或两只手，有时手里还拿着他的眼镜，然后微微一笑。他说话声音洪亮，带着轻微的马萨诸塞州口音（不是波士顿口音）。

这位投资天才的父亲是波士顿学院的一位数学教授，后来父亲弃教从商，去了恒康金融集团*。林奇七岁时父亲得了癌症，并于三年后去世，父亲的离开让整个家庭陷入困境。为了维持生计，林奇的母亲去了一家工厂上班，林奇则从一所私立学校转到了当地一所还算不错的公立学校，后来在马萨诸塞州牛顿市读完了高中。林奇会利用暑假去当高尔夫球童，也正是在那里他听说了股票，因为打高尔夫球的商人会交流股票投资，他们中不乏消息灵通人士。

于是年轻的林奇从自己的积蓄中拿出 1 250 美元投资了飞虎航空，因为他听说该公司有望从那些太平洋国家对航空货运爆炸式增长的需求中获益。他在 10 美元的价位上买入该公司的股票，股价果然越涨越高，在这个过程中林奇卖掉了一些股票以收回成本，然后随着股价一路上涨，他也一点点地抛售手中的股票，直到 1989 年该公司被联邦快递收购，他才彻底卖出该公司的股票。当他将大部分股票变现，他已经赚够攻读沃顿商学院硕士学位的学费（后来，他也开始怀疑自己提出的通过炒股来赚取学费的建议是否妥当）。

当然，在攻读硕士学位之前首先要获得学士学位。在读本科的时候，他又获得了一笔与高尔夫相关的财富：波士顿学院专门为球童设立了一项部分奖学金**，并且林奇赢得了该奖学金。后来，高尔夫女神再次向林奇抛出了橄榄枝：1966 年，在等待沃顿商学院的录取通知书时，他在富达基金找到了一份暑期实习工作，当时有 75 个人申请，但

---

   * 有着 160 年历史的美国著名保险金融机构。——译者注

  ** 与此相对的是全额奖学金。——译者注

他是富达基金老板 D. 乔治・苏利文（D. George Sullivan）的球童。

后来林奇加入富达基金成为正式员工，在干了几年分析师后，他在1974年成为该公司的研究部经理，同时继续负责化学包装、钢铁、铝和纺织行业的分析工作。分析师的工作为他提供了一个深入了解股票的绝佳机会。作为研究部经理，林奇实质上运作着一个活跃的智囊团，他们持续、系统地跟踪所有行业，无休止地拜访不同的公司，然后集中精力关注那些最有可能胜出的公司。分析师的任务就是不断用事实来检验自己的观点，最终将自己的想法与部门同事的进行比较，以磨炼自己的判断力。

在研究部内部会议上，他会提醒同事们不要只是反驳别人的意见，更要具体解释自己的想法好在何处。用林奇的话说就是"不要只是说我投资沃尔沃汽车公司的想法糟透了"，这样的会议90%的时间大家都是在唇枪舌剑，仅有10%的时间会激荡出思想的火花。同行总是在寻找不买入的理由，诸如公司有工会组织很难对付，通用电气将会推出一款更有竞争力的产品，从而消灭它们，不一而足，因此林奇认为自己相较于这些同行具有更大的竞争优势。大多数投资者早就被这些偏见吓跑了，还谈什么深入研究？因此他们错过了很多投资机会。"为了赚钱，你必须挖掘出别人不知道的东西，或者做别人不会做的事情，从而战胜那些思维僵化的投资者。"此外，他还认为'为了找到大赢家'，即使犯错也在所不惜：投资一只价格从10美元涨到20美元的股票可以弥补投资两只价格从10美元跌到5美元的股票的错误。

1977年，在转为正式员工8年后，时年33岁的林奇被指派担任富达基金旗下规模很小的一只基金——麦哲伦基金的基金经理。在林奇接手时，它的规模仅为2 200万美元，资产集中度也比较高，在富达基金的整个帝国中几乎可以忽略不计。1981年，麦哲伦基金吸收合并了富达基金旗下另一只规模相仿、同样不太成功的基金塞勒姆，当时塞勒姆基金（Salem Fund）的资产规模约为 5 000 万美元。

1990 年 5 月 31 日，林奇在担任麦哲伦基金经理 13 年后辞去了该职务。麦哲伦基金几乎和林奇融为一体，他的离职不仅对金融界是一个不小的冲击，对麦哲伦基金的投资者更是如此。如果在林奇上任伊始投 1 万美元到麦哲伦基金，到他离开的时候 1 万美元将会增长至 25 万美元以上，平均年化回报率达到 29.2%。尽管他在整个 20 世纪 80 年代的十年中拥有最好的基金管理记录，但他的排名从未在任何一年中超过第 16 名。他在任职期间总共买入了 15 000 多只股票。林奇指出，尽管在他的管理下该基金最终上涨了 20 倍，但其间也经历了 8 次下跌，跌幅在 10%～30% 之间。他还发现该基金的很多投资者都赔了钱，因为他们持有股票的时间平均只有 4～5 年，还经常是在高点买入，在低点卖出。

林奇离职的原因很简单，也完全出于个人原因，因为他想花更多的时间陪伴妻子和三个孩子。在管理基金期间，他几乎从不休假；事实上，他需要不断加大个人时间的投入。"1982 年之前我一周工作 6 天，"他说，"过去的 18 个月是我人生中第一次开始一周工作 7 天。"此外，他在自己 46 岁的生日聚会上意识到自己的父亲正是在 46 岁离开人世，死于癌症，这可不是一个好兆头。他在《战胜华尔街》一书中写道："你必须提醒自己，没有人会在临终前说'我真后悔没有在工作上投入更多的时间'。"在书中，他引用了托尔斯泰（Tolstoy）描写的一个关于野心勃勃的农夫的故事。一个精灵承诺，无论这位农夫一天能绕多大的圈，只要他能办到，圈出来的土地都归他所有。于是他卷起裤脚一路狂奔，圈了一块远远超过自己耕种能力的土地。筋疲力尽的身体告诉他应该停下来，但是贪欲驱使他继续向前。最后，他力竭而亡。[①]"这是我希望避免的结局。"林奇总结道。

　　当然，导致他决定离职的因素不止一个。1977 年在林奇接手麦哲伦基金时，麦哲伦基金的资产规模仅为 2 200 万美元。然而到了 1990 年，它的资产规模超过了 120 亿美元，拥有超过 100 万名客户。"林奇非常聪明，"一位富达基金的资深人士告诉《富达的世界》一书的作者戴安娜·亨利克斯（Diana Henriques），"林奇知道他未来的名声无法与过去相提并论。实际上他曾请人计算过麦哲伦基金需要多高的增长率才能保住自己在基金排行榜上的头部位置，最终他决定在自己的巅峰时刻急流勇退。"

　　他可能是 1990 年美国最著名的公募基金经理，事实上他成了富达基金的代言人。他的魅力和从容弥补了富达基金在公众心目中那种贪婪无情的形象（见附录十）。其实富达基金是有意为之：从林奇接手麦哲伦基金的那一刻起，公关部副总裁拉伯·伯特尔森（Rab Bertelsen）就决定让林奇担任富达基金的形象大使，甚至还帮助林奇提升其公开演讲的技巧。

　　除了天赋以外，林奇能够在众多竞争对手中胜出是因为他对工作的全情投入和加倍努力。结婚二十年来，他仅休过两次假。"我去了日本，五天时间全在拜访各种各样的公司，然后我到了香港与卡罗琳（Carolyn）会合。周五到周日稍事休息之后，周一到周三我继续拜访香港的公司，之后我们北上在内地待了两三天。紧接着我马不停蹄地赶往曼谷参观当地的公司，原本的曼谷之旅变成了走马观花。曼谷之后紧接着是英国，在那里我花了三四天的时间继续走访当地的公司。对我来说那是一段美妙的时光。"但这显然不符合大部分妻子对"美妙时

---

　　① 有一个类似的俄罗斯故事，讲述的是一位雪橇租客的故事。天气寒冷刺骨，雪橇驾驶员建议租用自己雪橇的客人走走路以暖和自己的脚，结果客人不愿意，因为他觉得自己已经付了钱，不坐在雪橇上就亏了。结果他由于冻伤失去了双脚。

光"的定义！一位曾陪同他一起出差的股票经纪人提到，在一个上午十点前几乎不会办公的国家，林奇坚持要求八点开始参访公司，而且还因为没有人在早晨六点和他交流而大发脾气！当一天工作结束有人提到一起吃晚餐时，林奇总是推托："我今天还要看四份年报。"在此之前，这位经纪人从未见过有谁为走访公司准备得如此充分。林奇估计他每年的行程超过 10 万英里，这意味着每个工作日 400 英里，即便是一个以旅行为生的人，能做到这一点也颇为令人印象深刻，更何况是一个主要时间都待在办公室里的人！

他每天早上 6 点 15 分搭车去办公室——一路上都在看书，晚上 7 点 15 分坐富达基金的专车回家（在坐了 18 年公交车之后），依然在看书。①

林奇发现股票推荐报告的篇幅与其价值之间并无因果关系，相反，通常最有说服力的观点都被浓缩在一段话里面。既然如此，他当然更喜欢短小精悍的研究报告。不仅如此，他还勤于做笔记。

抓住转机

克努特·罗克尼（Knute Rockne）* 对成功的描述尽管像是废话，但却令人愉悦："如果每个人在每次比赛中都完美地履行自己的职责，触地得分就是必然的。"林奇有一段话可谓异曲同工："如果你考察过足够多的公司，做了足够多的功课，你就有可能在公司表现不佳但正在好转的时候抓住机遇，即便时机不是那么准确，你也很可能在后续

---

① 四十多岁的他突然发现在车里看书会晕车，其实这种情况很常见，然而，他竟然找到了解决办法。他咨询了一位在马萨诸塞州眼耳医院工作的眼科医生朋友，对方给他提供了一个解决方案。如果一个人在车里利用环境光阅读，瞳孔会扩张，从而导致晕车，但如果有灯光聚焦在书本上，就不会导致晕车。

* 美国橄榄球运动员、教练。——译者注

与公司管理层电话联系的时候了解到公司已经转危为安。"这提示我们林奇的基本目标是抓住公司命运的转折点，这是一种高效配置资本的技术。通常从公司发生实质性变化到变化反映在股价上需要 1～12 个月，而这就是林奇想要抓住的资本机遇。

到了 1991 年底，林奇认为房地产行业是当时最可怕的投资领域，晚间新闻开始曝光一个又一个与房地产行业相关的恐怖故事。后来有一天，他在报纸上注意到一条来自全国房地产商协会的消息：房价中位数实际上正在上涨！"在过去的几年里，我发现在某些场合无声的事实所讲述的故事与那些被媒体大肆渲染的故事大相径庭。一种屡试不爽的方法是等大众对某个行业的看法越来越糟，然后买入该行业中实力最强的公司。"林奇指出利率的下行使房价达到了 10 年来最容易被买家接受的程度。

通过查阅自己的笔记，林奇挖掘出了一家名叫托尔兄弟的建筑公司。其股价已经从 12.625 美元跌至 2.375 美元，但在查阅该公司的财务报告后，他发现该公司的债务减少了 2 800 万美元，而现金却增加了 2 200 万美元，新订单都排到了两年后。于是他决定向《巴伦周刊》推荐这只股票。遗憾的是，在他的建议被公布之前，该公司的股价就已经大幅飙升，达到 12 美元。"对寻找年终异动的寻宝者，我的建议是赶紧行动！"他不无懊恼地说。

林奇通常不直接接听电话。打电话的人学会了如何给他的秘书或他的两位交易员中的一位留下简明扼要的信息。他的电话回复率在10% 左右，但是如果遇到他自己关心的问题，他就会主动致电对方。无论是哪种方式，他都会让对方将要说的信息压缩到一分半钟以内，而且他会在谈话开始时按下计时器，90 秒后计时器响起！他很可能会直接结束谈话："对不起，我有另一个电话进来了。"很快，致电林奇的人就明白了言简意赅的意义。即使是在这么短的时间内，他也会经常把一些关键问题问上几遍，也许方式不同，但是目的只有一个——交叉验证。

　　林奇最可靠的信息还是来自参访公司。经过这么多年的努力，他认识了成百上千位在商界位高权重的高管，他们一心只想迎合公司最重要的股东——机构投资者的利益。更重要的是，通过参访公司可以让你学会正确地解析亲耳所闻。有些公司总裁承诺的比兑现的多，有些则过于谨慎，当然也有一些是诚实可靠的，能够正确分辨他们是何种类型的总裁给专业人士带来不可估量的优势。林奇一个月要接触四五十位公司高管，一年下来多达五六百人。当然，他会将这些人进行分类。如果要去明尼阿波利斯参访一家公司的话，他就一定会顺道多拜访几家，一个有效的方法是参加当地经纪公司组织的地区公司会议。通常会有几十家公司参与这样的会议，它们会派出最优秀的人以最简洁、翔实的方式展示自己，而且还有问答环节——这是获取最新动态的绝佳方式。如果林奇对听到的内容感兴趣，他可能会在会议结束之后参观相应的公司。同样，经纪公司也会组织关于特定主题的会议。

　　反过来，如果有公司希望向波士顿的投资界推销自己，那么林奇绝对是它们不应错过的第一站。不论何时总有大量公司来推销它们自己，只要林奇愿意，他一小时可以见上四家这样的公司的代表。

　　林奇投资技术的一个关键点是他坚持直接与他的消息源打交道。富达基金拥有数十名内部分析师，加上他们的助手以及很多的基金经理，林奇本可以只依赖于这个系统吸收、处理信息，但他希望与每家公司保持直接、定期的联系。

　　"当我关注一家公司时，我会试着深入了解它：'你们去年的资本支出是 4.2 亿美元，今年是多少？去年的折旧是 2.88 亿美元，那么今年呢？'只有你功课做得足够好，管理层才能真正帮到你。"

　　林奇对公司的好奇可谓永无止境。他在大量公司中不断寻找并试图通过关键指标的变化找到显而易见的赢家。为了识别出某家公司或某个行业的关键变化，他会定期回顾这些公司或行业。如果一家公司的生意一年都不景气，那么也许离否极泰来就不远了。他说："即使一家公司仅仅将业务从平庸提升到行业平均水平，你也能从中赚到钱。"也许公司库存正在下降。当他进而了解到一些正在发生的积极改变——更好的监管环境、一种新的产品或服务，他就可能开始买入。但与普莱斯只买入龙头公司的股票不同，也不像巴菲特那样只买入看似最划算的股票，他的买入操作更像罗杰斯——买入整组公司的股票，很可能多达数十家。然后随着这些公司股价的变化，他会从清单中筛选出自己最喜欢的那几家。

我必须强调林奇提到的是显而易见的赢家。林奇声称如果其他投资者能像他那样多打电话，他们也会像他那样能发现公司命运的变化，而且几乎总是能发现同样的买入机会。"关键在于保持关注。"他经常强调。

当然，林奇和大多数投资者之间还是存在一些不同之处，否则大家就都能取得他那样杰出的投资业绩。

首先，他能抓住关键信息并基于此迅速采取行动，而不是费神去搜集不必要的事实……这些信息只要在大多数情况下正确就行。

其次，由于他可以在自己庞大的实际和潜在持有的资产范围内评估买卖标的，因此他能比大多数投资者发现更多的机会。而大多数基金经理认为比竞争对手掌握更多信息是产生竞争优势的关键，他们会专注于一个有限的领域，例如"价值"股、成长股、海外股、大宗商品、保险公司、银行或其他，并且他们一般会画地为牢，不敢越雷池半步。但是，当这一领域被高估时（这种情况肯定会时不时地发生）又该怎么办？不论情况如何演变，投资者总会被各种机会诱惑而忍不住出手，或者面临追高的风险，或者受价格低廉吸引而进入一个全新的板块，然而在这些新的领域，投资者很容易因为无知而犯错。

　　林奇的投资技巧就好像十八般武艺样样精通，这就好比一个二手珠宝经销商想要把业务扩展到油漆、珍本、仿古地毯、硬币、家具、手稿、蚀刻画、商业、房地产以及蔬菜批发。尽管拍卖行的员工通常知识面非常广，但他们还是会把专业的事交给专业的人，并将权力下放给诸如油漆部、家具部这样的专业部门。林奇则不同，他会翻阅富达基金的所有研究报告，最终的决定必须由他自己做出。

　　在我所接触过的著名投资者中，林奇对待职业和生活的平衡、冷静、谦逊的态度确实令人吃惊——当然，除了他对工作异常强烈的专注之外。天才和痴迷者风光的表面下通常都有不堪回首的往事：年轻时的贫穷或家庭问题，或来自社会的有形、无形的负担，或来自命运的打击迫使他们超越了竞争对手。林奇可能受到了父亲早逝和家境突然恶化的影响，这让他感到孤独，并不得不承担起对自己命运的责任。不过又有谁会真的去刨根问底呢？今天还有谁记得那些创建波士顿的爱尔兰天主教徒曾经长什么样子？肯尼迪家族的过度驱动力就是一个大家耳熟能详的案例。林奇提到当他加入富达基金时，除了一两名员工以外，其他所有人都来自常春藤盟校！他向这些人证明了自己。这样的经历常常导致天才们变得以自我为中心、主观和专横，但林奇并没有如此。他周围的人对他的轻松随和交口称赞，大多数人从未看到他大喊大叫或怒不可遏。

　　林奇的办公室显得有些乱七八糟。靠窗堆放着近两米长的报告，在这些报告前面分门别类地竖着一摞这周收到的报告。一堆文件散落在地板上，他的桌子上堆满了各种文件，有的有几英寸厚。我发现在堆积如山的资料中散落着大量黄色笔记本，足足有 60 本之多。我问他，如果在他桌子上方的一面墙上安装一个垂直的架子，然后把这些黄色笔记本按顺序放好，是否会让他更容易随手取用，但他对我的建议似乎有些困惑。他从地板上捡起一份文件，扫了一眼之后说："如果与这份资料有关的公司 CEO 给我回电话，我想马上就能和他谈谈我感兴趣的事情，所以我需要把它放在这儿。"我想问题的关键在于他能否很快地找到自己想要的东西，而且大致知道这些东西都放在什么地方。也许我们在这里看到了人工秩序（例如法国城堡的花园）和自然秩序（例如丛林）之间的区别，后者在路人看来混乱不堪，但在博物学家看来理应如此。

　　林奇投资方法的另一个关键是熟能生巧，这让他能够快速地从一个想法过渡到另一个想法。当他发现一些明显的机会时，他会当机立断，而不会等到完成大量分析后才行动。要做到这一点既需要天赋，也需要对这一领域长期深耕从而形成可靠的见解。这让人想起了历史上那些了不起的将军：在萨拉曼卡，威灵顿（Wellington）看着与他平行的马尔蒙特山蜿蜒崎岖的山谷。突然，他发现了一个制胜的方法。"这一定能行！"他宣布，并放下望远镜，干脆地发出了成功摧毁对手的命令。又譬如尼罗河畔的纳尔逊（Nelson）：经过几个月的追逐，他绕过岬角，发现法国舰队停在岸边，处于防御状态。夜幕即将降临，另一名指挥官将会接替他进行侦察，然后制订作战计划，并指示上尉们第二天再发起进攻。纳尔逊没有丝毫犹豫，在微弱的光线下，他大胆地在陆地和敌舰之间切入。在敌舰毫无防备的另一侧，他下令固定船只并利用两艘船的炮火猛击每个倒霉的法国人，在法国舰队上岸觅食的队伍还没来得及返回驰援之前，他就已经把法国舰队粉碎。

　　同样地，林奇一旦发现市场定价错误就会立即采取行动。美国汽车公司的股价看起来很低：他立即买入福特汽车、克莱斯勒和通用汽车的股票。在这些公司的股价上涨之后，他又开始买入一批海外汽车公司——沃尔沃、斯巴鲁、本田、标致和菲亚特的股票。当市场再次发生变化时，他会平静地转移阵地。共同基金管理公司德雷福斯的股价在 1987 年 10 月的股灾中从 35 美元跌到了 17 美元。市场担心其业务可能陷入困境，但是该公司每股包含了 15 美元的现金，而且德雷福斯拥有如此强大的货币基金部门，恢复业务的能力毋庸置疑，所以林奇开始买入其股票。他通常会对自己感兴趣的股票买入少量观察仓，这被他称为自己的农场，这样他就不会忘了追踪这些公司。

这就如同一名赛艇手，他会根据风向的微小变化不断地改变航线。林奇的投资组合可谓变化无穷。许多股票他仅仅持有一两个月，整份持仓名单平均每年至少更换一次。林奇认为如果他能把工作做得更好的话，他的换手率会更高。

机械地来看，这会产生有趣的问题。在麦哲伦基金，林奇的持仓经常多达 1 400 多只股票：前 100 只约占总资本的一半，前 200 只约占总资本的三分之二。在一个典型的工作日，他的买入金额和卖出金额通常都会达到 5 000 万美元，而处理如此庞大业务量的交易员只有三个，一个负责买入，另一个负责卖出，第三个则是这两个人的替补。通常每个交易员都会负责上百只股票的买卖，也就是说，只要林奇想要买卖 100 只股票，他的交易员就都能应付，当然，股价必须达到他想买入或卖出的目标价。他的交易员对价格非常敏感，他们可不会像很多处理海量交易的交易员那样大手笔地进行买卖。如果股价偏离了他们的目标价，他们会耐心地等股价恢复到目标价。如果林奇获悉有一个大玩家准备大量买入，他通常会完全退出市场，直到对方完成操作并且股价再次回落时才会买入，前提当然是股价真的能够回落。在林奇的所有交易中超过 1 万股的占比不到 5%（要知道，很多基金经理通常是以 10 万股为单位进行交易的）。

在很多投资者不以为意的微小价格异常中，林奇往往能嗅到赚钱的机会。在一份庞大的持有股和观察股清单中，随时都会有几十只股票的表现超越其价值而值得卖出，另外几十只股票则正好相反，因价格疲软而值得买入。在这一点上，他的投资技术与大多数投资者截然不同，他更像一个做市商。反复交易十几只股票让他掌握了节奏，同时对影响股价的因素也更加敏感，以至他能够反复交易这些股票，来来回回、年复一年、一次又一次地赚取永无止境的小额利润，从而在这个过程中慢慢变得富有。不过最大的区别在于大多数专业人士最多投资二三十只股票，而林奇则投资几千只股票，而且还在不断地变换股票池。

有一条古老的交易员法则，同时也是林奇的信条：如果你因为某个预期而买入一只股票，但是这个预期没有发生，那就卖出这只股票。华尔街对这一信条有着另一种略带讽刺的看法："投资是一种不会成功的投机。"当你有一个预期但事实证明你错了的时候，你就真的没有理由继续持有这只股票了，那你就应该干脆利落地斩仓。林奇说他经常过早卖出。"但你不会因为不属于你的股票上涨而遭受损失，你所拥有的才是致命的。"

"在我买入股票三个月后，我只会对其中不到四分之一的股票感到满意。所以如果我关注 10 只股票，我会把这 10 只都买下来，然后继续深入研究。也许有些股票在买入后我不再欣赏，但我可以保留我喜欢的，并进一步增加它们的头寸。正如你所看到的，公司也在不断变化：竞争可能会加剧；一家有麻烦的工厂可能会被关停转售；一家有竞争力的工厂则可能遭遇火灾。因此，如果你持续关注，你就会发现基本面变化的蛛丝马迹。"

"即便基本面没有变化，股价也可能从 20 美元跌到 16 美元。也许我会在 20 美元时买入 1 万股，在股价跌到 16 美元时我会再买入 1 万股。研究了 10 家公司，我可能只会找到 1 家感兴趣的公司；但如果我研究 20 家公司，我就有可能找到 2 家；以此类推，如果我能够研究 100 家公司，我就有可能找到 10 家。如果其他人能够像我一样研究这么多公司的话，我想十有八九他们也会和我一样，做出同样的买入决定。在投资行业中，你必须是一位好的倾听者。当然，你可能不会在第一次拜访后就买入，但一两年后你也许会买入。"

个人投资者的优势

林奇经常强调在日常生活中做个有心人的价值，他甚至能从他的孩子们所关心的潮流趋势中获得灵感。无论是和孩子们一起还是独自一人逛购物中心，他都能从那里发现正在崛起的消费品公司。他写道："在一个城镇热卖的好东西，几乎可以肯定的是在另一个城镇也卖得出去。"任何一个在商场闲逛的人都可能遇到过处于发展早期的塔可贝尔、兰兹角服装、GAP、沃尔玛或家得宝，进而从其股票中获利。

他去美发店超级发廊（Supercuts）理发，尽管理得不怎么样，但整体而言没有令他失望。头发护理是一个超级行业，而在这个行业中个体户正逐渐消失。超级发廊的加盟费平均约为10万美元，预计在两年内能够实现50%的税前资本回报。林奇发现该公司不仅能从每家加盟店获得5%的销售收入提成，而且每家门店销售奈克瑟斯产品所得的4%也得上缴该公司。超级发廊每年的自由现金流达到了540万美元，其20%的年增长率货真价实，市盈率仅为16倍。

该公司成功的关键在于为每位造型师提供的快剪培训，其宣传手册上写着每小时一位发型师可以服务三位客户，这是超级发廊能够保持低成本的秘诀：普通理发8.95美元、洗剪吹12美元。尽管家人并没有对林奇的新发型赞不绝口①——这当然令人难过，但他认为普通美国人并没打算剪得像个明星，价格低廉才是选择美发店的核心要素。

---

① 夏季我的妻子有时会在门廊上剪头发，直到我告诉她公司一位来自白俄罗斯的女士看到她剪的效果后喃喃自语"真是一团糟！"

因此，尽管林奇发誓再也不去那家美发店了，但他依然非常自信地向别人推荐了超级发廊。

林奇说当消费者考虑购买一件类似电视机这样的大家电时都会仔细研究，咨询拥有该电器的朋友，查看相关的消费者报告。同样，当他买房子时，他会找一个建筑商来检查管道和线路，并考察附近的校网是否正在恶化。但是在买入股票时，还是这个人，却根本不做任何研究，仅仅根据道听途说就做出决定。

然而其实个人买家"比专业人士拥有难以置信的优势"，他可以耐心等待、专注于自己的能力圈，就像守着自己的房子一样。如果每个月甚至每周都必须买入卖出，他会发疯的。

同样，林奇建议个人投资者持续关注他们发现的优秀零售产品、服务和供应商。他以自己的经历为例：沃尔沃、苹果电脑、唐恩都乐、1号码头家具，以及恒适服装（发现这家公司显然要归功于雷格斯连裤袜）。

林奇最喜欢的一种投资策略同时也受到大多数优秀投资者的青睐——那就是向你正在访谈的人打听他的竞争对手。当他批评竞争对手时，这并不太重要，但当他说对方一些好话时，这就很重要了。例如其他钢铁公司的人都对纽柯公司赞赏有加：创新工艺、创新人才，总是做正确的事。林奇对此进行了调查，并买入了它的股票。还有谁会像竞争对手那样了解对方呢？它们日复一日地相互竞争、创造新产品、争夺市场份额。约翰·邓普顿有一个问题可谓异曲同工："如果你离开了现有公司，你最想加入哪家公司？"有一次林奇参访联合酒店时，该酒店管理层对公司竞争对手拉昆塔酒店的尊敬打动了他。于是他第二天就给拉昆塔酒店打了电话，并亲自拜访了该酒店。几周后，麦哲伦基金就在拉昆塔酒店的股票上投入了3％的资本金。

和高管探讨他们公司之外的事情还会产生另一个作用——投资其

供应商或客户的新想法。如果有关一家建筑公司的新闻报道宣称其销售业绩远超预期，这可能会让林奇开始考虑与建筑工程相关的产品，例如水泥、石膏或屋顶材料。

参观西尔斯百货时他可能会发现地毯销量正在回升，而和一家零售商进行电话沟通时，他又可能会发现皮鞋卖得很差，但运动鞋却卖得很好，针对这些现象最重要的工作是刨根问底。生产儿童皮鞋的喜健步为了获得 Top-Siders 这个品牌，收购了优利来的帆船鞋*部门，但给喜健步真正带来巨大收益的反而是休闲鞋品牌 Keds，当时它作为交易的一部分被强卖给了喜健步，后来 Keds 这个品牌的销售额占到了喜健步总收入的一半以上。谈到鞋子，林奇为自己没能投资锐步而感到遗憾，但"后来我会说'嘿，我这里有一个人参与了这一切'。投资路上总会发生有趣的事情，关键是你得睁大眼睛"。所以他买入了喜健步的股票，大赚了一笔。

1992 年，美体小铺引起了林奇的注意：这是购物中心里最拥挤的三家商店之一，而且富达基金的图书管理员已经辞职去开自己的美体小铺。和本杰瑞冰激凌店一样，美体小铺每周给员工一天带薪假期让他们参加社区服务活动。林奇说尽管 1991 年全球经济陷入衰退，但美体小铺在全球实现了同店销售额的增长——这一指标是评估零售业的两三个关键指标之一，因此林奇相信美体小铺可以在全球实现大幅扩张。加拿大有 92 家美体小铺分店，而美国竟然只有 70 家，从逻辑上讲，美国至少可以容纳 900 家美体小铺分店。增长率为 30％、市盈率为 40 倍的美体小铺似乎比增长率为 15％、市盈率为 30 倍的可口可乐更具性价比。

---

    * 帆船鞋是在 1935 年由保罗·斯佩里（Paul Sperry）发明的，当时他看到很多人非常容易在帆船甲板上滑倒，但是他的狗却不容易滑倒，所以他设计了一种鞋底有人字形沟槽、纯白色的鞋，他在 1939 年创立了 Sperry Top-Siders 这个品牌。——译者注

内幕交易指数

当公司内部人士买入自己公司的股票时，林奇就会仔细研究其中的原委。他指出内部人士卖出公司股票的原因可能多种多样，譬如他可能是为了买房子或行使股票期权而筹措资金；但买入的理由只有一个——为了赚钱。所以不难肯定，内部人士只有在公司的经营状况足以令他们自己有信心时才会买入。林奇观察发现鲜有公司会在内部人士大量买入其股票的情况下破产。他特别关注那些公司中层买入自己公司低迷的股票从而推高股价的情况，这种情况甚至比 CEO 买入更为重要。

富达基金有一个小团队专门跟踪内幕交易，他们从纽约证券交易所以及美国证监会下载报告并提取其中的关键数据，然后绘制图表来展示内部人士买卖公司股票的情况。如果很多高管都在卖出手中持有的公司股票，那么他们卖出的数量就至关重要。如果一名高管持有 10 000 股，仅仅卖掉 1 000 股用于购买一套房子，这通常无关紧要。但是如果他持有 45 000 股并卖出 40 000 股，而其他几位高管也卖出了同样规模的股票，这就非常关键且值得深入研究，也许还需要对此采取行动。

林奇发现最糟糕的陷阱之一是买入那些令人兴奋却毫无盈利的公司，他记得自己买过几十家这样的公司。如果公司编织的美梦成真，那么他就可以赚上十倍，但最终他都以亏本收场，无一例外。然而……总是有吸引人的新故事出现！他坦承"是烤牛排的咝咝声，而非牛排本身"吸引了他，但只要听到烤牛排的咝咝声，他又会忍不住咬下去，然后再次惨淡收场。

林奇为一个非常有用的投资概念起了个有趣的名字——"耳语股"，意思是有人（通常不可靠）压低声音告诉他："我知道一家很棒的公司，它的规模对机构投资者来说太小了，但你可以考虑用自己的钱试试。"接下来这个人会描绘一幅令人无法抗拒的画面———一旦成功，你将是一个巨大的赢家。林奇声称自己在这些"耳语股"上总是赔钱。

此外，林奇将公司分为两种：一种是只在与自己主业相关的领域进行业务扩张，以便使自己的知识和技能能够继续发挥作用；另一种则进行疯狂、无计划的收购，管理层总觉得自己能搞定一切，但往往事与愿违。林奇认为通常公司处理多余现金的最好方式是回购股票，而非盲目扩张，后者带来的往往不是收益而是麻烦。

找到值得投资的对象也可以遵循一些简单的标准，林奇建议寻找符合以下标准的公司：市盈率较低、净资产收益率达到 15％～20％、收入增长率达到 10％左右。此外，它还应该拥有强大的商业特许经营权，这样就不需要一位超人来管理和运营它。当然，你还要能够理解它的业务。

与许多投资者不同的是林奇喜欢任何人都能经营的简单业务。其他投资者（尤其是菲利普·费雪）往往更喜欢那些在竞争激烈的行业里拥有出色管理层的顶级企业，例如宝洁、3M、德州仪器、陶氏化学或摩托罗拉等。在经过数十年的摸爬滚打之后，这些企业成功发展出了精干、强硬的团队，它们会持续创造机会、抢夺市场，并不断通过创造新产品来实现增长。当然，我想你肯定宁愿由你的祖父来创办这样的公司，而不是你自己。但在林奇看来，关键不在于坚持寻找顶级公司，你只要找到一家还不错的公司，其股价足够低，并且公司在股价回升之前不会崩溃就足够了。用他自己的话来说就是找到这样一家公司：任何一群还不错的管理新手都能接手，并有理由相信公司能够维持这样的状况好几年。

一般而言，一家公司连续 20 年实现盈利的持续增长是不符合商业规律的。如果有人有幸发现了这样的公司，公司的成功很可能不在于管理层，而在于公司本身的特性。在这种情况下即使管理层真的必不可少，林奇也几乎没有找到有力的证据证明这一点。

那些可以让你更放心的公司通常都具备一个特征，投资界人士称之为利基市场，巴菲特则称之为护城河：独树一帜的竞争力，或者与众不同。为此林奇提到了国际殡仪服务公司，这家公司稳步地买入最好的殡仪馆；又譬如唐恩都乐，它的甜甜圈业务简单明了，并且一直都在增长；最大的独立连锁美容院瑞吉则专注于在购物中心里建立自己的连锁网络；又譬如生产邮资机的洛克威公司。林奇说他的梦想是在一个增长缓慢的行业里找到一家成长型公司，这确实有点令人惊讶：这意味着你对形势的判断必须完全正确。

这也就解释了林奇为什么不愿意投资高科技公司：也许它们确实是好公司，但如果他无法理解它们的业务，公司再好对林奇来说也等于零。"我怎么才能知道这家的内存条比其他家的更好呢？"他问道。对此的回答只能是因为有些分析师知道这一点，因为他们是这一行的专家。

对林奇而言，增长显然是一家公司最重要的优点，而成长股也一直是他投资组合中占比最大的一个类别。尽管如此，成长型公司也绝不是唯一对他有吸引力的投资类别。任何东西在某些时候都可能被低估或高估，从而导致买入或卖出。在谈到增长时，林奇特别关注产品销量的增长，甚至超过了利润的增长。成长股投资的鼻祖寻找的是在每个连续的经济周期中都能持续创造更高利润的公司，但是更高的利润可能来自价格的提升或巧妙的收购。而林奇寻找的则是逐季、逐年都能实现产品销量增长的公司。[①]

---

① 年报可能会披露公司的产品销量，也可能不会。如果无法获得这一信息，以前证券分析师有时会去工厂，数一数从后门出来的拖拉机或其他运输工具的数量。后来这一做法变得不切实际。我自己的公司是一家以增长为导向的公司，通过将报告数字乘以两个比率来追踪产品销量的大致增长：销售留存营业利润率和总经营资产周转率……后者可以衡量产生1美元销售额所需的资本。

林奇说："在市场上赚钱的最好方法是投资那些已经实现盈利多年并且还在持续增长的小公司。"他认为投资小公司比投资大公司可实现更高的收益率，毕竟要让道琼斯工业平均指数成分股公司实现三倍的增长比在纳斯达克上市的小公司难得多。

尽管如此，林奇指出如果你掌握了事实，那么投资高市盈率的高增长公司会赚得更多，前提是盈利能够支撑股价。他举了一个例子。假设一家公司的市盈率是 20 倍，每股盈利为 1 美元，即股价为 20 美元，年增长率为 20%；另一家公司的市盈率是 10 倍，每股盈利同样为 1 美元，即股价为 10 美元，年增长率为 10%。一年后，第一家公司每股将赚 1.20 美元，第二家公司每股将赚 1.10 美元。到第十年，第一家公司每股将赚 6.19 美元，如果它的市盈率仍然是 20 倍的话，股价将达到 123.80 美元。如果市盈率下降到 15 倍（这种情况在股市上经常发生），那么股价将达到 92.85 美元。

而盈利增长 10% 的公司每股盈利只有 2.59 美元，这意味着其股价只有 25.90 美元，仅为高增长公司的四分之一左右。

海外淘金

海外投资行业的效率低得令人吃惊。林奇拜访了瑞典的一家主要经纪公司，该公司竟然没有一个人去拜访过沃尔沃，尽管沃尔沃就在 200 英里外的哥德堡，而沃尔沃在瑞典的地位相当于美国的 IBM、通用汽车和通用电气。在英国，五六位分析师在一个月内就能遍访所有大公司，但这在德国、法国或泰国就不可想象了。

林奇对此并不介意，所以他能够毫无顾虑地去海外淘金。他所做的工作就是将外国公司和美国公司进行比较，然后决定他更喜欢哪个：福特、斯巴鲁还是沃尔沃，宝洁还是联合利华，优利来还是米其林，阿克苏诺贝尔还是杜邦。"你可以对同一类别中的一家公司进行套利操作，当然这取决于价格。以折旧为例，你要首先确定固定资产总额，然后比较阿克苏诺贝尔和杜邦的折旧率。如果阿克苏诺贝尔的折旧率是4%，杜邦的折旧率是2%，那么阿克苏诺贝尔的利润就会被低估。"

林奇曾表示他在欧洲的投资成功率远高于在美国。在买入股票三个月后，在欧洲买入的公司中有一半能令他满意，在美国这一比例仅为四分之一。"法国经纪人太糟糕了，"他说，"在对一家公司的各个部门进行分析之后，你会发现经纪人的预测完全不靠谱，这些数字根本就是他们凭空想象出来的。"

在众多国家中，那些令其他基金经理感到不安因而没有大量持股的国家反而会让林奇产生兴趣。以意大利为例：意大利是全球储蓄率最高的国家之一，几年前才引入基金，从而把大量资金吸引到了股市里。当林奇在米兰交易所买入IFI公司的股票时，它的估值仅为其持有的菲亚特和其他一些公司价值的40%。电话公司SIP的股价仅为其每股现金流的1.5倍，简言之，意大利公司都非常便宜。当林奇买入德尔海兹时，它的估值竟然低于其持有的一家杰出的美国超市连锁企业——雄狮食品的价值，相当于其他子公司白送。

最令林奇高兴的是在海外买入美国机构刚刚开始投资的股票，其中一些市值巨大，可以吸收大量资金。不过，这样的赚钱机会不会永远持续下去，最终美国人总会把股价推高到不合适的位置，那就是卖出的时候了。

投资之道

林奇对大多数被视为股市成功秘诀的万能公式嗤之以鼻。机构对经济概况趋之若鹜或将行业分配比例视为知识和才能的替代品，但林奇却不敢苟同，他对经济和市场分析方面的权威观点持同样的态度。传统信托公司基于经济概况将投资组合分为周期股、公用事业股等不同类别，然后用计算机打乱挑选。林奇彻底推翻了这种做法，无论是在股票和现金之间，还是在不同行业之间，他都避免有意识地进行"资产配置"。

由此可见，他并不相信"现代投资组合理论"这种方法，尽管它被莫名其妙地冠以"现代"二字，他觉得这种方法已经过时。运用这种理论基本上就意味着你不需要了解你要买入的公司，而只要将它们分门别类，按类别投资就够了。

林奇非常喜欢抓住转机。他会在公司命运转变之前进行部分投资，而后在其命运真正发生转变时增加持股。

他也不重视公司的分红政策。用他自己的话说就是"我并不认为分红是一种特色"。

在他看来，仅仅因为股价下跌就抄底买入是一个可怕的谬误。如果六个月前市场认为联邦菲度公司每股价值50美元，如今股价跌到20美元，那么可以肯定这只股票很便宜！但当它跌到每股40美元或每股30美元时，它也是便宜货，当跌至每股10美元时，就更是如此。所以你必须对一家公司的真实价值有一个清晰的概念，并据此做出决定，而不是基于近期的股价表现。

林奇会在每股20美元的价位买入A公司，而不是以每股30美元的价格买进B公司。当A公司的股价涨到30美元而B公司的股价跌到20美元时，他会为了买入B公司的股票而抛售A公司的股票，因为他相信聚沙成塔："三次30%的涨幅相当于四倍股。"他的投资技巧在于关注相对价值，而不是什么惊世骇俗的概念。"我从不做任何重大决定。"他说。[1]

---

[1] 关于关注市场波动这一点，我经常能够找到一些富有的投机者，如伯纳德·巴鲁克（Bernard Baruch），或者索罗斯、德鲁肯米勒、布鲁斯·科夫纳（Bruce Kovner）等。另外，这是一条极其艰难的致富之路，也可能是一条通往破产的捷径。

深思熟虑

"我每年花在经济分析上的时间大约只有 15 分钟，"他说，"花时间研究经济局势是在股市上亏钱的起点。我每年花在研究股市走势上的时间也不会超过 15 分钟。基于这两方面深思熟虑的交易都会害死你。"

他发现杞人忧天式的经济预测尤其没用。"我们不会对未来的经济走势做出预测，没有人打电话提前告诉我 1980 年和 1981 年的经济衰退。"他不无感慨地说。林奇发现人们总是喜欢问他关于经济和股市的前景，以及其他诸如此类的重大而普遍的问题。但又有谁真的有能力给出这些问题的正确答案呢？即便真有人有这样的能力，像宝洁和高露洁这样的公司也许根本不会受到相关波动的影响；相反，如果一个人买了一家有问题的公司的股票，即使身处最好的时代，他也仍然可能赔钱。

在某种程度上，林奇想表达的意思是如果一只股票足够便宜，这比对明年股市走势似是而非的预测要实在得多。反过来看，如果在一位经验丰富的评估师看来，很多股票价格低廉，或者大多数股票都很便宜，那么整个市场就是便宜的。

择　时

林奇发现，如果一位投资者从 1954 年开始投资标准普尔指数并坚持 40 年，其年化回报率可以达到 11.4％。如果他错过其中最赚钱的 10 个月（通常是市场从底部急剧反弹的时候），那么其投资回报率将下降至 8.3%。如果他错过了最赚钱的 40 个月，他的回报率将会跌至 2.7%。

他引用了一项引人注目的统计数据：从 1975 年开始，如果每年 1 月 1 日投资标准普尔指数 1 000 美元，年化回报率为 11%；如果每年在指数最高点投入 1 000 美元，年化回报率仍然可以达到 10.6%；反过来，如果每年在指数最低点投入同样数额的资金，年化回报率为 11.7%。可以说三者的差别微不足道！

他指着《福布斯》美国富豪榜说："这上面没有一个人是靠择时上榜的。如果真的有人做到了这一点，那么你一定会看到榜单上有人因此赚到了数十亿美元。"实际上他发现，多年来在这份榜单上一直名列前茅的巴菲特压根没把市场波动当回事。

林奇总体上对杠杆收购感到愤慨，他认为这阻碍了投资大众充分参与经济衰退后的复苏。他的逻辑如下：假设一家公司的股价为 20 美元，之后由于市场下滑或坏消息跌到了 8 美元，一家好的公司会重整旗鼓，股价会涨回来。但是管理层或收购专家提出以 12 美元的价格买断其他股东手中的股份，当足够多的股东接受这个价格时，新股东就能够"冻结"剩余股份，然后新股东就可以通过变卖资产来获得回报。但如果这种收购没有发生会怎样？公司股价可能会涨到 40 美元或 50 美元，所以散户承受了这种损失，并被排除在了公司恢复所带来的好处之外！林奇还不无讽刺地指出，一些投资银行家在收取了高额费用之后会发布一份所谓的"公平意见"，并宣称新股东以 12 美元的价格收购目前价格仅为 8 美元的股票是"公平的"。但如果老股东知道公司股价在前一段时间是 20 美元，并能够预见未来两三年股价会再次上涨到 20 美元甚至更高，那么 12 美元的收购价真的公平吗？

林奇指出投资者当然必须掌握一家公司的数据，但仅仅分析财务数据是不够的。"'从统计数字来看非常便宜'可能是一个真正的陷阱，"他说，"账面价值很可能产生巨大的误导。例如可口可乐的资产负债表上没有任何关于其商标的商誉。又譬如你持有一家拥有2 000亿美元资产和1亿美元负债的公司，最终发现其资产只值5 000万美元。因此即便是基于数字做出判断，在现实中也依然可能是非常主观的。"

"然而，"他表示，"如果一家公司在我买入时拥有良好的资产负债表，那将给我带来很大的优势。如果公司的经营没有好转，我可能会损失投资额的三分之一；但如果情况确实能好转，那我就会赚得盆满钵满。"

林奇指出，如果他的某一笔投资血本无归，通常是因为他没有更好地研究资产负债表的情况。

不过，他确实有一个有关投资组合的知识框架，从概念上分成了四个类别。不过之前他并没有意识到这一点，直到他经营了麦哲伦基金三四年之后，一些外部投资人指出他的投资组合其实分成了不同的类别。他之前买入这些股票时并没有刻意为之，这完全是自然而然的结果，但林奇认可这些投资人的见解：

1. 成长股：那些他希望能够至少上涨两三倍的公司。

2. 低估股：或称为"价值股"、小规模蓝筹股。这类股票只要价格上涨30％以上林奇就会迅速抛出。

3. 困境股：处于特殊情况或者正值不景气时期的股票。

4. 防御股：现金的替代品。"如果投资人在股市低迷时投资组合中有占比为50％的现金，那么一旦市场上涨，他就会错过大部分机会。"

林奇从不持有现金或现金等价物，相反，他持有的都是稳定行业中具有良好盈利能力的保守型公司。这些公司在经济下行时不会受到很大的影响，在股市下跌时股价也会比较坚挺，但是在市场飙升时它们的表现通常落后于市场。有一两百家公司属于这一类型，主要是一些食品公司、广告公司、电话或天然气等公用事业公司、金融公司以及零售业公司。林奇并不指望从这类股票中获得丰厚的利润，所以他在这类股票上的换手率也是最高的。"一只股票可能由于公司进行了路演或其他什么原因而上涨，但若其基本面没有变好的话，我就会卖掉，换成同类股票中的其他公司。"

林奇曾说过："你要敢于进入其他投资者（尤其是基金经理）不敢涉足的领域进行投资。"

劣中选优

林奇提出了一个特别的观点："在糟糕的行业里寻找优秀的公司。""在选择投资对象时，相对于那些优秀的行业，我会毫不犹豫地选择那些糟糕的行业。"为什么呢？因为在一个糟糕的行业里"弱者会被淘汰，强者可以获得更多的市场份额"。1992年，他在冷门行业中选出了好几个这样存活下来的公司，而它们都不受华尔街投资界待见。这其中就有经营废旧轮胎翻新业务的奔达可公司，它位于艾奥瓦州的马斯卡廷。美国每年卡车和公交车因为轮胎报废而换上的翻新轮胎数量达到1 200万个，其中有500万个是奔达可公司生产的。尽管15年里该公司的股价从2美元涨到了60美元，林奇发现华尔街也只有三位分析师在跟踪该公司。

同样的情况在地毯行业也存在。"在如今的美国，没有比这更糟糕的行业了。"林奇这样评价地毯行业。但每当有公司倒闭时，肖氏工业公司都会将其吞并。当他在数据库中搜索与该公司相关的研报时仅仅发现了两篇，尽管这家规模达到10亿美元的公司占据了整个美国地毯市场的20%，但即使在行业的至暗时刻，该公司也保持了惊人的20%的年增长率。事实上，从1980年到1992年，其股价上涨了50倍。

林奇说他最想避开的是那些风口行业中最热门的股票，因为这些股票广泛受到关注、人尽皆知……然后呢？然后它们的股价就崩溃了。他列举了许多曾经炙手可热的行业：数码手表、移动房屋、保健品、廉价的全屋地毯、磁盘驱动器、石油服务——当然，这其中也包括施乐公司。在任何情况下，高增长均不利于竞争，当热门公司为了保持市场份额而花费巨资进行扩张时，它就会受到打击。为此，它的利润率开始降低，并陷入财务困境。由于受到证券分析师和投机者的广泛关注，它的股价一落千丈。

1992 年底，富达基金请回了林奇。正如附录十所述，当时富达基金饱受公众诟病，之后又爆出丑闻并遭到美国证监会调查①，因此林奇的盈利能力和积极正面的形象对公司而言至关重要。他参与了富达基金广告的拍摄，并出现在有线电视的"资讯广告"中。"公司必须把他给请回来，"华尔街的一位资深公关人士表示，"他成了富达基金的象征，就像美林证券的那头牛一样。"如今用公关的行话来说就是，彼得·林奇"代表"了富达基金，尽管他不再直接为富达基金管理资金（他确实向分析师们提供了建议）。他轻松、诚实的形象出现在全美各地的广告中，甚至出现在《价值》杂志的抽奖邮件中（而该杂志从来没有使用任何笔墨提及自己属于富达基金）。②

林奇的这种形象非常具有欺骗性，公众可能会认为林奇在控制局面。事实上，他在富达基金持有的是无投票权的股票，而且他从未参与日常业务管理，相反，他总是申明自己不承担这种管理责任。总之，绝对的控制权掌握在约翰逊（Johnson）家族手中。

公司鼓励他著书立说，并让他出席一年一度的《巴伦周刊》圆桌

---

① 2000 年 1 月 27 日，《华尔街日报》的一篇文章披露，富达基金要求经纪人提供给它的 IPO 配售额至少是提供给其他客户的两倍。

② 这是一本有趣的杂志，我为它写过专栏，披露此信息是为了让大家知道我与它有利益关系。

会议。

"我的选股方法融合了艺术、科学和勤奋，20 年来从未改变。"林奇在《战胜华尔街》一书中写道。然而，他也承认有时他对自己原则的执行过于严格。他只投资自己能力圈内的股票这一原则通常意味着排除科技产品，后来林奇坦承这是一个错误。"你哪怕没有博士学位也能知道微软拥有 MS-DOS 的版权，而世界上绝大多数个人电脑都在使用这种操作系统。"为此林奇打了个比方：这就像两国交战，你不需要在交战双方中做出选择，你应该做的是投资向交战双方提供子弹的那家公司。① 同样地，你不需要很强的专业知识就能发现大多数个人电脑使用的是英特尔生产的芯片。

还有一次，林奇从他的孩子们身上获得了启发。在参观一所大学时，他碰到一群工作人员正在安装校园计算机网络，而这其中大部分的工作是由一家名为思科的公司完成的。一项调查显示该公司的利润正在急剧增长，当时只有 10%～20% 的学校能够访问互联网——更不要提商业公司、政府机构了。而思科正是那家"卖子弹"的公司。

多年来，林奇一直提到储贷协会，因为在这个行业中可以找到极好的便宜货。最初吸引他注意力的是那些让其他投资者敬而远之、令人沮丧的公告。在 1992 年，如果以所有者权益占比这一指标衡量，全美有 100 家储贷机构比摩根大通还要好。他最喜欢的一家储贷机构名字叫人民储蓄金融，它位于康涅狄格州新英格兰市，其所有者权益占比达到了 12.5%，而摩根大通的这一指标还不到 6%。在 1991—1994 年间，林奇见证了大约 300 家储贷机构上市，这些新股在上市首日的平均涨幅达到了 30%，三个月内的平均涨幅达到了 60%，直到 1994 年初被监管机构叫停，这种天上掉馅饼的好事才告一段落。

---

① 当年加利福尼亚州淘金热中最大的赢家不是那些在野外苦苦找寻、贫困潦倒的勘探者，而是向他们出售牛仔裤（以李维斯为首）、采矿设备、酒精以及休闲用品的商人。

当一家储贷机构上市时（当时被称为"转换"），所有在该机构开户的客户都有权以最初的发行价买入其发行的股票。尽管当时林奇建议散户踊跃买进，但几乎所有这类股票最终都落入了专业投资者的口袋，他们争相在全美各地的储贷机构开户，尽最大的可能参与其上市。

在 1997 年 5 月的一篇专栏文章中，林奇再次推荐了储贷机构。他指出从 1992 年到 1996 年，约有 445 家储贷机构上市，它们的股价平均上涨了 98%，只有 5 家破发。事实上从 1995 年到 1996 年，这些储贷机构在上市首日股价的平均涨幅达到了 14.2%。林奇最喜欢的储贷机构非常像吉米·斯图尔特（Jimmy Stewart）在电影《生活多美好》中开设的夫妻店：位于一个小城市，量入为出，从邻里吸收存款并用于发放房贷。

林奇总结了几条有关如何投资储贷机构的原则：

1. 它不能亏本赚吆喝。

2. 它的所有者权益占比较高，拥有稳健的资产负债表，没有受到不良贷款的困扰。

3. 内部人士正在以与你相同的价格买入它的股票。（你可以从招股说明书中找到相应的信息。）

4. 上市募集到的金额应大致与它上市前的价值相对应。

林奇对储贷机构的长期乐观展望反映了经济环境的变化，以及进一步收购和合并的必然性。他指出，英国有 5 800 万人口，却只有 7 家大型银行，而美国的人口是英国的 5 倍，却有 2 万家左右的银行（其中包含了信用合作社等）。换言之，未来将会有很多银行间并购交易发生。对于大多数人而言，首要的也是最重要的一点是留心身边储贷机构上市的机会。

在林奇列出的金融业最受青睐的公司名单中，房屋抵押贷款业务的领头羊房利美仍高居榜首。林奇自 20 世纪 80 年代初就投资了房利美。他指出，1997 年该公司的每股盈利约为 2.80 美元，而 10 年前该公司经拆分调整后的股价仅为 2.55 美元。"当一家公司在一年内的每股盈利超过了你买入时的股价，这就是我所说的卓越投资。"他写道。房利美已经连续十年盈利创新高。然而，《福布斯》模拟了一位投资者如果按照林奇在《价值》杂志上的建议进行投资的结果，该杂志得出的结论是"可能一点也不理想"。

林奇一直被几家热门公司的高市盈率所困扰。他认为如果麦当劳的盈利不能迅速增长，其投资者可能会承担风险；同样，尽管他一直看好强生，并认为这是一家前程远大的成长型公司，但他依然被其如此高的市盈率所困扰；相对而言，尽管沃尔玛的市盈率曾经过高，但后来降了下来，所以他认为沃尔玛"有望在未来十年实现可观的增长"。

总而言之，林奇是一个股票市场的狂热爱好者。一篇文章引用了他妻子的话，在他们第一次约会时，他还在沃顿商学院读书，他的整个谈话内容就只有股票。显然，在年轻时期就能够全身心地扑到事业上是在任何领域取得伟大成就的必要条件，无论是赢得奥运会体操金牌，还是在国际象棋比赛中击败俄罗斯人，又或者是在纽约芭蕾舞团中领舞，可以说林奇就是这类成功者中的一员。伟大的成功源自痴迷，反过来说，如果你对一项事业没有达到热爱它胜过一切的程度，你就无法取得惊人的成就。"快乐乃成功之源"，而林奇成功的秘诀就是对自己的工作上瘾。

第十八章
大师们的启示

对于能够读到这里的读者，首先祝贺你们！现在，让我们试着总结一下从这些大师身上到底学到了一些什么，以下方法很可能能够帮助大家在股票市场上取得不俗的回报：

1. 买入管理良好的公司。这些公司会不断成长，只要它们依然在快速成长，就不要"下车"。当它们的增长放缓时，卖出换成别的股票。（有关高成长性股票的案例，参见附录十一。）

2. 买入价格低于其底层资产价值的股票，然后在股价回归合理水平时卖出，这就是价值投资，你所要做的就是不断重复这个操作。这些公司通常管理不善、前景暗淡。

3. 发现新的投资领域或被严重忽视的领域，因为无人问津意味着价格极具吸引力。

4. 找到真正优秀的投资专家，并将自己的投资委托给对方。希望本书能为你找到这样值得托付的投资专家提供一些线索。

昔日人人追逐的股票或板块也会有无人问津的时候。坏消息会被放大，因此，如果一家公司的实际经营情况因遭遇挫折下降了四分之一，该公司的股价可能会下跌一半。如果事后发现是虚惊一场当然最好，但即便是像战争这样真实的坏消息也未必会糟糕到哪里去。好消息的情况则恰恰相反，因此我的座右铭是"盛名之下，其实难副"（Nothing exceeds like success）*。

---

* 原文引用自法国小说家大仲马，意思是生活中那些被寄予厚望的人经常会失败的原因是他们其实没有人们认为的那么优秀。——译者注

在市场底部，几乎所有的东西都便宜得离谱，在市场顶部则恰恰相反，几乎所有的东西都贵得离谱。因此，那些了不起的价值投资者通常会在 3～4 年的时间里买卖一轮（有时是由于总统大选对股市的刺激），而顶尖的成长型投资者则会始终持有那些优秀的公司，有时甚至长达几十年。

成长型投资

如今到底是成长型投资还是价值型投资更有效？大约是在 1990 年，我写道：

> 一般而言，成长股的市盈率在道琼斯指数成分股平均市盈率的一倍到两倍之间波动。
>
> 因此，在 1989 年中期，与债券或成长股相比，道琼斯指数似乎不是特别有吸引力，并且（正如林奇和内夫所观察到的）成长股似乎比债券和标准工业股都更有价值……
>
> 计算成长股的回报率并非易事，有一种方法是预测其未来几年的盈利，然后假设其盈利将逐渐下降到所有股票的平均水平，即"回归均值"，最后计算出用什么贴现率可以将预估的利润总额降低到当前的市值，如此一来就得到了投资回报率。在写作本书时，我用该方法计算出来的成长股的预期回报率超过了 20%，这比做空或做多美国国债以及投资道琼斯指数成分股要有吸引力得多。

这就是我在当时认为在接下来的十年里成长股表现会非常出色的原因。

如今（2003年）我们又处于怎样的环境中呢？尽管成长股大幅上涨，但在我看来，它们作为长期投资仍然比道琼斯指数成分股或债券更有吸引力。根据我的估算，我所了解的成长股的平均回报率降到了12%～14%，低于以前的水平，但考虑到通货膨胀率有所下降，这一回报水平依然是可接受的。

对于大量需要纳税的投资者来说，我认为巴菲特及普莱斯的方法最为实用，当然，前提是你自己真的有这个能力，当然也可以委托一个有能力的人。简言之，要么自己干，要么投资基金。巴菲特及普莱斯的方法需要的研究更少、换手率更低。

然而，这种方法确实有在大牛市接近尾声时赔钱的风险。几乎没有人——当然也包括大多数基金经理——具备那种坚韧的独立精神，能在行情正火的时候急流勇退，削减那些价格过高的投资组合：即便是基金经理也希望在牛市接近尾声时能把大把的钞票塞进自己的腰包，又不想在紧随其后的崩盘中把钱吐出来，所以他有动机在牛市中待得更久。因此在我看来，与投资顾问打交道的大多数投资者必须根据自己的智慧与常识，在操作上增加一些卖出的原则。

同样地，他也可以通过在市场崩溃期间买入真正的成长股而获得优异的回报。一旦他在熊市期间获得了这类股票的投资组合，只要他愿意，他就可以忘记市场的变幻莫测，继续享受自动增长。当然，他必须通过观察利润率、单位销售额增长率、资产回报率等指标，确保价值确实仍在增长——所有这些数据都可以在《价值线》中轻松找到。

他应该始终保持足够的现金储备，以度过任何可能的紧急情况，并在机会出现时提供弹药。充裕的现金储备意味着投资者在经济不景气时不必恐慌，而且可以在严重的恐慌中买入一些极好的便宜货，这是真正赚大钱的基础。

成长股投资方法对投资者的情绪有很高的要求。如果你不了解具体的细节，在大幅下跌期间就会惊慌失措进而在底部割肉，所以仅仅知道这些原则显然是不够的。

因此，如果你决定采用成长股投资方法，你必须扪心自问是否足够了解一家公司，以便能够承受多年收益落后和股价波动的煎熬——这是成长股投资者必须付出的代价。如果你不知道自己买入的公司的真正价值，那么当它受到追捧时（也就是价格过高时），你就很容易受到诱惑去追高买入，然后在股价下跌时又仓皇出逃，这种行为与能够赚钱的策略可谓背道而驰。可以看一下费雪鉴别优秀管理层的测试清单以及巴菲特的主要原则。如果你或者你的顾问认同这些原则，你应该有信心克服艰难险阻。

价值投资

格雷厄姆和内夫的投资方法似乎特别适用于投资机构，譬如银行管理的养老基金。事实上，这种方法从银行家的角度看显然是"谨慎的"和系统性的，它只关注企业的当下，而非未来。银行在评估企业的业务和财务状况时处于异常有利的地位，因为这就是它们的日常业务，而且采用这种方法管理免税投资组合不需要缴纳资本利得税。银行可以在内部执行这样的投资计划，既降低了成本又保持了机密性，而且不需要按照投资委员会的要求对特定的股票进行合理化调整。

此外，如果简化的价值投资标准变得人尽皆知，那么投资机会就会枯竭，银行可以根据《证券分析》一书对整个股票市场进行全面的分析，如今这一工作可以由计算机轻松完成。机构相对于散户拥有更强大的持续研究能力、在理性评估方面进行了大量的培训、积累了丰富的经验，因此也比散户更有可能完成这种分析。

格雷厄姆和内夫的"价值"投资策略最大的优点是你不会有任何

大的损失。以远低于其内在价值的价格出售的商品迟早会恢复到正常的价格水平。

洞察转机

很多类似于罗杰斯、旺格、普莱斯、雷恩沃特和威尔逊的投资者都会通过"自上而下"的方法抓住重大趋势逆转的机会。普莱斯称之为"寻找成长的沃土"可谓恰如其分，这些大师关注的可不是家里的仨瓜俩枣。光纤行业如何？管道公司的天然气储备是否正在耗尽？新的监管环境如何？电信行业和芯片行业近况如何？医疗保健组织发展得怎么样？然后检查行业信息来源，并开始研究特定的公司。

另一种捕捉趋势变化的方法是由林奇和罗伯逊提出来的，他们与公司管理层无休止的交谈揭示了微观层面所发生的变化——这显然是一种"自下而上"的方法。[①] 不管怎样，投资者都希望能及时发现变化，并抢在竞争对手之前加以利用。

敢为人先

令人惊讶的是，最伟大的投资者往往会开发出一种新的方法，就像艺术收藏家总能发掘和利用一个不被他人重视的艺术品类。

让我们一起来看一些案例。在 1929 年股市大崩盘之后的 30 年代中期，普通股成了最有吸引力的资产，这正是因为投资者已经变成惊弓之鸟，不愿相信普通股依然是一种投资产品。卡伯特等少数从业者

---

① 林奇还建议从你遇到的零售产品和服务中获取投资灵感，但面临激烈竞争的产品即便销售火爆，也很可能是一个陷阱。

基于这个简单的理念建立起自己的金融帝国。然后，格雷厄姆制定并测试了一系列购买特定类型传统股票的规则，其设定的买入价低到几乎不会赔钱。年复一年，格雷厄姆方法的效果令人赞叹，尽管他公布了自己的方法和结果，但几乎无人效仿。后来到了1980年，在我的《投资大师》早期版本（其中涵盖了格雷厄姆的投资方法）出版之后不久，新格雷厄姆派的人数呈几何级数增长，这一领域一下子变得热闹非凡。

普莱斯普及了"成长股"的概念，并设计了一系列买入这类股票的原则。到20世纪60年代末，他的方法变得非常流行，到1972年，成长股被严重高估。后来在成长股暴跌之后，它们再次变得非常有吸引力，然而投资者依然对这类股票持怀疑态度。

卡雷特专注于场外交易，旺格则专注于小盘股——这两个领域经常被分析师忽视，因此往往能找到廉价股票。

二战后，包括邓普顿在内的一些顽强的投资人意识到日本注定要成为一个发达的工业国，而日本的一些主要公司——相当于通用电气、福特和保诚——在遭受各种打击下跌之后，以3~4倍的市盈率出售。只有少数派洞悉了未来并敢于采取行动，最终创造了传奇。有些人开始注意到意大利和德国创造的经济奇迹，而莱特鲍恩和罗杰斯早已转战一些较小的新兴市场，到那里进行投资或者收购了。

加贝利通过预测企业收购创建了一家极具影响力的公司，声名狼藉的米尔肯则通过开发低评级公司债券（垃圾债券）这个巨大的市场而发家致富。从某种程度上说，巴菲特开发了一种不同寻常的投资方法——将保险公司的浮存金重新配置到股票上。这显然增加了风险，并且绝对不是一个安全的游戏，因为这种方法是很多公司破产的重要原因。

所有这一切都说明在过去发现被忽视的技术或被忽视的投资领域

很容易，那么读者可能要问了，时至今日这样的机会还多不多？我的回答是肯定的，因为我确实发现了几个这样的机会。

其中一个明显的例子就是小盘股。与大盘股相比，微型股的受欢迎程度会在一个很长的周期内波动，是时候迎接反转了，想想卡雷特和旺格他们是怎么干的吧！

另一个领域是卖空，这在某个时期是重灾区。一些互联网股票显然处于投机的泡沫中，但是泡沫破裂是迟早的事。1972—1973 年，类似的蜂拥而上现象曾将成长股推高到不合理的水平，紧随其后的自然是可怕的泡沫破裂。最好的投资时机是崩溃真正开始，因为虚高的股价会继续走高。但是请务必非常小心！因为判断失误可能会让卖空者损失惨重，任何大头寸的买入都对卖空者不利，应对这种风险的一种方法是采用与格雷厄姆类似的分散投资法。即便如此，卖空依然极度令人焦虑，只能由专业人士来操作，将来可能会有更多的私募基金向这个方向发展。

另一类长期反复出现的机会是因公司重组而形成的"不良"证券或银行对这类公司的贷款（包括日本银行对日本公司的贷款），银行需要将这些贷款从其资产负债表中剥离出来。参与这类机会需要非常专业的水准，雷恩沃特在这个领域取得了巨大的成功。这样的机会往往是政府错误干预造成的。

正如莱特鲍恩所言，将会有越来越多的跨国公司收购新兴国家的公司，这是一种非常有趣的投资机会。一些有经验的投资者利用海外私人投资公司提供的担保，以为他们在某些国家的投资承担除机会成本以外的所有风险。

另一个很可能引起人们兴趣的新兴领域是"激进股东主义"，即在一家公司陷入困境以后买入其足够多的股票并推动管理层做出必要的改变，或推动董事会更换管理层，甚至推动其他股东更换董事。采用这种方法的有视野投资管理公司、关系投资者公司、格林卫合伙公司、三一基金、劳恩代尔资本和位于伦敦的活跃值公司。这一方法对投资者提出了很高的要求，试图通过矫枉过正的做法来挽救一家公司显然会招致抗议。行动迟缓的管理层、自满的董事、冷漠的受托人，这些都必须加以整顿，在很多情况下还得辞掉他们。即使检举人完全正确，这其中有时还包括对管理层腐败的检举，高昂的诉讼费用、记者们报道公司内部斗争的花边新闻也不可避免，而这一切一点意思都没有！但是如果这个过程能为目标公司的股东和改革者本身带来利润，那么努力就没有白费。[①]

那么海外投资呢？通过美国跨国公司你可窥得全貌，而且就对投资者的友好来说美国也有可圈可点之处。因此，我认为仅仅为了分散投资而投资欧洲是没有必要的。不过，如果你能像邓普顿、罗杰斯和莱特鲍恩那样，提前在不受欢迎的国家布局，而这些地方恰恰即将出现重大的投资机会，那么你应该会取得不俗的表现，但最简单的方法依然是投资基金。

永无止境的追寻

对于如今的一些大师来说，持股时间往往只有几个月，只要股价达到买入前计算好的水平就会触发卖出。这一规则难以执行，所以建议散户不要学习。为什么呢？不妨让我们看看以下这个故事：

有个叫奎依的小个子是一名以独特的打猎方式远近闻名的猎

---

① 这种有效的干预不应与在股市低迷时买入一家公司的股份相混淆，后者也许对你有好处，但对原有的股东可不是什么好事。

人……他打猎的技巧就是在追捕猎物时赶尽杀绝，因此，如果他用一支小的、毒性很弱的布须曼箭射中了猎物，并且怀疑附近有其他猎物，他就会让受伤的猎物继续跑，而他则尾随其后继续狩猎，射杀一只又一只。当所有被发现的猎物都快咽气了，他就会休息一会儿，然后折返去寻找他认为最快咽气的那只猎物。他几乎从来都没有丢失过一只猎物，因为他目光敏锐，可以辨认出坚硬的地面甚至石头上的足迹，他还可以分辨出一片树叶究竟是被风吹落的还是被经过的脚步带落的……①

同样，从本书中我们也可以得出一种新的投资技巧——"永无止境的追寻"：不断寻找新的股票，以便发现小幅的定价错误并获利了结，而不是长期持有。以下是一些障碍赛的高手与传统的长期投资者之间的对比，前者的代表人物有林奇、斯坦哈特和威尔逊，后者的代表人物有巴菲特、费雪、普莱斯和旺格。

序号	长期投资者	不懈追寻者
1	坚信长期的复利效应	加快步伐
2	追踪长期趋势	把握短期变化
3	为长期持有而买入	不断换手
4	对小的波动视而不见	情况有异立即斩仓
5	股价过高，等待盈利增长	股价高于价值时卖出
6	现有持仓优先，因为更为熟悉	无情地比较并替换
7	把所有鸡蛋放在一个篮子里	尽可能多元化
8	坚守自己认可的投资哲学	没有偏见

---

① Elizabeth Marshall Thomas, *The Harmless People* (New York: Alfred A. Knopf, 1959).

续前表

序号	长期投资者	不懈追寻者
9	能力圈内认知无死角	广泛涉猎而非深入研究
10	有一套有效的规则和公式	避免公式化
11	对每一家投资的公司如数家珍	整批买入某个类型的公司
12	对管理层了如指掌	从不关心管理层
13	持股5～10年，买入价不那么重要	频繁交易必须对买卖价格极其敏感

采用这种投资技巧的投资人会尝试抄底，买入的同时就已经设定好卖出的目标价。这种方法只有真正的大师才可能熟练应用，就像前文提到的奎依。此外，该方法换手率很高，这就意味着交易成本也很高，除非投资人的交易技巧已经出神入化，因此遵循低买高卖的原则显得尤其有必要，要做到这一点你需要一位对价格非常敏感的经纪人，或者精心设置限价交易单。散户无法达到这样的境界，如果他错误地认为自己有这种能力，就会付出惨痛的代价。正如书中所言，这个错误是由一群经验不足的大规模程序化日内交易者造成的。①

投资机会

价值与感知之间的差异构成了投资机会。也就是说，如果你能找到一些严重错误定价的产品，你就能从中渔利。

所以在使用以上任何策略前，你必须了解价值，这是最基本的原则。当然，首要任务是深入研究并全面掌握你所投资公司的基本数据。有太多的投资者，甚至包括股票经纪人，不知道他们投资的公司厂房

---

① 这些日内交易者中有一个人因为输光了钱而暴怒，冲进经纪人的办公室杀害了其中的员工。

平均使用年限、折旧率、利润率的变化，也不知道其存货周转率与竞争对手之间的差别。（这听起来令人难以置信，但他们中的大部分连公司的招股说明书和财务报表都没有看过。）如果你已经认真考虑并能接受各种潜在的结果，那么像罗杰斯一样列出长长的清单（见附录五）是一个很好的开始。（想当年我刚入行时，经常发现有人花几年的时间来跟踪统计某个行业的数据并制作成电子表格。）当然，想要做到这一点你需要有基本的会计知识。除了了解财务数字之外，直接接触公司以获得第一手信息也非常有用。没有时间这么做的投资者就应该找一个有能力这么做的人来帮他打理投资。

择　时

有没有可能抓住整个市场的涨跌趋势？投资大师们不认为这是可行的方法。无论是巴菲特、卡雷特、格雷厄姆、索罗斯、斯坦哈特还是邓普顿，都会根据市场估值高低来调整股票和防御性资产的配比。而费雪、林奇、邓普顿和旺格认为这种策略通常赚不到钱。

所以根本就不存在一条万能法则。

对于交易员而言，尤其是对于像索罗斯一样使用杠杆进行衍生品交易的交易员而言，如果长期在错误的方向上下赌注，他们迟早会破产，因此他们别无选择，只有时刻保持敏捷才能生存。然而对于一个合格的股票投资者而言，这么做显然是不对的。如果一个投资者在全面分析一家企业之后，确信其股票将在未来的 20 年内增长 5 倍、10 倍或 20 倍，尽管它时不时会下跌三分之一甚至更多，他可以而且也应该勇敢地面对波动，而不是试图从波段操作中赚取额外的收益。像林奇或斯坦哈特这样的交易员可以通过频繁交易获利，但像普莱斯或费雪这样的长期投资者（从核心持仓来看，巴菲特也应该被归为费雪学派）

会认为你很可能只是自作聪明，最后反而会弄巧成拙。你看似巧妙地卖出股票获利了结并等着股价下跌再买回，但往往股价反而开始大幅反弹至高不可攀的水平，而你只能望洋兴叹。

我发现大多数优秀的股票分析师都不是优秀的市场行情分析师，反之亦然，就像棒球比赛中的击球手和投手一样，但一个糟糕的市场行情分析师完全可以通过股票分析获得成功。事实上，识别整体市场低估的最好标志是发现很多明显被低估的股票。

反对择时最有力的理由其实很简单：如果你在关键的三五天（市场低估的谷底）离开了市场，你的投资回报就会泡汤（见附录十二）。市场经常从一个大底部爆发或从顶部跳水，让投资者像旺格所说的斑马一样，来不及反应。

顺便提一下，相信择时的人数本身就是一个市场指标。在大牛市中，没有人会考虑择时，但在大跌的底部，当人们绝望地面对自己的浮亏懊悔不已时，择时看起来确实非常有吸引力！

以下是我观察到的一些优秀投资者所青睐的原则：

1. **只买你足够了解的好公司**。股票不仅仅是一张纸，你不可能指望股价像一只小鸟一样从 50 美元飞升到 100 美元。它代表着具备某些业务特征的某家公司的一小部分，就如同拥有一套房子的一小部分权益一样。

假设你买下了一套房子一周的所有权，消磨这段时光的最愚蠢方式就是每隔一两个小时就给房产中介打电话，然后因为他所说的话而焦虑。明智的做法是请估价师来检查房子，弄清楚维修和改善房子需要花多少钱，也许还可以与附近其他类似的房产甚至其他地方的房产比较一下价值。你会想和邻居攀谈一下以了解区域规划可能有哪些变化，然后去拜访周围的学校、市长、警察以及银行。只有采取了这些行动，这一周的时间才没有被白白浪费，而你做出明智决策的可能性要比那些坐在家里只懂得纠缠房产中介的人要大得多。

如此说来，投资者在完全不了解公司真实价值的情况下买入股票是多么荒谬啊，管理层是否称职、研发是否有效、机器能否跟上时代的步伐、公司经营是繁荣昌盛还是捉襟见肘等，这些问题都与公司的竞争力高度相关。然而事实上，很少有投资者真正了解他们所持有的公司，这确实非常荒谬。在他们买了股票以后，他们会关注报纸上的股价而非年报。他们通常甚至懒得去了解卖股票给他们的经纪人是否真正了解该公司的业务，而不仅仅是浮于表面，但事实上这些经纪人往往也知之甚少。

一个好的投资者对他感兴趣的公司有具体、详细的了解，知道整家公司的价值，因此他也知道公司百分之一或万分之一的股份应该值多少钱。

2. **试着在股票无人问津的时候买入，尤其是在危机四伏的时候。**在买入时避免蜂拥出价的一个有效方法是具备足够的知识和勇气，在无人问津时买到物有所值的东西。另一种方法是对某类公司了如指掌以至没有人能够超越你。

3. **要有耐心，不要被波动吓瘫。**股价上下波动就像晴雨交替一样时有发生。特别需要注意的是，不要仅仅因为一只股票跌破了你的成本价，或者当它回本时就卖出，你的成本只是个意外。股票不是人，既不知道你的成本，也不是故意让你失望，股价也不会影响公司的前景。记住，关注业务，而非股票行情。

4. **不要瞎蒙。**以一系列似是而非的半吊子投机为赌注所付出的代价高得惊人，这不仅是指实实在在的成本（佣金、买卖价格之间的差额以及高买低卖付出的代价），或许在机会成本方面更是如此。例如，试图抓住一家内在增长乏力的普通重工业公司从底部反弹的机会，对于对所有行业有着系统性的研究并了解其价值的金融机构来说是可行的，但对于散户而言，即便没有发生真金白银的投入，只是想想这类事情也会让他放弃买入一家出色的公司，而这恰恰是我们大多数人所能期待的最好投资。只买那些即使股市关门十年你也乐意持有的股票，关于这一点巴菲特显然非常英明。

5. **高分红可能是一个陷阱**。最适合投资的公司是那些能够带来15％、20％甚至更高的资本回报率的公司。把你的钱留存公司，让它继续以这样的速度增长，而不是把它作为分红取回，这不仅要缴税，而且最后这些钱很可能被用于投资债券或其他实际回报率低得多的资产。

另外，很多高分红公司都是庞氏骗局。如果一家公司长期债务的增长速度比它派息的增长速度还要快，那么就好像在一台致命的跑步机上跑步，停下来是迟早的事，届时其股票将遭受重创。

6. **只买入便宜货或者增长速度快、确定性高的股票，以至按买入价很快就会显得物有所值**。当然，有时你可以两者兼得。譬如，你以每股账面价值三分之二的价格买入了一只优秀的银行股，并且可以确定通过分红再投资，该股票的价值将以每年15％的速度增长，并支付合理的股息，那么你的投资就走在了坦途上，总有一天，市场的出价会比你买入时高得多。当然，股息也应该每五年左右翻一番，所以无论股市行情如何，你都不会遭遇麻烦。这听起来很简单，实际上也没有多复杂或困难，你要做的就是不要好高骛远，只做你能理解的买卖。

7. **如果股票总体上看起来不便宜，那就不要买入**。要知道下一次熊市的到来很少会超过两年或三年。

8. **保持灵活**。随着旧的原则使用泛滥，它们必然会让位于新的原则，当然未必是全新的。这是投资大师们的一个基本秘密，也是为什么在本书开篇要使用"时代在改变，我们因时而变"的原因。

公募基金

人们可能会得出这样的结论：尽管做到这一切很难——例如，复制林奇或内夫的投资方法——但人们完全可以通过投资麦哲伦基金或先锋温莎基金（在他们负责的时候）来从他们的行动中分一杯羹；旺格的橡子基金、罗伯逊的老虎基金、索罗斯的量子基金等也是如此。换言之，精选基金难道不是一个令人满意的解决方案吗？事实也确实如此。投资好的基金往往不需要我们花费比投资差的基金更多的成本，成本有时甚至低于投资差的基金，这样的情况在生活中并不多见。不过，投资基金确实花费不菲，而且面对数量众多的基金，该如何做出选择呢？

首先，你必须找到买入一只基金的合适时机。在成长股或高科技股刚刚大涨之后买入这类基金是有风险的；相反，你应该把一些钱投到当时不受欢迎的投资领域，当它开始波动时再增持。对基金投资者而言，最可怕的危险是在牛市结束时、一切行将崩溃之前买入一只"热门"基金，就像伊卡洛斯一样一头扎进海里。很少有基金在连续多个周期内都表现优异，某一年的领头羊往往会在下一年落后。不过，也确实有一些基金的表现一直都很出色，你可以从《福布斯》杂志发行的基金专刊里找到它们，其中甚至有一些基金能够随着环境的变化而改变策略。

其次，选择基金时要避开收费过高的基金。永远不要买那些购买时需要支付销售佣金的有佣基金（"load" fund）。如果你打算买入一只封闭式基金，那就以其或者以低于其历史上的通常折扣价买入。小心赎回条款、12b-1 费用*以及过高换手率带来的成本，每年 25％ 的换手

---

* 基金的销售和服务费用。——译者注

率够高的了，但许多基金的换手率高达 75％，而成本都需要由你来承担。莱特鲍恩的换手率只有 15％（见附录十三），但仅仅这一点就可以轻而易举地消耗掉每年 2％ 的资本，而这对经纪人来说比对股东来说要好得多！通常情况下，对于不使用杠杆对冲的传统投资组合，你不应该支付对冲基金管理费（包括利润分成）。

最后，一只优秀的小规模（比如几亿美元）基金通常比大基金更适合你。卓越的表现最终会吸引过多的资金。例如，随着林奇的基金规模不断扩大，他在市场上的领先优势也越来越小。最初，他的基金规模只有几亿美元，每年的回报率达到了 26％；在资产超过 50 亿美元后的五年内，这一数字急剧下降，所以你必须继续寻找新的人才。事实上，一只好基金随着规模增大回报率必然会降低，这就如同投资一只好股票，投资者应该尽早发现它的优点，以便在其表现最好的时期投资，当然这并不容易。你应该列出一个候选人清单，然后根据不同的市场情况找出合适的基金经理。

除了业绩，还有什么方法可以评价一只基金的管理水平呢？用"一只基金"可能会产生误导，毕竟每只基金背后都有一个人在管理。所以，必须确保那个关键人物仍在坚守岗位，并做着他一直擅长的事情，确保这一切的一条很好的线索是阅读基金经理撰写的季报和年报。通常他们都在夸夸其谈，但阅读旺格写给橡子基金股东的信，或者巴菲特写给伯克希尔-哈撒韦股东的信，你一定不难了解这些人是真正明白自己在做什么。

个人投资者通常无法覆盖新兴市场、小型企业和高科技行业，所以通过基金来投资这些领域就变得必不可少。一个普通的投资者通常无法去遥远的大陆开展投资，或者投资他能力圈之外的商业领域，例如科学创新的前沿领域。除了费雪之外，大多数投资大师都对高科技领域感到困惑。因此，我想到一个有趣的解决方法，那就是自己系统性地进行成长/价值投资，同时专款专用，将部分资金交给合适的基金经理来管理。

请牢记帕金森教授那令人钦佩的法则：增长带来复杂性，而复杂性导致衰退。具体来说，罗伯逊、索罗斯和斯坦哈特都是投资天才，但他们的管理技能却无法与其投资技能相提并论，他们管理的资金规模太大，因此陷入了困境。确保你投资的公募或者私募基金还没有达到这个阶段，如果已经达到这个阶段，那么就赶紧减仓吧！

个股还是基金？

买入一只基金之后自己就再也不用操心，这只是一种令人神往的错觉。总的来说，我发现找到一家好公司并不比找到一只好基金更难。一家好公司不像一只基金那样完全依赖于一个人，也不那么容易变得规模过大，可能会保持它的优势更长的时间，并且节省了管理费，而管理费往往损害了你的利益。

掌握证券分析这样的准科学当然不是一件简单的事情，但在某种形式上它可以相当直截了当：在价格具有吸引力时买入成长股，并在它们停止增长时卖出。在本书的其他地方，我略有涉及这种方法。投资一家优秀的公司拥有一个巨大的优势：它是一个高度完善的成功系统，拥有完善的管理、资产和可被理解的商业特许经营权。当然，最重要的是你必须确保公司不会陷入困境，但基金也是如此。

因此在我看来，大众对基金的追捧有点过火了，如今基金的数量已经超过上市股票的数量。

投资业绩

　　追求卓越的表现并不像看上去的那么简单。几乎所有的基金经理都会在某个时间段打败市场，这显然证实了一个古老的扑克笑话："伙计们，让我们都认真玩吧，也许我们都能赢一点。"这显然不是真的。从长期来看，大多数投资组合的表现都达不到市场平均水平。它们的整体表现相当于市场平均水平，但高额的交易成本拖低了它们的表现。基金经理中自然有成功的，也有失败的，而只有幸存下来的基金经理才得以展现其优异的投资记录，那些失败的则从统计中被清除了。在基金创立最初的几年里所取得的回报对之后的统计有着非常大的影响，尽管初期的基金规模都很小。在餐饮业也存在类似情况，尽管你看到的大多数餐馆看起来都经营得很好，但大多数美国（也包括纽约）餐馆在第一年就倒闭了。在同一地点不断出现不同的餐馆，直到有人最终成功站稳脚跟。因此，如果你只看现存的餐馆，你就会产生一个与现实不符的印象，而这只不过是"幸存者偏差"而已。投资领域的基金经理也是如此。正如我在前文所述，基金可以被重新分类，表现落后的股票型基金可能会声称它已经成为一只表现出众的平衡型基金。

　　此外，很多比较基准与实际的基金持仓相比并不具有很强的代表性，这些基准仅仅由少数股票构成，而且会不断调整。道琼斯指数实际上就是一个由人管理的成长股投资组合。

　　如此一来矛盾就出现了：投资优秀基金的普通投资者的收益远低于该基金的整体记录。原因在于大多数投资者持有基金的时间只有4～5年（有佣基金的投资者的持有时间比无佣基金的投资者稍长一点），他们通常在基金表现强劲时买入，然后在基金下跌时卖出。因此，如果你更容易逢低卖出，那些长期业绩突出、波动性较大的基金可能并不适合你。

　　在任何情况下，短期爆发式的业绩都不如持续的长期表现重要，后者会产生惊人的投资结果。有这么一个年轻人，让我们管他叫省钱佬，在 8 年的时间里他每年向免税的个人退休账户（IRA）或养老金计划存入 2 000 美元。假设每年的投资回报率为 10%，这是一个合理的假设。表 18-1 显示了到省钱佬退休时账户的情况，看起来到时候省钱佬的小日子可以过得相当不错。

表 18-1　省钱佬的进步

年龄	定期缴款（美元）	年终值（美元）
19	2 000	2 200
20	2 000	4 620
21	2 000	7 282
22	2 000	10 210
23	2 000	13 431
24	2 000	16 974
25	2 000	20 872
26	2 000	25 159
27	2 000	27 675
28	2 000	30 442
29	2 000	33 487
30	2 000	36 835
31	2 000	40 519
32	2 000	44 571
33	2 000	49 028
34	2 000	53 930
35	2 000	59 323
36	2 000	65 256
37	2 000	71 781

续前表

年龄	定期缴款（美元）	年终值（美元）
38	2 000	78 960
39	2 000	86 856
40	2 000	95 541
41	2 000	105 095
42	2 000	115 605
43	2 000	127 165
44	2 000	139 882
45	2 000	153 870
46	2 000	169 257
47	2 000	186 183
48	2 000	204 801
49	2 000	225 281
50	2 000	247 809
51	2 000	272 590
52	2 000	299 849
53	2 000	329 834
54	2 000	362 817
55	2 000	399 099
56	2 000	439 009
57	2 000	482 910
58	2 000	531 201
59	2 000	584 321
60	2 000	642 753
61	2 000	707 028
62	2 000	777 731
63	2 000	855 504
64	2 000	941 054
65	2 000	1 035 160

即便是一般的、稳定的回报率，最终也会让你富起来。其他任何策略，特别是那些时不时大幅波动进而动摇你执行计划决心的策略，都可能会导致复利效应的中断。

所以要追求卓越的表现，更要珍惜稳定的表现，毕竟世界上没有什么能与复利效应相媲美。

逆向推演

我强烈推荐的一个技巧是从优秀基金经理青睐的股票中选股，也就是让大师帮我们筛选，毕竟他们在不断地审视彼此的投资组合，所以没有理由不这样做。不要担心这种行为不够光明磊落，用猎枪打在地上跑的鹌鹑并没有什么可耻的。例如，巴菲特和林奇都曾公开支持房利美，只要留意一下它的数据就知道这似乎是一个极好的机会。类似地，巴菲特买入可口可乐股票的消息在可口可乐股价上涨 5 倍之前就已经被广为传播。为什么不听一下这些大师给出的建议呢？

但同时也要注意物极必反，确保你找到的是一两位真正的大师所持有的股票，而不是一大批庸才所持有的股票。要找到这些信息确实存在一些方法，譬如咨询金融图书馆、银行或经纪公司，或看看投资刊物上的广告。不过通过这些方式获得的信息比直接从基金公告获得的信息时效性要差一些。

这么做还需要注意以下规则：

1. **确定他们是真正杰出的基金经理。**

2. **确定投资这些股票是基于长远考虑，而非短期交易策略。**例如罗伯逊、旺格和巴菲特（以及他在红杉基金的朋友比尔·鲁安）通常为了长期持有而买入，而"不懈追寻"的投资大师买入个股很可能只是为了交易。对于新手来说，首先应该查看一只股票的盈利和分红走

势图，一只优秀的长期成长股的走势图与一只可能随时会反弹的低迷
周期股的走势图可谓大相径庭。

3. **确定这些大师仍在增持，或至少没有抛售这些股票**。如果一只
股票成为一两位投资大师的主要持仓，他们一定对这只股票了如指掌。
除了你以外肯定还有很多其他投资者也会关注这一信息，所以如果这
些大师中有一位开始抛售，就有可能导致不良的后果。

4. **仅仅把这样的一个股票列表视为一种参考，并从中选择一些进
行更深入的研究，逐行分析它们的报告**。如果你知道该问什么问题，
那么有可能的话最好还是直接和这家公司接触一下，并了解一下它的
竞争对手、客户，咨询一些行业专家。

5. **如果你不是投资领域的专业人士，那么专攻一两个领域会更容
易一些**。譬如某一类股票（低市盈率股、长期成长股、新兴成长股或
者利基市场股等）或某一个行业（制药、电信、信息科技、媒体、消
费品、特种化学品、自然资源等）。选择个股实际上是一种竞争游戏，
本来就不是一件容易的事情，因此专注能够简化工作，同时增大成功
的可能性。

总之，对大多数投资者而言，逆向推演投资大师的一些选择是一
个很好的工具。

投资禁忌

1. **不追热门股**。投资禁忌中的第一条当然是要避开太受欢迎的股
票——那些每个人都在买的股票。1928 年，人们高呼"对美国无线电
公司来说，价格再高也不过分"。遗憾的是在随后的几年里，美国无线
电公司的股价从高点下跌了 94%。如果所有人都满怀信心地认为网站
Highflyer. com 的股价肯定会涨 3 倍，你就可以信心十足地肯定这只股

票被高估了。这一结论并不是说公司生意不会蒸蒸日上，甚至也不是说股价永远不会上涨，只是说消除高估的股价需要时间。在20世纪60年代末，IBM的股价达到了300美元，被大家竞相追逐，也是著名的热门股之一。这家公司实现了所有股东希望实现的梦想：在接下来的十年里盈利增长了700％，分红增长了1 000％。然而十年来股价从未超过300美元。我有时会把在杂志上发表的"共识"股票列表保存起来，一两年后再看看它们的价格表现。毋庸置疑，它们的表现总是比平均水平要低30％左右。

这就是所谓的"魅力股"——那些被高估的好公司，因为当时它是每个人的宠儿。投资魅力股几乎很难赚到钱。

同样的原则也适用于短期爆发股。如果一只股票的价格在几天或几周内大幅上涨，最好让它调整一段时间再买入。一笔对你非常有利的投资在你买入时很可能看起来很奇怪、令人不舒服、有风险、不活跃或费解。相反的情况是买入时非常乐观："我看不出它在未来六个月里会有什么风险。"渐渐地，每个人都有了同样的想法，并且都安之若素。但正如华尔街流传的那句话："当火车吐着浓烟时再去追赶火车已经为时已晚，因为那时火车已经开走了。"

2. **避免红极一时的行业。**"网红"行业和经纪人的故事只不过是热门股的一种变体。你能记住的"网红"行业与你的年龄有关，譬如50年代的原子能热潮，80年代的电脑热、博彩业、生物技术、能源、新兴市场以及90年代的网络股。鉴别泡沫是否已经达到即将破裂的阶段其实有一种简单的方法：如果出现大量的公募基金集中投资相关行业，或者如果公司的股价仅仅因为宣布打算进入相关领域就开始飙升，那么买入就是投机性的，随之而来的很可能是失望。请记住，为了满足投资者的胃口，任何公司都可以被编造出来，投资行业有句话叫"见狗扔骨头"，意即投其所好。

要确定你买入的公司不是一时的潮流股或热门股，最简单的方法就是查阅《华尔街手稿》，或者让你的经纪人查看他的研究记录。如果几年来鲜有关于该公司的报道，那么你很可能是安全的。如果我对一家公司感兴趣，我通常会联系该公司投资者关系部门的主管，并询问研究他们公司最有名的经纪公司是哪家。如果找不到任何一篇像样的研究报告，那么股价回归很可能就在前方。

例如提供报税服务的布洛克服务公司看起来就像是股市馈赠给人们的一份礼物。它有着惊人的增长速度、没有像样的竞争对手、行业没有消失的风险，市值仅比其银行存款高一点。我就这家公司咨询过理查德·布洛赫（Richard Bloch），尽管他对该公司并不满意，但他还是很乐意帮忙问问目前是否有优秀的经纪公司在研究布洛克服务公司。后来他告诉我只有一个人在研究该公司，而且是一个不知名的个人投资者。我认为一切看起来都非常有利，事实上，这只股票的最终表现也确实非常亮眼。

也许这一原则的原型要追溯到美国第一次石油大开采——赫赫有名的纺锤顶油田*。它吸引了如此多的投资者，以至在其股价的高峰期甚至有人传说纺锤顶油田的钻井平台一个挨着一个连成了片，你可以从一个平台直接走到另一个平台，完全不需要爬上爬下，结果当然是流到地底下消失不见的钱比从地底下流出来的钱还要多。巴菲特指出从古到今投资者在汽车业和航空业损失的资金超过了这两个行业创造的收入。

3. **避免投资新股**。风险投资适合专业人士，而非被动投资者。新成立的企业可能十之八九都破产了。正如巴菲特所观察到的那样，当你对一只前景和管理都不确定的新股下注时，不仅你的赢面很小，而

---

* 该油田的发现过程可谓一波三折，甚至连洛克菲勒都不看好，最终在一位教授和石油勘探家约翰·盖利的支持下工程师安东尼·卢卡斯在纺锤顶发现了当时世界上第一个日产万吨的特高产油田。——译者注

且发行机构会从中抽掉一大笔佣金，未来还可能出现财务大变样的可能性。如果你没有在新股上下注，而是再等几年，等到下一个熊市，你就会发现自己能够以比速动资产*略高的价格买入一些世界上伟大的公司，它们拥有一流的管理，股价低到公司其他部分——工厂、专利和商誉仿佛都是白送的。

4. **对"官方"成长股保持怀疑**。被冠以成长股标签的股票通常价格高昂，然而其增长速度往往不足以证明价格的合理性，称它们为"过气的冠军"可能更合适。许多著名的公司标榜自己为"成长股"，实际上它们已经在走下坡路。

5. **当心重工业**。买入周期性重工业"蓝筹股"可能带来同样的失望，它们所谓的"安全性"会导致股价过高，但它们其实面临着来自工会、法规、国内外竞争和设备过时的多重压力。

6. **避免噱头**。那些交易成本高昂、没有内在价值增长的噱头式投资"产品"，比如期权计划和商品期货，根本就不能算投资，你最好忽视它们，因为投资它们就是赌博，而等待赌徒的唯一命运就是被宰。真正的投资是在为工业发展提供所需资本的同时获得良好的回报，这才是投资的经济价值。

7. **不要指望债券能保值**。对投资者而言，最后一个糟糕的投资品种通常是债券，除非他能将收到的利息进行再投资。认为债券"保守"的观念通常是不真实的，弗朗茨·匹克（Franz Pick）戏谑地将它们称为"保证征用证书"，债券的税后收益率通常低于通货膨胀率。

8. **忘掉技术分析**。股票投资方法中有一个"体系"叫作技术分析，本书没有介绍这一方法，因为我一直找不到任何使用该方法获得成功的从业者。

---

* 速动资产＝流动资产－存货－预付账款－一年内到期的非流动资产－其他流动资产，速动资产越多说明公司偿还流动负债的能力越强。——译者注

我在《钱蜂之舞》一书中描述过对技术分析的看法：

研究公司的价值是股票投资的基础，没有捷径可循。然而，"技术派"试图通过 K 线图来预测股价的走势，而不是研究公司的价值。

从一只股票上个月或去年的表现，我们无法得知它下个月或明年的表现，经纪人对股价的预测都是无稽之谈。经纪人应该阐述事实和内在价值，这样客户就可以决定是否买入他们所推荐的股票。为了做到这一点，跑腿、研究、采访一家公司及其竞争对手、咨询行业专家等工作都必不可少，然后将这些事实列成表并在此基础上进行估值，认知上的错误也会在这个过程中暴露出来。

现价 50 美元的这只股票"似乎准备突破 54～56 美元的价格区间，尽管在 47 美元附近应该设置止损单"。瞧，这么说有多么容易和多么拙劣！一位顾问可以在此基础上对数百只股票发表看法，却完全无法看出他的能力圈所在。

我向我遇到的每一位"技术派"股评家都提出了一个好玩的赌局，但至今仍无人接受。这个赌局是这样的：他要求人们相信按照他说的去做就会赚大钱，也就是说，如果他认为菲度公司在"技术上"值得买入，而人们买入了 1 000 股，那么在扣除买卖佣金和税费后，很快就会赚钱。这可不是开玩笑，如果股价为 20 美元，他们就冒了 2 万美元的风险，这笔钱都可以为一套小房子支付首付款了，但他们甘愿基于这些江湖术士对 K 线图的解读去冒险。

为什么不让这些股评家也试试呢？

所以我的赌局是：让一个人翻出几年前的 K 线图，去掉所有的标识，并把每张图从中间切开，然后把前一半交给这些"技术派"股评家。

　　这些"技术派"股评家只需要告诉我相应股票在后半张图的某个特定时间点的价格比前半张图结束时的价格高还是低，赌注是 1 000 美元。既然他们声称自己有预测股价的能力，并且愿意让其他人承担巨大的风险，而不管人们是赔是赚都要支付佣金和税费。那么以 3∶2 打这个赌应该对他们很公平吧，毕竟他们应该对自己的能力有足够的信心。

　　然而，没有一位"技术派"股评家接受我这个赌局。我认为经纪人尤其不应该基于技术分析进行投资，就像不应该根据占星术做决定一样，这很不专业。

　　据我所知，一些经纪公司在股票技术分析计算机程序上花费了数百万美元，后来又悄悄地放弃使用这些程序。[1]

投资是细节的艺术

　　专家和机构往往钟爱各种各样的工具，例如回归分析、现代投资组合理论、行业权重或者高等数学，但本书中的大师们没有一个是依靠这些工具取得成功的，巴菲特甚至说过他不用电脑。除了索罗斯和斯坦哈特（他们俩的投资方法是独一无二的）之外，其他大师关注的都是细节，而非"概况"或宏大的想法。那些公式或总结试图把本质

---

　　[1]　安德鲁·托比亚斯（Andrew Tobias）提供了一个关于"技术分析"的有趣故事。1986 年 12 月 6 日至 7 日，在纽约的华尔道夫酒店举办了一场门票售价为 800 美元的研讨会。主讲嘉宾是当时被业界认为最有前途的大师之一诺曼·温斯基（Norman Winski），邀请函中对他的描述是这样的："1975 年他就已经是芝加哥期权交易所的会员和做市商。在 1976 年至 1977 年 18 个月的时间里，他成功地使 500 美元增值至近 100 万美元。"托比亚斯发现任何人都能这么做，因为邀请函上有一个微小的瑕疵：1977 年 9 月，距离这次著名的研讨会大约还有 10 年，当时温斯基就已经破产了。

上具体、复杂和困难的东西变得普遍、简单和易懂，但是它们在现实世界中并没有产生惊人的成果。成功的投资意味着对你持有的公司了如指掌，所以要关注细节。让别人被这些总结、公式和简化分散注意力吧，不要花太多时间担心美联储的意图或者明年的国民生产总值，正如林奇的名言："运动鞋的生意做得怎么样？那才是真正的经济学。"

　　智者阿方索（Alfonso）"谦虚"地说，如果造物主创造世界的时候他在场的话，他会提一些有用的建议，从而让世界运行得更好。我个人认为人类太容易被宏大的概念所诱惑，这不仅体现在政治上，也反映在股票市场上，那些仿佛人类脑电图般起伏不定的 K 线图将我们对未来的希望和恐惧勾勒得淋漓尽致。然而在大多数时候，宏大的、不可知的总结分散了我们对具体的、可知的和有用的东西的注意力，所以还是让它们迷惑你的竞争对手吧。

结语

米达斯带来的启示

这是一本帮助大家取得投资成功的指南，但我想给诸位的最后一个建议是：理解这个过程很有必要，就像你应该对医学和政府有一定的了解，但你最好不要用力过猛。遭受重大损失的通常都是那些追逐更高收益率的人，而这其实完全没有必要，因为稳定、适度的收益率就已经可以让你到达你想要去的地方。

此外，试图获得巨大的、远超个人所需的财富实际上本身就是非理性的。为了达到这一目标，你必须放弃很多东西，而一旦放弃了，你的状况往往会变得比以前更糟。米达斯正是被他所渴望的黄金给毁了。

正如莎士比亚所言，人的本性犹如染匠之手，往往容易被自己的追求所控制。在追求巨大财富的过程中，你就变成了钻进钱眼里的人，戴着金钱的有色眼镜看待整个世界。

古语有云，物极必反。把贪婪从罪恶变成家规会让一个家庭丧失灵魂，过度享有特权的孩子往往体会不到人生的意义，从而变得郁郁寡欢。

巨额的财富还会破坏人际关系，毕竟每个人都有内心的欲求。据说罗斯柴尔德家族没有朋友，只有客户。巨额的财富也会使人与喧嚣的尘世隔绝，随之消失的还包括俗世间的快乐与考验、日常生活的烟火气，而这些正是我们生而为人应有的体验。

慈善事业有其价值这一点毋庸置疑，但如今在很大程度上它已经成为一种政治行为：大亨从公众那里榨取财富，然后在一个他选择的地方建造博物馆，而这并没有创造出新的美好，只不过是把他的意志强加给了整个社会。

理性而高尚的人相信财富是有意义的人生的副产品，他们对家庭尽责、对工作尽力、对社会尽心并且永怀积极乐观之心，最终的幸福只属于这样的人。

附录一
巴菲特谈债券

致我的投资伙伴：

在这封信中，我试图为大家提供一堂关于免税债券的初级入门课，着重强调准备在下个月为大家买入的那些债券的类型和期限。尽管我已尽我所能减少这封信的篇幅，但依然可能存在一些内容过于冗长而另一些又过于简略的问题，在此请允许我对其中的不足表示诚挚的歉意。我感觉我正在试图将一本本来有100页的书压缩成只有10页，以便让大家阅读的时候能够更加轻松愉快一些。

免税债券的原理

对于那些希望我们帮忙的人，我们将安排他们直接从全国各地的市政债券承销商那里购买债券，请保存好交割单以备未来报税之用。由于债券承销商会把你所购买的债券连同汇票一同交付银行，并由银行从你的账户中扣款，所以请不要直接给债券承销商寄送支票。若从二级市场买入债券（已发行并已售出的债券），交割通常在确认后的一周内，而对于新发行的债券，交割可能需要一个月。交割日期已经清楚地标注在交割单上（新发行债券的交割日期不在第一次收到的发行单上，而在第二次也是最后一次收到的凭证上），请在该交割日之前确保银行账户上有足够的资金以便支付购买债券的费用。如果你持有国库券的话，在你通知银行卖出后几天内就能变现，所以你不必担心资金无法及时到账。只要交割日期一到，利息就会自动记入你的账户，所以也不用担心承销商不能及时将债券交付银行。债券是可转让的（这被称为无记名债券，就像钞票一样），上面附有利息凭证——息票（coupons），通常以 5 000 美元为单位，可转换为记名债券（有些要收取可观的费用，有些则免费，具体取决于条款）。一旦转换为记名债券，你的名字就会在过户经纪商（transfer agents）* 那里登记在册，你拥有的记名债券在没经你授权的情况下就无法流通。债券交易几乎全部以无记名形式进行，记名债券如果不转换为无记名债券实际上就没法卖出。因此，除非你想拥有大量纸质债券，否则我建议你还是以无记名形式持有债券，这相当于你把债券保存在保险箱里，每六个月去剪一次息票，这种息票剪下后能像支票一样直接存入你的银行账户。如果你拥有25 万美元的债券，可能就意味着你拥有 50 张纸质债券（5 000 美元为一单位），一年跑 6 次或 8 次银行去剪下息票、兑换利息并存入你的账户。

你也可以花很少的费用在银行开一个保管账户，银行将代为保管你的债券，代收利息并保存各种记录。银行可能会就帮忙保管你的 25万美元债券每年收取 200 美元的服务费。如果你对这样的保管账户感兴趣，你可以就服务和费用问题向你信任的银行工作人员咨询，否则你最好还是买个保险箱。

税收问题

当然，免税债券的利息是免征联邦所得税的，也就是说，假设你面临的联邦所得税税率在 30％这一档，那么你买入利率为 6％的免税

---

* 登记持有人名字及持有数，将股票、债券等证券由卖家转给买家，负责寄送股利和股东大会通知及邮寄投票委托书等的经纪商。——译者注

债券和买入利率为 8.5％ 的非免税债券，收益是相同的。因此对于我们大多数人来说，包括一些年轻人和一些退休人员，免税债券比非免税债券更具吸引力。对几乎没有工资或分红收入但却拥有大量资本的人来说，非免税债券（将纳税收入调整至大约 25％ 或 30％ 的税率档次）加上免税债券的投资组合可能会带来更高的税后收入，我们会尽可能地帮你找到这样的平衡点。

如果涉及州所得税，情况则要复杂得多。在内布拉斯加州，州所得税是根据联邦所得税的百分比来计算的，因而免税债券的利息是不征收州所得税的。据我了解，纽约州和加利福尼亚州的法律都规定，本州实体发行的免税债券不征收州所得税，非本州实体发行的免税债券则要征收州所得税。而且据我所知，纽约市豁免了纽约州实体发行的免税债券的所得税，但对其他州或城市实体发行的免税债券则要征收所得税。但我本人并非州所得税方面的专家，我也不会尝试持续跟踪各州在所得税法律方面的调整，因此我建议你最好咨询地方税务顾问的意见，此处我仅简单地谈及我所了解的这方面情况，目的是让你对这方面的潜在问题有所警觉。总而言之，在内布拉斯加州，计算税后利润时无须再考虑地方税问题。其他州则取决于当地的税收规定，你实际的地方所得税纳税额还要减去联邦所得税的退税额。显然，每个人的情况千差万别、因人而异。此外，有些州对无形资产征收多种不同的税，这些税有可能适用于所有的免税债券，或者仅适用于其他州实体发行的免税债券。在内布拉斯加州没有这些税，但我不清楚其他州的情况。

如果你买入债券的价格低于其面值，以后卖出或债券到期时，到手的收益和成本之间的差额需要缴纳资本利得税（确实存在少数的例外情况，如果这些例外情况对我们所推荐的证券有影响的话，我们会告知大家）。未来资本利得税的通用税率和个人所适用的税率都会进一步降低税后收益。在后面我们将讨论资本利得税对计算折价债券和全额息票债券的相对吸引力的影响。

最后也最重要的一点是，尽管法律并没有明文规定，但如果你有负债或者打算借钱，不论是欠银行的还是其他负债，你可能就不应该考虑免税债券。法律不允许购买或持有免税债券的同时用贷款利息来抵扣税款，而且随着时间的推移，这项法令的适用范围在不断扩大。举例来说，我的理解是如果你拥有房产抵押贷款（除非贷款的目的是买入市政债券），即使你同时拥有免税债券，你也依然可以获得联邦退税，这毫无问题。然而，我认为你要是有普通银行贷款，即便这笔贷款被直接用于买入股票或者壁球馆之类的投资，同时你还持有免税债券，而且这些债券没有被用作贷款的抵押品，如果你打算用普通银行贷款的利息来抵税，你就是自找麻烦。因此，如果我是你的话，我会在购买免税债券之前先还清银行贷款。我提到这一点是为了让你注意到这一潜在问题，但问题的细节还要留给你和你的税务顾问考虑。

流动性

免税债券与普通股或公司债券有实质性的不同，免税债券的发行方数量庞大，但很多债券的持有人数量却很少，这无疑抑制了封闭的债券市场走向活跃。当纽约或费城想要筹集资金时，它们会出售 20、30 甚至 40 种不同的债券，因为这些债券的到期日不同。1980 年到期的利率为 6% 的纽约市债券与 1981 年到期的利率为 6% 的纽约市债券是不同的品种，两者不能互换，代理商必须为两种债券分别寻找特定的买方才能撮合交易。想一想，纽约市一年可不只发行一期债券，这样你就不难理解为什么仅仅一个纽约市就会有近 1 000 种公开发行并销售的债券。在内布拉斯加州格兰德岛这样的小地方目前也还有75种债券没到期，每期的平均发行规模只有10万美元，平均只有6～8人持有。所以随时为所有不同债券建立报价市场是绝对不可能的，而且买家和卖家之间的报价会相差很远。你绝对不能指望一个早上就能买到你钟意的格兰德岛债券，它绝对不是一个随处都能找到，并且能以任意价格交易的证券品种；如果你真的有幸找到了这样一个卖家，对方也绝对不会非常理性地根据相似的债券品种的售价来定价，他完全没有理由这么做，毕竟只有他这么一个卖家。但像俄亥俄州收费公路和伊利诺伊州收费公路这样的项目，一次发行金额高达2亿美元的债券，有时甚至更高，这样一期债券的持有人成千上万，很显然，这种债券的流动性就要高得多。

债券的流动性通常取决于以下三个因素：

1. 发行的规模；

2. 发行方的影响力（俄亥俄州发行的10万美元债券肯定比俄亥俄州的波邓克市发行的同样规模的债券流动性要大得多）；

3. 发行方的质量。

目前市场上绝大部分的销售推广资源都被用在了推广新债券上。平均每周新发行的债券规模超过了2亿美元，而债券分销渠道不论大小，都致力于将这些债券销售出去。在我看来，在这些债券被推销出去以后，流动性对债券收益造成的影响比利率要大。我们经常交易的债券市场买卖价差可以达到15%以上，没必要费尽心思在这样怪异的市场上搜寻潜力债券（尽管承销商销售这种债券比销售流动性更好的债券要赚得多），我们也不会为你们买入这种债券，我们想要买入的债券通常有2%～5%的买卖差价（这个差价正是在同一时点买家愿意支付的净买入价与卖家愿意接受的净到手收益之间的差额）。也许以这样的价差卖出债券对你而言会是一场灾难，但我并不认为这对长期投资者来说是一个障碍。真正重要的是远离那些流动性很差的债券，地方债券承销商往往会为了更大的销售激励而大力推销这类债券。

买入特定领域的债券

我们可能会聚焦于以下一些领域的债券：

1. 创造高额营收的公用事业公司，例如收费公路、电力公司、自来水公司等。这些公司发行的债券往往具有很高的流动性（当然，这需要通过定量分析来确定），有时还具有有利的偿债资金或其他因素，但市场常常忽视了这些因素的价值。

2. 工业开发局（Industrial Development Authority）发行的债券。当一个公共组织将自己所拥有的资产租借给私营企业时，工业开发局发行的债券会因此而上涨。例如，俄亥俄州的洛兰市拥有美国钢铁公司一个 8 000 万美元项目的所有权，工业开发局发行了债券来为该项目筹集资金，并将该项目完全租给美国钢铁公司以偿还债务，为债券做信用背书的并非市政府或州政府，而是承租公司，也就是美国钢铁公司。虽然税法的变化导致这类债券的发行规模在变小（每只债券发行规模为 500 万美元甚至更少），但许多顶级公司承担了数十亿美元的偿债义务。有一段时间市场对这类债券存在偏见，结果导致它们的售价偏低，收益率明显高于票面利率。不过，这种偏见有逐渐减少的趋势，从而降低了这类债券的溢价收益，但我仍然认为这是一个相当有吸引力的领域，我们旗下的保险公司持有大量此类债券。

3. 廉租房管理局（Public Housing Authority）发行的债券。廉租房管理局为投资者提供了一种等级很高的免税债券，实际上是美国政府为这些债券提供了担保，所以这些债券的信用评级都达到了 AAA 级标准。在那些地方税法导致必须溢价购买本州发行的债券的地方，当我无法从前两个领域中找到满足你们要求的债券时，我倾向于为你们购买廉租房管理局发行的债券，而不是买入那些我无法理解其信用质量的债券。如果你们要求我直接帮忙买入你们所在州的地方债券，我大概率会为你们买入很大比例的廉租房管理局发行的债券。由于它们的信用评级都达到了最高级，所以就不需要在它们中再东挑西选地多样化了。

4. 直接或间接由州政府发行的债券。你们将来可能会发现我不买大城市发行的债券，那是因为我不知道如何分析纽约、芝加哥、费城这样的城市的信用（我的一个朋友告诉我，纽瓦克打算以一个很高的价格发行一种债券，这让当地的黑手党感到非常伤心，因为纽瓦克一直指责他们鱼肉乡里）。在分析纽约市发行的债券时，你们的水平和我一样，当然我也必须承认像纽约这样的城市不太可能赖账，只要给它们足够长的时间。我研究债券的方法与研究股票如出一辙：如果我不能理解它，那么我倾向于干脆忘掉它。即便有人有足够的能力分析这样的投资机会并能从中获得良好的回报，也绝不会影响我放弃一个我不理解的机会。我们打算为你们中的大多数人买入 5～10 只债券，我们不打算买入面值在 25 000 美元以下的债券，并且尽可能买入发行规模足够大的债券，只要它们适合我们。发行规模小的债券在转手时通常不太有利，有时这一因素至关重要。当你从销售商那里买入面值为 10 000 美元的债券时，他通常不会告诉你这一点；但当你想向他出售面值为 10 000 美元的债券时，他就会向你解释这一点。我们有可能从二级市场买入小规模债券，这将是一个例外，但我们只在价格足够低时才会这么做。

可赎回债券

我们绝不会买入那些带赎回条款的债券，这一条款对债券的发行方太有利了。有些人会购买 40 年期的债券，但发行方却有权付出很小的代价就能在 5 年或 10 年后赎回这些债券，对此我感到很神奇。赎回条款意味着如果对发行方有利（也就是对你不利），你才能持有债券40 年，但如果初始条款变得对你有利（对发行方不利），你却只能持有 5 年时间。这种条款简直令人无法容忍，它得以存在一方面是由于投资者没有能力看透这些条款深层次的影响，另一方面也是因为债券承销商没有尽到为客户利益着想的责任。有意思的是这种带赎回条款的债券竟然与无此条款的债券有着相同的利率。

必须指出的是内布拉斯加州发行的大多数债券带有极不公平的赎回条款，尽管如此，其利率并不比其他债券高。避免这一问题的一种方法是购买完全不可赎回的债券，另一种方法是折价购买可赎回债券，以补偿潜在的赎回造成的损失，这样赎回条款对于你来说就变得无关紧要了。如果你以 60 美元的价格买入赎回价格为 103 美元的债券，那么赎回条款（一种你无法拥有的权利）就会变得无足轻重。但如果你以 100 美元的价格买入洛杉矶水电局发行的债券，这种债券要么在1999 年到期并偿还 100 美元，要么以 104 美元的价格在 1974 年被赎回，采用何种方式完全取决于哪种方式对发行方有利，当然这就会对你不利。如果在市场上同时还可以买到具有相同收益、相同信用质量的不可赎回债券，那么购买这种可赎回债券显然愚蠢至极。然而，就是这样一种债券在 1969 年 10 月还在发行，并且相同类型的债券每天还会继续发行。关于这一问题我就说这么多，许多投资者并没有意识到这种仍在不断被发行的债券对自己的不利之处，而承销商又不愿意告诉他们这一点。

债券的到期和计算

　　许多人在买入债券时是根据他们打算持有这种债券的时间和他们的生活安排来选择债券的期限，尽管这种方法说不上有点傻，但其实这样做并不符合投资债券的逻辑。更好的方法是根据以下几点来选择债券的期限：（1）收益率曲线；（2）你对未来利率水平的预期；（3）为获得你期望的收益水平所能承受的债券价格的波动程度。

　　当然，第 2 条是其中最重要的一条，但要将其解释清楚却非常困难。

　　所以还是让我们先讨论一下收益率曲线这个问题。当其他条件相同时，期限的不同将导致债券利率的不同。目前市场上最高等级的债券，如果期限为 6 个月或 9 个月，利率可能为 4.75％，2 年期的同类债券利率大约为 5％，5 年期的则可能是 5.25％，10 年期的达到了 5.50％，20 年期的更高，约为 6.25％。当长期利率显著高于短期利率时，这种收益率曲线被称为强正收益率曲线。近来美国政府债券呈现出负收益率曲线，也就是说，长期债券的收益率低于短期债券；有时收益率曲线还可能是水平的，有时在某一期限内是正收益，例如 10 年期，然后又变成水平的。所以你需要明白一点，收益率曲线是处在不断变化之中的。在目前的市场环境下，正收益率曲线比以前更陡峭，但这并不意味着长期债券更值钱，只意味着与历史上的大部分时期相比，为了让你延长持有时间，需要支付的利息更多了。如果这样的收益率能够维持几年不变，那么你持有长期债券的收益率肯定高于短期债券，这与你实际打算持有债券多长时间并无关系。与选择债券期限相关的第二个因素是对未来利率水平的预期，遗憾的是，任何试图预测未来利率走势的人都会很快被打脸。一年前我认为当时的利率是有吸引力的，但我马上就被打脸了；现在我认为目前的利率没有吸引力，但这或许又是个愚蠢的想法。不管怎样，如果你现在必须做出选择并且最终选择买入短期债券，那么很可能你是在做一个错误的决定，几年后当债券到期进行再投资时的利率可能非常低。

最后一个困扰投资者选择债券期限的因素是行情波动，这涉及数学问题，可能对你来说有点难理解，不过重要的是掌握其中的基本原则，而非计算。我们假设有一种不可赎回债券，其收益率曲线是水平的。再假设目前的利率是 5％，你买入了两种不同期限的债券，一种 2 年后到期，另一种则是 20 年后到期。现在假设一年后新债券的利率降为 3％，此时你想卖出债券。在不考虑交易成本的情况下，卖出 1 000 美元的 2 年期债券（现在已过去一年）你将获得 1 019.60 美元，卖出 1 000 美元的 20 年期债券（现在已过去一年）你将获得 1 288.10 美元，接盘侠所支付的溢价以及按照 5％利率收到的利息经过折算后正好是 3％的收益率。到底是花 1 288.10 美元买入利率为 5％的 19 年期债券还是花 1 000 美元购买新发行的利率为 3％的债券（我们已经假设一年后的利率降为 3％），对这位投资者来说并无二致。如果一年后利率上升为 7％又会怎样呢？让我们依然忽略交易成本，现在接盘侠只需花 981 美元就能获得剩余一年到期的债券，花 791.6 美元就能买入剩余 19 年到期的债券。既然他能够买到利率为 7％的新债券，他当然只愿意折价购买你手中的债券，因为只有这样收益率才会与利率为 7％的新债券齐平。

所以其中的原理其实很简单，利率的波动范围越大、期限越长，债券价格的波动幅度也就越大。需要指出的是，在第一个利率降为 3％的例子中，如果该长期债券附加了 5 年后可赎回条款，那么 1 000 美元这样的债券只能卖到 1 070 美元；但是如果利率上升为 7％，它的价格却照样会下跌到 791.6 美元，这恰恰说明了赎回条款所包含的不公平性。

在过去的 20 年里，免税债券的利率几乎一直在提高，买入长期债券的投资者则不断遭受波动的折磨，但这并不能说明现在买入长期债券就是坏事，它只意味着加息导致债券价格下跌这样一边倒的情况持续了相当长的时间，所以人们更多地关注加息造成债券价格下跌的风险，而并没有体会到降息会推升债券价格。如果未来加息和降息的概率各为 50% 并且收益率曲线显示为正收益，则买入不可赎回的长期债券比短期债券更好，这也是我基于目前的市场状况下的结论，因此，我主张买入 10～25 年期的债券。如果你决定购买一种 20 年期的债券并一直持有，你将享有固定的利率，但如果你准备提前抛售，你抛售的价格自然也受到我在前文给出的计算方法的约束，有可能更好也有可能变糟，视抛售时的利率而定。

债券的价格当然也会受到债券质量变化的影响。但是对免税债券而言，相对于利率对价格的影响，债券质量的影响可谓微不足道，而且将来很可能依然如此。

折价债券与全额息票债券

在前面的讨论中你可能已经注意到，如果你打算买入一种回报率为 7% 的 19 年期债券，你其实有两种选择：一种是购买新发行的利率为 7% 的 19 年期债券，另一种是花 791.60 美元购买利率为 5% 的 19 年期债券，债券到期时你会收到 1 000 美元。两种债券按半年计算复利收益率都是 7%，在数学上两者没有什么差别。然而既然我们谈的是免税债券，两者实际上还是有差别的。购买新发行的债券收到的 70 美元利息是完全免税的，而以折价方式购买的债券每年使你获得 50 美元的免税收入，到期时你会获得 208.40 美元的资本收益。而在目前的税法下，如果在第 19 年债券到期时所获得的资本收益是你届时唯一的收入来源，那么税率会非常高，以 208.40 美元计算需要缴纳的资本利得税将超过 70 美元（新的税法规定资本利得税税率为 35%，对那些盈利占比很高的资本收益而言，在 1972 年后会适用比这更高的税率）。除此以外，你还要支付一些州所得税。

显然在这种情况下，你不会用 791.60 美元买入利率为 5% 的债券，你也不会认为它与用 1 000 美元买入利率为 7% 的债券是等同的，任何人都不会这么做。因此在期限、质量都相同的情况下，低息债券的打折幅度必须比高息债券高，也就是提供更高的回报率才具备同等吸引力。

有意思的是，对大多数纳税人来说这种折扣所带来的补偿通常都超过了需要额外支付的税费。这主要有以下几个原因：首先，没有谁能确切地知道债券到期时的税法情况，因此，假定税率比现在更高既是自然的，也极有可能是正确的。其次，即便以 791.60 美元买下利率为 5%、面值为 1 000 美元的 19 年期债券与以 1 000 美元的面值买下同样是 19 年期、利率为 7% 的债券效果完全一致，人们也更愿意早点看到更多的钱进入自己的口袋。利率为 5% 的债券的持有者在最终收到 208.40 美元的差价之前，仅能通过利息收入获得约为 6.3% 的回报率，也只有在债券到期时拿到 208.40 美元的差价才能将整个持有期的收益率提升至 7%。最后，影响折价债券价格的最重要因素（这一因素还将持续影响其价格）是 1969 年税改法案的实施导致银行无法继续买入折价债券，而在此之前银行一直是免税债券最大的买家和持有者，任何将它们排除在某一市场之外的做法都将极大地影响这一市场的供求状况。这反而可能为个人投资者在折价免税债券市场上创造了一些优势，特别是那些在债券到期或卖出时缴税税率不高的投资者。

在你能够对自己未来所面对的所得税税率做出合理预计的前提下，我倾向于为你买入折价债券以获得显著更高的税后收益。

正是由于前文提到的债券多样性，你可能已经意识到在如此众多的债券中挑选买入对象几乎是不可能完成的任务，从这个角度看免税债券市场更像房地产市场而非股票市场，对其有影响的因素成千上万，有的债券没有卖家，有的卖家心不甘情不愿，而另外一些卖家则可能卖出意愿非常强烈，从这类卖家手里买入债券很可能会是一笔好买卖，当然还要看对方卖出的债券质量以及是否满足你的需求。平均每周新债券的发行量达到好几亿美元，对它们可以使用标准化的比较方式。然而，在一些二级市场中特定的债券（已售出但未到期的债券）可能比新债券更有吸引力。而我们也只有在准备竞价时才能知道它们的吸引力到底有多大。

附录二

欢迎来到"巴菲特观察"

伯克希尔-哈撒韦持股一览表

持仓价值总计：36 993 812 973 美元

1999 年 12 月 3 日	交易代码	股价（美元）	持股数量	市值（美元）	折合伯克希尔-哈撒韦 A 股每股价值（美元）	持仓占比（%）
主要持仓：统计日期为 1998 年 12 月 31 日						
可口可乐	KO	68.1875	200 000 000	13 637 500 000	8 973	15.9
美国运通	AXP	157.2500	50 536 900	7 946 927 525	5 229	9.3
吉列	G	43.9375	96 000 000	4 218 000 000	2 775	4.9
富国银行	WFC	47.1875	63 595 180	3 000 897 556	1 975	3.5
房地美	FRE	48.8750	60 298 000	2 947 064 750	1 939	3.4
迪士尼	DIS	27.8750	51 202 242	1 427 262 496	939	1.7
《华盛顿邮报》	WPO	565.1875	1 727 765	976 511 181	643	1.1
其他持仓：统计日期为 1998 年 6 月 30 日 *						
通用动力	GD	52.0625	7 693 637	400 549 976	264	0.5
房利美	FNM	67.5000	5 868 000	396 090 000	261	0.5
耐克	NKE	46.3750	7 788 911	361 210 748	238	0.4
甘尼特	GCI	75.8125	3 963 900	300 513 169	198	0.4
美国合众银行	USB	35.1250	7 237 638	254 222 035	167	0.3
美国国际集团	AIG	104.0000	1 906 298	198 254 992	130	0.2
大湖化工	GLK	37.2500	4 000 000	149 000 000	98	0.2

续前表

1999年12月3日	交易代码	股价（美元）	持股数量	市值（美元）	折合伯克希尔-哈撒韦A股每股价值（美元）	持仓占比（%）
万宝盛华	MAN	37.7500	3 654 800	137 968 700	91	0.2
第一数据	FDC	44.0625	3 000 000	132 187 500	87	0.2
联合多美克	ALLD	5.0026	22 800 000	114 059 025	75	0.1
纽柯钢铁	NUE	53.9375	1 868 600	100 787 613	66	0.1
艾睿电子	ARW	23.1875	3 400 000	78 837 500	52	0.09
沃尔玛	WMT	58.8750	1 340 600	78 927 825	52	0.09
开市客	COST	98.6875	555 000	54 771 563	36	0.06
UST	UST	27.2500	796 700	21 710 075	14	0.03
托马科	TMK	31.8750	662 562	21 119 164	14	0.02
中天国民保险	ZNT	20.0625	853 655	17 126 453	11	0.02
PS集团	PSG	10.8750	1 208 032	13 137 348	9	0.02
摩根士丹利添惠	MWD	128.1875	56 100	7 191 319	5	0.01
欧米茄全球	OWWI	5.1250	208 378	1 067 937	1	0.00
欧米茄保健投资基金	OHI	15.2500	60 100	916 525	1	0.00
股票持仓总计				36 993 812 973		43.1
现金和债券持仓				35 966 000 000		41.9
其他投资				1 755 000 000		2.0
白银持仓		5.0900	129 700 000	660 173 000		0.8

续前表

1999 年 12 月 3 日	交易 代码	股价 （美元）	持股数量	市值 （美元）	折合伯克 希尔-哈撒 韦 A 股每 股价值 （美元）	持仓 占比 （%）
全资控股企业内在价值				11 058 493 747		12.9
伯克希尔- 哈撒韦 A 股和 B 股 市值总和				85 773 306 720		
巴菲特持股总计			514 146	29 100 663 600		

　＊根据一年以后的公开披露信息整理，在此期间如有买入卖出，与实际持仓可能不尽相同。以上投资决定既有可能为巴菲特先生本人做出，也有可能为伯克希尔-哈撒韦旗下保险公司的投资经理做出。

巴菲特的其他近期投资

	交易代码	股价 （美元）	持股数量	市值 （美元）
Baker Fentress	BKF	13.8125	2 831 390	39 108 574
MGI 地产	MGI	5.5000	1 800 000	9 900 000
城乡信托	TCT	17.6875	797 200	14 100 475
坦格尔直销店	SKT	25.7500	417 100	10 740 325
联合樱井地产	CTO	12.625	362 729	4 579 454

附录三

老虎基金：日本银行

老虎基金

致：老虎基金投资人

来自：蒂姆·席尔特

日期：1995 年 8 月 21 日

主题：关于日本银行的回复

本报告提供了我们所卖空的日本银行的统计数据，以及对这些投资所涉及的以下重要问题的看法。其主要内容与我在 1993 年 8 月以及 1994 年 11 月所写的报告类似，只是做了部分更新。

市场资本情况

21 家日本主要银行的市值达到了 6 100 亿美元，在整个东京证券交易所第一板块指数（First Section Index）中的占比达到了 18.3%。更令人惊奇的是，日本银行在全世界拥有最高市值的同时，各项盈利能力指标却排在最后。

为了让大家感受一下这种差异，下表展示了三菱银行（日本最好的银行）与美国花旗银行 1994 年的经营业绩对比。

三菱银行与花旗银行的经营业绩对比

	三菱银行	花旗银行
资产	4 690 亿美元	2 510 亿美元
平均生息资产回报率	1.1%	4.2%
扣除税收和准备金前的盈利（a）	23 亿美元	65 亿美元
所有者权益	188 亿美元	177 亿美元
市值（b）	629 亿美元	331 亿美元
扣除税收和准备金前的市盈率（b/a）	27.3 倍	5.1 倍

每股盈利与核心每股盈利

　　日本银行有一个通过营业外项目扭曲盈利的传统。让我们尝试通过它们所报告的每股盈利与核心每股盈利之间的差异来看看这些银行真实的盈利究竟是怎样的。从中可以看出，在 1989 年 3 月至 1992 年 3 月的三年间，有两个营业外项目从核心每股盈利中被剔除了，这两个项目分别是卖出股票所得以及超额利润；同时有三个营业外项目被加了进去，它们分别是卖出股票损失、股份重估损失以及超额损失。

　　同样地，在 1993 年 3 月到 1995 年 3 月的两年间，两项与信用风险相关的支出被加了进去，税前利润计算考虑了坏账资金成本，而信用风险准备金被降至贷款额的 20%。那些从事长期贷款业务的银行在 1995 年 9 月还进行了一项额外调整，这项调整降低了到期高息负债的预期利息支出。

　　通过 1995 年 3 月三菱银行的财报我们可以看出这些调整是如何进行的。

报告日期：1995 年 3 月

税前盈利：438 亿日元

其中非经常性项目包括：

加项

　　卖出股票所得和超额利润　　　　　　　　　　　1 981 亿日元

减项

　　预估坏账资金成本　　　　　　　　　　　　　　271 亿日元

　　贷款信用成本（按坏账率 1.14％计算）　　　　3 495 亿日元

1995 年 3 月核心税前盈利：1 612 亿日元

为获得这一数字所做的调整如下：

加项

　　预估坏账资金成本　　　　　　　　　　　　　　271 亿日元

　　贷款信用成本（坏账率为 0.2％而非 1.14％）　2 884 亿日元

　　小计　　　　　　　　　　　　　　　　　　　3 155 亿日元

减项

　　卖出股票所得和超额利润　　　　　　　　　　1 981 亿日元

　　总计　　　　　　　　　　　　　　　　　　　1 174 亿日元

　　将坏账率调整为平均值 0.2％可以极大地夸大银行的盈利水平，0.2％显然是乐观情况下的假设。美国银行 1994 年的坏账率约为 0.4％，这是过去六年来的最低水平。下表展示了坏账率分别为 0.2％和 0.4％时的核心每股盈利以及对应市盈率的情况：

核心每股盈利以及市盈率

	假设坏账率为 0.2％	假设坏账率为 0.4％
城商行		
第一劝业银行	17.78 日元，98 倍	8.20 日元，213 倍
富士银行	29.82 日元，72 倍	20.4 日元，106 倍

续前表

三菱银行	25.18 日元，84 倍	15.63 日元，138 倍
樱花银行	7.90 日元，134 倍	－3.42 日元
三和银行	29.34 日元，69 倍	19.13 日元，106 倍
住友银行	16.65 日元，112 倍	7.13 日元，261 倍
东海银行	14.30 日元，75 倍	12.90 日元，83 倍
长期信贷银行		
日本工业银行	26.58 日元，107 倍	17.77 日元，160 倍
LTCB	8.11 日元，112 倍	－7.36 日元
日本信用银行	3.03 日元，140 倍	－4.89 日元
信托银行		
中央信托	43.20 日元，31 倍	20.01 日元，67 倍
三菱信托	43.60 日元，37 倍	35.19 日元，46 倍
三井信托	16.35 日元，65 倍	6.36 日元，168 倍
住友信托	43.20 日元，34 倍	34.69 日元，42 倍
安田信托	24.63 日元，27 倍	17.78 日元，37 倍

造成城商行以及长期信贷银行 1994 年核心盈利下滑的主要原因包括：

1. 平均生息资产回报率下降，总资产规模有所下降，而管理和运营费用却维持不变。贷款利率下降幅度高于存款利率下降幅度导致息差收窄。同时，日本银行业有一个拆东墙补西墙的传统，即拿股东的长期所得来弥补信贷损失，然后大量回购股东的持股，总计用于股票回购的资金上升了 12%。这一做法对日本银行产生了明显的困扰。

2. 债券销售所得与 1993 年巅峰时期相比下滑了 58%，1994 年有加速下滑的趋势。

然而，信托银行 1994 年的核心盈利却在持续改善，这主要归功于信贷类信托手续费收入的提升。受益于短期利率下调，信贷类信托产品的资金成本也在降低，而信贷类信托产品的利率一般都是两年调整一次，这一时间差也为盈利增长提供了助力。当然，在升息环境中这一特点就会起到相反的作用。

展望未来，持续的高额信贷成本将会是长期压在所有这三类银行头上的一座大山，低收益将成为未来很长一段时间的主旋律。从核心盈利的角度看，在资产规模审慎收缩和贷款定价竞争极其激烈的环境下，很难想象城商行和长期信贷银行的净利息收入会有很大的改观。影响核心盈利的一个主要因素仍将是债券销售的净收益，但是没人能预测其走势。然而，即便债券销售的净收益能够达到净利息收入的10%这一历史最高水平，就像1993年那样，城商行和长期信贷银行的市盈率仍然高得离谱。

信托银行的核心市盈率看起来更加合理，正如上文所言，这要归功于信贷类信托产品手续费收入的提升。然而，信贷类信托资产正以每年6%的速度下滑，因为它们的定价已变得不那么具有吸引力。1994财年很可能就是这类产品盈利的巅峰时期，当然，预测未来的盈利水平是极其困难的。

平均生息资产回报率

通常用扣除坏账准备前的贷款和投资组合的净利息收入除以平均贷款和投资余额来衡量银行的盈利能力，下表展示了21家主要银行在这一指标上过去五年的趋势。

平均生息资产回报率

1991年3月	1992年3月	1993年3月	1994年3月	1995年3月
0.57%	0.82%	0.95%	0.92%	0.90%

1995 年这 21 家主要银行在该指标上的平均表现为 0.90％，仅为花旗银行的 21％，与美国银行业的平均水平齐平。以世界标准衡量，日本银行的回报率非常低，原因有四个：

1. 按照世界标准，收益率较高的消费贷款在贷款总量中占比很低，这一情况不太可能发生突变。

2. 商业贷款竞争激烈，息差非常低。

3. 维持一个庞大的、低收益的股票投资组合势必导致资金的错配。

4. 最后，也是最重要的一点，银行更关心的是绝对规模和相对市场份额，而不是投资回报率。

多年以前，当老虎基金首次涉足银行业时，我们当时发现的主要风险是贷款利率将会随着资产质量的恶化而提升。除了不愿扩大国内贷款投资组合规模外，我们几乎没有发现任何证据表明银行已经从与坏账相关的问题中吸取了教训，并努力成为盈利能力更强的机构。尽管大多数信贷部门已经重新开始对贷款进行评分以评估风险，但却迟迟没有基于风险重新进行定价，而这才是合乎逻辑的下一步关键举措。如果说有什么值得一提的话，那就是仍然有太多资本在追逐少得可怜的贷款，而且没有证据表明息差正在发生结构性改善。在对银行管理层的一次又一次访谈中，我们发现他们对息差如此之低给出的答案基本一致："就算我们不按这个利率发放贷款，也会有很多银行这么做。"

账面价值与调整后的账面价值

调整后的每股账面价值包括证券投资组合未实现收益的 45％。根据国际清算银行的标准，这 45％的未实现收益会被计入二级资本，这是因为日本企业的平均总税率约为 55％。下表追溯了自 1989 年 3 月以来 21 家主要银行的证券投资组合未实现收益占贷款投资组合的百分比，它生动地展示了由于股票市场的下跌，叠加股票买卖交易不断推高成本的影响，最终严重摧毁了贷款损失准备金。

证券投资组合未实现收益占贷款投资组合的百分比

1989 年 3 月	1990 年 3 月	1991 年 3 月	1992 年 3 月	1993 年 3 月	1994 年 3 月	1995 年 3 月
18.5％	13.0％	9.9％	4.8％	5.0％	5.8％	2.6％

不良贷款

截至 1994 年 3 月，21 家主要银行报告的不良贷款总额为 12.6 万亿日元，占贷款总额的 3.6％。但是银行披露的不良贷款仅包括两类：第一类是已破产并且被财政部明确禁止与银行打交道公司的贷款；第二类是超过六个月没有支付利息和本金的贷款。

住房贷款公司向银行借贷的资金至少有 5 万亿日元，尽管这些贷款已被严重拖欠，但是在银行报表上却被排除在了不良贷款之外。此外，重组贷款也同样被排除在外，通过贷款重组，企业的贷款利率和本金偿还都会得到优惠。

最后，银行通过合作信贷采购公司（CCPC）剥离的贷款也不再包含在不良贷款中，在我看来这一做法是有问题的。CCPC 是银行冲销坏账的主要渠道。自 1993 年 3 月 CCPC 成立至 1995 年 7 月，各银行累计以 3.9 万亿日元的价格向 CCPC 出售了面值为 8.8 万亿日元的贷款，冲销总额占比高达 56％。银行以为 CCPC 提供融资为条件换取 CCPC 从银行购买贷款。令人难以置信的是，在 CCPC 买入这些贷款后，银行依然会对这些贷款计息并缴纳利息税，就好像这些贷款仍然在银行一样。

我之所以认为将出售给 CCPC 的贷款从不良贷款中剔除这种做法是有问题的，是基于以下两个原因。首先，最终冲销的金额是在贷款（几乎在所有情况下都来自房地产行业）实际由 CCPC 出售时才确定的；其次，CCPC 迄今为止只处置了 2 040 亿日元（5.2%）的房产，这说明买家和卖家之间还存在巨大的分歧。这些与房产相关的不良贷款已经算是银行不良贷款中"最好的"资产了，尽管它们最终的清算价值暂时还无法确定，但是毫无疑问会低于 CCPC 的买入价格。

虽然 1994 年报告的不良贷款下降了 1 万亿日元，贷款损失准备金从 4.5 万亿日元增加到 5.5 万亿日元，但总计 4.9 万亿日元的冲销和准备金成本表明，贷款仍在以惊人的速度恶化。詹姆斯卡佩尔证券经纪公司*杰出的日本银行业分析师布莱恩·沃特豪斯（Brian Waterhouse）估计，日本 21 家主要银行的不良贷款约为 45 万亿日元，占贷款总额的 12.9%，这一结论令人震惊。布莱恩的预估数字应该更接近坏账规模区间的高点，我的预估为 30.5 万亿日元，约占贷款总额的8.8%，这一数字更接近坏账规模区间的低点。与股东权益 21.4 万亿日元、贷款损失准备金 5.5 万亿日元、未实现的证券收益 9.0 万亿日元（三项合计为 35.9 万亿日元）相比，我和布莱恩中任何一个人预估的数字毋庸置疑都是巨大的。

我相信在相当长的一段时间内，日本银行业都将继续使用几乎所有的核心盈利来冲销不良贷款。确定每家银行冲销这些坏账所需年数的假设如下：

1. 只占贷款总额 1.6% 的准备金不会被继续削减。

2. 不良贷款的 50% 将被冲销。考虑到 CCPC 迄今为止的经验，这是一个保守的假设。

3. 所有银行扣除税收和准备金前的盈利（1994 年为 2.6 万亿日元）

---

* 现为汇丰证券经纪（亚洲）有限公司。——译者注

都将被用于信贷相关支出。这同样是一个保守的假设，因为银行不太可能不保留部分盈利来支付股息。

基于这些假设，以布莱恩估算的45万亿日元不良贷款计，日本银行业总共需要8.7年的时间来清理这些坏账。而以我预估的30.5亿日元不良贷款计，这个过程也需要5.9年。这两个数字都远远超出了分析师的普遍预期，他们普遍认为这种巨额信贷支出的情况只会持续2~3年。

结　论

既然银行管理如此不善、利润率如此之低、背负着如此巨大的信贷质量问题，而市盈率如此之高，那么为什么它们的股价没有崩溃？银行的股价不仅没有在1月至6月的市场下跌中一起下跌，反而在最近六周的市场反弹中一路飙升。

我并不知道这个问题的答案，但是我怀疑这与它们在市场上的巨大占比有关，而且大部分外国人都认为政府将"拯救"银行系统，这对银行股来说是个好消息。最终，纳税人的钱将不得不用于救助储户共有的农业合作社，而正是这些合作社向住房贷款公司提供了大量资金。然而在我看来，公开上市的商业银行唯一能够得到的帮助就是对其住房贷款承诺进行税前冲销。

对老虎基金而言，投资日本银行是一段令人沮丧的经历。但是它们依旧具备卖空价值，并具备为我们提供巨大利润的潜力，我相信耐心最终会获得报偿。

附录四

老虎基金风险敞口报告

（％表示占所有基金资本的比例，统计日期为 1999 年 12 月 31 日）

总资产风险敞口（％）									
多头	空头	净头寸		净头寸		总杠杆率		总杠杆率	
12/13/1999	12/31/1999	09/30/1999		过去 12 个月		12/31/1999	09/30/1999	过去 12 个月	
88	47	41	35	最小 60	最大 21	135	141	最小 281	最大 135

分区域资产风险敞口（％）						
区域	多头	空头	净头寸		总杠杆率	
	12/31/1999		12/31/1999	09/30/1999	12/31/1999	09/30/1999
美国	60	31	29	33	91	85
欧洲	15	8	7	3	23	29
亚洲	10	9	2	—6	19	22
其他	3	0	3	5	3	5
总计	88	48	41	35	136	141

前十大持仓（美洲狮和豹猫基金的持仓未包括在内，排序未按持仓量大小）：

贝尔斯登

国民威斯敏斯特银行

意大利圣保罗 IMI 银行

鲍特公司

苏格兰皇家银行

希悦尔集团

哥伦比亚/HCA 医疗保健集团

三星电子

全美航空

GTECH 控股公司

分行业资产头寸（%）						
行业	多头	空头	净头寸		总杠杆率	
	12/31/1999	12/31/1999	12/31/1999	09/30/1999	12/31/1999	09/30/1999
汽车	6	0	5	4	6	6
大宗商品	3	1	2	1	5	6
消费品	3	3	0	5	5	8
能源	0	0	0	0	0	0
金融	24	2	23	21	26	29
医疗保健	7	4	3	−1	12	9
工业	11	1	10	10	12	14
其他	0	1	−1	−2	1	2
科技	9	2	7	4	12	16
运输	12	2	10	9	14	13
电信/媒体	10	3	6	4	13	17
对冲头寸*	3	27	−24	−20	30	23
总计	88	47	41	35	135	141

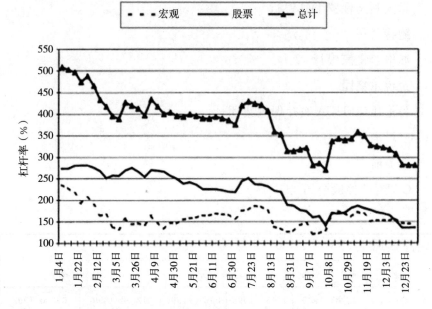

老虎基金的杠杆率（1999 年 1 月 1 日—1999 年 12 月 31 日）

注：

1. 股票风险敞口包括期货、对冲敞口。

2. 固定收益类产品的风险敞口以 10 年期等值敞口计。

3. 外汇风险敞口为净汇率风险。

4. 大宗商品风险敞口以当时的市场价值计算。

5. 由于四舍五入的原因，这些数字无法直接加总。

6. 以上数据基于月底资产，没有包括申购和赎回申请。

* 包括与对冲有关的追踪、持有成本和其他基金投资。

附录五
罗杰斯的投资工作表

红人工业公司（纽交所代码：RE）：A 部分 *

（除 1973 年、1974 年选择 12 月 31 日以外，其他年份均为 4 月 1 日）	4/1968	1969	1970	1971	1972	4/1973	12/1973	12/1974	3MOS. 4/1975	1976
销售收入	74 798	109 814	117 352	107 065	159 502	243 806	276 255	173 249	18 786	114 288
折旧	1 017	1 075	1 083	946	1 072	1 683	1 562	1 742	—	1 449
运营收入						23 344	22 804	3 441	(2 941)	(1 045)
运营利润率（％）						9.6	8.3	2.0	—	—
其他收入										
其他支出						435	2 262	4 014	787	2 122
税前收入	3 353	10 079	11 536	8 369	14 246	22 909	20 542	(573)	(3 728)	(3 167)
税前利润率（％）	4.5	9.2	9.8	7.8	8.9	9.4	7.4	—	—	—
税费	1 606	5 082	5 500	3 911	6 532	10 752	9 731	(230)	0	0

续前表

（除1973年、1974年选择12月31日以外，其他年份均为4月1日）	4/1968	1969	1970	1971	1972	4/1973	12/1973	12/1974	3MOS.4/1975	1976
税率（%）	47.9	50.4	47.7	46.7	45.9	46.9	47.4	—	—	—
税后利润	1 747	4 997	6 036	4 458	7 714	12 157	10 811	(343)	(3 728)	(3 167)
权益	—	—	—	—	—	—	—	—	—	—
少数股东权益	—	—	—	—	—	—	—	—	—	—
净收入	1 747	4 997	6 036	4 458	7 714	12 157	10 811	(343)	(3 728)	(3 167)
每股盈利（美元）	0.25	0.71	0.80	0.59	0.99	1.54	1.37	(0.04)	(0.47)	(0.36)
每股分红（美元）	—	—	—	—	—	—	—	—	—	—
已发行股票（千股）										9 052
每股账面价值（美元）										1.01
权益	10.364	15 546	29 005	33 544	39 940	50 797	34 906	10 161	—	9 158
权益比率（%）	43.8	48.2	38.8	15.4	23.0	30.4	15.5			
负债权益比率（%）	—	21.1	11.7	10.8	13.5	10.6	85.1	195.1	—	237.2
养老金负债权益比率（%）	—	—	—	—	—	—	—	—	—	—
租赁承诺权益比率（%）	—	—	—	—	—	—	—	—	—	—
应收账款与销售收入比率（%）										9.2
存销比（%）										8.1

续前表

（除1973年、1974年选择12月31日以外，其他年份均为4月1日）	4/1968	1969	1970	1971	1972	4/1973	12/1973	12/1974	3MOS. 4/1975	1976
广告费用										
研发费用										
资本支出										531
C-E/折旧（%）										36.6
C-E/厂房设备（%）										—
C-E/净厂房设备（%）										—
范围	$3 - 3\frac{3}{4}$	$28\frac{5}{8} - 15\frac{3}{4}$	$18\frac{1}{2} - 5\frac{1}{8}$	$30\frac{7}{8} - 12\frac{3}{4}$	$37\frac{3}{4} - 20\frac{1}{4}$		$23\frac{1}{4} - 3\frac{1}{2}$	$7\frac{1}{8} - 1\frac{1}{2}$		$4\frac{1}{2} - 1\frac{3}{8}$
订单积压										
订单积压与销售收入比率（%）										
门店数量（个）										
单店销售额										

*除已标出单位的项目外，其他项目的单位均为千美元。

红人工业公司（纽交所代码：RE）：B 部分[*]

（除 1973 年、1974 年选择 12 月 31 日以外，其他年份均为 4 月 1 日）	1977	1978	1979	1980	1981	1982	1983	1984	1985	1986	1987
销售收入	132 835	183 950	237 794	279 375	241 879	248 735	262 782	345 391	339 283	341 531	372 727
折旧	1 388	1 385	3 042	2 159	2 616	3 127	3 602	3 642	3 799	3 886	3 904
运营收入	(874)	9 593	17 198	22 001	8 754	7 286	5 488	10 731	8 351	6 435	7 124
运营利润率（%）	—	5.2	7.2	7.9	3.6	2.9	2.1	3.1	2.5	1.9	1.9
其他收入	—	—	627	2 363	4 786	6 327	4 432	5 048	3 162	4 390	4 077
其他支出	1 475	1 291	800	739	775	1 042	3 152	2 751	2 387	2 124	2 443
税前利润	(2 349)	4 317	9 342	12 350	7 195	12 571	6 768	13 028	9 126	8 701	8 758
税前利润率（%）	—	48.0	45.1	47.7	43.6	5.1	2.6	3.8	2.7	2.5	2.4
税费	0	3 985	7 683	11 275	5 570	5 364	(749)	5 434	4 075	3 959	3 937
税率（%）	—	48.0	45.1	47.7	43.6	42.7	—	41.7	44.7	45.5	45.0
税后利润	(2 349)	4 317	9 342	12 350	7 195	7 207	7 517	7 594	5 051	4 742	4 821
权益	—	—	—	—	—	—	—	—	—	—	—
少数股东权益	—	—	—	—	—	—	—	—	—	—	—
净收入	(2 349)	4 317	9 342	12 350	7 195	7 207	7 517	7 594	5 051	4 742	4 821
每股盈利（美元）	(0.26)	0.47	1.0	1.3	0.76	0.74	0.77	0.78	0.52	0.49	0.49
每股分红（美元）	—	—	0.06	0.1	0.20	0.30	0.30	0.30	0.30	0.31	0.32

续前表

（除1973年、1974年选择12月31日以外，其他年份均为4月1日）	1977	1978	1979	1980	1981	1982	1983	1984	1985	1986	1987
已发行股票（千股）	9 115	9 138	9 196	9 2□5	9 511	9 737	9 743	9 752	9 755	9 755	9 755
每股账面价值（美元）	1.55	2.46	3.85	4.8□	5.49	5.86	6.32	6.81	7.05	7.22	7.39
权益	14 149	22 488	35 369	44 6□1	52 823	57 027	61 735	66 541	68 724	70 443	72 142
权益比率（%）	—	30.5	41.5	34.□	16.1	13.6	13.2	12.3	7.6	6.9	6.8
负债权益比率（%）	127.0	68.7	21.7	16.□	15.3	24.3	20.7	14.6	16.5	13.4	12.5
养老金负债权益比率（%）	—	—	—	—	—	—	—	—	(7.4)	(7.8)	(9.3)
租赁承诺权益比率（%）	16.5	8.4	15.1	10.□	9.3	6.4	3.9	2.5	3.9	2.7	2.2
应收账款与销售收入比率（%）	8.1	8.4	6.9	6.3	7.8	6.6	8.9	7.8	8.0	8.4	8.6
存销比（%）	7.9	7.2	5.3	5.3	5.1	4.9	7.3	7.2	5.7	9.0	8.0
广告费用											
研发费用											
资本支出	546	1 262	1 517	5 63□	7 512	10 051	4 234	7 652	3 935	5 346	6 361
C-E/折旧（%）	39.3	91.1	49.9	260.□	287.2	321.4	120.9	210.1	103.6	137.6	162.9

续前表

（除1973年、1974年选择12月31日以外，其他年份均为4月1日）	1977	1978	1979	1980	1981	1982	1983	1984	1985	1986	1987
C·E/厂房设备（%）	2.0	4.9	4.0	15.2	17.6	22.4	7.8	13.9	6.4	8.5	9.7
C·E/净厂房设备（%）	2.8	7.2	5.9	24.0	27.9	37.1	12.8	23.1	10.6	14.6	17.0
范围	$5\frac{3}{4}-2\frac{1}{2}$	$4\frac{7}{8}-2\frac{3}{8}$	$5\frac{7}{8}-3\frac{1}{2}$	$9\frac{3}{8}-4\frac{1}{8}$	$11\frac{3}{4}-6\frac{1}{8}$	$14\frac{3}{4}-9$	$25\frac{1}{2}-11$	$27\frac{1}{2}-11\frac{1}{2}$	$12\frac{3}{8}-8$	$12\frac{5}{8}-7$	$11\frac{1}{8}-6\frac{7}{8}$
订单积压					4 900	9 600	20 000	18 300	11 100	13 200	11 600
订单积压与销售收入比率（%）					6.2	3.9	7.6	5.3	3.3	3.9	3.1
门店数量（个）											
单店销售额											

* 除已标出单位的项目外，其他项目的单位均为千美元。

红人工业公司

期间	销售额（千美元）	税前盈利（千美元）	利润率（%）	税费（千美元）	税率（%）	利润（千美元）	利率（千美元）	权益（千美元）	净额（千美元）	每股盈利（美元）
1976 年 6 月	38 366	620	1.6	298	48.1	322	—	—	322	0.04
1976 年 9 月	36 435	(419)	—	(201)	—	(217)	—	—	(217)	(0.02)
1976 年 12 月	29 721	(394)	—	(97)	—	(297)	—	—	(297)	(0.08)
1977 年 3 月	28 313	(2 157)	—	—	—	(2 157)	—	—	(2 157)	(0.24)
1977 年 6 月	42 037	1 651	3.9	792	50.0	859	—	—	859	0.09
1977 年 9 月	46 338	2 249	4.9	1 080	48.0	1 169	—	—	1 169	0.13
1977 年 12 月	47 229	2 375	5.0	1 140	48.0	1 235	—	—	1 235	0.13
1978 年 3 月	48 346	2 027	4.2	973	48.0	1 054	—	—	1 054	0.12
1978 年 6 月	60 908	3 980	6.5	1 910	48.0	2 070	—	—	2 070	0.23
1978 年 9 月	61 557	4 201	6.8	2 017	48.0	2 184	—	—	2 184	0.23
1978 年 12 月	58 710	4 662	7.7	1 852	39.7	2 810	—	—	2 810	0.30
1979 年 3 月	56 619	4 182	7.4	1 904	45.5	2 278	—	—	2 278	0.24
1979 年 6 月	72 504	6 343	8.7	2 918	46.0	3 425	—	—	3 425	0.37
1979 年 9 月	73 868	7 148	9.7	3 288	46.0	3 860	—	—	3 860	0.41
1979 年 12 月	70 070	5 955	8.5	2 739	46.0	3 216	—	—	3 216	0.34
1980 年 3 月	62 933	4 179	6.6	2 330	55.8	1 849	—	—	1 849	0.20

续前表

期间	销售额 （千美元）	税前盈利 （千美元）	利润率 （%）	税费 （千美元）	税率 （%）	利润 （千美元）	利率 （千美元）	权益 （千美元）	净额 （千美元）	每股盈利 （美元）
1980 年 6 月	54 752	2 003	3.7	952	47.5	1 044	—	—	1 051	0.11
1980 年 9 月	61 160	3 099	5.1	1489	48.0	1 603	—	—	1 610	0.17
1980 年 12 月	64 669	4 242	6.6	1 858	43.8	2 376	—	—	2 384	0.25
1981 年 3 月	61 298	3 421	5.6	1 271	37.2	2 172	—	—	2 150	0.23
1981 年 6 月	70 322	5 565	7.9	2 244	40.3	3 321	—	—	3 321	0.34
1981 年 9 月	67 710	3 341	4.9	1 432	42.9	1 909	—	—	1 909	0.20
1981 年 12 月	52 879	(112)	—	(29)	—	(83)	—	—	(83)	(0.01)
1982 年 3 月	57 824	3 777	6.5	1 717	45.5	2 060	—	—	2 060	0.21
1982 年 6 月	66 326	2 459	3.7	1 032	42.0	1 427	—	—	1 427	0.15
1982 年 9 月	64 930	1 747	2.7	740	42.4	1 007	—	—	1 007	0.11
1982 年 12 月	59 306	1 312	2.2	561	42.8	751	—	—	751	0.08
1983 年 3 月	72 220	1 250	1.7	361	28.9	889	—	—	889	0.09
1983 年 6 月	89 050	5 239	5.9	2 237	42.7	3 002	—	—	3 002	0.31
1983 年 9 月	94 562	4 286	4.5	1 834	42.8	2 452	—	—	2 452	0.25
1983 年 12 月	82 128	3 652	4.4	1 576	43.2	2 076	—	—	2 076	0.21
1984 年 3 月	79 651	(149)	—	(213)	—	64	—	—	64	0.01
1984 年 6 月	98 120	4 073	4.2	1 820	44.7	2 253	—	—	2 253	0.23

续前表

期间	销售额（千美元）	税前盈利（千美元）	利润率（%）	税费（千美元）	税率（%）	利润（千美元）	利率（千美元）	权益（千美元）	净额（千美元）	每股盈利（美元）
1984 年 9 月	92 159	4 057	4.4	1 798	44.2	2 259	—	—	2 259	0.23
1984 年 12 月	75 628	686	0.9	310	45.2	376	—	—	376	0.04
1985 年 3 月	73 376	310	0.4	147	46.9	163	—	—	163	0.02
1985 年 6 月	90 965	4 155	4.6	1 859	44.7	2 296	—	—	2 296	0.24
1985 年 9 月	89 919	4 256	4.7	1 901	44.7	2 355	—	—	2 355	0.24
1985 年 12 月	85 261	1 139	1.3	513	45.0	626	—	—	626	0.06
1986 年 3 月	75 386	(849)	—	(314)	—	(535)	—	—	(535)	(0.05)
1986 年 6 月	94 273	1 184	1.3	547	46.2	637	—	—	637	0.07
1986 年 9 月	95 776	3 282	3.4	1 497	45.6	1 785	—	—	1 785	0.18
1986 年 12 月	94 066	2 456	2.6	1 155	47.0	1 301	—	—	1 301	0.13
1987 年 3 月	88 672	1 836	2.1	738	40.2	1 098	—	—	1 098	0.11
1987 年 6 月	99 539	3 526	3.5	1 409	40.0	2 117	—	—	2 117	0.22

红人工业公司
分业务部门数据表

统计日期：4 月 2 日	1977	1978	1979	1980	1981	1982	1983	1984	1985	1986	1987
预制房屋销售额（千美元）	89 442	124 315	170 690	209 737	170 673	183 502	178 845	234 237	233 516	239 689	271 542
运营收入（千美元）	(1 833)	5 351	13 064	16 067	7 424	9 183	3 262	6 672	5 628	5 733	9 872
利润率（%）	—	4.7	7.7	7.7	4.3	5.0	1.8	2.8	2.4	2.4	3.6
建筑类商品销售额（千美元）	43 393	59 635	66 354	68 631	63 605	65 233	83 937	111 154	105 767	101 842	10 185
运营收入（千美元）	2 459	4 787	5 955	6 720	2 740	(156)	4 411	5 718	4 518	3 189	(127)
利润率（%）	5.7	8.0	9.0	9.8	4.3	—	5.3	5.1	4.36	3.1	—
房车营地销售额（千美元）			750								
运营收入（千美元）			(199)								
利润率（%）			—								

红人工业公司

买入

日期	姓名	职位	数量	股价（美元）
1983 年 5 月 31 日	威廉·韦瑟福德	D	1 000	23.50

卖出

日期	姓名	职位	数量	股价（美元）
1982 年 12 月 31 日	詹姆斯·莱德曼	CB	1 100	20.5
1983 年 1 月 7 日	詹姆斯·莱德曼	CB	28 900	20.5
1983 年 2 月 3 日	詹姆斯·莱德曼	CB	50 000	20
	穿利·福列林	O,D	48 370	20.38

红人工业公司

单位：千美元

债务到期	1979	1980	1981	1982	1983	1984	1985	1986	1987	1988	1989	1990	1991	1992
1978 年 4 月	1 401	3 375	5 190	2 927	3 030									
1979 年 4 月		155	149	108	114	121								
1980 年 4 月			200	200	200	200	200							
1981 年 4 月 3 日				350	350	350	350	350						
1982 年 4 月 2 日					523	925	899	921	710					
1983 年 4 月 1 日						1 010	911	1 023	822	863				
1984 年 3 月 30 日						1 800	1 400	1 219	1 040	993	942			
1985 年 3 月 29 日							1 359	1 301	1 076	1 017	858	793		
1986 年 3 月 28 日									1 911	855	975	793	801	
1987 年 4 月 3 日										858			801	1 236

附录六

博茨瓦纳股票交易所指数

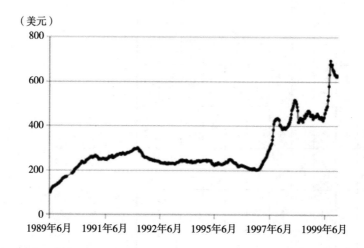

资料来源：博茨瓦纳证券经纪商。

附录七

索罗斯的"帝国循环"

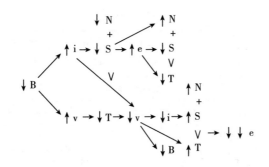

e：名义汇率（表示多少单位外币可以兑1单位本币，↑e表示本币升值）。

i：名义利率。

p：国内与国外物价水平比（↑p表示国内物价增速高于国外）。

v：经济活动水平。

N：非投机性资本流量 ⎫ ↑ 表示资本流出量增大。

S：投机性资本流量 ⎭ ↓ 表示资本流入量增大。

T：贸易差额 ⎫ ↑ 表示盈余。

B：政府预算 ⎭ ↓ 表示赤字。

附录八

量子基金报告

1985 年 *

	8 月 16 日	9 月 6 日	9 月 27 日	10 月 18 日	11 月 8 日	11 月 22 日	12 月 6 日
货币风险敞口							
美元**	−73	−182	−289	−433	−592	−567	−569
德国马克	+467	+491	+550	+680	+654	+668	+729
日元	+244	+308	+458	+546	+806	+827	+826
英镑	+9	+10	−44	−72	−86	−87	−119
其他	+50	+45	+16	+34	+42	+40	+33
持仓							
美国股票和 指数期货	+604	+588	+445	+253	+442	+707	+1 020
海外股票	+183	+163	+142	+152	+206	+251	+271
美国债券	−113	0	−77	0	+580	+1 074	+751
日本债券						+354	+300
原油	−121	−145	−176	−37	−187	−214	−150
基金规模	647	627	675	721	782	841	867
基金份额价格	4 379	4 238	4 561	4 868	5 267	5 669	5 841

* 表中除基金份额价格的单位为美元外，其他项目的单位均为百万美元。

** 以美元计价的仓位显示主要货币（如表所示）的风险敞口超过基金的资本金。

1986 年 *

	1 月 10 日	2 月 21 日	3 月 26 日	4 月 4 日	4 月 8 日	5 月 20 日	7 月 21 日	8 月 8 日	9 月 12 日	10 月 31 日	11 月 7 日
货币风险敞口											
美元 **	−1	+39	+81	+63	+153	+744	+159	+1 192	+221	+1 141	+1 076
德国马克	+609	+783	+1 108	+1 094	+816	+485	+795	+164	+905	+1 280	+1 334
日元	+612	+726	+492	+474	+504	+159	+549	+141	+335	−955	−956
英镑	−278	−343	−389	−80	+177	−21	−25	−25	+3	+3	+7
其他	+21	+81	+63	+50	+57	+148	+202	+177	+221	+201	+201
持仓											
美国股票和指数期货	+1 663	+787	+1 226	+432	+1 062	+380	+53	+955	+1 122	+589	+407
海外股票	+318	+426	+536	+499	+578	+573	+604	+563	+629	+460	+436
美国债券	+958	+215	+326	+652	+656	+313	−541	−503		+1 073	+427
日本债券	+259						+1 334	+2 385	+2 348	+1 232	+983
原油	−224	−55	−28	−29	−12	−75	−43	+85	+97	−127	+28
基金规模	942	1 205	1 292	1 251	1 290	1 367	1 478	1 472	1 484	1 469	1 461
基金份额价格	6 350	8 122	8 703	8 421	8 684	9 202	9 885	9 628	9 610	9 296	9 320

* 表中除基金份额价格的单位为美元外，其他项目的单位均为百万美元。

** 以美元计价的仓位显示主要货币（如表所示）的风险敞口超过基金的资本金。

附录九

金融经济学中的非线性思维概论[①]

经济理论的很大一部分价值就在于质疑现实。

——约翰·希克斯（John Hicks）[*]，

《经济学中不均衡的可能性研究》，1939 年

在学习非线性金融经济学时，研究悄然发生的改变可谓十分有益。在信息时代，仅仅从学术界的专业人士那里获取金融经济学思想显然已经落伍。随着物理学、计算机网络以及生物学领域的一些原理被运用于金融经济学中的建模，具有这方面洞察力的人正变得五花八门。学者、实践者、计算机科学家甚至是一位编辑都可能跻身其中。

特雷恩

约翰·特雷恩是一位理性、非常有修养和卓越的资金管理人。多年来，他还因撰写了许多与华尔街及金融有关的图书而闻名。

1975 年，特雷恩撰写了《钱蜂之舞》一书，如今已经很难找到这本书的存本。据我所知，这是第一本用生物学案例来描述金融现象的书。蜜蜂外出觅食归来，它们在蜂巢前所跳的舞与所发现的蜜源大有

---

① 资料来源：Christopher T. May, *Nonlinear Pricing*：*Theory & Applications*，New York：John Wiley，1999.

  * 1972 年诺贝尔经济学奖得主。——译者注

关系——舞姿幅度越大，发现的蜜源就越好。特雷恩借用这一现象来比喻基金经理对一只股票的兴奋感。当然，其他基金经理和投资者看到某基金经理的"舞蹈"就会蜂拥而至，就如同蜂群一样。虽然这样的比喻显得有些过于直白，但不失为对现实世界如何运作的一个非常准确的描述。当然，这一发现如今被冠以群论的雅称，并被运用于计算机建模。

特雷恩的洞察力甚至超出了他自己的想象。就在《钱蜂之舞》出版的同一年，密歇根大学的约翰·霍兰德（John Holland）发明了基因算法——一种以数学方式模拟生物适应性的算法，它的出现及时为特雷恩的直觉提供了严谨的学术支持。在将生物学作为一种范式来运用方面，特雷恩领先于整个金融经济学领域20多年。

特雷恩的投资风格简单直接，他从不关心学术理论、衍生品或奇闻轶事。在撰写《钱蜂之舞》时，作为投资界最保守的人之一，特雷恩仅用寥寥数笔就勾勒出了一幅生动的素描，而包括我在内的很多人还在寻找恰当的技术术语来描绘这一现象。深入观察特雷恩思想的成熟性于我而言是一件非常有趣的事情。玻尔创立量子力学时说过："任何一个不为之震惊的人都没有真正理解它。"我得出的结论是，虽然特雷恩的同行没有公开表示接受非线性定价，因为他们认为这个术语令人反感，但他们其实已经在内心认同了这一点，因为在现实生活中每一个交易日都是非线性的。

附录十
投资之王的内幕^①

约翰·特雷恩

现年 33 岁的阿比盖尔·约翰逊（Abigail Johnson）很可能会成为美国最有权势，或许也是最有争议的人物之一。她是富达基金管理集团创始人小爱德华·C. 约翰逊（Edward C. Johnson Jr.）的孙女，也是如今控制富达基金的爱德华·C. 约翰逊三世（Edward C. Johnson Ⅲ）的继承人和公司继任者。这意味着她将继承掌管他人 4 000 亿美元资产的权力，还将继承她父亲个人 40 亿美元的财富。阿比盖尔目前是富达基金的一名管理人员，等到她大展拳脚时，富达基金管理的资产规模很可能会超过 1 万亿美元。

经过两代人的努力，富达基金管理的资产规模甚至超过了很多国家创立至今所积累的资产规模总和，自然也就对很多公司产生了举足轻重的影响。（我们上周了解到，富达基金持有的克莱斯勒股份甚至超过了科克里安－艾柯卡集团！）随着富达基金的规模越来越大，它将不可避免地面临更多的丑闻、美国证监会的监管问询以及来自投资人的诉讼。一定会有人呼吁就每只基金设立单独的受托人，以保持基金原有的目标，并同时要求削减费用。阿比盖尔可能会被推上风口浪尖，因为国会可能希望分拆富达基金。当这些预测都变成现实时，戴安娜·亨利克斯所著的《富达的世界》（描绘了富达基金非凡的成功和有

————————

① *The Wall Street Journal*，December 1995.

时令人不安的经营方法）将成为抢手货。

随着富达基金的触角延伸至垃圾债券和杠杆收购领域，它也卷入了代理权和其他争议的旋涡，亨利克斯在这些问题上用了大量笔墨，有时甚至超出了普通读者的接受能力。不过，让大众明白真实的资金管理人与他们想象中的善良、身着灰色套装的波士顿受托人相去甚远，还是一件非常有趣的事情。

亨利克斯写道："在创立至今的大部分时间里，富达基金一直在其公众形象和内部现实之间游刃有余：对外它像一位精明的基金经理，对内则无论基金有多大风险或考虑有多欠妥，都要坚决销售一空……在这个规则是为哈巴狗级别的基金公司设计的行业里，它经常扮演着笨拙的 800 磅大猩猩的角色。"在和蔼的智者彼得·林奇（曾长期担任富达基金旗下久负盛名的麦哲伦基金的负责人）身后的阴影里，潜伏着擅长改组的硬汉多尔西·加德纳（Dorsey Gardner）和约翰·昆兹（John Kountz）以及超级强硬的谈判者约书亚·伯曼（Joshua Berman）。（伯曼的名言是"去申请破产吧！我不在乎"。）

但是《富达的世界》一书更多的是谈及关于公司及其所处的环境，而非公司管理层如何取得令人印象深刻的投资业绩。该书的作者毕业于哈佛，她在书中详细阐述了开放式基金的理论和实践。富达基金清醒地认识到投资者就是股东，而自己则是受托人。如今情况大不相同：大型基金集团认为自己是消费品公司，生产各种各样的"产品"以满足投资者的"各种口味"，包括投机癖好。通过广撒网，富达基金旗下总有一些基金的表现能够领先市场，这意味着销售人员总有一些吸引人的产品可以推销。但从一只基金换到另一只基金可能并不符合投资者的最佳利益：一般而言，按兵不动是一种更有利可图的策略。

为什么富达基金的表现这么好？成功的关键显然是吸引杰出的投资人才。小爱德华·C. 约翰逊本人就是一位精明的投资者，他认识到选股是一门艺术，需要天赋。因此，该公司愿意在年轻的基金经理身上押注，而这些经理通常都是不走寻常路的怪人，而非科学家。它的研究部门也值得称道（基金经理过去瞧不起分析师，最终富达基金设计出一种薪酬方式来实现了双方的沟通和合作）。公司的公共关系部门仿佛是一架巨大的管风琴，每个月在报纸和杂志上发表上千篇文章，而这些文章几乎总是令人赞赏有加。事实证明，一种特别有效的营销手段是向一些特定的投资者开放一只小规模的基金，等到该基金实现了卓越的战绩，再向公众开放，这样就可以将其规模迅速做大。（在基金业绩报告中，这种操作并不会都公之于众，但其实基金公司应该这么做。）

仅仅经历了两代人的时间，富达基金就吸引了整个瑞士银行系统20％的资产，后者聚集这些资产花费了好几个世纪，而近几十年来困扰瑞士的丑闻和问题却没有影响到富达基金。尽管亨利克斯把重点放在富达基金的问题上，但最终她对富达基金的评价并未有失公允。虽然爱德华·C. 约翰逊三世不喜欢她的这本书，但是阿比盖尔应该认真研究一下此书。

附录十一

四只成长股

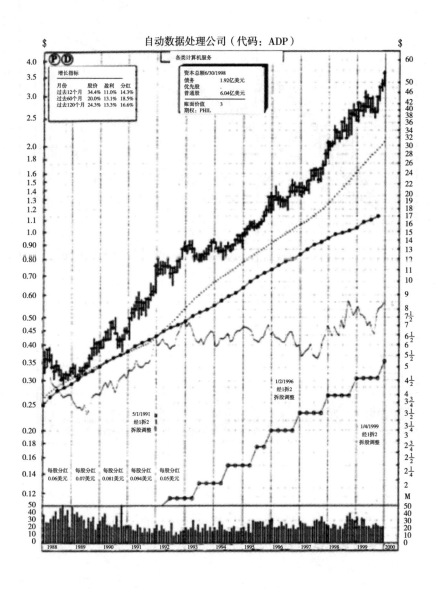

雅培（代码：ABT）

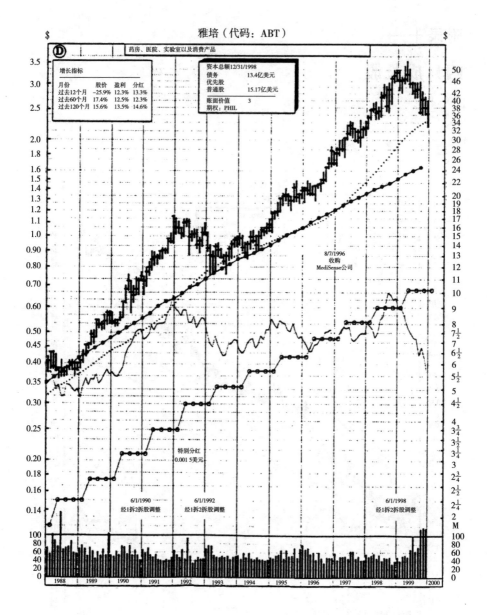

药房、医院、实验室以及消费产品

增长指标

月份	股价	盈利	分红
过去12个月	−25.9%	12.3%	13.3%
过去60个月	17.4%	12.5%	12.3%
过去120个月	15.6%	13.5%	14.6%

资本总额12/31/1998

债务	13.4亿美元
优先股	
普通股	15.17亿美元
账面价值	3
期权：PHIL	

8/7/1996
收购
MediSense公司

特别分红
0.001 5美元

6/1/1990
经1拆2拆股调整

6/1/1992
经1拆2拆股调整

6/1/1998
经1拆2拆股调整

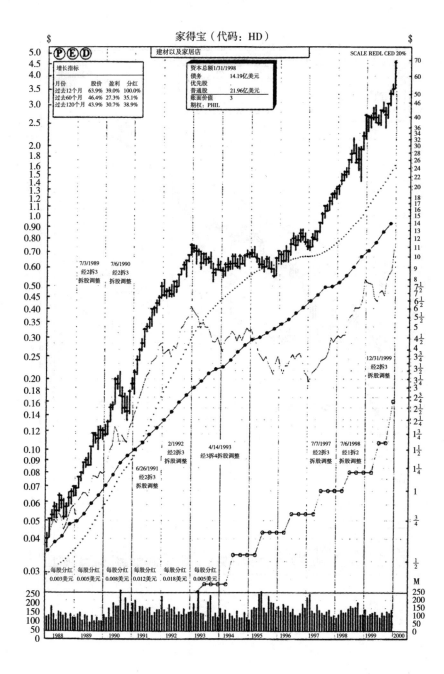

家得宝（代码：HD）

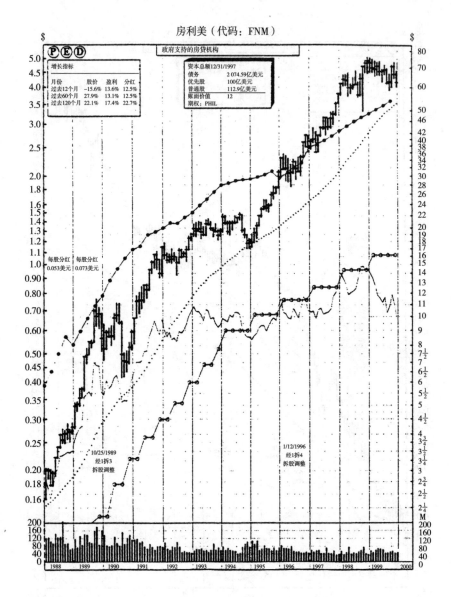

房利美（代码：FNM）

附录十二

20 世纪 80 年代的市场回报

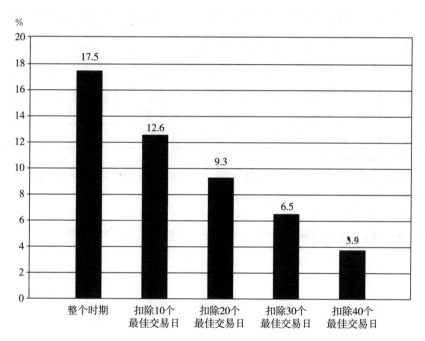

资料来源：美国信托公司。

附录十三

换手率的影响

经理	总回报（%）	换手率（%）	扣除成本与税收后的回报＊（%）
A	10	25	7.37
B	10	50	7.06
C	10	100	6.21
D	10	150	5.55
E	10	200	4.70

＊以 20 年为衡量周期。

假设换手率为 100％时四分之一的收益来自短线交易，换手率为 150％时一半的收益来自短线交易，而换手率达到 200％时收益均来自短线交易。

所有投资组合均在 20 年后卖出，同时缴纳所有递延所得税。

资料来源：桑福德伯恩斯坦公司。

作者简介

本书作者约翰·特雷恩是一位专业的投资顾问和作家,是《巴黎评论》的创始编辑,同时创办了特雷恩-史密斯咨询公司以及特雷恩基金会,曾受里根、老布什以及克林顿三任总统任命,担任处理非洲、亚洲和中欧事务的政府机构的主管。

特雷恩于 1928 年 5 月 25 日出生于纽约曼哈顿的上东区,是新英格兰一个古老家族的后代,他的父亲是纽约市的地方检察官。1951 年特雷恩获得了哈佛大学文学硕士学位,在哈佛期间曾担任《哈佛讽刺》和《图章社》两本校刊的编辑,1953 年他和其他人一起创办了《巴黎评论》,通过刊登对欧内斯特·海明威、桑顿·怀尔德和威廉·福克纳等作家的长篇访谈而受到关注。在陆军服役复员之后进入华尔街,之后创办了特雷恩-巴布考克咨询公司以及特雷恩基金会,该基金会自 2000 年以来每年都颁发公民勇气奖,以鼓励那些"冒着巨大的个人风险坚定地抵抗邪恶"的英雄。该奖项的灵感来自亚历山大·索尔仁尼琴的个人经历,特雷恩曾与他密切合作。

此外,特雷恩还曾担任美国西东大学怀特海德外交与国际关系学院院长(在联合国的支持下建立),美国对外关系委员会和国际战略研究所成员(伦敦)。他还因人道主义工作而获得意大利政府颁发的两枚勋章,并且获得了英国颁发的圣约翰勋章。

特雷恩一生著述颇丰,他在《华尔街日报》、《福布斯》、《金融时报》和其他出版物上撰写了数百篇专栏文章。此外还创作了大约 25 本书，其中一些被翻译成多种语言。本书是他的代表作。

特雷恩因病于 2022 年 8 月 13 日在缅因州的一家医院逝世，享年 94 岁。

图书在版编目（CIP）数据

投资大师/（美）约翰·特雷恩著；陶青译 . --北
京：中国人民大学出版社，2024.6
书名原文：Money Masters of Our Time
ISBN 978-7-300-32615-3

Ⅰ.①投… Ⅱ.①约… ②陶… Ⅲ.①投资—通俗读
物 Ⅳ.①F830.59-49

中国国家版本馆 CIP 数据核字（2024）第 069182 号

投资大师

[美] 约翰·特雷恩　著

陶青　译

Touzi Dashi

出版发行	中国人民大学出版社				
社　　址	北京中关村大街 31 号		邮政编码	100080	
电　　话	010 - 62511242（总编室）		010 - 62511770（质管部）		
	010 - 82501766（邮购部）		010 - 62514148（门市部）		
	010 - 62515195（发行公司）		010 - 62515275（盗版举报）		
网　　址	http://www.crup.com.cn				
经　　销	新华书店				
印　　刷	北京联兴盛业印刷股份有限公司				
开　　本	720 mm×1000 mm　1/16		版　　次	2024 年 6 月第 1 版	
印　　张	30　插页 2		印　　次	2024 年 6 月第 1 次印刷	
字　　数	367 000		定　　价	118.00 元	

钱的千年兴衰史

稀释和保卫财富之战

金菁 著

读钱的历史，在不确定的世界做出恰当的财富决策。

高　坚　国家开发银行原副行长

重磅推荐

戎志平　中国金融期货交易所原总经理

荣获"2020 中国好书"，入选光明书榜、中国新闻出版广电报优秀畅销书榜、百道好书榜、长安街读书会干部学习书单。

　　本书是一部关于钱的简史，从"用什么衡量财富"和"什么才有资格被称为钱"谈起，呈现了利息、杠杆、银行、纸币、债券等我们今天习以为常的金融要素产生的来龙去脉，其间充满了压力、创新、无奈甚至血腥的斗争。本书不仅让我们更了解钱，也通过阅读千年以来财富的稀释和保卫之战，启发读者思考在如今这个充满不确定性的世界，如何做出恰当的财富决策，实现财富的保值增值。

金融帝国贝莱德

【德】海克·布赫特（Heike Buchter）著

石建辉 译

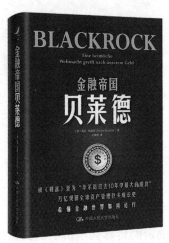

被《财富》誉为"华尔街过去 10 年中最大的成功"

万亿规模全球资产管理巨头成长史

看懂金融世界如何运行

贝莱德是全球最大的资产管理公司之一，2022 年所管理的资产约为 8.6 万亿美元。本书展现了贝莱德的成长史及其创始人拉里·芬克的起落沉浮，呈现了贝莱德崛起背后华尔街的变化，以及美国和欧洲经济金融事件千丝万缕的联系。

在 2008 年金融危机中很多金融机构倒闭或凋零，贝莱德却抓住机遇迅猛扩张。华尔街的金融人士如何实现阶层攀登？美国资本如何影响欧洲？养老金投资如何成为新的大生意？普通人的生活如何受到影响？《金融帝国贝莱德》是一本让你看懂金融世界如何运行的书。